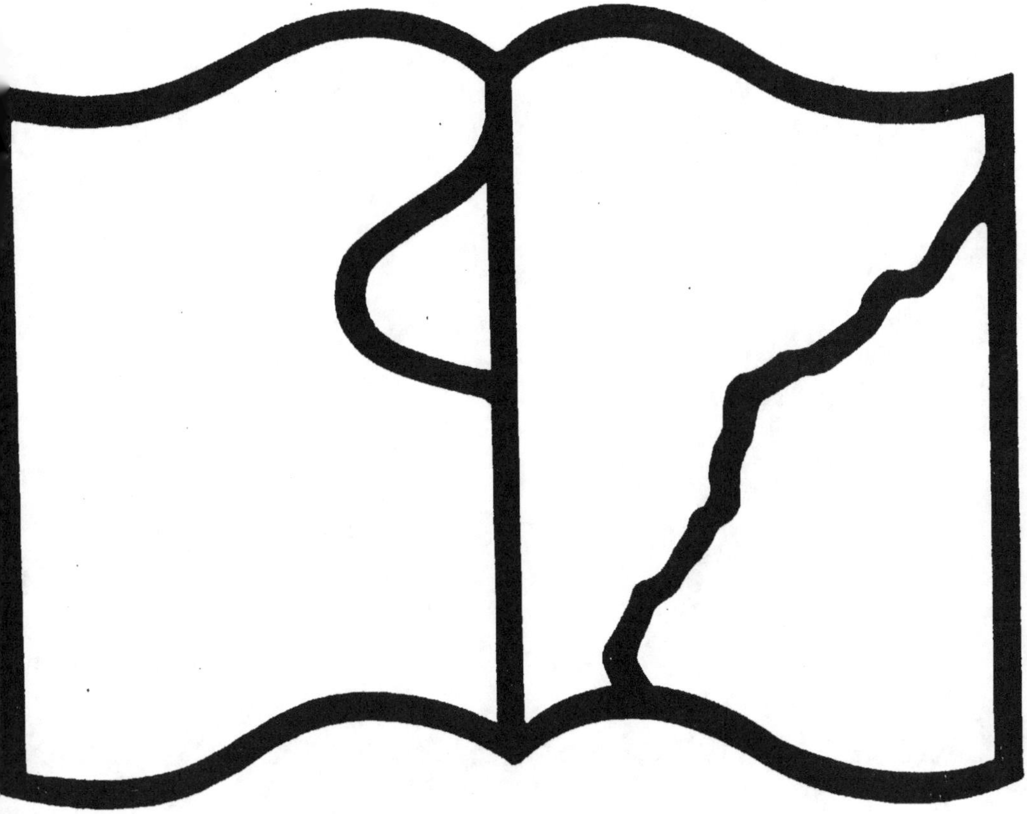

Texte détérioré — reliure défectueuse

NF Z 43-120-11

CAMILLE LE SENNE

LE THÉATRE

A PARIS

QUATRIÈME SÉRIE
Sept. 1887 — Oct. 1888

PARIS
LIBRAIRIE H. LE SOUDIER
174, BOULEVARD SAINT-GERMAIN, 174

1889

LE THÉATRE

A PARIS

OUVRAGES DU MEME AUTEUR

LE THÉATRE A PARIS, 1re série, 1883-1884... 1 vol.
— — 2e série, 1885....... 1 vol.

H. LE SOUDIER, ÉDITEUR

Format grand in-18.

EN COMMANDITE........................	1 vol.
LOUISE MENGAL.........................	1 —
LE VERTIGE.............................	1 —

LA DAME DU LAC........................	1 —
DELBURQ ET Cie.......................	1 —
LA FIN D'UNE RACE.....................	1 —
LES IDÉES DU DOCTEUR SIMPSON........	1 —
L'INCONNUE.............................	1 —
LADY CAROLINE.........................	1 —
MADAME FERRARIS.......................	1 —
MADAME FRUSQUIN.......................	1 —
MADEMOISELLE DE BAGNOLS..............	1 —
LE MARIAGE DE ROSETTE................	1 —
LES MÉMOIRES DE CENDRILLON (ouvrage couronné par l'Académie française).........	1 —
MONSIEUR CANDAULE....................	1 —
PRÉGALAS..............................	1 —
LE TESTAMENT DE LUCIE................	1 —
TRAIN RAPIDE..........................	1 —

Avec Edmond TEXIER.

CALMANN LÉVY, ÉDITEUR

Imprimerie Deslis frères, rue Gambetta, 6, Tours.

CAMILLE LE SENNE

LE THÉATRE
A PARIS

QUATRIÈME SÉRIE
Sept. 1887 — Oct. 1888

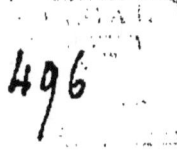

PARIS
LIBRAIRIE H. LE SOUDIER
174, BOULEVARD SAINT-GERMAIN, 174

1889

AVERTISSEMENT

On trouvera dans ce nouveau volume l'historique complet de la production dramatique et musicale de septembre 1887 à septembre 1888, c'est-à-dire pendant la véritable année théâtrale, celle qui s'écoule depuis la réouverture des scènes parisiennes jusqu'à leur clôture, en y ajoutant les quelques nouveautés de la période des vacances. Toute autre division est arbitraire et en désaccord avec la réalité des faits comme avec le légitime désir du lecteur qui veut analyser d'ensemble le mouvement théâtral de la saison. Cette innovation, qui est simplement un retour à la vérité, sera donc maintenue et la publication du *Théâtre à Paris* continuera à l'avenir, sous la même forme, de septembre à septembre de chaque année.

L'Éditeur.

LE CHEVALIER TIMIDE
Paroles de William Busnach, d'après Désaugiers
Musique d'Edmond Missa

Opéra comique en un acte
Première représentation aux **Menus-Plaisirs**,
1ᵉʳ septembre 1887

Distribution : G. de Torigny, *M. Gosselin*. — Germain, *M. Monteux*. — Yvonnette, *Mᵉ Jenny Valette*. — Hortense, *Mᵉ Wassilikeff*. — La présidente, *Mᵉ Danville*. — Mᵐᵉ Bertran, *Mᵉ Curnier*.

La première en date des « premières » de la nouvelle saison théâtrale, et en même temps le début directorial de MM. Derembourg et Lagoanère aux Menus-Plaisirs. Une entrée de jeu fort modeste ; un opéra comique en un acte, paroles de M. Busnach, musique de M. Edmond Missa, le compositeur de la *Femme juge et partie*, représentée l'an dernier à l'Opéra-Comique.

Le livret est imité d'une saynète de Désaugiers. Il s'agit de l'éducation amoureuse d'un jeune homme timide à qui une jolie veuve communique tous les courages. Sur ce thème deux fois léger, M. Missa a écrit une partition non moins légère, mais gentiment pastichée des petits-maîtres compositeurs du commencement du siècle, qu'ont chantée d'agréable façon M. Monteux, un lauréat du Conservatoire ; M. Gosselin, un transfuge du théâtre de la Haye ; Mlle Valette et Mme Wassilikeff.

Le *Chevalier timide* n'était d'ailleurs que le complément d'une reprise de la « Petite Mariée ». On se rappelle le grand succès de cette opérette à la Renaissance il y a douze ans avec Jeanne Granier et Alphonsine, Vauthier et Dailly. La nouvelle direction des Menus-Plaisirs n'avait pas à nous offrir une interprétation aussi remarquable, mais Mlle Lardinois dans le rôle de Jeanne Granier, et Mlle Berthier dans celui d'Alphonsine ont été très applaudies.

Le baryton Jacquin, premier prix d'opéra comique du dernier concours du Conservatoire, faisait ses débuts. M. Jacquin est bon acteur, bon mime, encore qu'un peu trop pontifiant ; l'expérience d'un vieux routier jointe à l'ardeur d'un débutant ; la voix n'en sort pas moins de la gorge et toujours de la gorge ; c'est un instrument médiocre, admirablement utilisé, mais qui ne nous promet pas un chanteur hors ligne.

DON SANCHE D'ARAGON (REPRISE)

Débuts de Mlle COGÉ et de M. DENEUBOURG

Odéon, 5 septembre 1885

—

La tragédie de Corneille que M. Porel vient de reprendre pour les débuts de Mlle Cogé et de M. Deneubourg — la réouverture ayant eu lieu avec Claudie — n'avait pas reparu sur la scène française depuis 1844.

Le public des soirées populaires et la demi-douzaine de critiques qui s'étaient rendus hier soir à l'Odéon dans l'espoir d'une révélation décisive ou pour mieux dire d'une réhabilitation de ce *don Sanche* dont Corneille imputait l'insuccès original à l'influence du grand Condé ont été quelque peu déçus dans leur attente. Il faut se résigner à en faire l'aveu, Don Sanche d'Aragon ne figure pas parmi les Lesurques dramatiques, — d'ailleurs assez rares, — les victimes innocentes du répertoire.

La pièce est compliquée, obscure, mais ne pique pas la curiosité du spectateur. Don Sanche, ignorant sa naissance et donnant un démenti formel à la fameuse « voix du sang » par sa double passion pour sa sœur et sa tante, la tendresse également en partie double de la sœur de Don Sanche, toutes ces incohérences, savamment préméditées, sont froides et justifient le jugement sévère de Voltaire sur ce drame pseudo-historique qu'il déclassait de l'œuvre du grand tragique. La marque cornélienne ne se retrouve guère que dans la scène où don Sanche, en vrai soldat de fortune, se fait gloire d'être sorti des rangs du peuple et revendique le nom du paysan qu'il avait pour père.

M. Deneubourg est un don Sanche qui dit juste et tient bien la scène, Mlle Cogé une Isabelle pleine de passion contenue et qui a fait preuve d'une réelle intelligence dramatique. Bien entendu les deux débutants ne pouvaient être et ne sont encore que des élèves, mais ils se trouvent à bonne école pour devenir des artistes.

UNE CHAINE ANGLAISE (reprise)
par Labiche et Saint-Yves
Vaudeville en un acte
Cluny, 6 septembre 1887

Distribution : Doublemard, *M. Dorgat.* — Charençon, *M. Numas.* — Melvil, *M. Dubos.* — Crackford, *M. Lagrange.* — Joseph, *M. Delorme.* — Louise, Mlle *S. Tyllon.* — Victorine, Mlle *Carina.* — Mme Duhamel, Mlle *Lurmont.*

La chaîne anglaise est un vaudeville hors cadre de Labiche ; l'auteur n'a pas voulu le faire figurer dans ses œuvres complètes et il n'a guère reparu sur la scène parisienne depuis la première représentation, donnée en 1848, au théâtre Montansier, avec Sainville, Grassot et Derval.

La chaîne anglaise — ou l'art de balancer ses dames par-dessus la Manche — est l'histoire d'une femme disputée par deux maris qu'elle a successivement et valablement épousés, — mais avec une « validité » toute locale, car son premier mariage, bon en France, est nul en Angleterre, et le second, bon en Angleterre, est nul en France. Bref, une bigame. Or, si la bigamie, d'après Molière, a été longtemps un cas pendable en France, elle n'a jamais été un cas scénique et le théâtre n'en a pas tiré une pièce vraiment gaie — à moins, bien entendu, qu'il ne s'agit de ménages de la main gauche, côté du mari.

C'est le dialogue qui a dû sauver il y a quarante ans et qui sauve encore l'imbroglio presque triste du vaudeville de Labiche. On a fait accueil aux jolis détails, aux traits fins, aux mots de bonne marque. L'interprétation est d'ailleurs intéressante : on a surtout remarqué M. Numas, un amoureux comique de réel tempérament.

FAUST (REPRISE)
Débuts de Mlle LEISINGER
Opéra, 7 septembre 1887

On avait annoncé que les débuts de Mlle Leisinger seraient l'objet de protestations violentes. Rien de semblable ne s'est produit et ne pouvait se produire à l'Académie nationale de musique, qui reste un des derniers lieux de réunions de la société parisienne, un des derniers salons... où l'on écoute. Il n'y a eu hier soir qu'un auditoire très attentif, voire un peu grave et par là même peut-être trop sévère ; une débutante bien douée, mais si émue qu'elle a dû se raidir contre un « trac » croissant et exagérer ses défauts naturels, qui sont justement la sécheresse et le manque de charme. Or, une Marguerite sans charme...

Que Mme Leisinger — une élève de Mme Viardot — soit ou non regrettée du public berlinois, qu'elle ait une origine Hanovrienne ou Wurtembergeoise, peu importe ; la question est de savoir si cette belle personne, jeune, svelte, d'une bonne tenue scénique, d'une physionomie expressive — fera preuve, la première émotion calmée, de cette souplesse vocale qui seule consacre l'adoption par le public parisien des cantatrices de Grand-Opéra. Hier elle a dû violenter sa voix. Elle n'en a pas moins dit avec beaucoup de sentiment et de justesse la chanson du roi de Thulé ; elle a fort bien chanté et joué la scène de la cathédrale. Voilà tout au moins des circonstances atténuantes pour une soirée peut être sans lendemain.

LE MARQUIS DE VILLEMER (REPRISE)
Comédie-Française, 7 septembre 1887

Distribution : *MM. Prudhon, Lebargy, Mmes Lloyd, Müller, Broizat, Clerh.*

La direction de la Comédie-Française continue à déployer la plus louable activité pour varier « les plaisirs » du public, comme on disait au dernier siècle. Par la même occasion elle exerce la jeune troupe et prépare des successeurs aux chefs d'emploi. La reprise du *Marquis de Villemer*, à laquelle la critique a pu assister hier pendant la partie de la soirée où Mlle Leisinger ne paraissait pas en scène à l'Opéra, offrait à ce double titre un réel intérêt.

Commençons par constater l'excellent accueil fait par une salle comble au chef-d'œuvre de Georges Sand... Ma foi tant pis, le mot m'est échappé ; mais je ne chercherai à le retirer ni à l'atténuer. Oui, cette touchante et reposante histoire des amours de Mlle de Saint-Genoix, la lectrice pauvre, et d'Urbain de Villemer, le marquis converti aux mésalliances modernes, est un chef-d'œuvre n'en déplaise aux réalistes à outrance, amis de l'humble vérité (et surtout de la vérité ennuyeuse). Bien entendu, c'est un chef-d'œuvre romanesque, idéaliste, poétique, etc., mais ce genre, à condition d'être de premier ordre, a le même droit à l'existence que les gravures à la manière noire de M. Becque ou les cruelles études sociales de M. Dumas fils. Et puis, si la convention théâtrale se donne un peu trop libre carrière au dernier acte du *Marquis de Villemer*, comme on en est consolé à l'avance par l'heureuse opposition du caractère des deux frères, par la ferme sagesse de Mlle de Saint-Geneix, par l'ingénuité si profonde et en même temps si vivante, si agissante de Diane de Saintrailles! Héros et héroïnes, je le confesse, tous ces gens-là sont dans le bleu. Mais quel beau bleu, ou, pour mieux dire, quel azur radieux, le vrai firmament du pays des doux rêves!

Le dialogue du *Marquis de Villemer* n'est pas moins remarquable que la peinture des caractères. Il est plein de mots heureux et qui portent. « La comtesse est souffrante ; que disent les médecins ? — Oh ! ils disent ce qu'ils savent ; ils ne disent rien. — Il n'y a pas de grandes persécutions pour qui n'encourage pas les petites. — Les parents ont toujours des espérances superbes parce qu'ils ont des illusions charmantes. » Et encore le dialogue d'Urbain et de Gaëtan : « C'était une femme mariée qui ne me voyait qu'à travers un remords. — C'est comme ça que les femmes mariées doivent aimer. Autrement on n'en saurait que faire. — C'est moi qui l'ai tuée. — Tu t'imagines ça. Est-ce qu'on tue les femmes ? quand elles meurent, c'est qu'elles ne peuvent plus faire autrement. » Et aussi l'apostrophe à Mme d'Anglade, veuve très consolable : « Me dire du mal de mon mari, le meilleur des hommes ! Il est bien meilleur à présent. Il est mort ». Ne dirait-on pas du Dumas fils, manière *Francillon ?*

M. Prudhon tenait hier pour la première fois le rôle du duc d'Aleria, créé par Berton en 1864 à l'Odéon, puis repris par Delaunay à la Comédie. Il l'a joué avec beaucoup de rondeur et de succès. Il fera bien, seulement, de veiller sur sa tendance à en souligner les effets. Quand le duc d'Aleria dit à Mme de Saint-Geneix : « Enfin on va rire ici ! » il doit éviter toute intonation triviale. Autrement, il devient un commis-voyageur en goguette, n'est plus le gentilhomme à qui la lectrice dira bientôt, et très justement, pour se soustraire aux familiarités compromettantes : « Monsieur le duc, à la campagne comme à Paris, vous êtes Monsieur le duc et ne sauriez être autre chose. »

M. le Bargey a toute la mélancolie que réclame le rôle du marquis Urbain. Je lui voudrais une tenue moins guindée ; il faut qu'on soupçonne les bouillonnements de la passion dans cette nature contenue, je l'accorde, mais enfin pas si contenue qu'elle n'ait déjà connu l'amour — et même la paternité illégitime. M. Garraud, M. Clerh et M. Joliet tiennent avec beaucoup de soin les petits emplois masculins. Mme Broisat a pris depuis longtemps pleine possession du rôle de Caroline de Saint-Geneix ; elle y est de tous points parfaite.

Mme Lloyd est une majestueuse mère noble qu'on a fort applaudie. Quant à Mlle Muller, elle ne pouvait guère songer à faire oublier Mme Reichemberg, qui murmurait de si incomparable façon la jolie phrase du second acte au milieu du silence général causé par les distractions d'Urbain, fiancé transi : ». Chut ! écoutez.. C'est un ange qui passe, comme on dit au couvent. » Il faut même avouer qu'elle n'était pas en train et qu'elle a détaillé assez médiocrement les répliques de Diane de Saintrailles. Mais à elle aussi on peut faire crédit, car c'est un Greuze sorti de son cadre, et les Greuze sont toujours excellents à voir, même quand ils sont tout juste bons à entendre.

CÉLIMARE LE BIEN-AIMÉ (reprise)

Distribution : Célimare, *M. Jolly*. — Bocardon, *M. Boisselot*. — Vernouillet, *M. Michel*. — Colombot, *M. Courtès*. — Un tapissier, *M. Collet*. — Pitois, *M. Peutat*. — Madame Colombot, Mme *D. Grassot*. — Emma, Mlle *B. Dharcourt*. — Adeline, Mlle *Englebert*.

LA GRAMMAIRE (reprise)
Vaudeville, 19 septembre 1887

Distribution : Poitrinas, *M. Michel*. — Caboussat, *M. Courtès*. — Jean, *M. Corbin*. — Machut, *M. Roche*. — Blanche, Mlle *Lécuyer*.

Un très curieux dosage de Labiche rose et de Labiche noir, de Labiche sucré et de Labiche pimenté : la *Grammaire*, côté doux ; *Célimare le bien-aimé*, côté dur.

La *Grammaire*, écrite en collaboration avec Alphonse Jolly, et qui a fait depuis vingt ans le tour de toutes les scènes de Paris et de province, est l'histoire de François Caboussat, bon entrepreneur de charpente, devenu maire d'Arpajon et en passe d'aborder les plus hautes situations politiques du département mais que sa profonde ignorance de l'orthographe mettrait dans un cruel embarras s'il n'avait près de lui sa fille Blanche qui lui sert de grammaire quotidienne. Un parti se présente pour ce Noël et Chapsal en cheveux blonds et en lèvres roses, un parti qui demeure au chef-lieu voisin! Tempête sous le crâne de Caboussat. « Que vais-je devenir, s'écrie-t-il, si je reste à Arpajon tandis que mon orthographe sera à Étampes? » Tout s'arrange. Le jeune ménage s'engage à demeurer Arpajonnais. Il ne prendra que deux mois annuels de vacances.

Du Berquin gai, pas autre chose! Tous braves gens! Brave homme, l'académicien Poitrinas qui déterre des ustensiles hors d'usage, des carafes avariées, des poteries en capitolade et les catalogues antiquités gallo-romaines; brave garçon, le domestique Jean dont le défaut est de casser beaucoup de vaisselle, mais qui enterre les morceaux avec un soin religieux « dans une petite fosse, près de l'abricotier, propre et gazonnée »; brave papa, François Caboussat, l'ancien entrepreneur de charpente, qui n'hésite pas à sacrifier ses ambitions dès qu'il craint de voir son enfant malheureuse; bonne petite fille Blanche Caboussat qui dit si gentiment à son père : « J'ai recopié ton discours » et lui explique avec patience qu'il faut deux *s* à profession, mais qu'il faut un *t* à nation.

Il n'est pas jusqu'au fils Poitrinas, au fiancé de Blanche resté à la cantonade, qui n'apparaisse comme un excellent jeune homme, si l'on s'en rapporte à la naïve orthographe de son billet doux : « J'aime mademoiselle Blanche... depuis que je l'ai vue, je ne mange plus, je ne *dore* plus. » Il écrit dors comme dorer. C'est un ange!

Courtès, Corbin, Michel et Mᵐᵉ Lécuyer ont interprété fort convenablement cette berquinade.

Célimare appartient à une série infiniment plus triste, malgré son comique d'excellent vaudeville. Pessimiste comme Schopenhauer, l'observateur Labiche, doublé cette fois du collaborateur Delacour. Plus d'anges. Rien que des personnages très réalistes, et même d'un naturalisme assez sombre.

Toute la pièce repose sur la contre-partie de cette déclaration de *Célimare le bien-aimé:* « J'ai toujours aimé les femmes mariées. Une femme qui a un mari, un ménage, cela vous fait un intérieur. Et puis, c'est rangé, c'est honnête, et il est si difficile aujourd'hui d'avoir pour maîtresse une femme complètement honnête! Quant à la dépense, des bouquets, quelques sacs de bonbons, rien du tout! Par exemple, il y a le mari, une espèce de gêneur qui s'éprend pour vous d'une amitié furieuse, qui vous raconte ses affaires, vous demande conseil, vous charge de ses commissions. Ça, c'est le revers. Moi, j'ai toujours soigné le mari, c'est mon système. Mais ces liaisons-là n'ont pas de racines; voilà ce qu'il y a de commode ; ça se tranche comme avec un couteau. » Or, quand Célimare, marié lui-même, veut trancher, « comme avec un couteau, » il s'aperçoit bien vite que l'opération n'est pas facile. Vernouillet et Bocardon, les deux maris trompés, se cramponnent à lui, empoisonnent sa lune de miel et il ne s'en débarrasse qu'en leur demandant un service d'argent.

Pas très gai, Célimare! Un moineau lascif, ou plutôt un pierrot, comme il est dit dans les *Intimes*.

Rappelez-vous la tirade de Tholosan, au début de la pièce de Sardou, sur les oiseaux qui font leur nid dans le duvet des autres:

« Sans aller bien loin, tourne les yeux vers cette maison; je suis sûr qu'en cherchant bien, tu trouverais sous ce toit un nid d'hirondelles dans lequel s'est glissé un pierrot voyageur. C'était le soir, un soir d'orage. Le pauvre diable était mourant et traînait de l'aile. Le ménage lui fit bon accueil, place à la table, place au logis... à lui le plus fin duvet et le grain le plus délicat; et tandis que le mâle hospitalier court les champs, mon pierrot convalescent, gros et gras, raconte à la dame du lieu ses tribulations et ses amertumes... La dame a bon cœur!... elle s'apitoie... Il pleure, le traître!... et tendrement, de sa patte mignonne, elle essuie ses yeux... les larmes redoublent... elle les essuie du bout de l'aile... Il s'évanouit!... Que faire? Il va mourir... Elle a tendu la patte, elle a tendu l'aile... elle tend le bec!... Et le

mari revient quand elle s'est bien assurée de l'efficacité
du remède ! »

C'est ainsi que Célimare s'est installé successivement
chez Vernouillet et chez Bocardon. Il est le proche
parent du Maurice de *Nos Intimes* à qui le docteur Tholosan adresse le discours ci-dessus. Mais ne criez pas au
démarquage, du côté de Sardou, car *Nos Intimes* datent
de 1861 et *Célimare* de 1863. Ou plutôt il n'y a pas et il
ne pourrait y avoir démarquage. La situation se trouve
dans le domaine public depuis qu'il y a des ménages et
des célibataires.

Ce qui... déprime un peu Célimare, c'est qu'il est
mûr et même très mûr au lieu d'avoir la belle jeunesse
de Maurice. Un vieux pierrot est presque toujours un
vilain pierrot. Et il est flanqué d'oiseaux de catégorie
aussi inférieure. C'est le domestique Pitois qui raconte
ses mésaventures conjugales au bien-aimé Célimare.
« Eh bien ! quand tu as découvert la chose, qu'est-ce
que tu en as fait, de ta femme ? tu l'as renvoyée ? — Non,
Monsieur ; elle gagnait cinq cents francs par an ; nous
les mettions à la Caisse d'épargne. »

C'est Colombot, le beau-père, qui dit à Célimare :
« Je ne vous cache pas qu'au premier abord vous ne me
plaisiez pas du tout... A ma femme non plus. — Alors,
qu'est-ce qui vous a décidé ? — C'est le notaire, quand

il nous a dit que vous aviez quarante mille livres de rentes. »

Quant à Vernouillet et à Bocardon, ils sont de la famille des intimes de *Nos Intimes*. A la première demande d'un service sérieux, ils prennent la porte. Les mots mêmes, dont plusieurs sont restés célèbres, ont un cachet pessimiste très accentué, je n'en citerai qu'un, celui de la tirade de Célimare : « Il est si difficile aujourd'hui d'avoir pour maîtresse une femme complètement honnête. » — C'est le pendant — par anticipation — du mot d'une héroïne de Becque, à son amant : « Vous êtes un homme sans moralité... Vous auriez accepté pour maîtresse une femme qui n'aurait pas eu de religion. »

Si j'insiste sur le caractère schopenhauerien de *Célimare*, ce n'est pas seulement pour faire un classement critique, c'est aussi pour m'expliquer à moi-même et aussi pour expliquer au public comment Jolly a pu être tenté de jouer sans gaieté — mais non sans talent, sans très grand talent — un rôle dont les précédents titulaires avaient fait une bouffonnerie. Il l'a trop compris, trop creusé. Pour parler la langue de *Pot-Bouille* — et au fond Célimare est Pot-Bouilli ou Pot-Bouillard, au choix — il s'est vu « mufle » entouré de « mufles », et la situation ne lui a pas paru très réjouissante. Philosophiquement, il a raison. Au point de vue de l'action sur le public, il a tort. Trop de finesse, trop de soulignements, trop de fignolages. La pièce en est ralentie d'un bout à l'autre.

A parler franc, rien ne prouve mieux que l'expérience d'hier soir qu'il faut tout subordonner à l'optique théâtrale, tout, et même, et surtout l'interprétation philosophique. Célimare n'est pas un bon rôle pour Jolly, justement parce qu'il le joue avec une conscience surabondante de son caractère naturaliste. Pour le rendre agréable au public, il faut absolument le traiter en personnage ahuri; si Corbin était plus jeune ou s'il pouvait se grimer, — mais vieillirait-il sa voix restée très juvénile? — il en tirerait un bien meilleur parti que Jolly; il en ferait le pendant de l'amoureux de *Tête de Linotte*, si convenu, mais si amusant.

Michel et Boisselot ont moins visé aux effets de détail et à l'intime compréhension philosophique. Aussi sont-ils plus réellement comiques; surtout Boisselot. Courtès a eu d'heureuses minutes d'épanouissement bourgeois. Peutat est un domestique conseilleur et moraliste de parfaite venue, Mme Grassot une vraie belle-mère de vaudeville. On reprochera sans aucun doute à Mlle Dharcourt, qui représente la jeune épouse de Célimare, de parler un peu gnian-gnian et de ne pas avoir fait de grands progrès depuis *Georgette*, où M. Sardou nous présenta cette trouvaille Niçoise. Mais justement elle est dans la couleur sinon morale du moins scénique de la pièce. Elle a bien l'air d'une « petite mariée » du Palais-Royal, et c'est une pièce du Palais-Royal qu'elle joue, et quand la troupe du Vaudeville, d'ailleurs si remarquablement composée, consentira à jouer *Célimare* d'un bout à l'autre à la mode du Palais-Royal, elle retrouvera sans peine les superbes recettes des cent premières de la salle Montpensier.

JACQUES DAMOUR, par Hennique
Pièce en un acte

Distribution : Jacques Damour, *M. P. Mounet*. — Sagnard, *M. Rebel*. — Berru, *M. Colombey*. — Félicio, *Mlle Dheurs*. — Françoise, *Mlle Noémie*. — Pauline, *Petite Gilberte*.

LE MARQUIS PAPILLON, par M. Boniface
Comédie en 3 actes en vers
Odéon, 22 septembre 1887

Distribution : Frédéric, *M. Amaury*. — Ottocar, *M. Sujol*. — L. Margrave, *M. Vandenne*. — René, *M. Laroche*. — Karl, *M. Coquet*. — Fritz, *M. Chaulard*. — Un huissier, *M. Dallier*. — Isabelle, *Mlle N. Martel*. — La Chanoinesse, *Mme Samary*. — Sylvine, *Mlle Lainé*. — Wilhelmine, *Mlle M. Bertrand*.

« *Nil sub sole novi.* » — Rien n'arrive, tout repasse. — La propriété des idées n'est pas une propriété. — Chacun prend son bien où il le trouve... » C'est par cette brochette de proverbes et d'axiomes qu'il conviendrait de commencer le compte rendu de *Jacques Damour*, la petite pièce de M. Hennique, qui a servi de début au spectacle d'hier.

M. Hennique n'est pas un littérateur indifférent ; les deux tiers de son drame en un acte indiquent la facture d'un homme de théâtre ; l'œuvre avait pour elle la recommandation de mon éminent confrère et ami La

Pommeraye, idéaliste convaincu, mais qui n'a jamais hésité à patronner — *Jacques Damour* en est la preuve, après *Renée* — les productions originales mêmes relevant de l'esthétique naturaliste. Le public lui a fait (toujours pour les deux tiers) un accueil attentif et courtois. Mais si les chercheurs de petites bêtes littéraires qui s'acharnent d'habitude sur et contre Sardou avaient voulu et voulaient encore crier au plagiat, quelle superbe occasion de dénoncer l'intime parenté de *Jacques Damour* (extrait d'ailleurs d'une nouvelle de Zola) avec le *Colonel Chabert,* de Balzac, dont André Theuriet avait déjà tiré son *Jean-Marie!*

Le colonel Chabert, officier de la Grande-Armée, passe pour mort pendant la campagne de Russie. Quand il revient de Sibérie, sa femme, remariée, est heureuse et, suivant la formule a beaucoup d'enfants. Le colonel se sacrifie. Même aventure, avec quelques variantes, pour Jean-Marie, le naufragé, très vivant malgré la constatation officielle de son décès. On voit la progression de l'idée, ou plutôt ses phases successives. Balzac, écrivant à trente ans de distance de la campagne de Russie a utilisé un fait divers presque contemporain. André Theuriet, composant sa saynète en vers, sous le second empire, a préféré la donnée plus vague, mais en revanche plus persistante d'un naufrage. Qu'a fait

M. Zola arrivant troisième? Il a choisi un fédéré pris par l'armée de Versailles, envoyé à la Nouvelle-Calédonie, et disparu au cours d'une tentative d'évasion.

Quand Jacques Damour, le fédéré, profitant du vote de l'amnistie, revient à Paris, il retrouve sa jeune femme Félicie, mariée à un boucher des Batignolles, Sagnard. Félicie est heureuse, et, ainsi qu'il convient aux principes modernes d'économie conjugale, elle n'a qu'un enfant. Bonheur modeste, mais d'autant plus enviable, toujours d'après les théories actuelles. Aussi refuse-t-elle de suivre Jacques Damour : « Je ne t'ai donc pas rendue heureuse, lui demande l'ex-fédéré? — Pas toujours ! répond-elle. » Sur cet aveu dénué d'artifice, le communard, menace de tout casser dans la boucherie. Heureusement Sagnard survient ; on s'explique d'abord « entre hommes », rien qu'entre hommes ; Jacques Damour se calme ; ses idées s'apaisent et même s'embrouillent un peu. Bref, quand Félicie se hasarde à reparaître, il lui dit courageusement adieu: « Je ne veux pas faire ton malheur. Je suis mort et reste mort. Sans au revoir, toute la compagnie. »

Jusqu'ici, cette adaptation de la nouvelle de Zola par Hennique marche très convenablement. C'est du théâtre rapide, brutal, sans préparations ni traditions, tout à fait à la façon du *Lâche* et de l'*Outrage* de Touroude. Mais le public se sentait pris aux entrailles par la force de la situation et on allait acclamer le départ de Jacques Damour devenu tout à coup un personnage sympathique. (Ah ! la loi immuable, l'indipensable et indestructible convention du personnage sympathique!) quand Sagnard a commis la faute irréparable de le retenir en scène.

« Vous êtes un brave homme ! Restez à dîner avec nous ! — Tout de même. » C'est alors qu'on a protesté énergiquement sans aucun parti pris d'école. Encore, Damour se borne-t-il à trinquer avec Félicie et Sagnard, mais c'est trop, et beaucoup trop. Il perd, en restant, sa physionomie de personnage sympathique ; il devient le pendant du Lantier de l'*Assommoir*, se réconciliant avec Coupeau « aux frais de la princesse », c'est-à-dire de Félicie Gervaise.

Comment M. Hennique n'a-t-il pas senti le danger ? Comment n'a-t-il pas vu qu'il allait perdre la partie en voulant trop demander au public? Non seulement le trinquage de Damour le rend presque répulsif, mais faute plus grave, erreur plus dangereuse au point de vue scénique, dès qu'il reste en scène la pièce perd tout le bénéfice de la rapidité des péripéties précédentes. On réfléchit; on s'aperçoit que le coup de théâtre « sans au revoir la compagnie » ne termine rien. Damour reste le mari, le seul, le vrai, le juridiquement valable. Il est venu ; il reviendra. C'est un héros aujourd'hui ; ce sera peut-être demain un maître chanteur... On ne se dirait pas tout cela, s'il était parti, si la toile était tombée. Il reste, les objections se présentent en foule.

M. Rebel joue avec un peu trop d'autorité et de majesté le rôle du boucher Sagnard. Il faudrait plus de rondeur pour justifier l'offre du dîner à une femme et deux maris. M. Paul Mounet a composé avec beaucoup de talent le personnage de Jacques Damour. M. Colombey abuse des intonations félines dans le rôle épisodique de l'ami Berru, un surmoulage du Boirot de l'*Homme n'est pas parfait*; Mlle Deurs (Félicie Gervaise), a trouvé des accents très justes sans outrance mélodramatique.

La soirée s'est terminée par une surprise — comme dans les dîners bourgeois de l'ancien Marais — une comédie-bouffe-opérette-parodie, qui a d'abord dérouté le public, mais dont on a fini — gentiment — par rire à gilet déboutonné. Un sujet très simple, d'une ténuité presque diaphane. Le jeune Frédéric, gentilhomme français, a été envoyé comme ambassadeur à la cour d'Hurenbourg (succursale de Gérolstein), où il s'est épris de Sylvine, la pupille du grand-duc.

Pour l'obtenir il lui faut prouver que son surnom

trop justifié de marquis Papillon, ne l'a pas induit en galanteries adultères, le grand-duc étant fort sévère sur la morale. Or, il a séduit la femme du grand-veneur, Wilhelmine, et celle du ministre des finances, Isabelle. L'une et l'autre tiennent à leur conquête. Comment marquis Papillon s'en délivrera-t-il ? Son ami René, un diplomate, lui enseigne l'art et la manière de se décramponner, comme dirait l'ami Berru :

RENÉ

..... Si je voulais quitter quelque donzelle,
Je ne la fuirais pas, je courrais après elle.

FRÉDÉRIC

Tu railles !

RENÉ

Pas du tout, tu dois en être instruit ;
Fuyez : on vous poursuit. Poursuivez : on vous fuit.
La femme, c'est votre ombre.

Frédéric suit le conseil de René. Les deux femmes se trouvant trop adorées, renoncent au marquis Papillon, qui a toute licence d'épouser Sylvine.

Encore un démarquage à signaler aux antiplagiataires forcenés. L'idée maîtresse du *Marquis Papillon*, c'est le sujet de la *Petite Marquise*, retourné. C'est aussi le délayage du vers célèbre sur l'amour qui

Vit d'inanition et meurt de nourriture.

Mais que M. Maurice Boniface soit excusé, car dans sa pièce le sujet n'est rien. L'exécution est tout. Les détails extraordinaires y abondent. Ecoutez les aveux réciproques de Wilhelmine et d'Isabelle.

— Isabelle, tenez, j'aime mieux tout vous dire,
Le marquis de Valor. — Ah! le monstre! Elle aussi!
— Il serait votre amant! — Complètement.

Est-ce assez régence. Et la déclaration de Frédéric à Wilhelmine :

Vous gardez donc pour moi de l'amour ? —
           Mais en masse.

Et la conversation du grand-veneur avec un de ses piqueurs :

Soyez discret ! — comme la lune !

Mais le succès de la soirée a été pour les mots du duc d'Heirenbourg, qui semblent plagiés (encore !) sur ceux d'un soldat illustre :

Et mon mestre de camp? et mon garde des sceaux?
Où sont-ils? — En voyage, aux eaux. — Et l'autre? —
              [Aux eaux.
— Que d'eaux, Messieurs ! Enfin, n'importe, prenez
                 [place.

Sans oublier le mot de la fin, quand le marquis Papillon a obtenu la main de Sylvine :

Vous l'avez, et vivez sous la grâce divine;
Allez! puissent vos noms être perpétués
— Elle m'aime et je l'aime. — Eh bien! continuez!

M. Amaury, Mmes Nancy-Martel, Bertrand et Lainé ont vaillamment défendu cette opérette hors-cadre. M. Fréville est une excellente ganache ducale — un remarquable simili-Brasseur. Quant à l'auteur, je ne pense pas qu'il doive prendre en trop mauvaise part l'énorme hilarité du public. A deux ou trois passages il m'a semblé reconnaître des qualités sérieuses dans l'œuvre de ce débutant. Un second Valabrègue serait-il en formation?

LES SATURNALES

par Albin Valabrègue, musique de Paul Lacome

Opéra comique en 3 actes
Première représentation aux Nouveautés

Distribution : Barbinus, *M. Brasseur*. — Bomilcar, *M. Albert Brasseur*. — Famulus, *M. Gaillard*. — Marc Livius, *M. Guy*. — Anatolus, *M. Tony Riom*. — Coquardus, *M. Laurel*. — Babibal, *M. Dubois*. — Rosa, *Mlle Jeanne Garnier*. — Myrrha, *Mlle Lantelme*. — Cramponia, *Mlle Debriège*. — Lydie, *Mlle Riché*. — Canidie, *Mlle Mithoir*.

FRANCILLON (reprise)
Début de Mlle BRANDÈS
Comédie-Française, 26 septembre 1887

Encore une belle occasion pour les amateurs de pièces à titre et sous-titre : On pourrait rebaptiser l'opéra comique de MM. Valabrègue et Lacome : *Les Jeux de l'amour et des Saturnales* ou l'épreuve de *Bomilcar-Pourceaugnac*. Tout de Molière, sauf le style et re-tout de Marivaux à part le marivaudage, car au point de vue du fignolage, des quintessences psychologiques et autres menues friandises, les *Saturnales* sont un peu simples, voire campées à la diable et traitées à la grosse. Bref, elles n'ont pas de prétention.

Eh bien, pour ma part, j'en suis ravi. J'avais peur —

oh! si terriblement peur, pour parler comme M. le marquis de Mascarille, — que, sous prétexte de résurrection de l'antiquité, Valabrègue ne nous fît un cours d'archéologie comparée dans un théâtre d'opérette. Les dieux soient loués! Valabrègue ne s'est pas efforcé de complaire à notre haute pionnerie d'Aristarques ; il n'a pas cru devoir se guinder à la prétention pédagogique ; il est resté tel que la nature l'a fait : toujours un peu commun, souvent amusant.

Aussi bien, il ne s'agit, tous comptes faits, et comme je l'ai dit, que d'un arrangement à la bonne franquette macaronique de *Monsieur de Pourceaugnac* et des *Jeux de l'amour et du hasard*, amalgamés. A l'occasion des *Saturnales*, Bomilcar, jeune gandin carthaginois, venu à Rome pour épouser la fille du chevalier Barbinus, est berné par les esclaves de ce patricien — ganache. A la place de sa fiancée Myrrha qui lui préfère Marcus Livius, le sécrétaire du cirque, on lui présente l'esclave Rosa, dont il s'éprend et qu'il finit par épouser, devant le consul carthaginois.

Barbinus jugeant sa fille trop compromise pour rester un bon parti, donne une sanction légitime à la passion de Marcus Livius.

Quelques calembredaines assez réjouissantes mais de moins en moins prétentieuses — il en est qui aboutissent au recueil immortel du million de calembours pour un sou ! — émaillent ce livret un peu nu. Nous avons l'intrépide « vide-amphore » — Montmartrium — aller faire son *persillum* — et la question anticipée du Carthaginois Bomilcar débarquant à Pompéi : « les ruines ? » — « Pas encore, répond noblement l'aubergiste. Si monsieur veut repasser. »

Sur ce livret auquel il faut accorder le mérite négatif de ses lacunes volontaires, M. Lacome a écrit une partition sobre, délicate et poétique, un peu trop discrète ; enfin telle qu'on devait l'attendre du compositeur de *Jeanne, Jeannette et Jeanneton*. Entre les grosses plaisanteries du parolier et les finesses du musicien, le public s'est décidé... pour les interprètes : Brasseur père, excellent comme toujours dans le rôle de tenue... bouffe du patricien Barbinus ; Brasseur fils qui a fait du carthaginois Bomilcar une très amusante combinaison de Peau-Rouge, de Brésilien et de terre-cuite du musée Campana.

Mlle Debriège, une Vénus de *via Appia*, en perruque carotte et peplum rose, qui donne une idée assez savoureuse de l'horizontalisme de grande marque dans l'antiquité, Mlle Lantelme, malheureusement plus en beauté qu'en voix ; enfin et surtout Jeanne Granier, une Rosa délicieuse, une petite bonne lâchée en pleines saturnales, et toute débordante de gaieté, de fantaisie, de sentiment caricatural, de verve parodique, — sans compter d'autres charmes plus savamment contenus.

De la salade romaine des Nouveautés, passons à la salade japonaise de la Comédie, où Mlle Brandès vient de faire ses débuts dans le rôle de Francillon créé par Mlle Bartet. La soirée n'a pas été mauvaise pour la débutante qui n'a rien perdu de la fermeté et de l'autorité dont elle avait déjà fait preuve au Vaudeville. Ce point réglé, il convient d'ajouter que Mlle Brandès est nécessairement une Francillon incomplète.

Francillon est un personnage à part dans le répertoire de M. Dumas fils. Elle n'a pas la simplicité presque hiératique, le caractère dramatique uni de la duchesse de Septmonts et de la princesse Georges. C'est une grande amoureuse, à coup sûr, mais c'est aussi une maman et surtout une bourgeoise. Stanislas le lui dit nettement : — « Nous savons très bien que ce n'est pas pour nous que vous faites toutes ces agaceries et même que vous jouez à la petite évaporée, ce qui ne vous va pas du tout ; vous êtes une sentimentale, vous ; vous vivriez très bien entre un pot-au-feu fait par Mlle Annette et un bouquet de myosotis donné par Lucien, et, finalement, vous jetteriez le bouquet dans le pot-au-feu pour lui donner du goût. »

Avec M{^{lle}} Bartet, on saisissait sur le vif ce mélange de sentiments profonds, de voluptueux élans, de maternité débordante et de bourgeoisisme latent. M{^{lle}} Brandès, nature héroïque, romantique, mélodramatique, ne rend pas ces nuances complexes. Elle a le sein naturellement aride et la diction un peu sèche des amoureuses du grand répertoire. Ce serait une Camille et une Émilie si elle savait dire le vers. Ce sera, comme je le disais tout à l'heure, une duchesse de Septmonts et une princesse Georges, tout entières « à leur proie attachées », soit pour tuer le vibrion, soit pour le reconquérir. Il lui manquera toujours le « fondant » nécessaire au rendu complet du personnage de Francillon. Elle n'en est pas moins intéressante à entendre d'un bout à l'autre du drame de M. Dumas, dont elle a mis en relief les parties nerveuses et verveuses.

Baillet remplace Febvre et Laugier succède à Thiron ; tous les deux se maintiennent dans une honnête moyenne, mais avec une infériorité un peu marquée. En revanche, Worms et M{^{me}} Pierson restent des interprètes de tout premier ordre.

LE DÉGOMMÉ (reprise), par GONDINET

Comédie en 3 actes

Gymnase, 30 septembre 1887

DISTRIBUTION : Chevrette, *M. Noblet*. — Barenton, *M. Landrol*. — Bridois, *M. Lagrange*. — Adrien Taconnier, *M. Numès*. — Salvinc, *M. Berny*. — Taconnier, *M. A. Ricquier* (début). — Boré *M. Seiglet*. — Pascal, *M. Torin*. — Charlotte de Givray, *Mlle Desclauzas*. — Mme Taconnier, *Mme Grivot*. — Blanche, *Mlle Darlaud*. — Berthe, *Mlle Cheirel*.

Cette fois, je mets au défi les petits camarades les plus intimement associés à la fortune de certaines entreprises théâtrales d' « emmailloter » de périphrases consolantes, comme dirait l'excellent M. Trélat, la constatation de la chute du *Dégommé*, tombé ou plutôt écrasé hier soir entre neuf heures et minuit sur la scène du Gymnase. Chute à prévoir, M. Gondinet, malade, éloigné de la scène depuis plusieurs mois, a pu se tromper, n'assistant pas aux répétitions générales. Mais où est l'excuse des prétendus gens de théâtre qui administrent la maison de feu Montigny... si, comme tout me le fait supposer, ils ont aperçu, au cours de ces répétitions, les lacunes, les défaillances, les invraisemblances, les atteintes au sens moral et même à la simple honnêteté bourgeoise dont fourmille *Dégommé ?* Je comprends maintenant la campagne de réclame, l'appel à l'opinion à propos d'une prétendue intervention de la censure, intervention légitime, inoffensive, limitée à une demande de changement de costume. Apparemment, l'opinion était occupée ailleurs, ou bien elle commence à se méfier.

Essayons pourtant de raconter ce drame-comédie-vaudeville-satire; une intrigue à la Cadol, des piments à la Sardou, une sauce à la Hannequin, le tout jeté pêle-mêle dans la casserole : M. Barenton, procureur général d'un parquet de province, fonctionnaire plutôt que magistrat, plus attaché à la robe qu'à ses devoirs et cependant honnête — jusqu'au lever du rideau — a marié sa fille Blanche à un homme qu'elle n'aimait pas, M. Chevrette, avocat-député, viveur, coureur, sauteur, etc. Blanche Barenton s'est vengée ou consolée (on ne sait pas au juste) en flirtant de fort près avec un certain M. de Préfailles. Tout s'est borné à des lettres, mais ces lettres sont fort vives, et qu'arriverait-il si elles tombaient entre les mains de M. Chevrette? L'avocat-député y verrait sans doute la preuve d'un crime, encore en herbe, mais non en gerbe, comme disaient nos pères.

Justement, M. Barenton vient d'être chargé de faire instruire une affaire de chantage. Il s'agit d'un valet de chambre qui a découvert une spécialité fructueuse : il entrait chez les célibataires pour y voler des lettres de femmes mariées et en tirer bon parti pécuniaire. Cet industriel, nommé Charopin, a été arrêté, des lettres saisies chez lui sont incluses au dossier, et comme il a servi chez M. de Préfailles, Blanche Barenton se persuade que sa correspondance va tomber sous les yeux du procureur Barenton. Dans un accès de désespoir, renouvelé des sublimes résolutions de Gribouille, elle avoue sa faute à son père et le supplie de la sauver. Il n'a qu'à prendre les lettres dans le dossier, à les jeter au feu...

Presque rien, en effet, et même rien du tout. Une forfaiture, la destruction de documents qui n'appartiennent pas plus au magistrat que l'argent de notre pauvre caisse syndicale n'appartenait au sieur Crouzet. Mais Barenton, l'honnête homme suivant la tradition du Gymnase, ne se fait pas tirer l'oreille. Il est tout prêt à sacrifier la conscience du magistrat à l'amour paternel. Un seul obstacle : le dossier est déjà parti chez le juge d'instruction. Qu'à cela ne tienne ! Barenton le réclame, Barenton va livrer au feu les pièces accusatrices.

Nouvel embarras. Barenton est dégommé. On lui envoie un successeur par train express et ce successeur est son gendre, M. Chevrette, qui, las de la politique, s'est fait improviser chef du parquet. Fureur de Barenton à la nouvelle de ce chassé-croisé familial (si invrai semblable qu'il a stupéfié la salle). Il va prendre le train, il verra le garde des sceaux. « Et mes lettres qui vont revenir de l'instruction! » dit Blanche. Alors le joli beau-père que nous avons déjà pu pressentir dans ce vilain magistrat, a ce cri du cœur : « Tant pis. Si ton mari les lit, il n'aura que ce qu'il mérite ! »

A peine Barenton s'est-il éloigné — qu'arrive le grotesque Chevrette, un fantoche qui s'installe sans crier gare dans le cabinet de son beau-père, s'intronise avec une hâte puérile, fouille dans les tiroirs, ouvre les dossiers. Celui de l'affaire Charopin vient d'arriver. Chevrette va mettre la main sur les lettres de M. de Préfailles. Blanche n'hésite pas. Elle vole la correspondance sur le bureau même de son mari, après avoir joué avec lui une scène répugnante de provocation conjugale. Mais elle se trompe. Les lettres qu'elle a volées ne sont pas ses lettres. Tout est à recommencer. Et justement Barenton, revenu de Paris où il a été éconduit par le garde des sceaux, n'hésite pas à se venger par une nouvelle turpitude. Il dénonce à son gendre les déportements de sa fille. Heureusement l'ignoble délation de Barenton échoue devant le parti pris de Chevrette (qui est le personnage le plus sot, mais en revanche le moins odieux de la pièce) de ne pas croire à la culpabilité de sa femme. Chevrette rend les lettres à M. de Préfailles sans les avoir regardées. Et la jeune femme, convertie par un aussi beau trait, tombe dans les bras de ce mari méconnu. Accessoirement Barenton est réintégré procureur général et pardonne à son tour au gendre qui l'avait fait dégommer. On s'embrasse! Il y aura le soir un joli dîner de famille.

A quoi bon faire une critique physiologico-psychologique de ce drame-vaudeville mort-né, qui combine de si inviable façon les menues adresses des *Pattes de mouche* et les postulats inacceptables de certains romans naturalistes? Où a-t-on vu des chassés-croisés de magistrats se succédant et mettant la main à la pâte judiciaire sans avoir été régulièrement investis et sans avoir prêté le serment chaque fois renouvelable? Où M. Gondinet a-t-il découvert un pareil Pot-Bouille provincial, un « intérieur » composé de personnages aussi répulsifs?

Passons à l'interprétation qui, malheureusement, est à demi consolante. Noblet, écrasé par le rôle de Chevrette, ne débite que des calembredaines. Un seul bon mot et encore d'actualité très passagère, lorsqu'il arrive avec la robe rouge de procureur sur le bras : « Cette robe doit joliment habiller un homme, quand il peut la mettre... » Si Noblet est écrasé, Landrol, par contre, écrase le rôle de Barenton. Il le joue avec un sérieux qui en fait ressortir tous les côtés odieux. M. Lagrange interprète avec plus de finesse un personnage de vieux greffier, blanchi sous le harnois. Numès est un bon jeune premier. Autour de Mme Desclauzas, une générale Ramollot un peu trop souligneuse et rognonneuse, Mmes Darlaud, Cheirel et Grivot défendent avec vaillance des rôles qui les portent à peu près comme l'atmosphère ambiante portait Arlequin tombant du haut des tours Notre-Dame.

LA GRANDE DUCHESSE (REPRISE)
Variétés, 3 octobre 1887

Distribution : Fritz, *M. Dupuis*. — Le général Boum, *M. Christian*, — Le baron Puck, *M. Baron*. — Le baron Grog, *M. Barral*. — Le prince Paul, *M. Germain*. — Népomuc, *M. Daniel-Bac*. — La grande-duchesse, *M*^{me} *Judic*. — Wanda, *M*^{lle} *Crouzet*. — Olga. *M*^{lle} *Folleville*.

Après avoir fait leur réouverture avec le *Fiacre* 117 et les *Charbonniers*, les Variétés reprenaient hier la *Grande Duchesse*.

On m'excusera de ne pas rééditer à ce propos les antiques et solennels clichés sur le répertoire d'Offenbach considéré au point de vue de la « dégénérescence » des mœurs sociales à la fin du second empire, l'invasion de la parodie, le développement de « l'irrespect », etc., etc. Ces considérations ont eu leur valeur, mais elles ont fait leur temps. Le répertoire de maître Jacques s'est épuré en vingt ans, et il ne reste plus qu'une très jolie pièce, un livret amusant, véritable modèle du genre, une partition qui a gardé la saveur des jeunes années. Je ne saurais assez dire, pour ma part, avec quelle satisfaction j'ai revu hier soir cette *Grande Duchesse* enfin dégagée de tout ce qui n'est pas inoffensive satire, et délicat opéra-bouffe.

C'était la première fois depuis bien longtemps qu'on pouvait l'entendre à tête reposée — les plaisanteries militaires n'ont pas choqué les spectateurs les plus chauvins, Christian, Boum, Ramollot, évoluant au pays bleu de la féerie; et à l'écouter ainsi on fait de bien curieuses découvertes.

Ainsi une évidence m'a sauté aux yeux qui, jusqu'ici, a passé inaperçue de la critique; à savoir tout ce qu'il y a de parodie romantique dans l'opérette de Meilhac et Halévy, ni plus ni moins qu'un drame de Victor Hugo retourné : *Marie Tudor* cuisinée à la sauce comique.

Et qu'on ne crie pas au paradoxe. Il y a d'abord identité des personnages. La grande duchesse de Gérolstein est folle du fusilier Fritz comme Marie Tudor de l'aventurier napolitain Fabiano-Fabiani. Et la chute de Fritz est machinée par le général Boum, le baron Puck, le baron Grog, comme celle de Fabiano par lord Clinton, maître Eneas, Simon Renard... Il travaille pour son prince, l'ambassadeur d'Espagne, Simon Renard, comme le baron Grog pour le prince Paul, et peu s'en faut qu'il ne dise dans les mêmes termes que Grog : « Madame, prenez mon prince ; je vous assure que c'est un bon petit jeune homme ! »

Voilà pour le fond, pour la trame même de la pièce. Quant aux ressemblances de détail, elles abondent. Comparez, par exemple, la brusque élévation et la chute de Fritz avec celle de Fabiano-Fabiani.

Le haut de l'échelle. Côté *Grande Duchesse*, le célèbre « avancement au choix ».

« Simple soldat, — je te fais caporal. — Tu diras à ta bonne amie que je te fais sergent. — T'ai-je dit que tu étais lieutenant, est-ce trop peu pour chanter avec moi? Je te fais capitaine... Vous dites que pour avoir le droit de parler, il faut qu'il soit officier supérieur? Je le fais général... Il faut qu'il soit noble, je le fais baron de Vermout-Von-Bock-Bière, comte d'Avall-Vintt-Katt-Schop. »

Côté *Marie Tudor*: les plaintes de lord Clinton au début du premier acte :

« — La reine l'a fait comte de Clanbrassil et baron de Dinasmondy, ce Fabiano-Fabiani. Il est pair d'Angleterre comme vous, Montaigu, comme vous, Chandos, comme Stanley, comme Norfolk, comme moi, comme le roi! »

La dégringolade. Côté de la *Grande Duchesse*:

« — On ne peut m'interroger qu'en présence de toute la noblesse du duché... Je suis comte d'Avall-Vintt-Katt-Schop. — En vérité?... Eh bien, vous ne l'êtes plus... »

Côté de *Marie Tudor :*

« — Cela est pourtant vrai ! Je t'ai fait comte de Clanbrassil, baron de Dinasmondy... Eh bien, c'est que j'étais folle !... Toi chevalier, toi gentilhomme, toi seigneur !... Milords !... je vous demande pardon d'avoir fait asseoir cet homme près de vous ! »

Même parodie des tendresses de Marie Tudor pour l'aventurier napolitain : le célèbre « Dieu, qu'il est bien ! » de la Duchesse est proche parent du : « Tu as une charmante tête, Fabiano ! » de l'héroïne de Victor Hugo. Je pourrais continuer le parallèle, mais je m'arrête. Il me suffit d'avoir montré que même en renonçant aux clichés historiques et moralisateurs on peut trouver dans la *Grande Duchesse* matière à de curieux développements littéraires. C'est une mine : il n'y a qu'à creuser.

Quant au plaisir des yeux et des oreilles, il est toujours très vif. Mᵐᵉ Judic a pris possession du rôle de l'amante de Fritz avec beaucoup d'intelligence artistique, sans chercher à chausser les bottes de la Schneider. Je dirais volontiers qu'elle joue le rôle en pantoufles, bourgeoisement, à l'ingénue du faubourg Saint-Denis, à la re-ni-touche. Rien de fringant, de tapageur ; mais ces menus papotages d'un cœur qui s'éveille sont parfois exquis.

Mˡˡᵉ Crouzet a montré bien de la vaillance et de la vraie jeunesse dans le rôle de Wanda. Du côté des hommes, il faut mettre hors de pair Dupuis, Baron et Christian. Dupuis et Baron sont, comme on sait, les deux derniers survivants de la création, Baron a seulement changé la baronnie Grog pour la baronnie Puck, et il y a retrouvé le même succès. Dupuis est toujours un Fritz inimitable. Par exemple il a pris une majesté, une ventripotence en plein relief. C'est tantôt le Louis-Philippe bedonnant dans la culotte blanche des tableaux du musée de Versailles, et tantôt Wellington. Christian n'est pas seulement un bon général Boum, au premier acte, c'est encore un conjuré presque dramatique au cours des tableaux qui suivent. Une mention très particulière et plus qu'honorable à Daniel Bac, Barral et Germain.

PARIS SANS PARIS, par FERRIER, CLAIRVILLE et DUPRÉ

Revue en un prologue, 3 actes et 8 tableaux
Première représentation à la **Renaissance**, 4 octobre 1887

DISTRIBUTION : *Maugé, Raimond, Delaunay, Galipaux, Moncavrel, Bellor, Larcher, Regnard*; Mmes *Leriche, B. Ollivier, Noémie Vernon, Rivero, V. Rolland, J. Lhery, Boris*, etc.

Paris sans Paris, réouverture de la Renaissance, c'est Paris sans book-makers, mais avec enjeux mis sur les curiosités de l'année, les carreaux multicolores de la lanterne magique par le provincial Follebraise que promène à Paris une commère suffisamment « en forme »... Vous connaissez l'inévitable donnée de toutes les revues. Celle de MM. Ferrier, Clairville et Depré n'avait pas à innover, quant au canevas. Son droit et son devoir étaient de se rattraper sur les détails. Elle a convenablement usé de l'un et suffisamment rempli l'autre.

Passons le prologue qu'on pourrait émonder sans regret ni remords. Au second tableau, un rondeau très applaudi de Raymond sur l'échafaudage enfin disparu de la porte Saint-Denis.

Il est tombé, l'antique échafaudage.

Plus une devinette en partie double ainsi conçue : premier carton sortant de terre : Il reviendra ! — Il faut qu'il revienne ! — Il revient ! — Il est revenu ! — Qui ? Qui ?? Qui ??? — deuxième carton : Coquelin ! Coquelin ! ! Coquelin ! ! !

Au troisième tableau, la fête de Neuilly, et une scène, fort gaie, d'hypnotisme devant la cage à Bidel où finissent par pénétrer tous les spectateurs. Un vieux lion à demi somnolent lit un journal dans un coin de la cage. Les deux autres demandent à sortir et le dompteur leur crie : — « Allez et ne restez pas longtemps. » — Ce n'est pas méchant, méchant ! mais c'est drôle !

Follebraise et sa commère montent en ballon captif avec un photographe (?). Naturellement la corde casse et ils partent en découverte dans les nuages. Quatrième tableau : la sphère d'Excelsior où Delannoy, un vieux savant à jamais échoué dans les régions les plus supérieures, collectionne les modes démodées. Cinquième tableau : les étoiles de la Grande-Ourse, une constellation électrique de très charmant aspect. Sixième tableau : le palais de l'Industrie, où apparaît « la plus jolie femme de Paris » vue de dos, dans sa reliure. Allusion indiscrète, mais savoureuse, au volume de Marie Colombier.

Une vue du café du Chat-Noir, où Mlle Leriche, merveilleusement costumée, — gueule d'angora sur le fond de satin bière moussante, — imite de toute vibration le gentilhomme Rodolphe de Salis. Puis l'*Épopée:* signée Detaille, un tableau vivant.. avec beaucoup de morts et surtout de blessés, drapeau tricolore et grenadiers dramatiquement groupés.

L'acte des théâtres a pour cadre « la Comédie Française. » On voit dans ce milieu solennel Raymond en académicien-chasseur, perverti par l'usufruit des domaines de Chantilly, remplaçant les joies austères de l'étude par des laisser-courre tout à fait dévergondés, et si oublieux du Noël et Chapsal élémentaire, qu'il s'écrie à propos de la refonte du dictionnaire : « Quand nous serons à la lettre O, quel joli article sur Aumale. »

Trois parodies réussies.

1° Celle de la *Terre* (un peu chargée et sans mise en scène suffisante. Ah! si Clairville père vivait encore, comme il n'aurait pas manqué de faire arriver le Jésus-Christ tympaniseur de Zola au pied d'une butte « plantée » de moulins à vent qui se seraient mis tous et tout de suite à tourner. M. Clairville *junior*, vite ce béquet ! Il en est temps encore !)

2° Celle de *René*. On voit arriver Aristide Saccard avec la cheminée qui lui est indispensable pour tisonner (je tisonne, donc je pense), Maxime avec sa perruque blonde (joli et lâche) ; Renée avec son canapé d'osier et sa peau d'ours (instruments du crime). Après une scène vraiment clownesque de lâchages et d'empoignages, la scène se termine par cette annonce : « Mesdames et Messieurs, la pièce que nous avons eu l'honneur de représenter devant vous n'est pas de M. William Busnach. »

3° Celle de *Lohengrin*, la plus variée, la plus complète. Pour calmer les susceptibilités chauvines, l'opéra de Wagner est entremêlé de scies de cafés-concert essentiellement nationales. Ainsi quand le chevalier du Cygne aperçoit sa bien-aimée, il s'écrie :

> Ah! c'est l'ange, l'ange, l'ange,
> Ah! c'est l'ange qu'il nous faut!

Sur l'air de : « C'est ta poire, poire, poire, » immortalisé par les fidèles du général Boulanger. Le cygne devient à son tour le « signe à mam'zelle Bousquet », autre refrain d'une célébrité extra-faubourienne.

Le compère est M. Maugé, qui tire bon parti de ses courtes répliques, et la commère Mme Blanche Ollivier, qui possède une réelle supériorité plastique sur la plupart de ses camarades de la figuration grande et petite. Elle chante, en outre, fort agréablement. Mme Noémie Vernon est une abbesse de Jouarre en bas bleus, qui ne manque pas d'intelligence scénique.

LA PERDRIX, par E. Adenis et H. Gillet
Comédie en 3 actes

Distribution : Gérard, *M. Cornaglia*. — Gaston, *M. Amaury*. — Bailloul, *M. Sujol*. — Max de Sauceny, *M. Duményy*. — Paul, *M. Colombey*. — Golfin, *M. Coquet*. — Henriette, *Mlle Antonine*. — Angèle, *Mlle Lainé*. — Adrienne, *Mlle S. Bertrand*. — Louise, *Mlle Thalis*.

MAITRE ANDRÉA, par Edouard Blau
Comédie en un acte, en vers
Premières représentations à l'Odéon, 5 octobre 1887

Distribution : Andréa, *M. Lambert*. — Julio, *M. Deneubourg*. — Peppo, *M. Calmettes*. — Paula, *Mlle Cogé*.

Ce n'est pas d'une fable de La Fontaine, intitulée *la Perdrix*, comme l'ont annoncé certains courriéristes plus zélés qu'érudits, que M. Adenis *junior* et M. Gilet ont tiré leur comédie.

Cette fable n'existe pas. En revanche, dans les *deux Rats, le Renard et l'œuf*, on trouve ce passage d'une esquise sensibilité, sinon d'une observation bien contrôlée :

> Quand la perdrix
> Voit ses petits
> En danger, et n'ayant qu'une plume nouvelle,
> Qui ne peut fuir encore par les airs le trépas,
> Elle a fait la blessée, et va traînant de l'aile,
> Attirant le chasseur et le chien sur ses pas,

Détourne le danger, sauve ainsi sa famille,
Et puis quand le chasseur croit que son chien la pille
Elle lui dit adieu, prend sa volée et rit
De l'homme, qui confus des yeux en vain la suit.

Il y a là, à n'en pas douter, une indication scénique ; par malheur on n'en trouve plus trace dans l'exécution enfantine, traînante et même incohérente de la comédie de MM. Adenis et Gilet.

Mme Henriette Gérard, revenant d'un voyage à l'étranger — dans la traditionnelle Amérique de gros héritages — où elle est allée régler une affaire de succession, trouve ses petits en danger. Gaston Gérard — le mâle — a fait la connaissance d'une certaine baronne de Saint-Marcelin, horizontale de demi-marque. Angèle — la femelle — s'est laissée moralement séduire par un Pranzini titré à la façon d'un héros d'Octave Feuillet, un certain Max de Sanceny, qui vise ses trois cent mille francs de présent, plus ses fortes espérances d'avenir.

Pour arrêter les déportements du jeune Gaston, Mme Gérard s'avise d'un procédé qui n'a aucun rapport avec la psychologie ornithologique. Elle utilise un certain Fayol, vieil ami de la famille, qui a une fille disponible et désire la marier à un Gaston tout à fait vacant pour lui faire jouer les Armand Duval. L'ami se rend chez la baronne interlope, obtient, moyennant finances, le désistement de la donzelle ; quand le perdreau Gaston se voit consigné à la porte de Mme de Saint-Marcelin, il n'hésite pas entre le paillasson de l'hétaïre et le nid virginal que Fayol lui offre avec une dot sérieuse. Il a bien, tout d'abord, l'idée de brûler la cervelle au brave homme qui l'a délivré, mais, par un revirement aussi brusque qu'exhilarant, il tombe dans ses bras : « Passons l'éponge, beau-père ! » Et on passe l'éponge.

Pauvre petite mademoiselle Fayol qui hérite d'un mari en d'aussi fâcheuses circonstances !

Reste Angèle et Max de Pranzini... pardon, de Sanceny. Mme Gérard sait à quoi s'en tenir sur ce monsieur qui paraît voué à la police correctionnelle, sinon à la Cour d'assises. Pendant son voyage en Amérique elle l'a rencontré sur les bords du golfe de Naples, — ce n'est peut-être pas de la géographie cohérente, mais c'est de l'histoire, l'histoire même telle que la racontent MM. Adenis et Gilet et — il lui a fait la cour ; elle a pu se convaincre, en lui résistant, sans rien lui livrer, pas même son nom, que s'il en voulait au cœur des belles voyageuses, il s'adressait encore et surtout à la bourse.

Aussi essaye-t-elle de désillusionner Angèle, qui a eu la faiblesse de prendre un billet glissé en cachette.

« Ma chère enfant, lui-dit-elle avec une certaine faiblesse de style qui ne répond pas exactement à la puissante logique de l'idée, ma chère enfant ! rien n'est moins délicat que d'écrire à une jeune fille sans l'aveu de ses parents Et *il n'y a pas grand fond à faire sur un homme qui débute par une indélicatesse.* » Cette observation pleine de sens, sinon d'une forme littéraire achevée, ne convainct pas Angèle. La jeune fille s'obstine ; elle accuse sa mère de vouloir faire son malheur ; peu s'en faut qu'elle ne la maudisse. C'est alors que Mme Gérard prend un parti et joue le grand jeu de l'héroïne à plumes de la fable de La Fontaine.

Elle se fait reconnaître de Max de Sanceny, l'interviewe à domicile, dans son appartement de célibataire, sans se préoccuper des désagréments variés qui pourraient lui arriver dans cette garçonnière suspecte ; rallume sa flamme et l'amène à commettre cette maladresse insigne bien peu vraisemblable chez un escroc de profession, acculé, il le dit lui-même, à la conclusion rapide d'une affaire fructueuse, de lui répéter, chez elle, les plus brûlantes déclarations.

Naturellement, Angèle, cachée derrière une porte, a tout entendu. Quand elle se montre, elle est guérie de sa passion.

Ces trois actes ont paru très faibles, en gros et en détail.

Dégageons de cet échec l'interprétation très méritante. M⁽ᵐᵉ⁾ Antonine sauve par ses qualités de tenue et la sobriété de son jeu le rôle délicat de M⁽ᵐᵉ⁾ Gérard ; M⁽ᵐᵉˢ⁾ Lainé et Bertrand évoluent sous son aile de perdrix mère et belle-mère, avec une suffisante ingénuité et une réelle bonne grâce. M. Dumény est un bon Max de Sanceny, sans surcharge. Il suffira de nommer MM. Sujol, Amaury, Cornaglia et Colombey.

La représentation avait commencé par *Maître Andréa*. Histoire dramatique, mais très condensée d'un vieil orfèvre de Venise qui a épousé une jeune femme, Paula.

Paula est belle, Paula est vertueuse, mais Paula a un cœur assez indépendant de sa volonté, comme beaucoup de cœurs de jeunes femmes liées à de vieux maris. Ce cœur, qui n'a jamais pu battre sérieusement pour maître Andrea, précipite ses pulsations dès qu'il s'agit de Julio, un jeune et bel élève orfèvre, le Rodolphe de cet Eléazar conjugal. Sentant le péril, elle se décide à l'éloigner. Il ira à Sumatra, où maître Andrea a justement besoin d'un représentant : mais l'orfèvre, caché derrière une portière — c'était la soirée des cachettes, hier, à l'Odéon — a tout entendu, et, dans un monologue qui est le clou littéraire de la pièce, il s'accuse d'avoir fait le malheur de Paula :

Quand l'hiver sur mon seuil déjà frissonne et pleure
J'achète ce prinptemps pour fleurir ma demeure,
Et je vais faire avec ce doux astre vermeil
La lampe destinée à veiller mon sommeil... !
Tu l'as fait! mais il est, — tu devais le comprendre, —
Un trésor qu'un vieillard n'a plus le droit d'attendre,
Que la plus chaste enfant ne saurait lui donner :
L'amour! ne va donc pas aujourd'hui t'étonner
Que le front de vingt ans qui dans l'ombre s'incline
Sous des yeux de vingt ans se lève et s'illumine,
Et ne t'indigne plus de cet écho vainqueur
Qu'une jeune chanson trouve en un jeune cœur !

Il apprend au même moment qu'une embûche est préparée contre lui par des gondoliers. On veut faire chavirer sa barque, le soir même, pour le noyer en volant une cassette dont il doit livrer le soir même le contenu à un client. C'est le suicide qui s'offre, un suicide masqué en quelque sorte, et qui assurerait la félicité de Paula. Maître Andrea va sans peur à la mort ; il est sauvé, malgré lui-même, et Julio, qui a tout deviné, lui dit adieu.

Je vous ai bien compris, et la honte m'accable,
Mais vous ne verrez plus l'indigne et le coupable;
Maître, adieu pour toujours !

Mais Andrea est frappé au cœur, et il répond :

Adieu ! dis-tu ! Ce mot
Est pour moi seulement. Tu reviendras bientôt.

On a fait un succès assez discret mais sincère à ce livret de drame lyrique sans musique. MM. Albert Lambert, Calmettes, Deneubourg et Mlle Cogé, peuvent en revendiquer une part sérieuse, surtout maître Andrea et Paula dans la grande scène de l'explication conjugale.

SURCOUF, par Chivot et Duru,
Musique de R. Planquette

Opérette en 3 actes
Première représentation aux **Folies-Dramatiques**,
6 octobre 1887

Distribution : Robert Surcouf, *M. Morlet*. — Kerbiniou, *M. Montrouge*. — Gargousse, *M. Gobin*. — Flageolet, *M. Guyon fils*. — Mac-Farlane, *M. Duhamel*. — Thompson, *M. Marcelin*. — Marcof, *M. Riga*. — Paimbœuf, *M. Speck*. — Arabelle, *Mlle J. Darcourt*. — Yvonne, *Mlle Darcelle*. — Mme Paimbœuf, *Mlle Barthe*. — Agathe, *Mlle Sarah*.

Étrange idée d'avoir fait un amoureux, une sorte de frère Yves, genre Loti, du rude corsaire malouin. Nous le voyons au lever du rideau — pardon ! de la toile — virer autour de demoiselle Yvonne, nièce du riche armateur Kerbiniou. Yvonne aime Surcouf (Robert pour les ingénues), mais Yvonne a cent mille écus de dot (plus d'un million d'aujourd'hui ! Chivot et Duru, vous n'y pensez pas). Robert n'a pas le sou. Qu'à cela ne tienne ! Il s'embarquera et fera fortune. « Dans quatre ans, s'écrie-t-il, je reviendrai riche comme un fermier général. J'aurai conquis ma dot sur les Anglais. »

Les promesses de ce genre étant toujours tenues au théâtre, l'amoureux d'Yvonne parti simple Robert, revient Surcouf et millionnaire. Il a la gloire, il a l'argent;

mais pendant son absence Kerbiniou s'est remarié (savions-nous qu'il était veuf). Il a épousé une Anglaise sur le retour comme toutes les Anglaises du genre dramatique, essentiellement vulgaire et même populaire, auquel appartient le livret de cette nouvelle opérette. Et cette Anglaise voudrait marier Yvonne à un compatriote. Plus on est d'Anglais à Saint-Malo, plus on rit !

Donc Yvonne ne tardera pas à être sacrifiée au capitaine Thompson, si Robert Surcouf n'y met bon ordre. Il n'y manque pas, et, s'il se laisse surprendre par son rival britannique, déposer à fond de cale d'un brick anglais, transporter sur le territoire de la perfide Albion, c'est dans le seul but de prendre une prompte revanche.

Dans le port où il a été amené captif, ses frères et amis surprennent la garnison, délivrent leur capitaine la hache au poing, et tout se termine par le mariage d'Yvonne avec Surcouf, union à laquelle applaudit avec enthousiasme même l'Anglaise sur le retour... en France (car elle a suivi ses deux gendres, le futur passé et le futur présent.)

Ce gros stock d'invraisemblances a beaucoup plu au public très spécial du quartier du Temple, grâce aux allusions chauvines dont il est émaillé. Le cri de :

« Vive la France ! » y a été habilement multiplié, et ce n'est pas un cri contre lequel on puisse protester, même au nom du bon goût littéraire. Je crois à un succès durable que justifie d'ailleurs la partition de Planquette. Là encore rien de particulièrement original, aucune formule qui puisse faire saluer une rénovation ni même une innovation dans le domaine de l'opéra-bouffe, mais d'agréables morceaux, d'une écriture artistique très supérieure à celle des partitions précédentes de M. Planquette, sans excepter les plus célèbres.

On a applaudi le duo-bouffe : « Moi je suis Gargousse — et moi Flageolet » ; l'air : « Oui, c'est moi, mes amis ! » l'air du retour, le duo de la reconnaissance : « C'est lui le corsaire. » Enfin une jolie valse chantée et dansée, et une barcarolle à deux voix d'une très délicate inspiration.

M. Morlet met tout son rôle en pleine valeur, Gobin et Montrouge ont moins de voix, mais prennent une bonne revanche de franche gaîté. M. Duhamel leur vient agréablement en aide. Les deux protagonistes féminins sont Mlles Darcourt et Darcelle, l'une très jolie, l'autre très expérimentée, inutile de préciser.

LE SOSIE,

Paroles d'Albin VALABRÈGUE et Henri KEROUL,
Musique de Raoul PUGNO

Opéra-bouffe en 3 actes
Première représentation aux **Bouffes-Parisiens**,
8 octobre 1887

—

DISTRIBUTION : Névadi, Ravaja, *M. Ch. Lamy*. — Potomac, *M. Gourdon*. — Missipapa, *M. Moch*. — Serpolet, *M. Mussat*. — Saint-Phénol, *M. Gaussins*. — Bianca, *Mme Mary-Albert*. — Rosita, *Mlle Gilberte*. — Arthémise, *Mme Toudouze*.

Le talent dramatique de M. Albin Valabrègue ressemble décidément aux abricotiers de plein-vent, espoir robuste, mais souvent, trop souvent, déception amère des horticulteurs ruraux. Pour une ou deux années où il donne de bons fruits, à pleins paniers — et nous avons eu coup sur coup l'*Homme de paille*, le *Bonheur conjugal*, *Durand et Durand* — une suite d'années médiocres. Celle-ci a débuté par les *Saturnales* qu'en se forçant un peu la critique avait accueilli courtoisement sinon chaleureusement. Elle continue par le *Sosie*.

Trois actes longs, lents et vides. Au lever du rideau, nous assistons aux fêtes très intimes du mariage du villageois Nevadi avec la paysanne Bianca, nièce de l'hôtellier Serpolet. Nevadi adore Bianca qui lui rend flamme pour flamme, et tous deux, suivant la tradition des fiancés d'opérette, escomptent déjà en public les surprises de la nuit de noces, quand la raison d'État fait son entrée sous les espèces et apparences clownesques du Grand Duc de Lipara et de son Conseil des ministres, tous habillés en charlatans.

Le souverain et les ministres de Lipara se sont ainsi travestis, pour « tâter l'opinion ». Quand le peuple est rassemblé autour de leurs tréteaux, ils se mettent à dire mal du gouvernement. Les applaudit-on, ils sont fixés : mauvaise population. On doublera les impôts. Leur envoie-t-on des pommes cuites et des trognons de choux, ils ne sont pas moins fixés. Excellente population. Les impôts resteront stationnaires. « Quant à les diminuer, ce ne serait pas à faire ! » s'écrie le premier ministre.

Accessoirement le Grand Duc se préoccupe de l'état d'esprit de sa fille, la princesse Rosita, dont le mari, l'amiral Ravaja, a disparu. Cet amiral d'opérette était parti, il y a quatre ans, pour l'île des Gazelles. On ne l'a pas revu ; et Rosita s'étiole ; la Faculté désespère de la guérir si on ne lui rend pas Ravaja. Cette préoccupation accessoire va devenir le principal, car Nevadi, le mari du jour, ressemble d'une façon stupéfiante à l'amiral disparu. La raison d'Etat ne permet pas d'hésiter. On empoigne Nevadi, on l'emporte, on le présente à Rosita comme Ravaja revenu de l'île des Gazelles. La princesse est guérie. Elle n'est même que trop guérie, car elle voudrait prendre sa revanche des quatre ans d'absence, et il faut empêcher, par tous les moyens, la substitution de prendre un caractère... définitif.

Cette situation risquée, se complique du retour du véritable Ravaja, qui arrive à la cour de Lipara le jour même où y est installé le paysan Nevadi. De là des quiproquos sans fin (et malheureusement sans finesse). Ravaja est traité d'imposteur par ses beaux-parents toutes les fois qu'il veut revendiquer ses droits d'époux; il est soufflété par Bianca qui le prend pour Nevadi, pincé par Rosita qui le traite d'infidèle, etc. etc. Enfin au troisième acte l'imbroglio se dénoue.

M. Raoul Pugno a écrit sur ce livret une partition aussi distinguée qu'on pouvait l'attendre de l'élégant compositeur de *Ninetta*, mais moins originale et moins gaie que ne permettait de l'espérer sa part considérable, bien qu'anonyme, de collaboration dans *Joséphine vendue par ses sœurs*. Il y a pourtant dans le *Sosie*, des morceaux d'une valeur réelle: au premier acte, les couplets de Bianca « On va d'abord à la mairie » et la romance de Nevadi : « Celle que j'aime depuis longtemps » ; au deuxieme acte, l'air de Nevadi : « Je m'étais marié le matin », le duo « Loin du tapage de la Cour » ; dans le troisième acte : « la ronde de la nuit ». Mais une interprétation plus consciencieuse que brillante n'a pas mis en grand relief cette musique un peu trop savante et discrète.

MADEMOISELLE D'ARTAGNAN
par Franz BEAUVALLET
Drame en 5 actes et 11 tableaux
Première représentation au **Château-d'Eau**, 10 octobre 1887

—

DISTRIBUTION : Cascadoul, *M. Brunet.* — Jean Boursier, *M. Dalmy.* — De Puycerdac, *M. Degeorge.* — La Chesnaye, *M. Edgar Martin.* — Noirtier, *M. Meillet.* — Gaspard, *M. Livry.* — Cadissou, *M. Gatinais.* — Le prince de Galles, *M. Em. Petit.* — Pardaillon, *M. Laferté.* — Vaillance, *Mlle Aline Guyon.* — La Filleule, *Mlle Pauline Moreau.* — Mme de Puycerdac, *Mlle J. Abadie.* — Camille, *Mlle Monnet.* — Marie de Molène, *Mme Laurenty.* — Rosine, *Mlle G. Gauthier.* — Mère Sans-Souci, *Mme Brunet.*

Après le discret faisandage de la *Grande-Duchesse*, gibier quasi-préhistorique mais d'un fumet si appétissant, les sauces blanches des dernières comédies de mœurs représentées à l'Odéon, l'olla-podrida de la revue de la Renaissance, etc., nous avons retrouvé hier soir au Château-d'Eau le bon gros plat de résistance que nos estomacs digéraient si bien dans la tendre enfance : le mélodrame à la façon des *Mousquetaires*, de la *Dame de Montsoreau*, de la *Jeunesse du roi Henri* et du *Gascon*.

L'expérience était un peu dangereuse. Elle a fort bien réussi. Cette énorme platée, veau et jambon, histoire et truquage, a passé comme une lettre à la poste. Il est vrai que là-bas, dans le quartier du Temple, le public aime surtout les nourritures copieuses. Et justement le mélodrame de M. Beauvallet rappelle la classique exclamation du major de table d'hôte du temps de la monarchie de Juillet : « Par la sambleu ! Madame de Sainte-Colombe ! comment faites-vous donc pour nous donner à si bas prix une nourriture aussi réconfortante ! C'est d'un abondant, d'un copieux ! » *Mademoiselle d'Artagnan* aussi est d'un copieux, mais d'un copieux ! On en a plein la mémoire. Une demi-douzaine d'intrigues enchevêtrées, des chasses à courre, une meute, une curée des chevaux vrais, de vrais chiens.

Mlle d'Artagnan est le surnom donné à une bâtarde née du croisement adultérin d'un colonel de mousquetaires et d'une reine d'Angleterre, la reine Anne. Elle s'appelle Vaillance et s'efforce de justifier ce prénom (authentique, celui-là, c'est même tout ce qu'elle possède d'à peu près certain), en se dévouant au salut de M. de Puycerdac, son père, devenu le mari d'une dame d'honneur de Mme de Maintenon et le père d'une fille (légitime celle-là) Mlle Camille de Puycerdac.

Le colonel des mousquetaires ignore absolument l'existence de Mlle d'Artagnan, la vaillante Vaillance, enfant perdue, c'est-à-dire trouvée sur les grands chemins par une vieille demoiselle qu'on appelle (demandez-moi pourquoi, je ne me charge pas de vous l'expliquer !) la filleule des mousquetaires. Mais Mlle d'Artagnan est parfaitement renseignée sur sa parenté ; et quand M. de Puycerdac est menacé par un fils naturel qu'il a eu le tort de semer sur un autre grand chemin (elle a manqué de modération cette jeunesse de mousquetaire), le forçat Jean Boursier, Vaillance arrive juste à temps pour empêcher son papa très putatif d'être assassiné. Autre exploit : elle lui sauve l'honneur, ou du moins elle lui cache son malheur en prenant la place de la marquise de Puycerdac compromise par un mousquetaire.

Bref, c'est au rôle de Terre-Neuve que s'est dévouée Mlle d'Artagnan, et elle plonge, d'un bout à l'autre de la pièce, à la suite tantôt du marquis, tantôt de la marquise, tantôt du prince de Galles, qui joue là-dedans un rôle aussi extraordinaire que compliqué. Peu s'en faut qu'à la fin de la pièce elle n'ait la tête coupée pour ce même prince de Galles, prévenu de haute trahison, et dont elle a pris la place dans la tour de Londres (encore une fois, ne me demandez pas comment ni pourquoi), mais une troupe d'étudiants — la fameuse troupe qui a servi déjà à Scribe pour le livret des *Huguenots!* A vrai dire en ce temps-là elle était *discourtoise* — délivre Vaillance. finalement Mlle d'Artagnan épouse celui qu'elle aime.

Mlle Aline Guyon (Vaillance), Pauline Moreau, Jane Abadie, M. Dalmy, M. Brunet et surtout M. Gatinais se partagent le succès de la soirée, succès copieux, lui aussi, j'ose le souhaiter pour toutes ces braves petites bonnes gens qui jouent le vieux jeu de si bon cœur !

SŒUR PHILOMÈNE,
par Jules Vidal et Arthur Beyle

L'ÉVASION, par Villiers de l'Isle-Adam
Pièce en un acte
Premières représentations au **Théâtre-libre**
11 octobre 1887

Là bas, tout là bas, entre la place Pigalle et la rue des Abbesses, sur un contre-fort de la butte des Martyrs, dans le cul-de-sac d'un passage romantique et pittoresque, ignoré des gens du monde, peu fréquenté des sergents de ville, mais qui porte le nom aussi élégant qu'immérité d'Elysée des Beaux-Arts, se cache sournoisement une salle pour jeunes et aussi pour audacieux, que Rodolphe de Salis a dû baptiser, entre deux bocks: « L'Odéon libre dans Montmartre libre. » C'est le théâtre Antoine.

Il a fait son ouverture officielle hier soir, ce théâtre Antoine qui possède une troupe d'extrême bonne volonté sinon tout à fait d'élite, des amateurs tels que M. Antoine en personne directoriale et théâtrale, MM. Mevisto, Hanryot, Bertin, Dowe, Burguet, des « acteuses » par vocation (entre autres une couturière), enfin des artistes proprement dites, Mlle Sylviac, lauréate du dernier concours du Conservatoire; Mlles Deneuilly, Laporte, etc. Mais l'intérêt de la tentative n'est pas dans cette résurrection plus ou moins éclatante de la gent cabotinante du « théâtre national de la Tour-d'Auvergne », ainsi qu'il est dit dans la *Vie parisienne*. Il est tout entier dans le désir de mettre au jour des œuvres originales, naturalistes ou romantiques, difficiles à jouer devant un grand public, acceptables, en revanche, dans un milieu restreint.

La première expérience publique a commencé par une mise à la scène de *Sœur Philomène*, assez impatiemment attendue par tous les lettrés. Au jour où les morts littéraires se lèveront dans la vallée de Josaphat, où les ossements s'entrechoqueront avec un bruit de castagnettes; soit dit en style plus simple : quand la postérité fera un petit dépouillement esthétique et critique, il se pourrait fort bien que *Sœur Philomène* prît le premier rang dans la production des Goncourt.

Assurément *Renée Mauperin* et *Germinie Lacreteux* sont des œuvres plus poignantes. Mais il y a des « trous » dans la composition de *Renée Mauperin*, des embryons d'intrigue, des personnages indiqués et qu'on ne revoit plus (par exemple, l'abbé marieur); enfin, divers personnages ont un peu vieilli ; notamment Bourjot le voltairien et aussi Henri Mauperin, le petit doctrinaire, le Duvergier de Hauranne en chambre. Pour *Germinie Lacerteux* c'est une autre affaire : le style — admirable! — est en disproportion choquante avec le sujet. Cette histoire de cuisinière hystérique et cette ampleur, de style s'accordent mal. En revanche, *Sœur Philomène* a une double immortalité. Et d'abord, le roman est invieillissable.

Sans doute, la sœur de charité genre Philomène et l'interne genre Barnier tendent à disparaître. Comme un tableau dont les personnages reculent et fondent dans la perspective, l'hôtesse en guimpe et l'hôte en tablier de l'ancien hôpital ne sont plus que de vagues silhouettes, une toile, une toute petite toile à accrocher à la muraille. La sœur a été remplacée par l'infirmière active, industrieuse, mais plus semblable à une femme de journée, à la fille de chambre des asiles de la douleur qu'à « l'ange consolateur » des romances sentimentales.

Et l'interne, que tourmentaient, au milieu des pires besognes, de vagues aspirations romantiques, a laissé la place au médecin politicien — radical ou réactionnaire — mais dans les deux cas mordu au cœur par les préoccupations électorales, aussi savant, aussi dévoué que son aîné, mais portant dans l'accomplissement de sa tâche quotidienne le grinchisme du candidat ou les raideurs de l'élu. Eh bien ! justement, la sœur de charité et l'interne entrés dans le passé ont pris leur caractère définitif, celui de personnages historiques, prêtant à l'optique du roman et du théâtre.

L'autre mérite de l'œuvre est la simplicité des principaux acteurs. Je n'insisterai pas sur Barnier, brave garçon et bon garçon, ayant lû un peu trop de Murger, mais qui n'en est ni plus compliqué ni plus désagréable pour cela. Même simplicité chez *Sœur Philomène*, dont l'état d'âme est ainsi décrit dans une page incomparable des Gonconrt : « Les ardeurs, les élancements, l'irritabilité nerveuse de sa sensibilité s'étaient usés dans l'effort de son premier zèle. La maladie, la mort lui étaient devenues accoutumées... Tout ce qui lui restait de la femme, elle le sentit tout à coup vaincu et dompté au fond d'elle par la sœur. Dès lors, elle eut une fermeté sereine, mais que l'habitude n'endurcissait point. Sa douceur égale et inaltérable ne devint pas banale ; elle demeura tendre... Les malades l'aimaient pour son regard qui leur parlait, pour sa voix qui les touchait si délicatement. Ils l'aimaient, parce qu'un peu d'émotion semblait encore trembler dans son dévouement. »

De cette admirable peinture de la vie d'hôpital, MM. Vidal et Byl — faut-il les blâmer de cette réserve ou les louer de cette prudence ? — n'ont pris qu'un petit coin, un épisode, le plus romantique, l'agonie et la mort de Romaine, la maîtresse de l'interne que Bunner retrouve après dix ans de séparation et qu'il opère « lui-même » d'un cancer au sein. Je dois faire observer que cette partie du roman est la plus faible, la moins conforme à la vérité, à « l'humble vérité » comme dit M. de Maupassant. C'est un hasard bien peu réaliste celui qui jette sous le scalpel d'un interne tout justement une femme avec qui il a fait la « petite fête » en des temps lointains. C'est aussi un futur chirurgien bien peu pénétré à l'avance de ses devoirs professionnels, l'interne qui ne se récuse pas au moment d'opérer une malade devant qui, sur qui sa main peut trembler.

En tous cas, si MM. Vital et Byl ont choisi les effets les plus gros et les plus faciles à la fois, ils les ont traités avec beaucoup de sobriété et d'honnêteté artistique. L'agonie de Romaine est une belle page, dramatiquement traitée et que Mlle Sylviac a mise en pleine lumière. Mlle Deneuilly a composé avec beaucoup d'adresse, de convenance et de sentiment vrai le personnage de sœur Philomène. M. Antoine et M. Hanryot complètent — déjà ! — le traditionnel bon ensemble.

L'*Évasion* est un « conte noir » dans la manière à la fois gouailleuse et réaliste de M. Villiers de l'Isle-Adam. Pagnol, un forçat évadé du bagne et poursuivi par la police, se cache dans « le nid » d'un jeune ménage, des mariés d'hier. Il commence par estourbir la vieille bonne et va se débarrasser des tourtereaux par le même procédé, quand l'écho de leurs roucoulements le retourne comme un vieux gant. Il revient à l'honnêteté, au remords — et à la guillotine, car il se livre pour assurer son repentir. Cet acte mélodramatique, d'ailleurs bien joué par MM. Mevisto, Burguet, Antoine ; Mlles Laporte et Barny, a produit un effet plus contestable que *Sœur Philomène*. « Pour ce que rire est le propre de l'homme », le théâtre Antoine fera bien de ne pas abuser du pot au noir.

ROMÉO ET JULIETTE (REPRISE)
Opéra-Comique, 15 octobre 1887

La critique théâtrale a pu se rappeler à elle-même hier soir l'étudiant de Rabelais qui déambulait « par les voies et comptes de l'antique cité qu'on vocète Lutèce ». C'est à travers le vieux Paris, de l'emplacement de l'ancien Châtelet et de l'église Saint-Jacques-de-la-Boucherie jusqu'au pied du Panthéon, au sommet du mont sorbonnique, qu'elle a circulé à travers les réouvertures et les reprises — l'Odéon qui rouvrait avec *l'Arlésienne* et le Châtelet qui nous rendait la *Chatte-Blanche*, étant d'ailleurs négligeables en plein moyen âge, fort heureusement modernisé par les fiacres.

L'Opéra-Comique rouvrait au théâtre des Nations, sous la direction intérimaire de M. Jules Barbier. On débutait par une reprise d'un des plus grands succès de l'ancien Théâtre-Lyrique, le *Roméo et Juliette* de Gounod.

Aucune manifestation hostile ni sympathique ; il a même semblé que *Roméo* fut joué à cette même place « depuis plus de quatre cents ans » comme le chante si joliment Granier dans les *Saturnales*. Une atmosphère ambiante de pérennité sinon d'éternité, enveloppait les invités. Il y avait du classique dans l'air. La solennité du répertoire montait, pour employer une métaphore chère à Zola, dans le grand silence des entr'actes.

L'interprétation a été des plus satisfaisantes, grâce à Talazac, Bouvet, Fugère, Fournetz, Mouliérat, Mᴸˡᵉ Isaac, et à Danbé, dont l'orchestre ne tardera pas à être complètement réacclimaté sur ces confins de l'antique Lutèce.

Nous voilà donc assuré d'un nouvel Opéra-Comique. Quant à l'ancien, MM. Albert Soubies et Charles Malherbe nous le rendent au moins comme souvenir, dans l'histoire récente mais complète qu'ils viennent de publier du Temple « du genre éminemment national ».

Comme ils le disent fort justement dans la préface, il faut croire que la tâche est moins aisée qu'on ne le supposerait d'abord, puisque nul ouvrage aussi complet n'a paru jusqu'à ce jour. Il n'existe que des travaux isolés sur certaines périodes spéciales ou des monographies sommaires dont les auteurs ne se piquent pas toujours de précision. Nous nous sommes efforcés, ajoutent-ils, d'éclaircir les points obscurs, de démêler la vérité au milieu d'assertions souvent contradictoires, et, comme nous devions citer un grand nombre de dates et de faits, nous avons tâché du moins que le groupement en fût clair et le résumé exact.

Constatons que les auteurs du *Précis de l'histoire de l'Opéra-Comique* ont heureusement atteint leur but et consignons, avec eux, un souvenir qui a son intérêt, en ce temps de précautions à outrance prises contre l'incendie.

Au mois de janvier 1840, on lisait dans la *Revue et Gazette musicale*. « Malgré les obstacles de la saison, les travaux de la salle Favart se poursuivent avec une grande activité. L'architecte et les entrepreneurs rivalisent de zèle pour achever ce monument qui sera, par exception unique à Paris, *à l'abri de toutes chances possibles d'incendie* ». Or le 25 mai 1887, le feu ruinait de fond en comble cet édifice si bien garanti, et venait ainsi démontrer une fois de plus que toute l'ingéniosité des architectes ne saurait prévaloir contre l'imprudence et le désordre.

SOUVENT HOMME VARIE (reprise)
par Auguste VACQUERIE
Comédie en 2 actes, en vers
Comédie-Française, 17 octobre 1888

—

DISTRIBUTION : Troppa, *M. de Féraudy*. — Beppo, *M. Le Bargy*. — Un valet, *M. Falconnier*. — Fideline, Mlle *Pierson*. — Lydia, Mlle *Muller*.

Quelle pensée charmante et vraiment littéraire a eue M. Claretie de remettre à la scène, ou, pour mieux dire, de reclasser au répertoire de la Comédie, où sa place était restée toujours marquée, l'adorable idylle d'Auguste Vacquerie ! Quel ravissement pour les oreilles et quelle récréation pour les yeux d'entendre résonner de nouveau la musique des beaux vers et de revoir les jeunes seigneurs en costume florentin, les belles amoureuses vêtues comme des modèles de Masaccio ! Certes, je n'entends pas médire de *Francillon* et du *Marquis de Villemer*, qui, depuis la rentrée, occupent l'affiche. Mais n'étions-nous pas un peu las de toutes ces redingotes sévères, de toutes ces robes montantes et de toute cette prose ? Il était temps de nous rendre le chatoiement des belles étoffes et la chanson des rimes qui se baisent d'une lèvre sonore au divin pays des rêves shakspeariens. *Amant alterna Camenæ...*

Elles doivent aimer « Souvent homme varie », car ce n'est pas seulement une délicieuse idylle, comme je le disais tout à l'heure, le tendre poème des amours innocentes de Lydia et de Beppo, c'est aussi une églogue aux savantes et philosophiques alternances, où la coquetterie raffinée, le dépit maladroit, enfin le vain repentir de Fideline parcourent toute la gamme du cœur humain. D'infinies variations sur un thème fort simple. Le jeune et beau cavalier Beppo aime la marquise Fideline, une veuve, une Célimène du Bourg-Paradis, près de Florence, qui le désespère par sa rigueur. Un sien ami, Troppa, que la marquise a plus rudement éconduit et qui n'a pas pardonné les dédains de Fideline, lui conseille de jouer le grand jeu de la jalousie. Qu'il promène une autre femme dans le Bourg-Paradis pendant une semaine et la marquise, un beau soir, tombera dans ses bras. Troppa pousse même la complaisance jusqu'à fournir à Beppo la jeune personne nécessaire pour l'exécution du programme : Lydia, une orpheline qu'il a recueillie sous les prétextes les plus paternels, une enfant ravissante et chaste dont il compte faire sa maîtresse quand elle se trouvera suffisamment compromise.

Beppo accepte en promettant de respecter le dépôt que lui confie Troppa. Et le duel s'engage, sous les fenêtres de la marquise, duel de regards où les deux adversaires sont mortellement frappés au cœur. Quand Fideline, exaspérée par la rivalité de Lydia, revient d'elle-même offrir son cœur et sa main à Beppo, l'amour et la jeunesse ont fait leur œuvre : ce qui était au début une comédie ou plutôt une parodie de la tendresse est devenu de la passion. Et quelle passion ! la seule que Fideline, malgré toute son expérience même ne puisse plus inspirer. Beppo adore les vingt ans de Lydia, son charme naïf, son ingénuité fière. Il s'est pris au piège et ne veut plus être délivré, car Lydia, elle aussi, a senti s'émouvoir son cœur, non pour le maladroit Troppa, mais pour le tendre Beppo. Ils s'aiment, ils se le disent, ils se le chantent, ils s'épousent, et ils invitent tout le monde à leur noce, même les dépités, même les délaissés, ainsi qu'il sied à un prince charmant et à une charmante princesse, trop absorbés dans le délicieux égoïsme du bonheur parfait pour supposer qu'il y ait encore de la jalousie et qu'il puisse rester du désespoir quand ils sont divinement heureux.

Ai-je besoin de rappeler quelle place occupe *Souvent homme varie* dans l'œuvre poétique d'Auguste Vacquerie ? Sa muse se joue et se complaît en plein azur des régions cythéréennes. Rien de plus charmant, et en même temps de plus classique, de plus *définitif* comme perfection de forme que l'apostrophe de Beppo à Fideline :

> O Fideline,
> Quand les beaux soirs de juin parfument la colline,
> Et qu'on voit sur le lac les étoiles trembler.
> Ne sentez-vous donc pas votre cœur se troubler?
> Le vent parle d'amour en un ravissant style.
> C'est donc bien amusant, dites, d'être inutile,
> D'être la coupe où nul ne boira, le repas
> Sans convive, la fleur qu'on ne respire pas?
> C'est donc bien beau d'avoir vingt ans, le charme rare,
> L'esprit, tout le bonheur d'un homme, est d'être avare?
> C'est donc bien grand et bien charmant, en vérité,
> L'égoïsme du cœur?

Et la réponse de la marquise:

> Je veux
> Choisir ma robe et mettre un nœud dans mes cheveux
> Sans qu'un monsieur grognon déclare illégitime
> Ma collerette, et sans qu'un ruban soit un crime.
> Je veux m'appartenir. Oh! non, j'en fais serment,
> Je ne te serai pas infidèle aisément,
> Mon cher veuvage! ô doux ami, par qui nous sommes,
> Nous, sujettes sans toi, les égales des hommes!...

Et encore la malicieuse réplique de Lydia à Beppo, qui lui dit que, « pour une jeune fille, aimer n'a pas deux sens. »

> Tout comme les garçons
> Les filles, cher seigneur, aiment de cinq façons:

Par le nez, les parfums; par les yeux, leur corbeille
De noce, les colliers et les pendants d'oreille;
Par l'oreille, le chant; par la bouche, un bon plat,
Et même par le cœur, un peu... leur petit chat.

Mlle Muller a détaillé ce couplet avec bien de l'ingénuité vraie. Ces rôles unis et naturels lui vont cent fois mieux que les personnages compliqués, tels que l'Annette de *Francillon*. Mlle Pierson se démodernise moins facilement. Elle est encore un peu trop une héroïne de Sardou dans le rôle de Fideline. Elle a des petites mines et des jeux de physionomie dont la simplification s'impose. M. Le Bargy est un amoureux très renaissance et M. de Féraudy un Troppa d'une sottise large et toute humaine.

LA CIGALE ET LA FOURMI (reprise)
Débuts de Mlle MORIN, Mme MARY-AGA, et M. MARRIS
Gaîté, 18 octobre 1887

Le théâtre municipal du square des Arts-et-Métiers faisait hier soir sa réouverture avec la 119e représentation de la *Cigale et la Fourmi*. A côté de MM. Raiter et Emile Petit, qui gardent leur emploi de la création, trois débutants et débutantes.

Mme Morin héritait du rôle de la Cigale : succession presque écrasante, mais dont le fardeau était quelque peu allégé par cette circonstance originale que la nouvelle Thérèse, cantatrice de grande réputation en province, n'a jamais entendu ni Théo, ni Granier, ni Judic et ne s'embarrasse pas des traditions. Assurément elle ne possède ni la verve endiablée de Granier, ni le charme gnian-gnian de Judic, ni l'acidité de pomme verte de Théo ; mais la voix est suffisamment assouplie, la gaieté franche et communicative. Si bien qu'en quelques heures Mme Morin, qui arrive de Marseille, a été naturalisée Parisienne. On l'a acclamée dans le duetto du premier acte ; on lui a fait trisser la Gavotte. Cet enthousiasme est de bon augure ; il durera sans aucun doute, quand le public spécial du quartier Saint-Martin aura succédé au Tout-Paris des premières.

La nouvelle Charlotte, Mlle Mary Aga, est encore d'origine marseillaise (sinon comme naissance, car elle est grecque), du moins en tant qu'élève de Mme Revello. Elle n'a pas fait regretter Mme Thuillier-Leloir. La voix est bonne, le jeu sûr et la méthode correcte. Le début masculin était moins important. Il suffira de nommer M. Marris, un jeune ténor léger, qui a pris possession du rôle du chevalier Frantz.

LE JEU DE L'AMOUR ET DU HASARD

Début de Mlle LUDWIG
Comédie-Française, 24 octobre 1887

—

L'intérêt de la soirée était dans la prise de possession du rôle de Sylvia par Mme Worms-Barretta et dans les débuts de Mlle Ludwig à qui Mme Samary cédait provisoirement le rôle de Lisette.

Le rôle de Sylvia a longtemps appartenu à Mme Broisat qui s'y montrait excellente, sans y être parfaite. On connaît le mot d'Adamberger sur une cantatrice berlinoise : « Comment trouvez-vous qu'elle chante ? — Très bien, mais selon la confession luthérienne. » Il y avait un peu et même beaucoup de confession luthérienne, je veux dire de distinction apprêtée et de raideur d'institutrice germano-anglaise dans la tenue de Sylvia-Broisat. Pourtant elle rendait à merveille, par ses réticences mêmes, par son malaise quasi-morbide, par l'effort visible qu'elle faisait pendant les longues scènes de flirtage avec un valet — que l'héroïne de Marivaux doit croire un valet — le côté compliqué, le caractère dépravé du personnage de Sylvia...

Ma foi ! le mot est parti, et je n'essaierai pas de le ressaisir.

Il y a de la dépravation, et très réelle, dans cette Sylvia d'ailleurs adorable. Elle croit filer le parfait amour avec un domestique et l'on s'aperçoit fort bien qu'elle trouve un ragoût spécial à cette situation fort particulière. Elle l'avoue dans une exclamation restée célèbre : « J'avais grand besoin que ce fût Dorante ! » Il était temps en effet que le valet se révélât gentilhomme, ou la noblesse aurait couru grand risque de n'avoir plus que les restes de l'office.

Sylvia est donc une ingénue — si l'on y tient, et à la grande rigueur — mais c'est une ingénue du xviiie siècle, une pomme verte piquée du ver et prête à tomber de la branche avant l'heure de la maturité. Mme Broisat, avec ses grâces à la fois chastes et expérimentées, rendait admirablement cet aspect du personnage. Mme Barretta est infiniment plus unie. C'est et ce sera toujours une ingénue de premier mouvement, sans complication ni perversion, l'Agnès de l'*École des femmes*, ou la Rosine du *Barbier de Séville*. Elle a donc suivi son tempérament plutôt que son rôle et mis en lumière tout ce qu'il peut y avoir de tourterelle effarouchée — il n'y en a pas beaucoup, à ne consulter que le texte ! — dans la Sylvia de Marivaux.

Mlle Ludwig qui débutait, comme pensionnaire de la Comédie-Française, est un premier prix du dernier concours du Conservatoire, dont le jury avait remarqué la gaieté très franche et le rire mordant. A ce point de vue, la Lisette du *Jeu de l'amour et du hasard* lui convenait comme début. Mais elle était fort émue et n'a pu donner la mesure complète de ses moyens.

M. Le Bary jouait Mario, MM. Prudhon, Garraud et Truffier gardent leurs emplois respectifs, et c'est tant mieux. L'interprétation du répertoire gagne rarement à être transformée d'ensemble.

LE CENTENAIRE DE DON JUAN
Opéra, 26 octobre 1887

« Mon cher enfant, restez pur et recueillez-vous loin des pensées profanes. Nous communions ce soir dans la cathédrale de Mozart. » Ainsi parlait certain jour, à un sien élève, certain maître qu'il est inutile de désigner plus clairement. Ce propos encore inédit, bien que déjà ancien, signifiait en simple prose : « J'ai une place à vous offrir pour *Don Juan.* » Il pourrait servir d'épigraphe au compte rendu de la représentation — cérémonie qui a eu lieu hier soir à l'Académie nationale de musique.

Nous tous, Parisiens et même provinciaux et encore étrangers, critiques, dilettantes, compositeurs, amateurs, nous avons communié dans la « cathédrale de Mozart ». La pureté était-elle absolue ? Je n'oserais en répondre. Mais il y avait du recueillement, et si les pensées profanes ne se trouvaient pas complètement exclues, du moins faisaient-elles cortège à une très convenable émotion justifiée au double point de vue de l'art et de la chronologie.

Il n'est pas inutile de rappeler l'histoire théâtrale de

Don Juan. Peu d'ouvrages du répertoire ont eu des fortunes plus inégales à intervalles plus irréguliers. La première « première » eut lieu à Prague le 29 octobre 1787; l'opéra portait sur l'affiche le titre d'*Il dissoluto punito*, et la partition avait été composée sur un livret italien de l'abbé Lorenzo da Ponte, le parolier déjà célèbre des *Nozze di Figaro*. L'effet fut considérable et Mozart put écrire à un de ses amis : « Mon opéra a pris possession de la scène ; il a été salué par le plus vif enthousiasme. Entre nous, je voudrais bien vous avoir ici pendant une soirée pour que vous puissiez prendre votre part de mon bonheur. Mais vous entendrez, je pense, l'ouvrage à Vienne. Qui sait? on se décidera peut-être à l'y monter. »

On l'y monta en effet, un an après : le 7 mai 1788, *Don Giovanni*, enfin en possession de son titre définitif, était représenté à Vienne. L'accueil fut très froid, et la pièce ne rapporta pas à Mozart plus de deux cent vingt-cinq florins.

Le 20 décembre 1790, *Don Giovanni* est représenté pour la première fois à Berlin et les journaux de la capitale prussienne ne tarissent pas en propos désobligeants. Le rédacteur de la *Revue mensuelle* ne veut reconnaître dans Mozart qu' « un musicien d'un talent agréable, mais qui ne saurait passer pour correct, et que jamais un critique de goût ne classera parmi les compositeurs ayant de l'avenir ». Un autre journaliste berlinois écrit cette page digne de mémoire :

« Si jamais opéra fut attendu, proclamé à son de trompe, porté aux nues avant son avènement, c'est incontestablement l'ouvrage nouveau de Mozart. Depuis que notre père Adam mordit la fameuse pomme jusqu'au congrès de Reichembach, rien ne s'était produit de si phénoménal que ce *Don Juan*, inspiré par Euterpe en personne ! Le malheur veut que l'abus des instruments ne suffise pas à faire un grand artiste. Il faut encore que le cœur parle, qu'on ait du sentiment, de la passion. A ce compte seulement, un musicien arrive au sublime, inscrit son nom au livre de la postérité et mérite un de ces lauriers toujours verts qui fleurissent au temple de mémoire ! *Grétry, Monsigny et Philidor l'ont prouvé par leur exemple !* Mozart, dans le *Don Juan*, a voulu produire quelque chose d'extraordinaire, d'incomparablement grand. Va pour l'extraordinaire ; quant au grandiose, à l'incomparable, ils ne brillent là que par leur absence. Du caprice, de la verve, de l'orgueil surtout, mais point de cœur ! »

Nouvelles étapes : le 17 septembre 1805 (30 fructidor an XIII) l'Académie impériale de musique a l'impudeur d'afficher *Don Juan*, drame lyrique en trois actes, poème de MM. J. Thuning, général de brigade, et S. Baillot, sous-bibliothécaire de Versailles; musique de Mozart arrangée par C. Kalkbrenner. Le prétendu arrangement ne subsista à la scène que dans la masse des œuvres de remplissage. En 1811, exécution à Rome du texte primitif, bon accueil des dilettantes, aucun résultat matériel; et cette froideur devait persister jusqu'à nos jours, lors de toutes les reprises faites devant le public italien. En 1817, première représentation sur le théâtre italien de Londres, et, au contraire, vif succès. En 1825, naturalisation du chef-d'œuvre et installation définitive en Amérique. En 1834, nouveau *Don Juan* français à l'Opéra sous la direction du docteur Véron; poème d'Émile Deschamps, Castil-Blaze et Henri Blaze, et distribution de premier ordre: Nourrit, Lafont, Levasseur, Mmes Falcon, Dorus-Gras, Damoreau-Cinti.

Il y eut une « presse » excellente, et, suivant la tradition, un public assez froid. Nourrit avait prévu cet échec : « C'est se donner bien du mal, disait-il aux répétitions, pour une pièce qui sera jouée quinze fois. » L'événement lui donna presque raison; l'éducation du public restait à faire; *Don Juan*, après une série raisonnable de représentations, devait ne plus être repris qu'en 1841, et après s'être maintenu jusqu'en 1844, disparaître pendant plus de vingt ans.

En fait, comme on l'a très justement observé pour *Don Juan*, la vraie naturalisation française ne date que de la reprise en 1866. Quand on avait Nourrit, Levasseur, la Falcon, le public ne venait point ou venait sans ardeur ni suite. Plus tard, avec un personnel remarquable encore mais moins brillant, moins homogène surtout, la fortune changea complètement. Il y a eu, depuis, six reprises de *Don Juan* à l'Académie de musique : le 6 décembre 1869, le 6 novembre 1871, le 24 novembre 1875, le 6 octobre 1876, le 5 janvier 1880, et le 4 février 1884. Et toujours, le succès d'argent accompagna le succès artistique.

Le mérite d'interprètes qui s'appelèrent Faure, Maurel, Obin, Gailhard, Collin, Villaret, Bosquin, Dereims, Mmes Carvalho, Daram, Heilbronn, Gueymard, Sasse, Fidès-Devriès, Krauss, etc., n'a pas été étranger à ce revirement.

Mais il faut surtout reconnaître que l'éducation du public s'est achevée et même parachevée. « Mozart, racontait un des amis du grand maître, ne se fit jamais faute de déclarer qu'il lui serait souverainement désagréable que son *Don Juan* plût à tout le monde, et il ajoutait que son opéra avait été écrit, non pour le public de Vienne et pour le public de Prague, mais pour *lui* Mozart et quelques amis. » Malgré cette boutade de compositeur,

Don Juan « plaît » maintenant à tout le monde ; l'opéra est classé au premier rang et qu'il soit un *dramma giocoso*, comme le maintient encore plus d'un esthéticien, ou un drame, voire un mélodrame lyrique, comme paraissait bien le croire de Ponte, l'auteur du livret, en écrivant : « Je compris qu'il fallait à la grandeur de son génie un sujet puissant, dramatique, multiforme, sublime, *un soggetto estoso, multiforme, sublime* », cette distinction importe peu. Il y a certainement deux façons d'exécuter le chef-d'œuvre de Mozart (*absit verbo invidia*), il y a même deux façons de l'entendre. Il n'y a certainement qu'une manière de l'applaudir ; l'enthousiasme sans réserve, sans discussion, supérieur aux insuffisances de l'interprétation, indifférent aux lacunes de la mise en scène...

Le clou de la fête de hier a été la « cérémonie » entre le premier et le second acte, dans le décor du bal, le buste de Mozart sur un socle portant cette inscription : « Mozart, octobre 1787, octobre 1887 ; » de chaque côté, une double file d'artistes, MM. Duc et Muratet en Carloo et La Tremoille ; MM. Melchissédec, Gresse et Delma, en Nevers, Marcel et Saint-Bris, Mme Edith Ploux en page Urbain ; Richard en Sapho : Defrane en Dolorés ; M. Plançon en Méphistophélès, M. Sellier en Rhadamès, M. Bataille en commandeur, etc. M. Lassalle a récité des vers de M. Bornier :

O Mozart ! après tant de luttes et de fièvres
La mort a mis le sceau de gloire sur tes lèvres ;
Des fils dignes de toi viennent, en même temps,
Saluer l'œuvre illustre et jeune de cent ans ;
Ton art, l'art tout entier, brûle encor de ta flamme
Et l'oreille du monde est pleine de ton âme!

On a chanté ensuite le chœur de la *Flûte enchantée*, exécuté par tous les artistes et les chœurs.

L'effet de la cérémonie a été très grand, et le ballet n'a pas été un moindre succès pour les organisateurs de la fête. Jamais on n'avait fait ovation pareille à cette intercalation d'ailleurs habile d'un pot-pourri dont les principaux éléments sont une sonate et la marche turque.

Il me reste à parler de l'interprétation. Elle a été très honorable, sans éclat. On a bissé le trio des masques et la sérénade de Lassalle; mais aucun des artistes qui chantaient *Don Juan* n'a eu un succès hors ligne. Le personnage de l'amant des *Mille et trois* n'a jamais compté parmi les meilleurs rôles de Lassalle. Il le joue cependant avec aisance, élégance et sûreté. Edouard de Reszké a trop d'ampleur physique pour Leporello ; il n'a pu le jouer qu'en chanteur. C'est beaucoup — car sa virtuosité est rarement en défaut — mais ce n'est pas assez quand il s'agit de « recréer » un personnage d'une si belle vitalité dramatique, M. Jean de Reszké, en

Ottavio ; M. Seintin en Mazetto; M. Bataille en commandeur, se contentent d'être corrects et discrets— trop discrets parfois.

Du côté des femmes, Mme Adiny a interprété avec plus de courage que de bonheur la première moitié du rôle de dona Anna. Mal grimée sous ses voiles de deuil, blanche comme le Pierrot classique du faubourg du Temple, elle avait l'air, au troisième acte, de débiter un monologue de Deburau. Elle a heureusement retrouvé ses couleurs et son assurance pour le trio des masques, où elle a récolté sa juste part d'applaudissements. Mme Lureau-Escalais vocalise avec beaucoup de talent le rôle d'Elvire. Mme Sarolta (Zerline), qui doublait au dernier moment Mme Bosman, a fait preuve de gentillesse et d'un charme vraiment juvénile.

TRICOCHE ET CACOLET (reprise)
Palais-Royal, 30 octobre 1887

Distribution : Le duc Émile, *M. Daubray*. — Tricoche, *M. Milher*. — Cacolet, *M. Calvin*. — Van der Pouf, *M. Pellerin*. — Breloque, *M. Maudru*. — Des Escopettes, *M. Monval*. — Bernardino, M*lle* *Bonnet*. — Fanny Bombance, M*lle* *Jane Evans*. — Virginie, M*lle* *Marie Leroux*. — Georgette, M*lle* *Clem*. — M*me* Boquet, M*lle* *Augier*.

L'excellente comédie de Meilhac et Halévy appartient au répertoire de la salle Montpensier, et par droit de naissance et par droit de conquête. La soirée d'hier comportait cependant quelques rajeunissements aux gaietés légendaires de l'agence Tricoche et Cacolet — célérité, discrétion! La rentrée de M*lle* Bonnet, le début de M*lle* Jane Evans, la prise de possession par Daubray d'un legs important d'Hyacinthe : le rôle du duc Emile.

On se rappelle la solennité comique d'Hyacinthe. Il avait des notes de trombone d'une incontestable noblesse et des attitudes à mettre au Musée des antiques. Daubray, tout gai, tout gros, tout rond, est un duc Emile absolument différent mais dont la gaieté communicative a produit la plus heureuse impression. M*lle* Bonnet qui interprétait Bernardine, la fille du banquier Van der Pouff, est une beauté fort décorative, la joie des yeux et des lorgnettes, et elle prend de temps en temps la peine de jouer, ce qui ne gâte rien.

Mlle Jane Evans, déjà remarquée à Cluny, débutait dans l'emploi de Fanny Bombance, une cocodette de marque internationale, partagée entre Paris et Saint-Pétersbourg. Mlle Descorval avait compté sur le rôle ; elle y aurait été excellente, elle y sera très regrettée ; Mlle Evans, quand elle aura repris possession pleine et entière de ses moyens, sera une bonne acquisition pour le théâtre de M. Briet. Mais qu'elle se livre plus franchement. Si Cluny est le Palais-Royal de la rive gauche, que le Palais-Royal soit le Cluny de la rive droite, au moins pour les artistes qui ont fait le voyage, et qu'ils ne croient pas devoir laisser une partie de leur bagage comique de l'autre côté des ponts.

LE PÈRE, par Jules de GLOUVET
Drame en 4 actes
Première représentation, au Vaudeville, 31 octobre 1887

DISTRIBUTION: Vaudelnay, *M. A. Dupuis.* — Jacques de Nolles, *M. Raphaël Duflos.* — Baron de Loisail, *M. Montigny.* — Cintrat, *M. Peulat.* — Dutreil, *M. Bernès.* — Mme d'Hérigny, Mlle *de Cléry.* — Christine Vaudelnay, Mlle *Rolland.* — Mme de Lorière, Mlle *Dinelli.* — Mme Descars, Mlle *Darly.*

Le Père ? Mon Dieu, je le veux bien, si ce titre, qui a déjà beaucoup servi, fait plaisir à M. Jules de Glouvet (en magistrature Quesnay de Beaurepaire) ; mais réellement la pièce devrait s'appeler l'*Impasse des Martyrs.* Voilà son vrai nom, esthétiquement, historiquement aussi. Car il y a eu du martyre hier soir, et à grande mesure, et pour tout le monde, acteurs, auteur, sans oublier les critiques... Hé ! croyez-vous que nous soyions sur un lit de roses quand il nous faut déclarer franchement mauvaise à la rampe une œuvre intéressante au volume et digne de ce qualificatif « littéraire », dont il est fait si souvent abus ?... Pourquoi l'impasse est-elle là grillagée, murée, obstruée, — la formidable impasse du problème dramatique insoluble, de la quadrature du cercle appliquée aux jeux de l'adultère et de l'état civil ?

Elle y est. Jetons-nous en avant, tête baissée.

Première étape, premier acte. Le rideau se lève sur un petit tableau de famille que les marchands de gravures cataloguaient ainsi : « Intérieur de veuf, avec enfant. » Le veuf est un certain M. Vaudelnay, surnommé le *sauvage* par les habitants du pays... Car il habite un pays et non Paris ; il a cherché le recueillement ou l'oubli à Angoville, dans un manoir situé entre Villers et Houlgate. L'enfant est une fille à fleur de majorité, qui porte le nom de Christine.

M. Vaudelnay passe pour un bon monsieur, riche, généreux, mais distrait et souvent exploité ; les commères du pays disent que « le chagrin l'extermine » et que « la mort de sa défunte femme lui a tourné les sangs ». Il vit isolé, loin de la petite noblesse normande qui frétille en terrain côtier comme les ablettes dans l'étang. Quant à Christine, elle mène une vie un peu plus active, mais sans quitter le cercle de la famille rurale qui entoure les châtelains d'Angoville. Elle chasse, pêche, court les bois, toujours à portée de la tendresse jalouse de son père. En fait, elle s'est rendu compte du caractère incurable de la tristesse de M. Vaudelnay, elle travaille à le préserver de l'abattement définitif ou du moins à l'en arracher après chaque rechute. Cette mission de garde-malade filiale paraît lui suffire. Elle n'a admis près d'elle qu'une demi-relation assez inoffensive, un certain

M. Jacques de Nolles; jeune gentilhomme campagnard, grand propriétaire, archéologue amateur, associé aux recherches de M. Vaudelnay qui fait remuer de la terre pour complaire aux mânes de l'abbé Cochin. Ce Jacques est d'ailleurs un concentré, un silencieux qui ne semble guère entreprenant et dont la maturité précoce ne saurait faire ombrage à la jalousie de M. Vaudelnay.

Eh bien ! dans cette maison, en apparence si tranquille, il y a plusieurs mystères: 1° Jacques de Nolles est un ancien viveur parisien, que l'amour de Christine a converti à l'agriculture et à la vie rurale; 2° les deux jeunes gens se sont fiancés; 3° quand M. Vaudelnay s'aperçoit de l'amour de sa fille, il avertit loyalement mais durement M. de Nolles que cette union est impossible. Il lui ôte tout espoir, même dans l'avenir:

« Je vous estime, et je vous choisirais pour gendre, déclare Vaudelnay; mais Christine ne peut se marier, elle ne se mariera jamais! » « Il y a un secret dans cette maison ! murmure Jacques de Nolles. Cet homme, ce père, n'est certes pas un égoïste. Que de fois ai-je surpris des éclairs d'amour maternel dans ses yeux. Il doit savoir d'ailleurs que Christine serait incapable de l'aimer moins. J'en ai connu qui sacrifiaient un enfant pour jouir sans partage de son affection, mais Vaudelnay est d'une autre trempe... Il y a un secret. »

Ce secret, nous ne tardons pas à le connaître d'après la confession même du père. En ce temps-là, vingt ou vingt-deux années auparavant, M. Vaudelnay — qui n'est pas du tout veuf, qui est célibataire — aimait une certaine Mᵐᵉ de Loisail, compagne fort désabusée « d'un mari vulgaire et infidèle » qui courait alors les grandes routes de l'étranger. Sur la foi des traités, c'est-à-dire de l'absence de ce mari si vulgaire mais si maltraité, cet amour avait fructifié. Tout était prêt pour un accouchement clandestin quand éclata un événement imprévu ; le retour du mari « rappelé par un ministre » — ils n'en font jamais d'autres, ministres et maris ! — Que faire ? Dissimuler la grossesse ! c'était impossible. Fuir avec Vaudelnay ? c'eût été assez raisonnable. Mais Mᵐᵉ de Loisail voulait attendre son mari pour expier (idée un peu bien singulière chez une maman en expectative qui exposait le « fruit du crime » à de cruelles représailles).

M. de Loisail vint, apprit son malheur, ne fit aucun scandale et se contenta de tuer sa femme à petit feu, en l'accablant de propos désobligeants, mais sans lui arracher le nom de son complice, avant qu'elle ne rendît à Dieu une belle âme qui ne pouvait supporter la honte. La femme morte, il éleva l'enfant sans ferveur paternelle, mais avec l'intérêt très réel pour un viveur presque à la côte de garder la gestion d'une belle fortune. M. Vaudelnay n'en a pas moins eu peur de cette paternité intimement hostile. Il a volé l'enfant avec la complicité d'une nourrice. Il l'a gardée près de lui, dans ce coin de province, pendant que M. de Loisail, toujours ennemi du scandale, la faisait passer pour morte. Tout a bien marché, tout ira bien jusqu'au mariage exclusivement. Car, pour marier Christine, il faut le consentement de son vrai père.

Ce consentement, M. Vaudelnay et M. de Nolles se décident à aller le demander de conserve (?) à M. de Loisail. Celui-ci se trouve justement (!) dans le pays, chez une amie commune, Mme d'Hérigny, une jeune veuve qu'il compte épouser. Il se montre d'abord prodigieusement surpris, puis sérieusement irrité ; enfin il refuse de consentir. « Soyez tous malheureux, déclare-t-il en substance, ce sera ma vengeance ! »

Par bonheur la jeune veuve ayant tout entendu à travers une porte, a deviné le reste. — Cette perspicacité est le droit et même le devoir des veuves genre Scribe — elle se charge d'arracher à Loisail en échange de sa main ce consentement qui fera le bonheur des hôtes d'Angoville. Le diplomate renonce à une vengeance quelque peu réchauffée et déclare gravement qu'il y a eu « malentendu ». Le rideau tombe sur deux fiançailles solennelles.

Telle est cette œuvre à la fois suffisante et insuffisante. L'effrondrement a commencé à l'instant précis où le public s'est trouvé au pied du mur de la fameuse impasse des martyrs. Certes, tous ces gens-là sont de pauvres gens, mais nous ne saurions nous intéresser indéfiniment à leur infortune, car ils ne défonceront pas le mur et il est trop clair que l'auteur veut le leur faire escalader d'une façon ridicule. Dans un style d'ailleurs contestable, mais qui a le mérite de rendre assez nettement la pensée de M. de Glouvet, le romancier définit ainsi la situation des deux amants avant l'aveu de M. Vaudelnay : « une traînée de ténèbres s'étendait sur le chemin entre Jacques et Christine, à tout prix, il fallait y faire la lumière, pour passer. »

Fort bien, et j'entends ce que veut dire M. Glouvet ; je me rends compte surtout de l'idée qui l'a séduit, qui lui a fait tour à tour composer son roman et charpenter son drame. Mais que vaut cette idée — au point de vue du théâtre, la seule optique qui doive nous préoccuper à cette place ?

Elle ne vaut rien. Elle est franchement et rigoureusement détestable.

On peut concevoir un roman intéressant et basé sur les angoisses, les affres, les recherches désespérées de Jacques de Nolles et de Christine hypnotisés, désolés par le fameux mystère. On ne saurait se figurer une pièce viable se traînant sur la même piste.

Car la découverte du mystère aux deux principaux intéressés (ce qui entraîne la révélation au troisième, non moins principal) n'a aucune utilité, n'ayant aucune force logique... La logique (et la vérité humaine), et l'intérêt dramatique seraient, non que M. de Loisail pardonne et consente (il ne peut pardonner sans tourner au Géronte ni consentir sans se déshonorer lui-même en avouant qu'il a menti par intérêt); mais que le *Père*, ce père hiératique, suivant la formule Glouvet, le symbole des protestations de la chair contre les conventions sociales, de la voix du sang contre les rigueurs de l'état civil, aille jusqu'au bout et fasse excuser son crime en le complétant.

Il a volé l'enfant, lui, le père naturel, il a enlevé la petite fille au père légal. C'est un crime, un gros crime, mais *en soi* et surtout à l'égard de Christine ce ne serait pas une infamie, si le criminel avait pris les précautions à la fois aggravantes et atténuantes que devait lui dicter le bon sens le plus élémentaire.

Comment, père incohérent, criminel incomplet, tu n'as pas hésité à te faire voleur d'enfant, tu as acheté par la même occasion vingt ans de discrétion d'une complice. Et tu n'as pas songé un instant à l'avenir, ou bien tu as reculé devant ce crime accessoire, une substitution, l'achat de l'état civil de quelque marmot qui serait mort en nourrice ? Tu pouvais, étant libre de tes actions, toi célibataire, sans enfants, donner à Christine un état civil fictif, puis lui en rendre un très réel, en l'adoptant. Tu ne sortais de la loi, à deux reprises, que pour y rentrer d'une façon définitive, car après tout Christine est ta fille et elle a droit à ta fortune et elle volerait celle de M. de Loisail.

Tu pouvais tout arranger au prix d'un sacrifice très personnel, en aggravant ta criminalité morale — qui nous est bien égale à nous public — dont nous ne donnerions pas un décime, qui ne saurait être mise en parallèle avec le salut de Christine ! — Tu le pouvais, et tu as laissé ta fille à la merci de l'inconnu. Que serait-il arrivé, en effet, si tu étais mort, subitement, avant que l'arrivée et l'insistance de M. de Nolles te forcent à déchirer les voiles ? Christine n'aurait pas été légalement ton enfant puisque tu ne lui avais assuré aucun état-civil. Et elle n'aurait pas été davantage l'enfant de M. de Loisail qui aurait certainement traité d'aventurière cette jeune fille élevée dans une autre maison, inconnue de tout son entourage, ne pouvant rien prouver, pas même le vol, que n'établirait d'aucune façon — tu le sais fort bien, ô grand juriste ! — l'aveu écrit du voleur. La belle amazone d'Angoville serait donc restée sur le pavé, entre deux selles, pardon, entre deux pères. — Tu pouvais la sauver, et tu préfères une solution mixte, incomplète, ridicule.

A quoi servent, en effet, père sans suite, criminel sans logique, tes scrupules tardifs, ton invraisemblable idée d'aller trouver M. de Loisail et de lui dire : « J'ai pris votre fille parce qu'elle est ma fille. Je vous rends ma fille pour qu'elle redevienne votre fille, jusqu'au mariage inclusivement. » M. de Loisail consent à jouer une comédie ; mais justement ce n'est pas une comédie. Christine va rester sa fille ; il sera le beau-père de Jacques de Nolles, le grand-papa des enfants du même Jacques et de la même Christine. Le père, en dépit de sa paternité, ne sera qu'un invité, un vieil ami de la famille — le parrain du dernier petit !...

Au demeurant, le *Père* est à la fois une pièce mal faite et une pièce impossible. M. de Glouvet m'objectera sans doute que le sujet a déjà été mis à la scène avec *Odette et Christiane* et qu'il n'a pas semblé alors anti-théâtral. Mais point du tout, Odette est admirablement logique. Elle a déshonoré le nom que porte sa fille, elle est un obstacle à son mariage, elle se tue. Elle fait ce qu'elle peut, elle fait ce qu'elle doit. Elle intéresse. Et dans *Christiane*, Robert de Noja, le vrai père, s'incline à son tour devant la logique du père putatif.

« Je vous la reprendrai, puisque vous avez reconnu mon droit, je suis son père. — Dites-le lui donc à elle-même ; la voilà ! » Et Robert de Noja disparaît. Il se sacrifie pour assurer le bonheur de son enfant. C'est parfait, c'est empoignant.

Je ferai une autre observation : le *Médecin des enfants* dont le *Père* procède fort directement, le mélodrame de Dennery conclut à peu près comme le drame de M. de Glouvet. Ne pas punir le crime, ne pas récompenser la vertu, mais colloquer l'enfant des deux pères aux deux pères sur le même plan de tendresse et sous la garde d'un mari dont évidemment la tâche principale consistera à répartir d'égale façon sa femme entre ses deux beaux-pères, Dennery a accompli ce tour de force. Mais le *Médecin des enfants* est un mélo plein de tiroirs, d'absurdités, de sacrifices à la convention : il vaut par son excellente facture de pièce populaire, il ne se donne ni comme un tableau de la vie réelle, ni comme une œuvre littéraire...

Dans le cadre où il était présenté, avec les prétentions qu'il affichait, qu'il ne pouvait ne pas afficher, le *Père* devait déplaire, et il a déplu. On a froidement accueilli les trois premiers actes ; on a chuté le quatrième sans aucune politesse. Il reste à dégager de cette mésaventure

1° l'homme de lettres qui a peut-être eu tort de troquer la position enviable d'écrivain amateur, comme tel ménagé par la presse où l'on ne jalouse que les camarades quotidiens et les confrères classés, pour la situation moins enviable de producteur militant ; 2° l'administration du Vaudeville qui a monté *le Père* avec beaucoup de soin et une habileté savamment réaliste ; 3° les interprètes qui ne se sont laissé dérouter ni par le silence glacial du public, ni par les ricanements discourtois de la fin de la représentation.

Tout au plus M. Dupuis a t-il témoigné d'une certaine mollesse qui ne lui est guère habituelle et qui devait tenir à l'intime certitude d'une partie perdue à l'avance. Il ne s'en est pas moins affirmé comédien de premier ordre dans la scène entre les deux pères. Il a dit avec une sobriété du plus grand effet ses répliques aux reproches trop justifiés de M. de Loisail. M. Raphaël Duflos et M. Martigny tirent bon parti de rôles assez ingrats. Mmes de Cléry et Dinelli n'avaient à faire preuve que de grâce souriante et d'élégance mondaine ; elles n'ont pas regardé à la dépense.

Le personnage mixte de Christine — moitié ingénue, moitié fiancée — servait de début à Mlle Marguerite Roland, une élève (ne pas lire une lauréate) du Conservatoire où elle a passé deux ans sans aborder les concours. Incertaine et troublée pendant les trois quarts de la représentation, elle a pris au dernier acte une sérieuse revanche de sensibilité vraie et de sens dramatique.

L'AGNEAU SANS TACHE,
par Armand Ephraim et Ad. Aderer

Comédie en un acte, en prose
Première représentation à l'Odéon, 3 novembre 1887

Distribution : Le Marquis, *M. Colombey*. — L'Abbé, *M. Sujol*. — Lisette, *Mlle Lynnès*. — La Marquise, *Mlle Panot*. — Gaston, *Mlle A. Leturc*.

Voici un petit acte, signé de jeunes auteurs, un lever de rideau sans prétention mais non sans mérite, dont le monde littéraire saura bon gré à M. Porel d'avoir soigné la mise en scène comme si l'œuvre était de quelque vétéran. L'*Agneau sans tache* méritait cet honneur; c'est une fort ingénieuse et délicate saynète Louis XV (bien que la pièce se passe en 1820, si nous en croyons les indications du livret), dans la meilleure et même dans l'excellente moyenne de ce genre de broderies dramatiques, dont l'exécution, en apparence aisée, offre de sérieuses difficultés si l'on veut se tenir, comme il convient, à distance égale de la banalité et de la préciosité.

Personnages : un marquis, une marquise, un abbé, un petit cousin, une soubrette qui s'appelle Lisette (vous voyez bien que nous sommes en plein Louis XVI). Le

L'ABBÉ CONSTANTIN,
par Hector CRÉMIEUX et Pierre DECOURCELLE

Comédie en 3 actes, tirée du roman de Ludovic HALÉVY

Première représentation au **Gymnase**, 4 novembre 1887

DISTRIBUTION : L'abbé, *M. Lafontaine.* — Jean, *Marais.* — Paul de Laverdens, *M. Noblet.* — De Larnac, *M. Lagrange.* — Bernard, *M. Tony-Seiglet.* — Mme Scott, *Mlle Magnier.* — Mme de Laverdens *Mlle Desclauzas.* — Bettina, *Mlle Darlaud.* — Pauline, *Mme Grivot.*

Le rideau se lève, pour la première fois, sur le jardin du presbytère de Longueval. Une antique bâtisse confinant à l'église, une cuisine entre cour et jardin — c'est le cas de le dire — un coin de potager mêlé de rosiers grimpants et de chicorées frisées. Premier dialogue entre le jardinier Bernard et la cuisinière Pauline. On cause de la vente du château de Longueval qui a lieu à cette heure même à l'audience des criées du tribunal de Souvigny. Il va être divisé, ce magnifique domaine qui, depuis deux siècles, échappant au morcellement, avait toujours été transmis intact, de père en fils, dans la famille des Longueval. L'affiche annonce bien que, après l'adjudication provisoire des quatre lots, il y aura faculté de réunion et mise en adjudication du domaine tout entier ; mais c'est un bien gros morceau, et, selon toute apparence, aucun acheteur ne se présentera.

Pauline se lamente, car c'est un bien gros crève-cœur pour l'abbé Constantin. L'abbé — un saint qui ne vit que pour les pauvres et pour son filleul, Jean Raynaud, un lieutenant d'artillerie, fils du docteur Raynaud, tué à Villersexel — l'abbé trouvait au château de copieuses aumônes et mieux que des aumônes : une charité intelligente. Qui va remplacer les Longueval ?

Le cas a été prévu. Nous voyons arriver une certaine Mme de Lavardens, veuve encore assez riche, quoique son patrimoine ait été entamé par son fils Paul de Lavardens, viveur rural. Elle explique à Jean Raynaud, le filleul de l'abbé, venu là, lui aussi, pour savoir le plan prémédité avec quelques voisins, M. de Larnac, un éleveur, M. Gallard, un gros banquier de Paris. M. de Larnac aura la Mionne ; M. Gallard, le château et Blanche-Couronne ; Mme de Lavardens la Rozeraie.

M. de Larnac arrive à franc-étrier. Il a la Mionne en effet et M. Gallard le château et Blanche-Couronne. Puis c'est le tour de Paul de Lavardens, qui annonce l'acquisition de la Rozeraie... On se congratule, on fait des projets, quand survient l'abbé Constantin, navré, prêt à se trouver mal !... Tout est perdu. Au moment où l'huissier, croyant remplir une dernière formalité, a mis en vente les quatre lots réunis, à deux millions cent cinquante ou soixante mille francs, je ne sais plus au juste, un murmure ironique a circulé dans l'auditoire. De tous côtés on entendait dire : « Personne, allez, il n'y aura personne ! » Mais un petit avoué qui, jusqu'à présent, n'avait pas donné signe de vie, s'est levé et a dit tranquillement : « J'ai acquéreur pour les quatre lots réunis à deux millions deux cent mille francs. » Et il avait acquéreur : deux Américaines, Mme Scott et miss Percival.

Deux Américaines, deux parvenues, riches à millions. Paul de Lavardens et M. de Larnac les connaissent tout à la fois de près et de loin. Ils sont allés chez elles au bal à Paris, présentés par un ami qui ne les connaissait guère. D'ailleurs des femmes classées !

— « Il y a un M. Scott ? un grand blond. Il était à son bal... On me l'a montré... dit Paul de Lavardens. Il saluait au hasard, de droite et de gauche. Il ne s'amusait guère, je vous en réponds... Il nous regardait et il avait l'air de se dire : Qu'est-ce que c'est que tous ces gens-là ?... Qu'est-ce qu'ils viennent faire chez moi ? »... Seulement, on prétend que Mme Scott a été tour à tour mendiante et saltimbanque.

Mendiante ! L'abbé Constantin n'en a pas grand souci. Saltimbanque, il s'en consolerait à la rigueur. Mais hérétique, voilà le point capital. Car Mme Scott et sa sœur, miss Percival doivent être protestantes en raison de leurs origines. Plus de messes au château, plus de conférences avec la châtelaine, plus de « chasse aux pauvres ».

Resté seul avec Jean Raynaud, l'abbé Constantin lui expose ses doléances, quand la voiture s'arrête devant la petite porte du presbytère. Deux femmes se présentent; l'une, la plus jeune, est blonde ; l'autre a les cheveux rouges — comme le diable !

— Madame Scott. Je suis madame Scott. C'est moi qui vient d'acheter le château... et la ferme !... et le reste tout autour. Miss Bettina Percival... ma sœur.

En quelques minutes, l'abbé est accablé d'aumônes — chacune des Américaines lui donne 1,000 francs et lui en promet autant pour chaque mois — et des surprises agréables. Il apprend avec ravissement que Mlle Scott et sa sœur seront ses paroissiennes, ses vraies paroissiennes : « Notre mère, dit Mme Scott, était une Canadienne d'origine française et catholique. Mon mari est protestant, mais il me laisse une entière liberté. C'est pour cela, Monsieur l'abbé, que nous avons voulu, dès le premier jour, venir vous voir. — Quelle bonne idée, s'écrie l'abbé, quelle bonne idée a eue Madame votre mère ! »

L'intimité ne s'arrête pas là. Carrément, miss Bettina s'invite à dîner avec sa sœur chez l'abbé. Il y a bien la présence de Jean Raynaud qui devait dîner avec son parrain, mais bast ! avant d'être un lieutenant d'artillerie, c'est un filleul. Bref, on se met à table dans le jardin. On parle de l'immortalité de l'âme, du paradis, du purgatoire et finalement — quand l'abbé s'est endormi, suivant sa coutume — de l'histoire de Jean Raynaud à qui miss Bettina paraît s'intéresser vivement. Au clair de lune — car on s'est un peu oublié dehors — le lieutenant raconte la fin tragique de son père, puis ses aspirations et ses épreuves de soldat. Miss Bettina écoute toujours, très touchée. Cependant l'heure s'avance, et il faut réveiller le malheureux abbé sans qu'il se doute qu'on l'a vu dormir. M⁽ᵐᵉ⁾ Scott et Bettina entonnent une chanson de minstrels (bien cacophonique, soit dit entre nous). L'abbé se réveille. On se quitte, non sans avoir pris rendez-vous dans huit jours pour pendre la crémaillère au château. Jean Raynaud sera de la petite fête. « Ah ! s'écrie Bettina, avec un soupir qui en dit long, je crois que je vais bien me plaire dans ce pays. »

Tel est ce premier acte qui dure une heure, montre en main, mais contient une exposition très complète. Il a un autre mérite : il s'écarte à peine du livre de M. Ludovic Halévy.

Assurément, on peut, suivant les écoles littéraires, différer d'avis sur la valeur intrinsèque de ce roman ; il faut reconnaître qu'il est, comme il devait être, comme l'a

voulu son auteur, une idylle à l'ombre d'un presbytère.
Ce monde de braves gens, tous excellents, tous généreux,
tous millionnaires, les uns par la bourse, les autres par
le cœur, existe-t-il dans quelque vallée de Tempé. Je
n'en réponds pas. Mais en fait, M. Halévy lui donne une
existence littéraire, un automatisme transcendantal. Je
ne saurais mieux comparer l'*Abbé Constantin* « livre »
qu'aux chefs-d'œuvre mécaniques de ce petit village de
Broeck célèbre parmi les burgs hollandais et couché autour d'un bassin formé par le canal qui joint le Texel
au Zuyderzée.

Voici une chaumière suisse. Si le propriétaire veut
bien nous faire la gracieuseté de monter en notre honneur un certain mécanisme, nous y verrons deux auto-
mates, grands comme nature, vêtus du costume local.
Le mari fume sa pipe, à côté de sa femme, occupée à
filer en chantant sa chanson ; un chien de bois saluera
notre entrée par des aboiements mécaniques. Un peu
plus loin, nous trouverons un garde-chasse, également
en bois, en train d'ajuster son fusil et prêt à faire feu.
Sur la pièce d'eau se jouent un cygne, un canard, une
sirène, tout cela en carton. Les jardins contribuent, pour
une bonne part, à l'étrangeté de l'aspect général. Comme
il est de règle qu'à Broeck rien ne doit se présenter sous
son jour naturel, on y peint le tronc de l'arbre et les

branches inférieures de tous les tons de l'arc-en-ciel.

Les personnages et le décor de l'*Abbé Constantin* « roman » ressemblent singulièrement au décor et aux personnages du village de Broeck. Ce sont des petits chefs-d'œuvre d'arrangement mécanique. Et M. Ludovic Halévy leur a communiqué une vie très intense, malgré leur apparence de fantoches, car c'est un fier infuseur de vitalité. Pourquoi faut-il qu'il leur soit arrivé le même malheur qu'à la grande rue du village de Broeck ?... Classique, ce malheur, dans les traditions néerlandaises. Sous le premier Empire, un Français passant par là cracha au beau milieu de la rue, sans aucun souci des ordonnances de police et surtout des traditions de la ville. Pendant vingt ans, Broeck fut déshonoré. Le temps seul effaça ce navrant souvenir. Et aujourd'hui on parle encore de l'année où le Français a craché...

Même mésaventure pour le Broeck de M. Ludovic Halévy. Deux dramaturges ont craché au beau milieu de l'*Abbé Constantin*, et voilà le joli petit village compromis pour longtemps... Quittons d'ailleurs le style métaphorique et parlons sérieusement. MM. Crémieux et Decourcelles ont compliqué et gâté le roman pour en tirer deux actes supplémentaires, encombrés de finesses, mais dont le besoin ne se faisait pas sentir — au contraire!

Voici la belle découverte qu'ils ont faite et qui leur a permis de porter au Gymnase en décadence une contre-guigne d'un effet matériel probable, d'une immoralité pour ne pas dire d'une improbité littéraire encore plus certaine.

Ils ont découpé dans *Mademoiselle de la Seiglière* le personnage de la « veuve ayant fils à marier », qui lutte contre Bernard Stamply et ils l'ont brutalement superposé à la silhouette de Mme de Lavardens. Cette figure était à peine indiquée dans le roman où il n'est question qu'une seule fois des prétentions de Paul de Lavardens à la main de Bettina.

Au théâtre, il devient capital et encombrant, il prépondère. Le duo des tendres frémissements d'âme de Bettina et des délicats scrupules de conscience de Jean Raynaud est remplacé par cette banalité dramatique : la rivalité de Paul de Lavardens et du filleul de l'abbé Constantin.

Au début du deuxième acte — à partir de ce moment, je vous en préviens, nous marchons dans un Broeck déjà contaminé. — Mme de Lavardens a dressé toutes ses batteries et même commence le feu. Elle s'est introduite dans l'intimité de Mme Scott ; celle-ci lui sert de factotum ; bref, elle est dans la place et Mme Scott verrait assez volontiers Paul de Lavardens prendre rang de beau-frère. L'Américaine se charge même de confesser sa sœur — en dépit d'une déclaration que Paul de Lavardens lui a faite à elle-même fort directement, mais qu'elle veut bien prendre pour miss Percival.

Bettina câline sa grande sœur, sa petite maman. Oui, elle veut bien se marier, mais à condition d'aimer d'amour. Ce n'est pas ainsi qu'elle envisage Paul de Lavardens. Donc, ajourné ! Mais une crise de dépit ne va pas tarder à précipiter les événements. Jean Raynaud, pour qui son petit cœur continue à battre, ne commet-il pas l'imprudence de la sermonner, de lui rééditer la strophe de Byron sur les dangers de la valse — étrange idée de faire « l'empêcheur de danser en rond » au milieu d'un bal champêtre — enfin de refuser de « bostonner » avec elle. Tant pis pour lui ! Bettina rentre dans la ronde au bras de Lavardens. Et la mère du jeune homme saisit l'occasion pour répandre le bruit de fiançailles officielles.

Jean Raynaud, désespéré, n'aurait plus qu'à maudire sa maladresse et à partir — dans une heure il doit rejoindre son régiment qui se rend au camp de Cercotte, — si Paul de Lavardens ne revenait à moitié gris. La vue de son rival sans le savoir l'exaspère. Il y a échange de reproches, de paroles amères, et même de voies de fait. Bref, on va se battre immédiatement sur le champ de manœuvre, malgré les supplications de l'abbé Constantin qui a surpris le secret et qui reste pour prier.

C'est dans cette attitude professionnelle, mais un peu étrange au milieu d'un salon, que le trouve Bettina.

Elle n'a pas de mal à confesser le pauvre homme naïf comme un saint ; elle apprend que Jean se bat. Et pour calmer son impatience, elle se précipite sous la pluie battante, en sabots, à la recherche des combattants, sans que M*me* Scott, cachée derrière un rideau, songe à la retenir. Heureusement pour sa réputation, elle rencontre l'abbé qui la ramène, et qui apprend aux deux Américaines cette bonne nouvelle : ni tué, ni blessé. Trois fois désarmé, Paul de Laverdens a fini par tendre la main à son adversaire. Ils se sont réconciliés.

Il semblerait bien qu'à ce moment la pièce soit finie ou du moins qu'il suffise d'un tête-à-tête entre Jean Raynaud et Bettina pour dissiper le malentendu de plus en plus transparent qui les sépare encore. Mais les dramaturges ont voulu étendre leur petite incontinence sans aucun respect pour le Broeck de M. Halévy. Nous avons un troisième acte au début duquel nous voyons l'insupportable M*me* de Lavardens recommencer la campagne de conjungo, relancer Paul de Lavardens sur la piste de Bettina, si bien que le pauvre garçon — de plus en plus pasticheur de son collègue de *Mademoiselle de la Sei-*

glière — prend le parti de recommander lui-même Jean Raynaud à Bettina. Il y a là une série de scènes ajoutées également invraisemblables, encombrantes et ennuyeuses. L'intérêt ne reprend qu'au moment précis où nous revenons au roman.

Pendant que Bettina, enfin sûre de l'état de son cœur, cherche le moyen pratique de demander elle-même la main de Jean Raynaud — ses vingt millions de dot lui permettent cette dérogation aux usages — Jean Raynaud arrive chez son parrain pour lui faire ses adieux éternels. Il veut aller à l'autre bout du monde « en Tunisie ! » L'abbé ne tente pas de rectifier les connaissances géographiques de son filleul ; il lui fait seulement observer que Bettina pourrait bien ne pas être tout à fait indifférente à sa passion. — Raison de plus pour partir, s'écrie Jean. — Je ne comprends plus : Je sais bien, mon pauvre enfant, que nous parlons là de choses où je ne suis pas grand clerc..., mais, enfin, vous êtes tous les deux bons, jeunes et charmants... Tu l'aimes... elle t'aimerait... et tu ne pourrais pas !... — Et son argent, et ma carrière ! Je suis soldat et veux rester soldat. Si les hasards de ma carrière m'envoient un jour en garnison dans quelque trou des Alpes ou dans un village perdu de l'Algérie, puis-je lui demander de me suivre ?

La scène est prise textuellement dans le roman. Elle

est charmante ! Et tout de suite arrive Bettina. Elle répond aux scrupules de Jean, qu'elle a devinés. Elle sera la femme du soldat autant que l'amante « du brave cœur ». Elle le suivra partout. Et sur cette belle promesse, on les fiance devant l'abbé Constantin au comble de ses vœux. Il ne reste plus à entendre que quelques lazzis assez maladroits de Mme de Lavardens, détrompée au dernier moment sur les destinées maritales de son fils. Toujours le crachat dans le Broeck !...

Et maintenant, elle a eu lieu devant le Tout-Paris traditionnel, la première représentation de l'*Abbé Constantin*, dénaturé par MM. Crémieux et Decourcelles, et j'ai la consolation — très relative mais cependant réelle — de constater qu'une fois de plus ce Tout-Paris tant calomnié a fait preuve de tact et de goût. Il a favorablement accueilli tout ce qui appartenait à l'inspiration personnelle de M. Ludovic Halévy ; il a rendu justice aux excellents sentiments, aux nobles pensées, aux peintures suaves tirées du roman ; il n'a subi qu'avec les plus expresses réserves et un sourire qui ressemblait la plupart du temps à une moue, les regrettables surcharges, les « ajoutés » des vaudevillistes. Bref, on a fait à l'idéalisme de M. Halévy le succès justifié et par sa valeur intrinsèque, et surtout par la réaction morale qu'ont précipitée les outrances maladroites de l'idéalisme, mais en ayant soin de dégager la responsabilité de l'auteur des *Petites Cardinal*.

Ce qu'on a déjà constaté, avec une intéressante unanimité, c'est l'abondance des trucs, des petits moyens : les cloches, le clair de lune, le couplet chauvin, l'orgue, la chanson américaine, le cantique : « Esprit-Saint descendez en nous » chanté par le curé et sa bonne, la fanfare du régiment, le feu d'artifice, les plaisanteries sur saint Pierre et la porte du Paradis. On n'a pas jugé moins sévèrement les ajoutés un peu gros du dialogue :
Mme Desclauzas. — Le ministre m'a enveloppée d'un regard de reconnaissance... administrative : — Dans le temps, les ministres dansaient, ils sautent maintenant ! — Noblet. — Madame Scott... [est une Américaine... de Paris ! — Vous croyez que je serais capable de gérer ma fortune, ma mère; c'est de la digérer que vous auriez dû dire ! — Lafontaine. — Je ne suis pas rentré coucher au presbytère ; que va dire ma gouvernante?

Est-ce assez fin ? On dirait d'un stock destiné à quelque revue des Variétés ou du Palais-Royal.

Malgré ces défauts, d'ailleurs inséparables d'une pure spéculation dramaturgique, sans valeur sinon sans prétention littéraire, l'*Abbé Constantin* peut et doit tenir l'affiche pendant un certain temps. Si la mise en scène est à la fois minutieuse et puérile, chargée de détails et dénuée d'ampleur, l'interprétation mérite qu'on fasse — et de très loin — le voyage du Gymnase. Lafontaine a trouvé dans le personnage de l'abbé Constantin le couronnement de sa carrière d'artiste. Il prend toujours les phrases d'un peu haut, mais il se maintient avec tant d'habileté et de souplesse sur cette corde raide des tonalités romantiques ! Mme Grivot, dont le rôle est malheureusement limité au premier acte, lui donne la réplique avec une virtuosité presque égale.

C'est un des meilleurs appareillages qu'on ait vu depuis longtemps au théâtre. Noblet mérite aussi d'être classé dans les premiers prix. Il sauve, à force d'adresse et de verve naturelle, les incohérences et les grossièretés du rôle de Paul de Lavardens, si aimable, si « gentil » dans le livre et que les vaudevillistes ont odieusement alourdi. Il rend supportable la scène de l'ivresse et de la provocation qu'on aurait sifflées, interprétées par tout autre artiste.

Deuxième prix : Marais et Mlle Darlaud. Marais est écrasé par un rôle détestable, toujours maussade et larmoyant. Un artilleur, si l'on veut, mais un artilleur de la pièce humide.

Il y ajoute les attitudes fatales du Didier de *Marion Delorme* ; mais il se dégagera de ces réminiscences et mettra en valeur le peu, le très peu d'effets vraiment sentimentaux que lui ont laissé les confectionneurs de la pièce. Mlle Darlaud est une demi-ingénue câline et frôleuse à point. Elle a trouvé des accents d'une émotion communicative. Je voudrais seulement qu'elle n'abusât pas des clins d'yeux et des sous-entendus à la Judic. Simples accessits : Mme Magnier (Mme Scott), qui me paraît avoir des idées trop particulières pour n'être pas fausses sur le manque de distinction des millionnaires et des Yankees, et Mme Desclauzas... Par exemple, ce n'est pas sa faute à celle-là si on la sort de son emploi pour lui donner un mauvais rôle. Elle fait ce qu'elle peut ! C'est à la fois trop et pas assez.

FAUST

500ᵐᵉ représentation à l'**Opéra**, 4 novembre 1887

Le bilan actuel de *Faust* se décompose ainsi :

Théâtre-Lyrique du boulevard du Temple, 57 ; Théâtre-Lyrique de la place du Châtelet, 142 ; Salle Ventadour, 8 ; Opéra de la rue Le Peletier, 144 ; Opéra, salle Ventadour, 22 ; Opéra-Garnier, 126.

Total : 499, plus la 500ᵉ d'hier soir ; mais ce chiffre ne paraissait guère devoir être jamais atteint, au lendemain de la première représentation. Dans une auto-biographie, Gounod raconte ainsi l'histoire de la première et celle du manuscrit : « *Faust* était ma cinquième œuvre dramatique. Il fut donné pour la première fois le 29 mars 1859. Ce fut une sensation plutôt qu'un succès d'éclat. Les habitudes musicales du public, des chanteurs, de la critique y étaient passablement déroutées. Par conséquent, celle des éditeurs. Aussi ne s'en présenta-t-il pas un seul, si ce n'est l'éditeur du *Médecin malgré lui*, qui eut la magnanimité de nous offrir pour cet ouvrage en cinq actes la somme fabuleuse de 4,000 francs. Notre délicatesse recula devant cette généreuse proposition. »

Gounod finit cependant par découvrir 'léditeur Choudens qui lui acheta la propriété de *Faust* pour la France et la Belgique moyennant une somme de 10,000 fr., payables en trois échéances, de trois en six mois... L'affaire paraissait douteuse. Elle est devenue excellente, *Faust* est maintenant au répertoire des scènes lyriques du monde entier. Et l'ovation faite au maëstro par la très brillante salonnée de l'Opéra ne marque qu'une étape sur le chemin de la millième, M. Gounod verra-t-il cette seconde cinq-centième?

C'est fort possible. Si comme l'assurent certains physiologistes, la vie est une affaire de volonté, l'auteur de *Faust* deviendra le Chevreul de la musique. Il a gardé une énergie toute juvénile, et il fallait le voir hier au pupitre, s'efforcer de retenir ou plutôt de rattraper les choristes qui s'emballaient par enthousiasme. Un cinq-centenaire n'est pas coutume!

L'interprétation offrait une particularité intéressante : le début dans le rôle de Faust de M. Jean de Reszké qui a eu un double succès de chanteur et d'artiste. Nous n'avions pas eu depuis longtemps un Faust vraiment rajeunissable par la vertu du breuvage démoniaque. La surprise a été grande.

LA FIANCÉE DES VERTS-POTEAUX
paroles d'ORDONNEAU, musique d'AUDRAN
Opéra-bouffe en 3 actes
Première représentation aux **Menus-Plaisirs**,
8 novembre 1887

—

DISTRIBUTION : Octave, *M. Jacquin*. — Jean Bernard, *M. Jourdan*. — Rigaud, *M. Bartel*. — Benoit, *M. Bonnet*. — Zéphirin, *M. Darman*. — Thomas, *M. Perrier*. — Alcindor, *M. Vavasseur*. — Rose, *Mlle Lardinois*. — Philomène, *Mlle Berthier*. — Frivolot, *Mlle Valette*. — Marcel, *Mlle Méali*.

Rigaud d'Angoulème — denrées coloniales — a une maison de premier ordre et une fille de la plus rare beauté. Heureux épicier! Tous les bonheurs à la fois. Mais Rose, la rose du comptoir Rigaud, l'idole de toute la jeunesse angoumoise, est en âge d'être mariée. Ici commencent les tribulations de Rigaud. Car s'il destine Rose au limonadier Benoit, elle aime un « artiste », un certain Octave, musicien de talent et même d'avenir, et qui plus est de présent, car il va faire représenter un opéra au grand théâtre de la ville. Rigaud ne serait pas épicier — d'après la poétique des librettistes d'opérette assez souvent démentie par la réalité — si cette perspective lui paraissait suffisante. Aussi Rose n'ose-t-elle pas lui avouer qu'elle a placé son cœur de jeune fille à fonds compromis, sinon perdus. Pour se tirer d'embarras, elle fabrique de toutes pièces un petit roman ; elle raconte à son père qu'elle a rencontré à Paris, pendant son existence de pensionnaire, un jeune homme riche et même richissime qui lui a juré un amour éternel et qui ne tardera pas à se faire connaître. — Son nom ? demande Rigaud, un peu ébranlé (il a dû faire de mauvaises lectures idéalistes dans les petits journaux qui servent à envelopper le macaroni). — Jean Bernard, répond Rose à tout hasard... Et tout de suite le papa Rigaud se précipite sur le Bottin. Dix pages et trente colonnes de Bernard, charcutiers, ébénistes, ingénieurs, avocats, mastroquets, médecins, magistrats, rôtisseurs, etc. Pas de Jean Bernard! Mais cette absence même convainc papa Rigaud ; Jean Bernard n'est pas au Bottin, donc il existe sous les espèces et apparences d'un millionnaire, car on ne met pas au Bottin la profession agréable et enviée de capitaliste...

Rose se réjouit du succès de sa ruse, quand lui arrive brusquement une surprise renouvelée de *Mercadet*. On se rappelle le fameux commanditaire, le « gros sac » d'Amérique que Mercadet fait miroiter sans cesse aux yeux de ses innombrables créanciers, sans y croire lui-même, et qui revient tout à coup, sans crier gare, lesté d'écus comme un Crésus. Eh ! bien, le commanditaire de Mercadet, c'est l'amoureux de Rose. Il y a un vrai Jean Bernard, un quasi-gentilhomme, neveu de la comtesse des Verts-Poteaux (noblesse de meunerie), qui tombe dans la boutique de l'épicier et que papa Rigaud reconnaît d'autant plus vite qu'il ne l'a jamais vu.

Heureusement pour Rose, le jeune homme est un bon jeune homme qui consent tout d'abord à faire le jeu des deux amoureux, et à se prêter aux apparences de la passion, en invitant l'épicier et sa fille à un bal que donne la comtesse des Verts-Poteaux. Malheureusement pour Rose, le bon jeune homme est un jeune homme inflammable qui mord presque à l'hameçon. Enfin tout s'arrange, le maëstro Octave ayant cueilli au Grand-Opéra d'Angoulême les prémisses flatteuses d'un futur cinq-centenaire.

Sur ce livret passablement obscur, M. Audran a écrit une partition qui compte vingt et un morceaux, toujours agréables, parfois originaux, une œuvre de circonstance, honorablement facturée, comme dirait papa Rigaud, et qui mérite une fortune honnête.

Le baryton Jacquin, dont j'ai déjà constaté la valeur théâtrale, s'isole cependant plus qu'il ne convient. Il joue au milieu de ses camarades plutôt qu'avec eux. Il entre, débite son morceau, sort, revient, comme une « étoile » de café-concert parmi des comparses. C'est irritant et parfois ennuyeux. M. Bartel est un épicier d'un comique assez franc, et M. Darman mériterait mieux qu'une mention, mais le succès de la soirée a été en définitive pour Mlle Lardinois, qui a la prudence de ne pas demander à sa voix de divette plus d'efforts et d'effets qu'elle n'en comporte.

LA FEMME DE TABARIN,
par Catulle Mendès
Tragi-parade en un acte

ESTHER BRANDÈS, par Léon Hennique
Pièce en 3 actes
Première représentation au **Théâtre-Libre**,
11 novembre 1887

Le petit Odéon de la rive droite a fait un bond considérable par-dessus la Seine et par delà les ponts. Du passage de l'Elysée-des-Beaux-Arts, situé sur les contreforts de Montmartre, entre le cimetière de l'Ouest et le boulevard extérieur, il a émigré au pied de la butte Montparnasse, près du cimetière du Sud. Cette préférence funéraire continuée même dans l'exode de M. Antoine et de sa troupe expliquera sans doute le caractère essentiellement... nécrologique du menu fait pour réjouir tous les croquemorts de la capitale.

Les deux pièces de résistance ont d'ailleurs une réelle valeur littéraire. La première est la *Femme de Tabarin*, de M. Catulle Mendès. Vous connaissez la sempiternelle et toujours palpitante histoire de Tabarin trompé par sa femme et gémissant en public sur ses infortunes, — il y a là-dedans un peu et même beaucoup de Molière et de la Béjart. La donnée est poignante. M. Catulle Mendès l'a rendue saignante.

Surprenant Francisquine qui le trompe, séance tenante, derrière le rideau de la baraque, pendant qu'il fait la parade, Tabarin cherche une arme pour la tuer. Il n'a rien que sa batte d'arlequin. Mais il emprunte l'épée d'un spectateur qui croit se prêter à un tour d'escamotage.

Et pendant que la foule attend, s'apprêtant à rire, il revient tenant l'épée sanglante. Derrière lui Francisquine, la gorge ouverte... Et déjà Tabarin se lamente sur son crime. — Tiens, prends l'épée, crie-t-il à Francisquine, et tue-moi ! — mais elle agonise et lui jette dans un râle, ce cri d'un naturalisme anticipé : « Canaille. » Le rideau tombe sur le désespoir de Tabarin : « Des exempts ! vite des exempts ! j'ai tué ma femme ; qu'on me pende ! »

Ce drame où se retrouvent les qualités de style, tout le ruggiérisme de M. Catulle Mendès, était déjà connu et admiré des lettrés. Je doute qu'il s'impose facilement au grand public. Il est trop uni, trop continu dans l'horreur. M. Antoine et Mlle Defresnes l'ont joué avec une conviction de réalisme d'autant moins atténuante qu'elle paraissait plus sincère.

Je n'ai pas à répéter en quelle estime je tiens le talent

de M. Hennique, l'auteur d'*Esther Brandès*. Il a le sentiment et le goût de la scène. Quand il voudra se résigner à faire du vrai théâtre, il en fera. En attendant qu'il ait pris un parti définitif, il nous a donné un tableau de mœurs bourgeoises et de vilaines mœurs. Esther Brandès apprenant que son beau-frère, M. Adrien Morel, capitaliste atteint d'une grave maladie de cœur — *hœret lateri lethalis arundo*... — veut donner cent mille francs à son neveu, et tenant à lui économiser cette prodigalité, s'arrange pour le faire mourir à la suite d'émotions très intimes et encore plus désagréables. Ainsi l'héritage revient tout entier à la sœur d'Esther. Une histoire d'assurances sur la vie qui complique l'intrigue et qui contribue a précipiter la mort d'Adrien Morel allonge ces trois actes sans les remplir.

Elle amène cependant une scène très bien faite où le refus du médecin de la compagnie d'assurances de viser sa police préparée, révèle au beau-frère d'Esther Brandès son véritable état. L'effet est nouveau et M. Hennique fera bien de prendre date pour ne pas se laisser dépouiller. Je lui conseille aussi d'intercaler sa trouvaille dans un drame plus corsé.

LE VOYAGE D'AGRÉMENT (reprise)

Distribution : Fernand de Suzor, *M. A. Dupuis*. — Brocard, *M. Boisselot*. — Alfred, *M. Roche*. — L'inspecteur général, *M. Courtès*. — Hercule, *M. Garraud*. — Angélique, Mlle *de Cléry*. — Lucile, Mlle *Dhurcourt*. - Claudine, Mlle *Darly*.

LE CHAPEAU D'UN HORLOGER (reprise)

Distribution : Rodrigues, *M. Dieudonné*. — Amédée, *M. Jolly*. — Gonzalès, *M. Montigny*. - Robineau, *M. Roche*. — Henriette, Mlle *C. Caron*. — Stéphanie, Mlle *M. Caron*.

Vaudeville, 14 novembre 1887

L'affiche du Vaudeville porte en beaux caractères typographiques : le *Voyage d'agrément*... de MM. Gondinet, etc., et le *Chapeau d'un horloger*, de Mme E. de Girardin... Passe pour MM. Gondinet et Bisson tous deux vivants, mais à quel titre madamise-t-on encore Delphine de Girardin? Elle est bien morte, et tout ce qui reste de sa production considérable, de son copieux bagage, ce sont deux actes, deux tout petits actes, touchant l'un et l'autre à un extrême de l'art dramatique : le premier, *La joie fait peur*, très comparable avec son mélange intime de navrances désespérées, comme dirait un romancier moderne, et de gaietés soudaines, à ces couronnes de cimetières où les fleuristes piquent le vif carmin des œillets, l'or tendre des roses thé sur le velours profond et presque noir d'un semis de violettes; le second, le *Chapeau d'un horloger*, d'une fantaisie si réjouissante qu'il peut passer pour un modèle du genre, pour du Labiche antérieur.

On sait que la pièce repose sur un seul rôle, celui d'Amédée, le domestique qui, ayant cassé une pendule « du plus grand prix » fait venir furtivement un horloger — lequel horloger oublie son chapeau, lequel chapeau excite et même surexcite la jalousie d'un mari jusqu'au moment où tout s'arrange, sur l'air: « Laissez les enfants à leurs mères — et les chapeaux aux horlogers. »

Mais c'est plus qu'un rôle, cette physionomie de domestique ahuri, c'est une mine de bons mots et de répliques heureuses. Quelques citations au hasard :

— Il n'y a pas au monde un homme plus violent que Monsieur... Avec ça qu'il a été autrefois Espagnol, et il en reste toujours quelque chose...

— Vous avez entendu la pendule. Elle sonne des heures folles, surnaturelles, impossibles! Vingt-sept heures !... il n'y a que moi pour m'attirer des heures pareilles.

— Je devais bien m'attendre à cela. Je le sais, ça me porte malheur de nettoyer. Chaque fois que je nettoie à

fond, il m'arrive un accident. Nettoyer à fond, c'est ma
perte. Quand je nettoie légèrement, je ne casse rien.

— Une si bonne place!... Pas de livrée, pas d'enfants,
pas de chiens... Je ne retrouverai jamais cela nulle part,
pas même dans le gouvernement.

Le *Chapeau d'un horloger* avait été représenté pour la
première fois au Gymnase, le 16 décembre 1854. Berton
père jouait Gonzalès, Dupuis, Rodrigues, Lesueur
était chargé du rôle d'Amédée. Saint-Germain devait le
reprendre beaucoup plus tard et s'y montrer excellent.
Jolly est fort bon, malgré l'intempérance relative de son
jeu, intempérance qui consiste à mettre trop souvent le
public dans la confidence par des clignements d'yeux, de
petites mines et même des apostrophes directes.

La soirée avait commencé par la reprise du *Voyage
d'agrément*, une connaissance sinon trop récente, du
moins trop continuée du grand public pour que je rappelle les détails de cette amusante pochade, l'odyssée de
ce pauvre M. de Suzor, reconnu coupable d'avoir outragé
les agents au sortir d'une partie fine, condamné à quinze
jours de prison et prétextant un voyage en Italie pour
cacher à sa femme les suites de méfaits assez innocents.
M. Dupuis est une victime bien intéressante et un prisonnier bien amusant. M. Boisselot lui donne fort gaiement la réplique, assisté de MM. Garraudet Courtès.

Mlle de Cléry a fait un rôle de tenue du personnage jadis interprété par Mlle Legault avec plus de verve et de fantaisie ingénue.

LE CLUB DES PANÉS, par Wolff, Blum et Toché

Revue en 3 actes
Première représentation au **Palais-Royal**

Distribution : MM. *Daubray, Dailly, Milher, Calvin, Luguet, Numa, Hurteaux, Garon, Victorin, Mandrec, Deberg, Bouchel;* Mmes *Paola Marié, Lavigne, Berthon, Bonnet, Dezoder, Descorval, Elven, Elven Andrée, Marie Leroux, Berny, Clem, Bié, Mielle, Renaud, Gaudet, Bader, Deraily, Batty, Delorme,* etc.

LE ROI MALGRÉ LUI (reprise)
Opéra-Comique, 16 novembre 1887

S'il est difficile d'expliquer pourquoi MM. Wolf, Blum et Toché ont donné à leur œuvre le titre de *Club des Panés* — on ne voit pas de club et il n'y a de « pannés » pour personne, pas même pour les petites « acteuses » de second plan ; en revanche il est facile et agréable de constater un franc succès d'entrain, de fantaisie et de gaieté.

Le premier acte est précédé d'une scène dans la salle. Dailly, le compère de la Revue, s'empare du pupitre de chef d'orchestre qu'essaye vainement de défendre Numa — réminiscence innocente, mais amusante de l'incident Altés-Vianesi — puis quand le bâton lui pèse, il le rend en donnant ces instructions à son successeur : — Vous voyez : c'est bien simple. Vous faites aller le bras quand on chante, et vous dormez quand on parle !

A signaler le roman par affiche, renouvelé des placards, consacré à un roman récent d'Adolphe Dennery : *Les Remords d'un ange.* Un décor chargé des grandes lithographies qu'on a vues sur toutes les murailles s'anime tout à coup. Les portraits parlent et racontent le feuilleton de demain, voire celui d'après-demain sur l'air de la complainte du crime de Chatou. Vient ensuite le défilé des commissionnaires portant sur des brancards les monuments principaux des quartiers riches de Paris dévissés par ordre du conseil municipal et transportés dans les quartiers pauvres, l'Obélisque, l'Arc-de-Triomphe, la Chambre des députés. Puis c'est Milher qui arrive, grimé en paysan, et chante un rondeau sur la *Terre* en forme d'apostrophe à Zola.

N'oublions pas Mlle Lavigne, très drôle en mitronnet qui représente l'opinion publique et se vante notamment d'avoir empêché la représentation de « Lohengrin » à « l'Edin » et chante en vers naturalistes la gloire des « metingues ».

> Les metingues, metingues, metingues…
> C'est la fête des mannezingues.

Au deuxième acte, Milher, en chef de musique militaire, se plaignant d'être limité par la circulaire ministérielle aux airs de grand opéra, mais prenant sa revanche en chantant « En revenant de la Revue », sur *Rachel quand du Seigneur* et *Laisse-moi contempler ton visage*, dont les paroles s'accommodent très complaisamment de la transformation ; — enfin Lavigne, en lauréate de la laïque de Saint-Ouen ; premier prix d'anarchie, elle a reçu comme récompense officielle le *Voyage du jeune Anarchiste en Grèce*, édition revue et corrigée.

Un bon point à Mme Paola Marié qui a chanté fort gaiement une farandole provençale. Par contre, il faudrait couper une scène qui a causé un malaise général : celle de Daubray en maçon constellé de décorations que lui ont accordées tous ses « bourgeois » contre réduction de mémoires. Il en a eu tant qu'il en a inondé sa famille et tous ces... Limousins chantent en chœur :

> Que j'aime à voir autour de cette table
> Des constructeurs, des gens d'bâtisse,
> Dont les boutonnières ell'fleurisse,
> Que c'est comme un bouquet d'faveurs !

L'effet a été pénible. A enlever.

Le clou du troisième acte — par tradition l'acte des théâtres — est le ballet de la Cour d'amour par Lavigne

et Dailly. Il faut voir le gros compère en maillot cerise
et perruque noire enlever à bras tendu la Cornalba du
Palais-Royal. Dans le bataillon féminin, Mme Bonnet, la
commère, Mlle Descorval, une charmante édition du
roman moderne, Mlles Myette, Dezoder, Marie Leroux,
Gaudet, mériteraient mieux qu'une mention.

A l'Opéra-Comique, bonne reprise du *Roi malgré lui*,
de M. Emmanuel Chabrier, interrompue après la troisième représentation par la catastrophe du 25 mai.
Mlle Chevalier remplace Mme Mézeray. C'est le seul changement de distribution. Par contre, on a pratiqué de
sérieuses coupures dans la partition. L'œuvre de M. Chabrier, dont la place reste marquée au grand répertoire,
est devenue ainsi plus théâtrale, plus adaptée à la
moyenne du public. Souhaitons-lui toute la fortune
qu'elle mérite.

LA TIMBALE D'ARGENT (reprise)
Bouffes-Parisiens, 17 novembre 1887

Distribution : Raab, M. *Roux.* — Pruth, M. *Scipion.* — Barnabé, M. *Gaussins.* — Wilhem, M. *Dequercy.* — Muller, Mlle *J. Thibault.* — Molda, Mlle *G. Andrée.* — Fichtel, Mlle *Desgenets.* — Gaben, Mlle *Laurent.* — Mme Barnabé, Mlle *Néry.*

Une quasi-résurrection. La *Timbale d'argent* date du surlendemain de la guerre et du lendemain de la Commune. On sortait de l'année terrible et des semaines sanglantes. On voulait se distraire. La musique de la *Timbale* devait réussir et réussit grâce à ses qualités de charme, de tendresse et de facilité méthodique. Quand au livret, il eut un succès énorme en raison de son caractère grivois.

On connaît le sujet. Les habitants du petit village de Grogalodsedlitz, situé dans le Tyrol, se désolent de leurs perpétuelles déconvenues dans les concours orphéoniques. Ils n'ont plus de voix ! Pour leur rendre plus de brio... vocal, le juge de paix de l'endroit, le « bon juge » Raab, promet au vainqueur du prochain concours la main de sa fille Molda et une dot de six mille florins. C'est un transfuge du bourg voisin de Felkirch, le jeune Muller, qui gagne la timbale et la jeune fille. Mais cette haute virtuosité musicale, les Felkirchiens ne l'ont obtenue qu'en fondant une société dont voici le principal article : « Les habitants de Felkirch considéreront leurs femmes légitimes comme une perturbation du larynx. En conséquence, ils les traiteront avec une profonde déférence et le plus souverain mépris. »

Le jeune Muller est adhérent. Il a signé, et le voilà forcé, pour tenir son serment, de passer sa première nuit de noces dans une grange. Finalement il est racheté, grâce à une amende de trois mille florins que paye le bon juge Raab, et après avoir résisté longtemps aux agaceries de Molda, qui ne se résigne pas facilement à être dédaignée.

Ces agaceries, terriblement soulignées par Mme Judic, qui débutait alors dans la grivoiserie suggestive, et Peschard, qui jouait très « nature », n'ont plus autant de relief avec les nouveaux interprètes. La *Timbale d'argent* est redevenue un véritable opéra-comique, et je n'y vois pas grand mal. Si le troisième acte y perd en intérêt pour les premiers rangs de fauteuils d'orchestre, l'ensemble y gagne en bonne tenue pour l'ensemble des spectateurs.

Mme Jeanne Thibault a brillamment interprété toute la partie mélodique du rôle de Muller. Elle a eu un franc succès dans la chanson « à boire » du premier acte et dans le « lamento » de l'attente. Mlle Andrée est une

Molda très fine, trop fine peut-être. Elle a de la gentillesse, mais, à parler franc, elle a un peu l'air de manquer d'inédit. Ce n'est pas tout à fait le genre de fausse ingénuité que réclame l'emploi. Par contre, nous avons eu une nature franchement originale en une drôle de petite personne (grosse comme deux sous de beurre) qui s'appelle Mme Desgenets et qui m'a paru une bien amusante combinaison de Chaumont et de Mily-Meyer. Celle-là vaut le voyage. Les hommes sont consciencieux et ne sont que consciencieux, mais les rôles ne les portent guère, car tous les effets du « bon juge de paix » et du geôlier Pruth ont été repris et usés pendant ces quinze dernières années dans un demi-cent d'opérettes.

LA SOURIS, par E. Pailleron
Comédie en 3 actes
Première représentation à la Comédie-Française,
18 novembre 1887

Distribution : Max de Simiers, *M. Worms*. — Marthe de Moisand, *Mlle Reichemberg*. — Hermine de Sagançay, *Mme E. Broisat*. — Pepa Raimbaud, *Mme J. Samary*. — Clotilde Woïska, *Mlle Bartet*. Mme de Moisand, *Mme C. Montaland*.

Dans un décor charmant et composite qui a l'air d'un Heilbuth faisant vis-à-vis à un Corot, — en termes plus clairs dans le hall d'un chalet de plaisance prenant vue sur un panorama champêtre du plus poétique aspect, l'action s'engage, au lever du rideau, entre une bonne dame de province, Mme de Moisand et deux jeunes ou presque jeunes Parisiennes qui viennent de débarquer à la station prochaine, Pepa Raimbaud et Hermine de Sagançay.

Pepa Raimbaud, fille d'une Espagnole et d'un sculpteur célèbre dans les parages du boulevard extérieur. « Séville et Batignolles mêlés... » Plutôt Batignolles, comme dit son excellente amie Hermine de Sagançay. Au demeurant une presque vieille fille avec des emballements et des crâneries de jeune homme, une profonde connaissance de l'argot et une passion déraisonnable pour le flirtage.

Hermine de Sagançay, l'excellente amie en question, une nature sentimentale, la « femme brisée », la « femme élégie », vit séparée de son mari et ne se décidera à divorcer que le jour où elle aura trouvé son remplaçant définitif. Note caractéristique : flirte sans y toucher, tandis que Pepa flirte en touchant... et même en appuyant.

Ce n'est pas pour la bonne dame de province, une veuve remariée et reveuve, que se sont dérangées Hermine et Pepa. Elles viennent relancer dans sa solitude une amie de Paris, la comtesse Clotilde Woïska, fille du premier mariage de Mme de Moisand, et fille très mal mariée, car son époux, un fort vilain monsieur, usé de débauches, est enfermé depuis quinze mois dans une maison de santé... Cette Clotilde, qui s'est réfugiée à la campagne, chez sa mère, pour attendre ce qu'il plaira à la Providence de décider de son ramolli de mari, Hermine et Pepa l'ont connue très lancée dans la vie parisienne, très fringante.

En apprenant qu'elle mène maintenant une existence tout à fait rurale, les deux toquées sont prêtes à reprendre le train. « Quel four ! », s'écrie Pepa Raimbaud, une petite moderne doublée (on le verra trop par la suite) d'une épaisse naturaliste ; mais Mme de Moisand les retient en les mettant au courant d'une intrigue (d'un flirtage tout au moins) entamée entre sa fille et un voisin de campagne. Cette mère terrible raconte que, sa fille a retrouvé au fond de la province un ancien cavalier servant du milieu parisien, que cette intimité a pris un caractère assez marqué pour inquiéter le curé du village, bref, que Clotilde et Max (ainsi s'appelle le voisin) ont des « allures ».

Ces allures inquiètent Mme de Moisand (une mère terrible). « Encore, s'écrie-t-elle, si M. Max voulait épouser ma belle-fille, — la fille du premier mariage de son second mari, comme elle dit en terme de charade, — Marthe de Moisand, la Souris, une fillette de dix-sept ans, ainsi surnommée parce qu'elle est menue, fluette, point bavarde, — cette combinaison arrangerait tout, » malgré les quarante ans dudit Max, sur lesquels la bonne dame passe légèrement. Mais la Souris ne paraît pas se prêter à ce mariage, et Max ne songe qu'à Clotilde.

Mme de Moisand est fort embarrassée. « J'ai été mariée deux fois, explique-t-elle aux visiteuses ; j'ai toujours aimé mes deux maris ; mes deux maris m'ont toujours aimée ; c'est pour vous dire, mes chères dames, que je ne connais rien à certaines choses. »

Bref, elle ne trouve rien de mieux, pour couper court à une situation délicate, que de s'en rapporter à... l'arbitrage de Pepa et d'Hermine. Et à cette proposition inconsidérée, les deux Parisiennes répondent par une offre incongrue mais immédiatement acceptée. Elles se chargeront de détourner sur leurs propres charmes les facultés passionnelles dudit Max qu'elles connaissent bien, car c'est le célèbre, l'illustre Max de Simiers, un grand coureur et un grand vainqueur du high-life amoureux.

Ce Max fascinateur, nous le voyons bientôt paraître. Il se pose en galantin tour à tour lyrique et grincheux ; lyrique avec Clotilde, à qui il raconte ses déboires récents de presque vieux beau et à qui il fait une sorte de déclaration ; grincheux avec la Souris que Clotilde voudrait ou a l'air de vouloir lui faire épouser et qu'il accable de propos désobligeants. Tel quel, Clotilde le « gobe » étonnamment, pour parler comme Pepa Raimbaud ; elle ne lui offre sa sœur que pour la forme ; elle se croit absolument sûre de lui; c'est un second mari sur la planche et qui ne perdra pas à mûrir encore un peu.

D'ailleurs les événements se précipitent ; elle reçoit une dépêche de son notaire la rappelant à Paris, et elle pense bien que ce n'est pas pour l'entretenir de la crise ministérielle ou présidentielle. Qu'y a-t-il dans ce papier azuré ? « Toute ma vie peut-être ! » murmure-t-elle en regardant Max de Simiers.

Et elle part, le laissant entre Pepa et Hermine. Ni

Pepa, la naturaliste, ni Hermine, « la femme brisée », « l'aimable anévrisme », l'élégie qui marche, ne lui inspirent la moindre inquiétude. Max est fatigué de cette cuisine amoureuse de restaurant de nuit ou de boudoirs pharmaceutiques.

Clotilde part donc tranquille. Elle a raison et elle a tort. Elle a raison, en ce sens que les agaceries de Pepa et les invites d'Hermine échouent devant l'indifférence de Max. Elle a tort, car en revenant à l'improviste, elle surprend à la nuit close, dans le hall du chalet, Max en tête à tête avec une femme. Et cette femme, c'est une jeune fille, la seule vraie jeune fille de la maison, Marthe, la Souris. Poussée à bout par les taquineries passablement malséantes de Max, qui la traitait en gamine et lui offrait des poupées, la Souris s'est décidée à montrer les dents. Comme Max, la surprenant à pleurer, lui disait par moquerie : « Qu'avez-vous donc, petite Souris, » elle a répondu fièrement : « Je ne m'appelle pas Souris, je me nomme Marthe de Moisand. » Excuses... tardives, explications prolongées, découverte d'un album — rappelant le fameux album de M. de Chambrun — sur lequel Marthe a dessiné Max à pied, à cheval, etc. Bref, M. de Simiers s'est convaincu qu'il a troublé ce cœur de petite fille, que Marthe l'adore et ne demande qu'à l'épouser.

Cette conviction, qui le flatte — une enfant. c'est bien de son âge, comme le dit crûment, mais assez justement la dédaignée Hermine — il s'empresse d'en faire part à Clotilde, qui est frappée au cœur. Elle revient veuve, le « vibrion » ayant disparu de ce monde ; elle se faisait une joie d'annoncer cette délivrance à Max, et elle le trouve amoureux de la petite sœur ! Si amoureux, que ses scrupules n'ont pas l'air bien sérieux. En vain a-t-il d'abord prié Clotilde de faire comprendre à la Souris qu'une pareille union serait disproportionnée.

Il revient sur sa parole, demande à se charger lui-même de la mission et finalement tombe aux pieds de Marthe : « Je t'adore... et toi, m'aimes-tu ? Dis-moi que tu m'aimes... — Monsieur, je... vous... Oh ! je n'ose pas... — Si, si, dis-le ! — Je vous aime. » Clotilde n'a plus qu'un parti à prendre. Elle fiance le quadragénaire et la fillette.

Telle est la comédie que les invités de la Comédie-Française ont écoutée hier avec un recueillement poli, avec tous les égards dus à un écrivain de la valeur de M. Pailleron, et aussi avec une visible tension d'esprit, une sorte d'inappétence intellectuelle, d'engourdissement laudatif, de malaise expectant, prolongés pendant deux actes et demi, interrompus, mais pas tout à fait dissipés, par les deux grandes scènes qui préparent le dénouement... Mon Dieu ! je cherche des périphrases, des atténuations, des enguirlandements, comme s'il était besoin de tous ces apprêts avec un homme d'esprit tel que M. Pailleron. Mieux vaut prendre une comparaison qui ne saurait blesser aucun auteur dramatique, fût-il au premier rang. Cette comparaison, la voici : dans le répertoire de M. Pailleron, la *Souris* sera au *Monde où l'on s'ennuie* ce que la *Mère coupable* est, dans le répertoire de Beaumarchais, au *Mariage de Figaro*.

On sera peut-être étonné de me voir mettre en parallèle la *Souris*, qui a parfois des allures de vaudeville, et un mélodrame tel que la *Mère coupable*. Mais, à vrai dire, en dépit de son comique marqueté et réappliqué, la pièce de M. Pailleron manque absolument de gaieté. C'est ce qui a compromis son entrée dans le monde, c'est ce qui rend sa fortune assez douteuse. Elle n'est aujourd'hui, avec une interprétation *isolément* de premier ordre, sinon tout à fait d'ensemble, elle n'est ni bien allante ni vraiment vivante. Elle s'assombrira et s'alourdira quand on y mettra des doublures ou plutôt quand les doublures s'y mettront.

Examinons tout d'abord l'idée maîtresse de la comédie traduite sur l'affiche par cette disposition typographico-sociétariale à peu près sans précédent : un seul rôle masculin et cinq rôles féminins, un coq dans une basse-cour, un pacha dans son sérail, un homme si irrésistible que, sur cinq femmes, quatre — celles qui ont encore l'âge — l'accablent de déclarations, et la dernière — qui n'a plus d'âge du tout — lui rend l'hommage tout aussi flatteur d'une frayeur si intense qu'elle la rend absolument maladroite et même irrémédiablement stupide. Eh! bien, cette idée n'a rien de récréatif pour le grand public. Peu de femmes en admettront la justesse d'observation : aucun homme n'y trouvera ou n'avouera y trouver d'intérêt.

Après cette idée maîtresse de la *Souris*, vient l'intrigue accessoire : le viveur retiré des affaires fascinant par ses cheveux rares, sa patte d'oie pleine de séduction et sa réputation de mauvais sujet, une jeune fille à peine sortie de l'enfance ; se faisant prier pour cueillir ce bouton de rose et finalement daignant s'humaniser jusqu'à joindre ses quarante automnes à ces dix-huit printemps... Pas bien intéressant non plus, cet invalide de la grande vie retraité avec la pension bourgeoise du mariage...... une pension dont on se demande avec quelque inquiétude s'il pourra toucher régulièrement les arrérages.

Pas bien intéressant ! Et par un caprice de psychologue ou par une nécessité d'auteur dramatique voulant corser ses trois actes, M. Pailleron a travaillé à le rendre répulsif pendant une moitié de la pièce. On avait été péniblement impressionné à la répétition générale, on ne l'a pas été moins à la première représentation en entendant Max de Simiers accabler cette pauvre Souris de propos désobligeants, parler de sa « taille de second âge », de ses cheveux d'enseigne « d'eau régénératrice »; et quand la pauvre enfant l'a prié vertement de la laisser tranquille, il n'y a pas un spectateur dans la salle qui n'ait été tenté de crier à ce malotru : « Vous êtes plus qu'un imbécile, car un monsieur qui manque, même par sottise, à une jeune fille sans père ni frère pour la défendre est presque un drôle. » Je n'exagère pas. Ainsi posé, Max de Simiers est odieux ; on se demande comment cette petite Marthe est assez bécasse pour rester éprise d'un commis-voyageur déguisé en gentilhomme.

Oh! je sais bien où M. Pailleron a pris ce côté de physionomie de Max de Simiers, personnage à double face. C'est dans un roman d'Eugène Fromentin, le chef-d'œuvre de cet amateur exquis : *Dominique*. Il y a là un certain Olivier d'Orsel, viveur vieillissant, à qui on offre, comme à M. de Simiers, et même à qui s'offre sa cousine Julie, une très jeune fille, et qui la repousse avec violence. Quand son ami Dominique l'engage à ranger son expérience fatiguée et ses rhumatismes naissants dans les bras de Julie, il s'écrie indigné, en termes qui ont, ma foi! tout à fait l'air et même le ronron d'un « cou-

plet » dramatique genre Dumas, Sardou ou Pailleron :
« Elle est jolie, elle n'est point sotte, elle a toutes les
qualités que tu voudras. M'adorant quand même, et Dieu
sait si je me rends adorable, elle sera d'une constance
à toute épreuve; je serai son culte, elle sera la meilleure
des femmes... Je n'aime pas Julie! Je ne l'aime pas, je
ne la veux pas. Si cela continue, je la haïrai. »

Cet Olivier si dégoûté des frais baisers et des tendresses non déveloutées, c'est Max de Simiers première manière, et M. Pailleron objectera sans doute que son pastiche n'est pas plus déplaisant que l'original. Mais Fromentin écrivait une étude de mœurs, non une pièce de théâtre; il ne se souciait guère de rendre Olivier séduisant ni sympathique. La scène a de toutes autres exigences; et, en conscience, quand Max de Simiers se montre au dénouement si idyllique, si juvénile, si gourmet de joies délicates, nous avons peine à oublier ses grossièretés du début. Encore une fois le personnage est double, mais les deux moitiés sont trop disparates pour faire un entier. On voit la soudure.

A ces défauts de la donnée générale s'ajoutent des invraisemblances de détail qui m'ont paru choquer le public si exercé de la Comédie-Française. Le milieu où se passe l'action est par lui-même la première et la plus grave de ces invraisemblances.

Où a-t-on vu, sinon dans le théâtre purement fantaisiste, une jeune fille de bonne famille errer du matin au soir, sans gouvernante ni femme de chambre, sortir seule, rentrer seule et rester pendant une demi-heure en tête-à-tête avec un célibataire ? Où a-t-on vu, sinon dans les romans de Gyp, une douairière : 1° assez sotte pour attirer un ex-viveur, de moralité suspecte, dans l'asile où sa fille est venue attendre la solution d'une crise conjugale ; 2° assez dénuée de sens moral pour lancer sur ce même viveur, dont elle veut se débarrasser, deux femmes qu'elle ne doit cependant pas considérer comme absolument déclassées puisqu'elle les reçoit chez elle ?

Où a-t-on vu, sinon dans la cocotterie de bas étage, deux toquées assez perverses ou deux perverties assez effrontées pour se disputer les vieux restes d'un Max de Simiers devant une bonne femme qui n'est pas tout à fait folle, puisqu'on ne l'a pas enfermée et une jeune fille qui ne saurait être complètement aveugle, puisqu'on ne lui a pas crevé les yeux ? Et encore celle-ci serait-elle une Valérie qu'elle en entendrait toujours assez pour être renseignée. Pepa Raimbaud et Hermine de Sagançay crient comme des portières ? — Où a-t-on vu, sinon dans un pays aussi féerique et moins moral que la patrie de l'abbé Constantin, un prêtre disant à une honnête mère de famille : « Ça n'a pas réussi avec l'une (il parle des deux cocodettes lancées sur Max), laissez faire l'autre ! »

En ai-je fini avec la fâcheuse corvée des mauvais compliments ? Avec un écrivain aussi élégant, un artiste aussi soigneux que M. Pailleron, il ne saurait être question de négligence de forme. Mais il y a trop de travail, trop d'apprêt dans les rôles accessoires et encombrants de Pepa et d'Hermine. Le parallélisme des scènes, où les deux Parisiennes se disputent Max est vite fatigant. Un autre défaut a été atténué après la répétition générale ; on a allégé les rôles de Mme Broisat et de Mme Samary. Il en reste encore trop ! Et voilà le danger des rôles confectionnés sur mesure, dans les théâtres de sociétaires. On veut faire toutes les parts égales, on alourdit l'action. Je sais d'ailleurs et je me hâte de constater que M. Pailleron a été guidé par un sentiment très supérieur à ces procédés de couturier dramatique.

Il a voulu remercier Mmes Broisat et Samary de leur active et précieuse collaboration au *Monde où l'on s'ennuie*. Mais si la reconnaissance est une vertu, ce n'est pas toujours une habileté au théâtre.

Il me reste à signaler les mérites de détail qui assureront à la *Souris* sinon une fortune brillante, du moins une carrière honorable : la valeur scénique de la moitié du troisième acte — l'explication de Marthe et de Clotilde, puis la déclaration de Max à la Souris (toutes deux dans la pure convention dramatique, mais traitée avec une rare maîtrise) et les « mots » très multipliés pendant les deux premiers actes ; les réflexions de Pepa : « la folie n'est pas un cas de divorce, les députés ne l'ont pas voulu. Ils savaient bien ce qu'ils faisaient. » — « Pourquoi appelle-t-on belles-mères tant de femmes qui ne sont ni l'une ni l'autre ? » — « Je ne suis pas de celles qu'on aime ; je suis de celles qu'on préfère ; » la réminiscence de Clotilde rappelant à Max » qu'au temps où elle était lancée dans la vie parisienne, il lui a donné quelques conseils de sagesse : « Vous me disiez : Ne faites donc pas ça ! Vous n'êtes bonne qu'à faire une honnête femme ! — Ce que ça m'a vexée ! »

En première ligne, dans l'interprétation, devrait venir Mme Bartet, qui a tiré un merveilleux parti du rôle contradictoire et détestable de Clotilde. Elle n'avait pas d'effets marqués ; elle en a inventé et elle les a imposés au public. C'est le comble de l'art, mais un art qui ne saurait être compris que des délicats. Mlle Reichemberg (la Souris) avait la partie plus belle. Elle a d'ailleurs mis en relief avec beaucoup de mesure et d'habileté les provocations maladroites, les colères ingénues, les réticences et les entraînements de la petite Marthe. Elle a été jeune fille dans le vrai sens du mot, un mélange exquis de femme et d'enfant. M. Worms s'était chargé d'un rôle écrit pour Delaunay ; il a même poussé la conscience jusqu'à reprendre un certain nombre d'intonations de son prédécesseur ; ce qui ne l'a pas empêché d'être lui-même, c'est-à-dire passionné sans ronronnement, sans battage des flancs, sans voix de gorge dans la scène finale, où il s'est montré parfait.

Mlle Broisat tire tout ce qu'on peut en tirer — pas grand'chose, en somme — des répliques monocordes d'Hermine ; Mme Samary est une Pepa toujours bonne à voir et parfois à entendre. Mme Céline Montaland porte avec beaucoup de belle humeur les cheveux blancs de Mme de Moisand ; elle sauve, à force de grâce souriante et de rondeur les incongruités de l'emploi.

BOUL' MICH' REVUE, par Hermil et Numès
Première représentation à Cluny, 19 novembre 1887

Distribution : *MM. Dorgat, Lureau, Allart, Vérel, Dubos, Numas, Dupuy, Rablet, Louis Chevallier, Philippon, Mmes Aciana, B. Billy, Dumont, Jeanne Andrée, Nancy Berthin, Carina, Jeanne Lureau, Sellier, Bilhaut, Berelle, A. Norah, Laporte, Larmont.*

Encore une victime, une « grande victime, » cette pauvre revue du théâtre Cluny, fort curieusement élaborée par MM. Milher et Numès, mais que la censure a décapitée de son premier titre emprunté à la fameuse déposition du colonel Couston devant le conseil municipal au surlendemain de la catastrophe de l'Opéra-Comique : « Comme la lune. » Cette actualité même ayant jeté la censure en de terribles perplexités, on s'est décidé pour Boul' Mich' Revue ; en français moins rive gauche, la Revue du boulevard Saint-Michel.

Aussi bien, M. Léon Marx a brillamment paré la victime et elle a marché au sacrifice en des atours dont le luxe m'a paru stupéfier la population primitive sinon ingénue du quartier latin. Et un bataillon féminin comprenant toutes les étoiles de Cluny, plus une recrue, la superbe Jeanne Andrée, fille de cette pauvre Andrée si cruellement éprouvée il y a quelques mois.

Au premier acte, nous sommes dans un jardin très public, où le régisseur vient annoncer que la commère, une noble senora, a été enlevée en plein bois de Boulogne et qu'avec un ami elle vaque (oh! impudentes énormités du calembour) aux soins absorbants d'un petit voyage de noces. Quant au compère, il est allé se faire couronner en Bulgarie. Heureusement le tremblement de terre du Midi tire d'embarras le régisseur, ainsi abandonné de deux de ses compères. Et un bon bourgeois, transporté par le cataclysme aux abords du théâtre, arrive juste à point pour remplacer les fugitifs, avec le concours inexpliqué, mais gratuit et encore plus agréable, de Mlle Aciana.

Ainsi débute la revue. Je n'ai la prétention ni de raconter les scènes qui suivent, ni surtout d'expliquer comment elles s'enchaînent. Il me suffira de signaler les marchands de journaux du soir, criant leurs nombreuses éditions et faisant cette réponse décisive au compère qui réclame la première : « Bourgeois nous l'avons vendue la veille ; » le cocher et son nouveau tarif horaire ; la mobilisation du bataillon de Cythère ; la brasserie à femmes où défilent le « gratteur » quasi-séculaire de la Porte-Saint-Denis, etc., etc.

Dans l'interprétation féminine, côté surtout plastique, Jeanne Andrée déjà nommée ; Jeanne Lureau, Nancy

Berthier ; côté surtout... dramatique ; Aciana, Seillier, Laporte, Carina. Quant aux hommes, je ne vois guère à signaler qu'Allart en marchand de journaux et en abbé Constantin.

DIX JOURS AUX PYRÉNÉES,

par Paul FERRIER, musique de Louis VARNEY

Voyage ciculaire en 5 actes et 10 tableaux

Première représentation à la Gaîté, 22 novembre 1887

—

DISTRIBUTION : Chaudillac, *M. Berthelier.* — Piperlin, *M. Vauthier* — Perdrigoul, *M. Alexandre.* — Prosper, *M. E. Petit.* — Le Corrégidor, *M. Railer.* — José, *M. Gardel.* — Barentin, *M. Delaunay.* — Loiselier, *M. Noël Martin.* — Colombel, *M. Blanche.* — Mascaron, *M. Marchand.* — Pascalot, *M. Berville.* — Zoé Chaudillac, *M*^{me} *Théo.* — Berthe, *M*^{lle} *Demarsy.* — Cerisette, *M*^{lle} *Desthèes.* — Mercédès, *M*^{lle} *Bhyone.* — Lucie, *M*^{lle} *Barley.*

C'est la semaine des crises. Après la Constitution si violemment secouée par la presse et la Chambre, dans les sphères politiques, une atteinte non moins grave a été portée hier, square des Arts-et-Métiers, au principe sacro-saint de la séparation des genres dramatiques. « Voyage circulaire en cinq actes, » dit l'affiche de la Gaîté. J'aimerais mieux, au choix, vaudeville à grand spectacle, ou plutôt et surtout « prétexte en dix tableaux ». Va pour prétexte : l'essentiel est de ne pas ennuyer les bonnes gens venus à la Gaîté pour récréer leurs yeux et leurs oreilles plutôt que pour rechercher un spectacle vraiment littéraire. Aussi bien le sujet menu, menu, mais fort convenablement dilué, délayé, développé, étendu, voire éventaillé — les dix tableaux du voyage circulaire figurent dix panneaux papillotants et diaprés d'éventails fantaisistes — rentre dans la bonne moyenne, je veux dire dans la moyenne amusante des inventions de vaudeville.

Chaudillac, le pharmacien Chaudillac, enrichi dans le commerce de certaines pastilles anti-pneumoniques ; Chaudillac, une des gloires et un des bienfaiteurs du Paris qui tousse, s'est offert sur ses petits bénéfices un voyage circulaire dans les Pyrénées (trois cent quatre-vingt-quinze francs, forfait de l'agence Piperlin) avec sa femme Zoé et son inséparable ami Perdrigeol, amoureux de sa femme, avons-nous besoin de le dire ?

Or, Perdrigeol, grisé par les âpres senteurs du Midi vraiment méridional, se hasarde à faire une déclaration à Zoé en plein hôtel de Pau pendant que Chaudillac sommeille encore. Zoé y répond ; elle y répond même si bien, l'inflammable Zoé, qu'elle écrit une lettre d'adieu — ... « Une femme comme moi ne se partage pas ; » vous connaissez la formule — une lettre d'adieu éternel à Chaudillac Et en filant avec Perdrigeol, elle charge le domestique de remettre au pharmacien toujours endormi la fatale missive, quand il se réveillera...

Zoé et Perdrigeol — l'une feu de paille, l'autre feu de bois vert — étaient partis un peu hésitants. Ils reviennent tout à fait découragés, ayant manqué le train.

Et Zoé tremble; Chaudillac a-t-il déjà lu la lettre où elle s'accuse du crime encore à commettre ? Oh ! bonheur, Chaudillac dort toujours. Oh ! désespoir, la lettre a été mise dans l'une des deux bottines que vient de cirer le garçon d'hôtel, et le pharmacien prend ses chaussures au moment précis où Mme Chaudillac allait ressaisir son malencontreux envoi.

Distrait comme tous les grands hommes, l'émule de Géraudel met ses bottines et même les boutonne sans prendre garde à l'interposition d'un corps étranger (soit dit sans faire un calembour devant lequel a reculé M. Ferrier lui-même, bien qu'un vaudevilliste n'ait pas toujours le droit d'être difficile). Mais ce corps inorganique, cet intrus ne tarde pas à révéler sa présence sous forme d'un pli à la chaussette. Chaudillac souffre, Chaudillac crie, Chaudillac veut retirer ses bottines. Et Zoé, d'accord avec Perdrigeol que vient aider Piperlin, mis dans la confidence, n'a plus qu'une idée : empêcher son mari de se déchausser jusqu'au prochain hôtel. Là on lui donnera un narcotique et l'on fera l'opération délicate de l'extirpation de la lettre...

Chaudillac supporte stoïquement la torture, sans bien comprendre pourquoi son meilleur ami et sa meilleure femme..., pardon, sa femme tout court, tiennent tant à lui faire respecter le code de Mme de Bassanville et les règlements de la civilité non puérile, mais honnête. Chaudillac boit complaisamment le narcotique et tombe dans un sommeil peuplé de rêves variés. Mais quand on le déchausse, en petit comité, rien dans la bottine droite, rien dans la bottine gauche. Le pharmacien a mis d'autres chaussures et la boîte, non la botte aux lettres — ah ! celui-là est de M. Paul Ferrier ! J'en récuse énergiquement la responsabilité — voyage dans la valise de Chaudillac, dirigée sur Penticosa par un excès de zèle de l'agence Piperlin.

Vous pensez bien que cette valise ne peut pas se retrouver tout de suite (il faudrait baisser le rideau et ce serait vraiment dommage). Elle est volée par des contrebandiers, portée dans une posada aussi mal fréquentée que le patio de *Carmen*. Vous connaissez le refrain : « Près des remparts de Séville, — chez mon ami Lilas Pasta, — J'irai danser la séguédille — Et boire du mançanilla. » Le ménage Chaudillac arrive juste à point pour ne pas danser la séguédille, ne boire aucun verre de mançanilla et ne pas retrouver la valise ; en revanche, il se fait arrêter pêle-mêle avec les contrebandiers, Chaudillac ayant revêtu un costume de torrero pour faire de la couleur locale...

Ici nous glissons du vaudeville dans l'opérette. Chaudillac, convaincu d'être un chef de bande, va être fusillé et fume déjà la suprême cigarette, le déjeuner économique des condamnés à mort de l'autre côté des Pyrénées, toujours d'après M. Ferrier, — quand le corregidor menacé d'une émeute populaire s'il ne fournit pas une cuadrilla à ses Espagnols d'administrés qui piaffent dans l'arène s'avise d'un stratagème. Que Chaudillac et ses amis remplacent les torreros absents, — ils ont manqué le train — et leur grâce est assurée. Chaudillac accepte et se tire de l'aventure au plus grand honneur de l'agence Piperlin.

Dernier tableau : on se trouve à Biarritz ; la valise est enfin rapatriée... Perdrigeol l'ouvre. Pas de lettre. C'est un contrebandier qui l'a volée et voici qu'il la rapporte à Chaudillac (scrupule étrange chez un coureur de grandes routes). Mais Chaudillac surenchérit sur ces nobles sentiments. A peine a-t-il entre les mains le poulet révélateur, — Piperlin, jouant le tout pour le tout l'avertit qu'il s'agit d'une lettre anonyme, d'une dénonciation dirigée contre Zoé, — qu'il lui tord le cou. En réalité, il brûle la lettre à la flamme d'une allumette (elles prennent à Biarritz, sans doute grâce au soleil) en protestant de sa confiance conjugale. Attendrissement et suprême remords de Mme Chaudillac qui s'écrie : « Quel bonheur de n'avoir pas été tout à fait criminelle ! »

Ainsi se terminent les *Pattes de mouches* de la Gaîté.

M. Sardou ne protestera pas contre cette adaptation de sa comédie, car l'œuvre est sans prétention. Elle ne vise qu'à fournir un cadre aux dix tableaux du « grand spectacle ». Tous sont remarquablement mis en scène et quelques-uns m'ont paru fort beaux. Je signalerai la route de Cauterets, avec la voiture chargée d'excursionnistes et gravissant la montagne, la farandole à Gavarnie, la course de taureaux, avec un pas espagnol dansé par Mmes Théo, Demarsy et Barley ; la plage de Biarritz, un décor très chaud, très lumineux : un Nittis et un Pasini combinés.

Bon chanteur et diseur excellent, faisant un sort à chaque vers, Berthelier — le Got de l'opérette — assurera une série de belles recettes au théâtre de M. Debruyère. Autour de lui évolue, minaude, miaule, — et ce n'est pas toujours dans la partie « chatte » du rôle ! — Mme Théo dont le filet de voix m'a paru sûrir sous la coupole de l'immense salle de la Gaîté. Mais il lui reste, extra-vocalement, tant de petites mines, de câlineries séduisantes, une plastique si avantageuse et même si avantagée par un couturier favorable à l'exhibition des belles surfaces ! M. Alexandre est un gentil Perdrigeol, et M. Vauthier porte avec crânerie le complet de l'agent Piperlin.

LA TOSCA, par Victorien Sardou
Drame en 5 actes et 6 tableaux
Première représentation à la **Porte-Saint-Martin**,
24 novembre 1887

Distribution : Le baron Scarpia, *M. P. Berton*. — Mario Cavaradossi, *M. Duményi*. — Le marquis Attavanti, *M. Francès*. — César Angelotti, *M. Rosny*. — Spoletta, *M. Bouyer*. — Eusèbe, *M. Lacroix*. — De Trévillac, *M. Violet*. — Trivulce, *M. Deschamps*. — Capréola, *M. Joliet*. — Schiarrone, *M. Piron*. — Prince d'Aragon, *M. Delisle*. — Ceccho, *M. Gaspard*. — Paisiello, *M. Mallet*. — Colometti, *M. Jégu*. — Procureur fiscal, *M. Cartereau*. — Sergent, *M. Besson*. — Huissier, *M. Dumont*. — Floria Tosca, *Mᵐᵉ Sarah Bernhardt*. — Reine Marie-Caroline, *Mˡˡᵉ Bauché*. — Princesse Orlonia, *Mˡˡᵉ Marie Augé*. — Gennarino, *Mˡˡᵉ Seylord*. — Luciana, *Mˡˡᵉ Durand*. — Scafarelli, *Mˡˡᵉ Fortin*.

Toujours la série... Après le « vaudeville prétexte » de la Gaîté, simple cadre à tableaux variés, pièce très indépendante et même complètement affranchie du principe gênant de la séparation des genres, un « drame combinaison » d'une valeur probablement supérieure, mais non moins affranchi d'un autre principe tout aussi gênant : la nouveauté des situations. A vrai dire, M. Sardou ne fait cette fois d'emprunts qu'à lui-même..., et à Victor Hugo.

Une tranche de *Marion Delorme* entre deux morceaux de *Patrie* et de *Fédora*, voilà l'œuvre nouvelle.

Une pièce sandwich, pas beaucoup plus inédite pour

la critique et pour le public qu'un petit pain au foie gras du pâtissier à la mode ; mais qu'importe si la pâtisserie est savoureuse et si notre gourmandise sans cesse renaissante de forts aliments dramatiques y trouve ample satisfaction ? Nous ne sommes pas gâtés depuis quelque temps, et M. Sardou avait le droit strict de prendre son bien où il le trouvait, fût-ce chez lui, s'il pensait mettre au monde un drame viable. C'était même son devoir d'amuseur prédestiné de la foule et des foules, s'il croit provisoirement tarie la source des fraîches inspirations.

Ainsi posée, — et il convenait de prévenir les lecteurs en toute loyauté que le rôle de la critique dans cette circonstance n'est pas de saluer l'aurore d'une nouvelle conception dramatique, mais de constater le degré de saveur d'un ragoût plus ou moins habilement préparé, — ainsi posée, la question de la Tosca (car il y a toujours une question avec un si habile homme et une si grande tragédienne, un écrivain aussi passionné que M. Victorien Sardou et une artiste aussi passionnante que Sarah) est d'une solution fort aisée. Les éléments étant connus, appréciables, appréciés, tout se ramène, tout se réduit à l'exécution, au métier...

Hélas ! disons-le sans retard, car il n'est pas nécessaire de ménager la vérité aux maîtres de la scène, à ces très arrivés et presque trop parvenus que définissait si joliment Musset :

.....Ceux qui dans la carrière
Debout depuis vingt ans sur leur pensée altière,
Du pied de leurs coursiers ne doutèrent jamais..,

Reconnaissons-le, avouons-le, expliquons-le, déplorons-le, mais disons-le à haute et intelligible voix : ce métier a paru tout à la fois trop malin et trop banal, cette exécution a semblé tout ensemble précieuse et barbare.

Au lever du rideau, nous sommes à Rome en juin 1800, le jour même de la bataille de Marengo. La République parthénopéenne improvisée par le général Championnet dans les États de l'Église et le royaume des Deux-Siciles a succombé depuis plusieurs mois ; la ville éternelle est livrée à la réaction victorieuse que dirige la reine Marie-Caroline de Naples — la sœur de Marie-Antoinette, la mère de Marie-Amélie et qui n'eut ni les vertus familiales de l'une, ni l'excuse des terribles épreuves de l'autre — et que sert un certain Scarpia, type du policier italien, sournois, féroce et « lubrique », comme dit si joliment Mme de Moisand dans la *Souris*, en parlant de son gendre. Sur Marie-Caroline, de passage au palais Farnèse, et sur Scarpia s'exerce la toute-puissante influence de lady Hamilton, ou pour mieux dire d'Emma Harte, la favorite de la reine.

On connaît l'histoire de cette Théodora anglaise, de demi-caractère et de demi-situation, car elle n'eut jamais qu'une couronne ducale, fille d'une cuisinière et d'un gentilhomme qui l'abandonnèrent tous deux, sans avoir reconnu leur enfant, le type de la princesse Georges choisi par Dumas fils pour Sylvaine de Terremonde, entretenue à six ans — en même temps que sa mère, mais autrement — par un certain comte Halifax qui paya sa pension jusqu'à treize ans, puis l'oublia dans son testament; fille de ferme, femme de chambre, fille de brasserie, courtisane, modèle pour le *lit céleste* du docteur Graham, charlatan et proxénète, inventeur d'un système de production de l'amour par l'exhibition de modèles vivants ; « étoile » des tableaux vivants, maitresse, puis femme légitime de lord Hamilton, amante de l'amiral Nelson, amie, puis compagne... très illégitime, de Marie-Caroline de Naples dont elle n'épousa pas seulement « les haines », comme le dit assez naïvement le bon Larousse, bref, une lorette croisée de Sapho, — toutes les cordes de la lyre !

Cette lady Hamilton, qui ne paraît pas dans la pièce de M. Sardou, y joue cependant un rôle initial de la plus grande importance. Il y a quelques années elle a

« distingué » dans une rue de Londres, suivant ses habitudes de trottoir préhistorique (dans ce temps-là, on ne connaissait que le pavé), un passant qui lui paraissait bien tourné, un voyageur italien du nom de César Angelotti. Elle a comblé ses vœux avant même qu'il ait eu le temps de les exprimer, mais sans faire connaître son véritable nom et sa position sociale, et au bout de huit jours la tendre aventure a pris fin. Cette école buissonnière n'aurait pas eu d'autres conséquences si César Angelotti, revenu à la cour de Naples, n'avait commis l'imprudence de retrouver l'*anonyma* d'Hyde-Park dans lady Hamilton, la favorite de la reine, et de se vanter de sa bonne fortune. Arrêté comme libéral, condamné à trois ans de galère, repris à l'expiration de sa peine et enfermé au château Saint-Ange, il ne tarderait pas à être pendu (Emma Harte ayant la volupté aussi rancunière que Marguerite de Bourgogne. Ce sont de grandes dames, n'est-ce pas, Buridan, de très grandes dames!...) si la marquise Attavanti, sa sœur, ne le faisait évader.

Nous apprenons — un peu longuement — toute cette histoire dans une chapelle de l'église Saint-Andréa, voisine du château Saint-Ange où s'est réfugié César Angelotti. Découvert par un peintre franco-romain, le chevalier Caravadossi, qui y termine une fresque et que surprend cette brusque intrusion, César se confie à sa générosité. Caravadossi, libéral lui-même, en tant qu'élève du conventionnel David, lui promet de le sauver... Mais on frappe à la porte. C'est la maîtresse du peintre, la célèbre Tosca, la cantatrice à la mode, qui lui donne des rendez-vous à l'église. Elle a bon cœur, mais elle est royaliste et de plus femme, c'est-à-dire naturellement ombrageuse et indiscrète (c'est lui qui le dit). Caravadossi n'ose se confier à elle. Il prend le temps de cacher le proscrit dans une sacristie où il changera de vêtements. Entrée de la Tosca, dont ces retards ont alarmé la jalousie. Le peintre aimerait-il une autre femme ?

Et justement elle reconnaît dans la fresque de son amant une Marie-Madeleine qui rappelle la beauté célèbre de la marquise Attavanti (la sœur du proscrit), cheveux d'or, yeux de pervenche.

Scène de jalousie bientôt calmée par les tendresses de Caravadossi ; réconciliation, adieux jusqu'au lendemain, car le soir même la Tosca sera retenue à la cour par l'exécution (... on exécute tout le temps dans ce drame de M. Sardou, et pour se faire la main on commence par la musique d'une cantate composée en l'honneur de la « grande victoire du général Melas », victoire remportée sur Bonaparte et les Français d'après le premier bulletin qu'a reçu la reine Caroline). Cette corvée impatiente la Tosca, mais facilite l'évasion d'Angelotti. Caravadossi aura tout le temps de conduire le proscrit dans une maison de campagne qu'il possède près de Rome, mais dont personne (sauf la cantatrice), ne connaît l'existence.

Cette incohérence ou plutôt cette inconséquence de Caravadossi ne livrant à la Tosca que la moitié de ses secrets, lui révélant le mystère de ses petites maisons et ne la mettant pas dans la confidence de ses élans de générosité, a les plus fâcheux résultats. Au début du second acte qui se passe dans le palais Farnèse, pendant la fête du *Te Deum*, nous voyons le policier Scarpia rôder autour de la Tosca. Ses hommes ont fouillé l'église Saint-Andrea, ils ont trouvé les vêtements d'Angelotti plus un éventail appartenant à la marquise Attavanti ; enfin ils ont constaté la disparition de Caravadossi. Plus de doute ! Le peintre a sauvé le proscrit. Mais où l'a-t-il conduit ? Scarpia, menacé de disgrâce, veut le savoir à l'instant même et sa trouvaille de Saint-Andrea l'y aidera. « A moi, s'écrie-t-il, avec un accent méphistophélique ; à moi, Iago, et la jalousie. »

L'éventail « révolutionne », pour parler comme les portières, l'âme de la Tosca qui est un peu portière elle aussi — suivant la formule trop classique des divas amoureuses du roman et du théâtre. Elle s'imagine que

Caravadossi a emmené la marquise Attavanti dans sa petite maison : « Ils sont là-bas », s'écrie-t-elle, « pour souper ensemble et y passer la nuit. Croyez-vous qu'ils aient fini de souper ? — Je le crois. Mais quel est ce là-bas ? demande Scarpia. — Ah ! je vais vous le dire, n'est-ce pas ? pour que vous les préveniez. — Allons donc ! la police n'a rien à voir là-dedans. — La police, c'est moi, et j'y cours... »

Sur ce dialogue, d'une naïveté si savante qu'elle a semblé paradoxale au public de la première et que sa fausse ingénuité a fait sourire, la Tosca veut se diriger vers sa petite maison pour faire une scène à son amant : « Ruffian, je t'arracherai le cœur. »

Il ne reste qu'une formalité à remplir : l'exécution de la cantate... Heureuse cantate (la seule graciée de la soirée) elle échappe au sort peu digne d'envie d'être chantée par une diva de mauvaise humeur. Au moment où le maestro prend l'archet de commandement, la reine reçoit une seconde dépêche du général Mélas, datée du 14 au 15 juin 1800, à minuit. « Madame, à la chute du jour, l'ennemi, renforcé d'une nouvelle armée, après un combat livré dans les mêmes plaines de Marengo pendant une grande partie de la nuit, a battu nos troupes victorieuses dans la journée. En ce moment, campés sous les murs d'Alexandrie, nous rallions les malheureux débris de notre armée. » La reine s'évanouit ; on éteint les lampions ; la Tosca s'esquive.

Au troisième acte, dans la villa Caravadossi, arrivée de la cantatrice ; scène d'explications ; la Tosca, convaincue qu'il s'agit du frère de la marquise Attavanti, demande pardon à son amant. Mais un terrible soupçon frappe le peintre : « Comment l'éventail est-il entre tes mains ? — Ah ! mon Dieu ! on te cherche ! la police ! — Scarpia ! — Oui ! — Je comprends, c'était un piège. » En effet, elle a été « filée » ; Angelotti n'a que le temps de se cacher dans une oubliette, connue du seul Caravadossi et de la seule Tosca, notez ce point. Scarpia arrive avec le bourreau. Et quand Caravadossi a été emmené dans une pièce voisine, s'engage cet aimable dialogue entre le policier et la cantatrice :

« — Vous avez tort de ne pas me révéler la cachette d'Angelotti. Vous épargneriez à votre amant un bien mauvais quart d'heure. — Que voulez-vous dire ? — En ce moment, on interroge le chevalier. Il est couché sur un fauteuil, la tête prise par un étau garni de trois pointes qui lui entrent dans la nuque et dans les tempes. — C'est affreux ! — Parlez, et je le délivre. — Jamais ! — Alors, qu'on serre la vis ! » On serre la vis, — je ne change rien au texte de M. Sardou — matériellement, à Caravadossi (qui, dans la réalité, ne survivrait pas un quart de seconde à ce supplice) moralement à la Tosca, qui finit par avouer où se cache Angelotti. Mais les policiers ne trouvent plus qu'un cadavre — ô Pixérécourt! — le frère de la marquise s'est empoisonné avec un toxique foudroyant — ô Bouchardy ! — qu'il portait dans le chaton de sa bague. On rapporte le cadavre. Caravadossi maudit sa maîtresse. La Tosca s'évanouit. — « Le mort au fumier, s'écrie Scarpia. Gardez le complice pour la potence... et la femme aussi. »

Ce n'est pas uniquement pour la potence que Scarpia, amateur de chair fraîche, sorte de Godoï-Carrier mettant à mal les solliciteuses de tout rang, réserve la Tosca. Au début du quatrième acte, dans son cabinet de gouverneur du château Saint-Ange, où ont été conduits les deux prisonniers, il propose un marché à la Tosca; ses faveurs pour la grâce de Caravadossi. Si la diva consent, il n'y aura qu'un simulacre d'exécution, et — livraison prise de la marchandise — elle pourra fuir avec le peintre. Elle feint d'accepter ces propositions que Scarpia a eu le tort d'aggraver en les exprimant dans un style qui rappelle — et vraiment ici M. Sardou est impardonnable — les pages les plus abominables des *Malheurs de l'innocence persécutée* ; — elle fait donner l'ordre du simulacre d'exécution, puis elle poignarde Scarpia.

« Regarde-moi bien, bandit, lui crie-t-elle, me repaître de ton agonie, et meurs de la main d'une femme, lâche ! Meurs, meurs, désespéré, enragé ! Meurs, démon, meurs, damné ! Meurs ! meurs !... »

Quand Scarpia a rendu sa vilaine âme (et toute cette fin d'acte est vraiment poignante), la Tosca commet la faute de gâter un effet sûr, acquis, indéniable, par une puérilité de mise en scène. Elle dispose deux cierges autour du cadavre et place un crucifix sur la poitrine du mort.

Voilà une croix bien mal lotie et un effet bien vulgaire !

Personne ne s'est aperçu du meurtre (quel préfet de police mal gardé !) et la Tosca peut circuler librement dans le château Saint-Ange. Elle en profite pour aller réclamer son amant à qui elle explique la petite combinaison du simulacre d'exécution et qui s'y prête de bonne grâce. Mais Scarpia avait menti.

Et quand la Tosca — c'est la meilleure scène, celle du plus grand et du plus sobre effet, mais pourquoi cette consolation nous vient-elle si tard ? — se penche sur le corps de Caravadossi, quand elle le supplie de se relever, de fuir avec elle, c'est un cadavre déjà glacé que palpent ses doigts. « Ordre du maître, » répond à ses reproches le capitaine qui a commandé le feu. Alors, furieuse, elle se dénonce :

« ... Je l'ai tué, votre Scarpia, tué, tué, entendez-vous, d'un coup de couteau dans le cœur, et je voudrais encore l'y plonger et l'y tordre... Ah! vous fusillez! moi, j'égorge. Oui, allez! allez voir ce que j'ai fait de ce monstre, dont le cadavre assassine encore. »

Et elle se jette dans le Tibre du haut des remparts.

Le rideau tombe — pour la dernière fois — sur la mort de Caravadossi et sur le suicide de la Tosca comme il tombait dans *Patrie* sur le meurtre de Dolorès et le saut très périlleux de Karloo se précipitant au milieu des flammes du bûcher, comme il tombait dans *Fédora* sur la mort de Fédora Romazof. L'intime parenté des trois œuvres ne saurait faire aucun doute; toutes les trois mettent à la scène cette situation identique : « Une erreur tragique de l'amante atteignant l'aimé et ne se dénouant que par la catastrophe de l'amour. » Dans *Patrie*, Dolorès, afin de se délivrer de son mari, a révélé au duc d'Albe le secret de la conspiration tramée pour ouvrir les portes de la ville au prince d'Orange. Elle a failli perdre Karloo, son amant, elle a perdu les amis de Karloo... Un hasard apprend au complice repentant de l'adultère quelle femme a dénoncé le complot, et il la maudit, et il la frappe.

Fédora qui a dénoncé, livré les complices du nihiliste Loris avant que celui-ci fût devenu son amant, au mo-

ment même où elle le considérait comme le pire de ses
ennemis, Fédora est frappée au cœur, en pleine ivresse
passionnelle, par le contre-coup de sa délation. Loris
raconte et lit devant elle la lettre d'un ami lui apprenant
que le secret du complot a été vendu par une femme.
Et voici qu'un autre ami arrive, porteur de renseignements plus détaillés. Il est là; un valet l'annonce :
« Ah! s'écrie Loris, cette femme! cette femme! je
vais donc savoir son nom; je la tuerai! — Loris! Loris!
balbutie Fédora... C'est peut-être une malheureuse
plutôt qu'une criminelle... Peut-être elle aimait Wla-
dimir... — Tu la connais, tu l'excuses!... — Moi la
connaître! moi l'excuser! Tu es fou!... Si c'était cela,
cependant, tu lui pardonnerais? — Oui, quand je l'aurai tuée! » Elle tombe à genoux : « Je suis perdue! —
Ah! misérable, c'est toi! » Il la renverse, il va l'étouffer : « Tu ne me tueras pas, je suis morte! »

Pourquoi cette situation, d'un si grand effet dans
Patrie et dans *Fédora*, a-t-elle laissé étonné mais froid
le public de la *Tosca* ? Ce n'est pas seulement la faute
de l'exécution, vraiment trop lâchée, préciosée dans
certains passages, presque toujours banale — c'est aussi
que les mobiles de cette suite de dévouements, de
meurtres, de suicides, etc., n'offrent aucun intérêt.
Dans *Patrie*, il y avait, comme le titre l'indique, l'idée

souveraine du patriotisme et aussi l'adultère rugissant de Dolorès agonisante ; dans *Fédora* il y avait les convictions nihilistes de Loris et aussi la mission sainte de Fédora, la mission de venger son fiancé se retournant contre elle, et créant une des plus belles situations qu'on ait jamais mises au théâtre. Dans la *Tosca*, pièce voulue et non sentie, il n'y a ni patriotes, ni fiancée, ni adultère, ni même amoureux sincères.

Passionnette, l'idylle de la cantatrice et du peintre; connaissance de passage (c'est bien le cas de le dire), la complicité d'Angelotti et de Caravadossi. Tous ces gens-là sont des amateurs, rien que des amateurs. Aussi nous donnent-ils, au lieu du sublime, sa caricature grimaçante, l'excessif, l'outré, la déclamation.

Il n'y a pas lieu de faire exception pour le personnage de Scarpia. M. Sardou ne saurait même se couvrir du patronage de Victor Hugo.

Certes, il a délayé en une longue et sinistre scène ces sept vers de *Marion Delorme* :

       Il est dans cette enceinte
Un homme... — qu'un seul mot de vous,
         peut faire ici
Plus heureux qu'un roi même et plus puissant aussi !
— Oh ! va-t-en — Est-ce là le dernier mot ?
          De grâce !
Qu'un caprice de femme est chose qui me passe.

Vous étiez autrefois tendre facilement.

Aujourd'hui, qu'il s'agit de sauver votre amant...

Mais Scarpia, comme je le disais plus haut, est un Laffemas mâtiné de Carrier et de Godoï; du Carrier de Nantes, qui avait le proconsulat sadique, de Godoï, qui se vantait d'avoir abusé de toutes les solliciteuses.

Ainsi combiné et compliqué, il ne gagne ni en vérité, ni en valeur théâtrale. Ce n'est plus un rôle, c'est un cas pathologique.

Il me reste à louer la mise en scène qui fait le plus grand honneur à la direction de la Porte-Saint-Martin et aussi l'interprétation qui repose tout entière, ainsi que je l'ai dit, sur deux artistes de premier ordre inégalement partagés mais également heureux, Mme Sarah Bernhardt et M. Pierre Berton.

Sarah est bien la femme du rôle, excessive et inégale, toujours prête à la brusque détente de l'action, impatiente de l'obstacle, régulièrement déréglée, toute ardente et toute vibrante; je ne puis que répéter, à l'occasion de la scène de l'assassinat, ce que j'écrivais il y a quatre ans à propos de sa merveilleuse agonie de la *Dame aux Camélias*. Il y a là une intensité de rendu qui fait haleter les spectateurs. On voit s'opérer le travail de décomposition; les traits se creusent, le teint blêmit, la sueur coule sur les tempes. On est pris par les nerfs et par le cœur.

M. Pierre Berton, jadis grand jeune premier, passe aux troisième rôles. Mais il leur donnera une ampleur magistrale, une solidité à toute épreuve à en juger d'après le quasi-début d'hier soir. Il nous a montré un Scarpia d'une sobriété nécessairement relative, mais d'un relief saisissant ; il a sauvé les côtés odieux du personnage à force de réalisme savant. M. Duményl (Caravadossi), charmant dans la partie idyllique du rôle, ne s'est montré que suffisant dans la partie mélodramatique. Mais qu'il se console d'y avoir été presque médiocre. Personne n'y saurait être bon. M. Rosny a détaillé avec beaucoup de finesse et de simplicité les courtes répliques de César Angelotti et M. Francès n'a pas chargé le personnage épisodique du marquis Attavanti. Il a eu le comique presque sobre, et c'est un progrès qui mérite d'être signalé.

MATHIAS SANDORF,
par W. Busnach et G. Maurens

Pièce en 5 actes et 16 tableaux, tirée du roman de Jules Verne
Première représentation à l'Ambigu,
26 novembre 1887

—

Distribution : Cap Matifou, *M. Dumaine*. — Mathias Sandorf, *M. Chelles*. — Sarcany, *M. Montal*. — Etienne Bathory, *M. Gravier*. — Pierre Bathory, *M. Fabrègues*. — Silas Toronthal, *M. Péricaud*. — Pointe Pescade, *M. Fugère*. — Ladislas Zathmar, *M. Dermez*. — Zirone, *M. Pougaud*. — Officier autrichien, *M. Valter*. — Borick, *M. Duchêne*. — Raph, *M. Paulin*. — Le Geôlier, *M. Bernay*. — Francesco, *M. Danequin*. — Le sergent autrichien, *M. Maurel*. — Namir, *M*^{lle} *Deschamps*. — Mme Bathory, *M*^{lle} *Murat*. — Milsy Toronthal, *M*^{lle} *Lucy Manvel*. — La petite Héna Sandorf, *Petite Breton*. — Le petit Pierre Bathory, *Petite Richard*. — Bettina, *M*^{lle} *Eva Martens*.

J'hésitais d'abord à l'avouer, je ne peux voir le nom de M. Jules Verne sur une affiche ou dans un catalogue sans ressentir une impression d'envie. Mais ce sentiment — détestable ! — est partagé, j'en suis sûr, par tous les gens de lettres, qu'ils le cachent sous une couche épaisse de dédains affectés, qu'ils l'enguirlandent de compliments ou qu'ils fassent publiquement leur acte de contrition. Et qu'envions-nous à Jules Verne, nous tous, petits et grands, romanciers ou dramaturges, journalistes ou académiciens, prosateurs ou poètes ? Ce n'est pas le nombre incalculé des éditions — Georges Ohnet totalise plus de tirage, — ce n'est pas l'attraction du style — il est incolore comme l'eau la plus distillée qui soit jamais sortie de l'alambic du docteur Ox ; — ce n'est pas la durée probable de son œuvre — les gens du xx° siècle qui connaîtront les ballons non seulement dirigeables mais dirigés, l'électricité instantanée, les théâtres ininflammables trouveront quelque peu enfantines nos admirations téléphoniques, télégraphiques et autres ; — ce que nous lui envions, c'est tout simplement d'être l'homme le plus heureux de la littérature.

Pendant que les dramaturges se débattent entre l'adultère et le divorce, la fille-mère et le bâtard, les lacunes du code et les préjugés des conventions sociales; pendant que les romanciers ne savent à quel saint se vouer, pris entre l'idéalisme et le naturalisme, M. Jules Verne se promène à travers les mondes, s'envole au milieu des espaces, tutoie le soleil, se familiarise avec la pâle Phœbé, dresse son hamac entre les pattes de la Grande-Ourse ou fait son lit dans la Voie lactée. Heureux homme, trois fois heureux qui peut dire comme l'enfant sorcier du second Faust : « Je suis la prodigalité, je suis la poésie, je suis le poète qui se satisfait en dispersant son propre bien. Moi aussi je suis riche immensément et me tiens l'égal de Plutus, » car il remue à pleines mains toutes les richesses, toute les merveilles toute la poésie des mondes habités ou habitables, créés ou à créer. Si l'Univers n'existait pas, il l'inventerait. C'est le Bernardin de Saint-Verne et aussi le Jules Lamoureux des *Harmonies de la nature*, symphonie en 80 jours et quarante volumes.

Ce chef d'orchestre du mouvement extra-planétaire, ce littérateur exceptionnel qui a pris possession d'un si magnifique domaine a déjà eu de grands succès de théâtre, le *Tour du monde*, *Michel Strogoff*, etc. On devait songer tôt ou tard à *Mathias Sandorf*. Dans le bagage considérable de M. Jules Verne, cette épopée d'un héros, d'ailleurs fantaisiste, de l'indépendance hongrois, occupe une place à part tout aussi honorable — scientifiquement parlant — que celle des autres voyages extraordinaires, et plus littéraire. L'action n'y manque ni de netteté, ni de variété, ni de vigueur. L'intrigue n'y est pas volontairement réduite comme dans *Cinq semaines en ballon*; *De la Terre à la Lune*; *Enfants du capitaine Grant* et même dans le *Tour du monde* au minimum d'invention dramatique, a une quantité et une qualité d'imagination tenant le milieu entre « le Robinson suisse » et les « Petits excursionnistes ».

Ajoutons que M. Jules Verne l'a toujours considérée comme son œuvre maîtresse. On en jugera d'après la touchante dédicace à Dumas fils : « Je vous dédie ce livre en le dédiant aussi à la mémoire du conteur de génie que fut Alexandre Dumas votre père. Dans cet ouvrage, j'ai essayé de faire de Mathias Sandorf le Monte-Christo des voyages extraordinaires. » Et Dumas fils, le grand railleur, sincère cette fois — du moins je veux le croire, car la réponse serait féroce si elle n'était cordiale — accusait réception de l'envoi, dans cette forme : « Vous avez raison d'associer la mémoire du père à l'amitié du fils. Personne n'eût été plus charmé que l'auteur de *Monte-Christo* par la lecture de fantaisies lumineuses, originales, entraînantes. Il y a entre lui et vous une parenté littéraire si évidente que, littérairement parlant, vous êtes plus son fils que moi. »

Mathias Sandorf, fort habilement arrangé, très brillamment monté, *Mathias Sandorf* est un succès. Deux parties, les cinq actes et seize tableaux ; un sénario assez conforme au roman. Mathias Sandorf, patriote hongrois, a formé, avec ses amis Zathmar et Bathory, le projet de délivrer sa patrie du joug de l'Autriche. De Trieste où il demeure, Sandorf correspond avec les magyars patriotes par le moyen de pigeons voyageurs. Un hasard antiprovidentiel fait tomber un de ces messagers entre les mains de Sarcany, aventurier affilié à la bande de brigands, la Maffia. Sarcany s'empare d'une dépêche chiffrée, et quoiqu'il n'en puisse lire le contenu, il pressent une « belle affaire ». D'accord avec un autre gredin, le banquier Silas Toronthal, le traditionnel gredin « de la haute » indispensable au public des galeries supérieures, il s'introduit chez Mathias Sandorf comme comptable, découvre le chiffre des dépêches en forçant un secrétaire, dénonce et fait arrêter les trois conjurés dont les biens seront partagés entre lui et Silas Toronthal qui avait grand besoin de cet appoint pour remettre à flot le crédit de sa maison.

Il se laisse d'ailleurs poursuivre comme complice, afin d'échapper aux soupçons et à la vengeance des conjurés ou de leurs amis. Mais la veille du jour de l'exécution, dans la forteresse même où ils sont jugés et condamnés, Zathmar, Bathory et Sandorf, se faisant de suprêmes adieux, surprennent, par le conduit très acrifuge d'une cheminée gothique une conversation de Sarcany et Toronthal qui apporte au prétendu complice la nouvelle de sa grâce prochaine.

Zathmar, Bathory, Sandorf connaissent le nom de leur dénonciateur. Et maintenant ils veulent vivre pour la vengeance. Les découvertes de la science moderne continuent à leur venir en aide. Nous avions tout à l'heure la cheminée téléphonique. Voici le tonnerre descelleur de barraux de fer. La foudre réduit en poussière la grille qui fermait la fenêtre unique du cachot, et par la même occasion — ce ne serait pas la peine d'être le tonnerre pour faire les choses à demi ! — elle montre aux fugitifs un câble conducteur de l'électricité qui se déroule sur les flancs de la forteresse.

Cette tige de paratonnerre serait pour les trois captifs le railway perpendiculaire de la délivrance, si Zathmar n'était tué par un coup de feu et si Bathory ne s'écrasait sur les rochers. Seul Mathias Sandorf, disparu dans le torrent du Bucco qui coule au pied de la forteresse et considéré comme perdu, échappe aux soldats autrichiens...

Treize ans se sont écoulés, et nous retrouvons Silas Toronthal établi non plus à Trieste, mais à Raguse. Le vieux gredin a fait fortune et possède la moitié des biens de Mathias Sandorf que lui a attribué le décret de confiscation. Mais il convoite l'autre moitié qui lui reviendra si la fille de Mathias ne se présente pas pour la réclamer, à sa majorité.

Silas est tranquille de ce côté, car, la fille du proscrit, il l'a volée, il l'élève comme sa propre enfant sous le nom de Mitsy Toronthal. Il va même la marier au fils de feu Etienne Bathory qui s'en est épris, quand survient Sarcany, l'affreux Sarcany, vieilli, ruiné, mais en possession du secret de Toronthal et qui le menace de tout révéler s'il ne lui accorde la main de Mitsy. Toronthal consent mais Mitsy, dont le cœur a palpité, refuse de manquer à sa parole. Qu'à cela ne tienne! Sarcany ne regarde pas à un crime de plus ou de moins. Et délibérément il poignarde le fils Bathory sur la grande place de Raguse.

Bathory fils passe pour mort. Il aurait en effet assez peu de chances de survivre, si le pseudo-cadavre n'était ramassé par deux saltimbanques français, et porté dans la goélette d'un certain docteur Antekirtt, récemment débarqué à Raguse. Ai-je besoin d'ajouter que cet Antekirtt est Mathias Sandorf, qu'il guérit le jeune Bathory, qu'il déjoue les noirs complots de Sarcany, qu'il découvre les véritables origines de la prétendue Mitsy Toronthal, en réalité Rena Sandorf, sa propre enfant — que le père retrouve sa fille, la fille son père, l'amoureux son beau-père et sa fiancée, que le crime est puni, la vertu récompensée, le public enthousiasmé.

Il n'y a que la Hongrie dont le sort reste aussi fâcheux après cette tragique histoire qu'avant le lever du rideau. Mais M. Jules Verne, qui referait au besoin la science, n'est pas maître de refaire l'histoire.

Elle est très romanesque, très intéressante, l'épopée du docteur Antekirtt; mais peut-être l'aurait-on trouvée çà et là un peu longuette et confuse sans la partie comique, d'une excellente venue... Vous vous rappelez ce Passe-Partout qui a tant fait pour le succès du *Tour du Monde ?* Eh bien, Passe-Partout, dans *Mathias Sandorf*, s'appelle Pointe Pescade, le saltimbanque flanqué de son ami l'hercule Cap Matifou. Pescade aide le docteur Antekirtt à retrouver la Maflia, à soutenir un siège sur l'Etna, à forcer les portes d'une maison marocaine. Et finalement il lui sauve la vie en tirant sur Sarcany un coup de revolver aussi décisif que le coup de rifle de Passe-Partout au tableau de l'Escalier des géants.

M. Dumaine, qui garde une action prodigieuse sur le public des galeries, et M. Fugères, déjà remarqué dans le rôle du rapin des *Mystères de Paris*, ont porté à bras tendu et en banquistes transcendants le poids de toute cette partie comique. Les honneurs de la soirée leur reviennent de plein droit. M. Montal (Sarcany) et M. Chelles (Mathias Sandorf) ; MM. Gravier, Péricaud, Dermez et Fabrègues ont montré des qualités de tenue sans atténuer le caractère mélodramatique de leurs personnages.

Les femmes sont sacrifiées comme dans la plupart des drames populaires ; je me contenterai donc de signaler Mmes Deschamps en traîtresse, Delphine Murat en mère noble et une ingénue qui faisait hier ses premiers débuts, Mlle Lucy Manvel. Bons points à la petite troupe Louise Richard et Pauline Breton.

LE CAID, PHILÉMON ET BAUCIS (reprise)
Opéra-Comique, 28 novembre 1885

La première représentation du *Caïd*, sur la scène de l'Opéra-Comique, date du 3 janvier 1849. Le succès fut très marqué. Mᵐᵉ Ugalde, Mˡˡᵉ Decrox, Hermann Léon, Sainte-Foy et Henri complétaient le bon ensemble et même le brillant ensemble déjà traditionnel. Sorti de la scène, sinon retiré du répertoire depuis fort longtemps, le *Caïd* ne pouvait manquer d'y reparaître, à la plus grande satisfaction du public. C'est une amusante parodie de la musique italienne, un éclat de rire en deux actes ; quant au livret, il ne manque ni de mouvement ni d'intérêt, malgré ses vulgarités de gros vaudeville.

Les aventures du barbier Birotteau promettant à un caïd algérien de le délivrer des mauvais plaisants qui le bâtonnent chaque soir, tenté d'échanger les 20,000 boudjous de récompense contre la main de la fille du caïd, finalement restant fidèle à la modiste Virginie et assurant le bonheur de Fatma avec le tambour-major français qu'elle aime — le croisement des races n'y perd rien ! — cette grosse histoire a de l'allure et de la vie. Elle est moins insipide que la plupart de nos livrets d'opérette, et le public de la nouvelle reprise lui a fait un accueil fort empressé. Il y a encore de beaux jours pour l'opéra comique vraiment comique. La comparaison tant de fois faite entre les gens qui n'aiment ni Grétry, ni Auber, ni Ambroise Thomas première manière avec l'empereur Nicolas disant : « Je comprends l'absolutisme, je comprends même la République, mais j'avoue que je ne comprends pas le gouvernement constitutionnel, » cette comparaison n'a aucune application en France dès qu'il s'agit du grand public. Celui-ci n'a pas déserté « le genre vraiment français » ; pour le rappeler il suffit de reprendre l'ancienne tradition, en combinant ces trois éléments : une fiction amusante et décemment invraisemblable, une partition sans visées transcendantes et sans remplissage banal, enfin une bonne interprétation.

Avec le livret gai et la partition bien allante, nous avons eu hier soir l'interprétation intéressante. M. Taskin est un superbe tambour-major, M. Thierry un caïd bien en chair et en voix, M. Barnolt un Ali-Cajou d'un comique sans charge. M. Bertin (le coiffeur Birotteau) a longtemps couru la province. Il lui faudra quelque temps pour se réacclimater dans une troupe aussi parisienne que celle de l'Opéra-Comique. On a beaucoup applaudi, après le grand air : « Plaignez la pauvre demoiselle », Mlle Samé, une lauréate du dernier concours du Conservatoire, qui reprenait l'ancien rôle de Mme Ulgade, celui de la modiste Virginie. L'actrice est vraiment jeune, suffisamment gaie et douée d'un réel instinct scénique. Mme Degrandi — le page de *Roméo* — a tenu de très mignonne façon le rôle de Fatma.

La soirée avait commencé par le *Philémon et Baucis*, de Gounod, qui n'avait jamais quitté l'affiche de la salle Favard; mais qui reparait place du Châtelet avec une distribution renouvelée : Mlle Simonet, une Baucis invraisemblable en Mme Denis mythologique, mais d'un charme si réel et d'une voix si pénétrante ; Bouvet, en Jupiter un peu trop gras, mais de belle prestance et de belle voix ; Mouliérat, un Philémon « sympathique » et Fournets qui a vaillamment martelé les strophes célèbres de Vulcain.

LE ROI KOKO, par Al. Bisson

Vaudeville en 5 actes

Première représentation à la **Renaissance**,
29 novembre 1887

—

DISTRIBUTION : Daubichon, *M. Maugé*. — Théophile, *M. Raimond*. — Des Mouchettes, *M. Galipaux*. — Lamazou, *M. Moncavrel*. — Veaucanu, *M. Bellot*. — Le brigadier, *M. Regnard*. — Brigitte, Mme *Mathilde*. — Angèle, Mlle *Bl. Ollivier*. — Joséphine, Mlle *Mary Gillet*. — Lucienne, Mlle *Marie Palry*.

Après la confusion des genres, le mélange des quartiers, qui pourrait avoir de plus fâcheuses conséquences. C'est ainsi qu'au théâtre de la Renaissance, scène littéraire, M. Bisson, lettré de marque — et d'excellente marque — a fait représenter hier une pièce absolument dépaysée, une farce sans prétentions si l'on veut, mais non sans énormités. Le *Roi Koko* serait à sa place au Palais-Royal de la rive gauche, dans ce Théâtre-Cluny dont le répertoire répond à un public spécial. M. Bisson a dû être égaré par la donnée même de son long vaudeville ; donnée énorme et d'une grivoiserie colossale. Sur une plate-forme compacte comme les fondations de la Madeleine, on ne saurait dresser un monument d'aussi légère envolée que la Sainte-Chapelle.

Un galant grisonnant, le sieur Daubichon, a épousé, sur le retour, la modiste Angèle, jeune personne sans éducation, mais non sans principes, qui l'a préféré à de nombreux concurrents, à l'excursionniste Lamazou et au baron des Mouchettes entre autres. Angèle est vertueuse, mais Angèle est jalouse. Elle a dit à son mari : « J'exige une fidélité irréprochable ; si vous me trompez, je vous tromperai avec le premier venu. » Œil pour œil, dent pour dent comme dans *Francillon*. Or, Daubichon trompe Angèle avec une certaine Anita, et il laisse traîner dans ses poches la miniature de cette belle petite. Angèle a barre sur lui : premier point important à noter, car ce vaudeville en trois actes est à la fois lent, vide et compliqué.

Second point : en ce temps-là, Daubichon a beaucoup voyagé ; il a même été jusqu'aux îles Marquises, il a résidé assez longtemps auprès du roi Kokocambo Ier qui lui a fait partager ses intimités les plus personnelles : « sa maison, sa pipe et sa femme » en lui disant : « A charge de revanche. Quand je viendrai à Paris je partagerai ta femme, ta pipe et ta maison. » Daubichon n'a pas protesté, comptant bien que le roi Kokocambo ne quitterait jamais son île... Or, tout à coup, le jour même où l'on signe le contrat de la nièce de Daubichon, un sauvage très cuivré, tatoué, coiffé d'une couronne de plumes, se présente chez le concierge et laisse sa carte: Kokocambo Ier, roi des îles Marquises...

C'est Koko, le roi Koko qui vient réclamer « la maison, la pipe et la femme » — surtout la femme, encore un point à noter, car toute la pièce de M. Bisson est tablée sur cette énormité — de l'ami Daubichon ; le bon Koko, qui est foncièrement doux et cependant toujours prêt à pousser un cri de guerre et à darder ses javelots empoisonnés si l'on essayait de tromper le « pauvre sauvage »... C'est Koko et ce n'est pas Koko, mais Lamazou, qui connaît l'aventure de Daubichon et veut le punir de lui avoir enlevé Angèle.

L'ancienne modiste qui, elle aussi, poursuit sa vengeance, se prête à la mystification, et Daubichon qui s'est vainement réfugié à Saint-Cloud avec toute sa famille pour échapper au règlement de la dette contractée envers Koko, Daubichon rejoint par le faux sauvage à qui s'est joint un second faux nègre (le baron des Mouchettes, passé au brou de noix de la tonalité la plus intense), ne trouve pas d'autre moyen pour calmer son farouche créancier que de lui offrir sa sœur, une vieille fille très mûre, ayant gardé du vague à l'âme. Lamazou découvre la supercherie et s'amuse à prolonger les transes de Daubichon. La police arrête pêle-mêle le mari d'Angèle et un cousin de province (dont la présence n'est d'ailleurs d'aucune utilité à l'action).

Quand l'heure est venue de démêler cette intrigue, Lamazou avoue le déguisement et se montre sous ses véritables couleurs ; des Mouchettes fait sa confession ; Angèle consent à se justifier. On s'embrasse, on fiance Lamazou avec Brigitte, la nièce de Daubichon avec un Jocrisse ahuri qui l'a poursuivie pendant trois actes. Le rideau tombe. Il n'y a que deux mauvais mariages et un mauvais vaudeville de plus.

MM. Maugé, Raimond, Regnard, Galipaux et Moncavrel (ces deux derniers en sauvages) ont vaillamment défendu des rôles incomplets et déséquilibrés. Mme Mathilde, la célèbre duègne du Palais-Royal, donne beaucoup d'allure au personnage de la vieille fille doublée d'une femme forte. Il me reste à signaler les beaux yeux de Mlle Blanche Ollivier, la gaieté très franche de Mlle Gillet et le naturel de Mlle Patry, une ingénue suivant la formule.

LES DÉLÉGUÉS
par Émile BLAVET et Fabrice CARRÉ
musique d'Antoine BANÈS
Première représentation aux **Nouveautés**, 30 novembre 1887

DISTRIBUTION : Duraté, *M. Saint-Germain*. — Filochet, *M. Brasseur*. — Antonin, *M. A. Brasseur*. — Bouvreuil, *M. Gaillard*. — Hippolyte, *M. Guy*. — Marius, *M. T. Riom*. — Adolphe, *M. Dubois*. — Bézigue, *M. Laurel*. — Gobichard, *M. Bourgeolle*. — Zoé, Mme *Grisier-Montbazon*. — Amanda, Mme *Fournier*. — Mme Duraté, Mlle *Vialda*. — Un jeune homme, Mlle *Milhoir*. — Clara, Mlle *Varennes*.

Si Emma Bovary revenait au monde, elle retrouverait de nombreuses connaissances sur la grande place de Sotteville. Voici d'abord le Lovelace de province, l'inévitable Antonin, le bourreau des cœurs, tenant à la fois de Rodolphe par les écus et de Léon par la jeunesse. Il collabore à la feuille locale, y donne les nouvelles sportives et mondaines et régulièrement, tous les trois mois, va se retremper dans les folles ivresses des restaurants parisiens à cabinets particuliers. Autour de lui gravitent Mme Duraté, la femme du maire, une « inquiète », une « émue », ou pour mieux dire une « vaillante », qu'a séduite le galbe du bel Antonin, mais qui ne veut pas pousser le flirtage jusqu'à ses dernières conséquences avant d'être certaine que son mari donne les premiers coups de canif dans le contrat. — M. Duraté, le maire, un grand homme de province, — l'adjoint Filochet, un entrepreneur de maçonnerie, dévoré d'ambition — le pharmacien Homais, qui, pour la circonstance, a pris le nom de Bouvreuil et commande les pompiers à ses moments perdus.

Le bel Antonin se morfond aux pieds ou du moins sous les fenêtres de Mme Duraté. Le maire, l'adjoint et le pharmacien s'ennuient. Au milieu de ces endormis tombe une nouvelle foudroyante, Gobichard, l'illustre Gobichard, le député de Sotteville, est mort. Il a succombé à une indigestion au sortir d'un repas officiel. — D'un repas officiel, s'écrie Duraté, quelle plaisanterie ! — Mais Filochet a des renseignements certains. Il ne reste plus qu'à nommer une délégation qui se rendra à Paris pour accompagner l'illustre Gobichard à sa dernière demeure. Naturellement, Duraté, Filochet et Bouvreuil sont désignés par leurs concitoyens. Et le bel Antonin se décide à leur servir de cornac avec l'arrière-pensée méphistophélique de précipiter Duraté dans les « pires désordres ». Mme Duraté, convaincue de l'inconduite de son mari, n'aura plus aucun prétexte pour résister aux entreprises du Lovelace de Sotteville...

On voit le point de départ de la pièce. C'est la *Cagnotte* revue et modifiée. A Paris, nous retrouvons les délégués et leur cornac d'abord dans un restaurant dont la dame de comptoir, la belle Zoé, a une toquade pour Antonin, puis dans un tripot où ils prennent part à une fête costumée, sous des habits de carnaval. C'est là que la vertu et même la probité des délégués subissent les plus fortes atteintes. Bezigue, le chef du parti avancé de Sotteville, a confié sa montre à Duraté. — Vous la réglerez, a-t-il dit, sur le canon du Palais-Royal. — Pourquoi ? — Je veux avoir l'heure de Camille Desmoulins !

Cette montre, Duraté la donne à la patronne du tripot, et Filochet offre à la même dame les franges de la bannière qui doit figurer au cortège funéraire. Enfin les délégués écornent la « cagnotte », le produit de la collecte faite à Sotteville, pour élever une statue au député Gobichard.

— Ma foi, tant pis, Gobichard n'aura qu'un buste.

Finalement, arrivée de la police qui fait main basse sur les cartes et les délégués, les vrais joueurs ayant filé avec la caisse.

On relâche le lendemain les représentants de Sotteville, et ils rentrent dans leur pays natal sans avoir assisté au convoi de Gobichard. Ils n'en racontent pas moins avec une noble et prolixe assurance les détails de la cérémonie. Mais tout à coup apparaît Gobichard, l'illustre Gobichard, qui n'est pas mort. On l'avait confondu avec Bourgachard, réellement décédé, celui-là, à la suite d'une trop copieuse ingestion de truffes ministérielles et de foies gras officiels. Stupeur des Sottevilains. Mais le trio des délégués fait tête à l'orage. La demoiselle de comptoir Zoé, qui les a suivis, par amour pour Antonin, accuse Gobichard d'avoir prémédité un coup de bourse en faisant courir le bruit de sa mort. Gobichard est hué pour n'avoir pas su se laisser enterrer à temps. On acclame les délégués. Antonin renonce à Mme Duraté — l'adultère est décidément d'une pratique trop difficile en province — et convole en justes noces avec Zoé.

La partitionnette de M. Banès est écrite avec une agréable facilité mélodique. On a fait un succès mérité au chœur de Filochet, Bouvreuil et Duraté : « Quand on ne peut faire autrement, — Il faut respecter la sagesse ; » et à la chanson des délégués rappelant le refrain célèbre : « Les Portugais sont toujours gais. »

L'interprétation masculine comprend Saint-Germain, les deux Brasseur et Gaillard. Ce quatuor a fait preuve de verve et de fantaisie. Brasseur fils est un bel Antonin pastiché sur le vif, et Brasseur père un entrepreneur de maçonnerie en moellons de premier choix. Quant à Saint-Germain, il a toute la morgue et toutes les prétentions d'un sous-ordre politicien.

Mme Grisier-Montbazon jouait et chantait le rôle de Zoé. Elle a dépensé en pure perte de la grâce, du naturel et de la belle humeur.

GALATHÉE (reprise)
Opéra-Comique, 1er décembre 1887

La reprise de *Galathée* a été fort bien accueillie, malgré les préoccupations de la rue qui faisaient, par intermittences, le vide entier, le demi-vide ou le quart de vide dans la salle. De temps en temps, on se précipitait au dehors pour acheter les deuxième, troisième, et même quatrième éditions des journaux. On rentrait ; on applaudissait Mme Salla (Galathée éminemment sculpturale) chantant :

> Ah ! verse encore
> Vidons l'amphore.

On ressortait, on se munissait des cinquième et sixième éditions, on rentrait pour faire un joli succès à Mme Deschamps, demandant au ciel de rendre à Galathée sa nature marmoréenne.

> O toi qui lui donnas la vie et la beauté,
> Pour la seconde fois que ne peux-tu m'entendre ?
> Vénus ! que ne peux-tu lui rendre
> Son immobilité ?

Nouvelles acclamations, troisième fugue. On courait

jusqu'à la rue de Rivoli, en regardant passer les « pâles voyous » regagnant les repaires de Belleville-Charonne sous l'œil attristé, mais presque indulgent, de la police, et murmurant « démission » (ils n'avaient plus la force de crier !) sur l'air des *Lampions*, et l'on rentrait tout juste à temps pour s'associer avec un vague sentiment d'envie au finale :

> Loin des esprits moroses
> Vivons,
> Et sur des lits de roses
> Buvons !

Qui ne demanderait à vivre loin des esprits moroses et à déguster les vins les plus délicats sur des lits de roses (*sic*)? Lisez : loin de la politique et des politiciens. Mais ce détachement n'est guère permis qu'aux personnages mythologiques

Revenons à la nouvelle distribution de *Galathée*. On a rétabli l'interprétation primitive du rôle de Pygmalion, créé le 14 avril 1852 par un contralto : Mlle Wertheimber. De nombreux barytons s'y étaient essayés ; ils n'avaient été que supportables (M. Faure mis à part, bien entendu). Mme Deschamps y a brillamment réussi, elle l'a joué avec beaucoup de crânerie et chanté avec une virtuosité vocale où ne manquait aucun des accents passionnels indiqués par Victor Massé.

Mme Salla s'est tirée à son plus grand honneur du rôle de Galathée et notamment du fameux piège à cantatrices, la strophe « Ah! verse encore, » dont on a usé et abusé à Paris, en province, sur les grandes scènes, sur les petites, et dans les cafés-concerts. M. Herbert (Ganymède) et M. Caisso (Mydas) ont dignement secondé leurs protagonistes.

LE LEGS ET LE LÉGATAIRE UNIVERSEL
(REPRISE)
Comédie-Française, 2 décembre 1887

M. Claretie vient de rendre un nouveau service aux belles et bonnes lettres en remettant le *Legs* à la scène. Ainsi se trouve « corroboré », pour parler comme le prétendant de l'*Étincelle*, sinon entièrement complété, le répertoire de Marivaux.

On connaît le sujet du *Legs*, ce joli tableautin XVIII° siècle qui pourrait avoir pour sous-titre : *Faute de s'entendre*. Toute la donnée, le malentendu persistant d'un marquis amoureux, mais lent à s'expliquer, et d'une comtesse touchée de sa passion muette, mais embarrassée d'avoir elle-même à offrir sa main, est résumée par ce dialogue final : « Apprenez, marquis, que lorsqu'on dit aux gens qu'on les aime, il faut du moins leur demander ce qu'ils en pensent. — Quelle chicane vous me faites ? — Je n'y saurais tenir. Adieu ! — Eh bien ! Madame, je vous aime. Qu'en pensez-vous ? Encore une fois, qu'en pensez-vous ? — Ce que j'en pense ? Que je le veux bien, Monsieur, et, encore une fois, que je le veux bien, car, si je ne m'y prenais pas de cette façon, nous ne finirions jamais. »

Je parlais tout à l'heure de sous-titre. A moderniser

les choses, le vrai sous-titre du *Legs* serait la *Concentration amoureuse* (pour faire pendant à la concentration républicaine dont on nous parle tant et qu'on réalise si peu). Le marquis est un original et un rêveur, c'est-à dire un concentré. Et non moins concentrée la comtesse, que son amoureux transi définit en ces termes : « Vous plaisez sans y songer ; ce n'est pas votre faute. Vous ne savez pas seulement que vous êtes aimable, mais d'autres le savent pour vous. »

A ce point de vue, il pouvait sembler quelque peu paradoxal de faire débuter dans le rôle de la marquise Mlle Legault (enfin revenue ou plutôt venue comme pensionnaire à cette Comédie-Française qu'elle avait dédaignée au lendemain de son premier prix), Mlle Legault, la Linotte de *Tête de Linotte*, l'excentrique jeune première comique des meilleurs vaudevilles des scènes de boulevard ; Mlle Legault, qui avait en ce temps-là l'ingénuité si en dehors, l'innocence si provocante, la défense même si offensive.

Il est vrai que dans un autre passage, le même marquis donne cette autre définition de la même comtesse : « C'est la plus aimable personne, la plus franche. Vous parlez de gens sans façons, il n'y a personne comme elle ; plus je la vois, plus je l'admire. » Aimable, franche, sans façons, Mlle Legault pouvait se reconnaître dans cette autre face du portrait. Et résolument elle a joué en Legault un rôle qui peut être joué en Pléssy-Arnould et qu'en effet Mme Pléssy interprétait de façon quasi-seigneuriale, avec autant de dignité, de passion contenue, de noblesse d'attitudes et d'intonations que le personnage de la comtesse Almaviva. Elle ne s'est refusé ni les éclats de voix, ni les petites mines pleines de séduction, ni même (et là il y avait excès) le débit volubile, plus déroulé que nuancé.

Si Mlle Legault se livre trop, Mlle Rachel Boyer ne se livre pas assez ; elle a même abusé de la réserve et de la froideur (mais, sans doute, faut-il faire la part de l'émotion toujours inséparable d'un début sur la scène auguste de la maison de Molière), dans le rôle de Lisette du *Légataire universel*. Et puis les circonstances sont fâcheuses. Il est arrivé un malheur, un grand malheur au *Légataire universel !*

Après avoir été malmené pendant un siècle et demi par les pédants qui lui refusaient jusqu'au « cachet littéraire », il a vu ces mêmes pédants — hé! oui, les mêmes, car les siècles se succèdent, le goût public se restreint ou se développe, se gâte ou s'améliore, mais Vadius ne change pas plus que Trissotin — le découvrir avec autant d'ardeur que Christophe Colomb mettant le pied sur le sol du nouveau monde.

Cette conflagration soudaine des enthousiasmes pédantesques a donné plus de fumée que de feu ; par où j'entends que toute une bibliothèque portative comme format, mais d'une abominable pesanteur littéraire : feuilletons de douze colonnes, articles en quadruples feuilles, s'est aglomérée autour du chef-d'œuvre de Regnard. On ne saurait croire à quel point cette approbation tardive, mais diffluente, enveloppante et encrassante de notre haute critique extra-pédagogique a nui au *Légataire universel*. Regnard, ce libre génie, « cet épicurien résolu, comme l'a défini J.-J. Weiss, et qui fit des comédies par passe-temps, sans vain désir de gloire, sans arrière-pensée de postérité, uniquement parce qu'il fallait à un homme de sa fortune une occupation décente, » Regnard ainsi adopté de vive force, a pris un faux air de faux classique, à détailler, à fignoler, à solenniser.

C'est ainsi que Mlle Rachel Boyer a compris le rôle de Lisette ; la débutante a eu d'autant plus tort qu'elle trouvait à la Comédie même d'excellents précédents. Il y a quelques années, Lisette, n'était-ce pas Mme Jeanne Samary, le rire à trente-deux dents ? Les trente-deux dents y sont encore, mais elles ont tant à faire pour égayer la *Souris* qu'il a bien fallu chercher une autre Lisette.

Crispin a été un des plus beaux rôles de Coquelin aîné. Il y montrait une verve incomparable, une prodigieuse abondance, le généreux épanouissement d'une des plus belles natures de comédien qu'ait connues et admirées notre génération. Dans la scène si puissante mais si difficile à jouer — car elle tient à la fois de la comédie de mœurs et de la grosse bouffonnerie — du faux testament, il était incomparable.

M. de Féraudy s'y est montré plus ordinaire. En revanche il joue avec une perfection rare la scène de la fausse nièce : Mlle Boyer n'a-t-elle pas trouvé moyen de débiter avec une simplicité glaciale les fameuses répliques :

> Interloquée! Ah! ciel quel affront est-ce là ?
> Et vous avez souffert qu'on vous interloquât!
> Une femme d'honneur se voir interloquée!
>
> Pourquoi donc de ce terme être si fort piquée ?
> C'est un mot du barreau.
>   C'est ce qu'il vous plaira.
> Mais juge, de ses jours, ne m'interloquera :
> Le mot est immodeste, et le terme m'en choque ;
> Et je ne veux jamais souffrir qu'on m'interloque.

Mlle Boyer n'avait pas besoin de le dire, cela se voyait de reste. Il faut être pleinement, franchement interloquée quand on veut interpréter Regnard.

NOS BONS JURÉS
par Paul FERRIER et Fabrice CARRÉ
Première représentation aux **Variétés**, 6 décembre 1887

—

DISTRIBUTION : Dupont, *M. Christian*. — La Terreur de Grenelle, *M. Baron*. — Goutran, *M. Cooper*. — Amédée, *M. E. Didier*. — Guy-Bocandé, *M. Germain*. — Bouchard Cadet, *M. Daniel-Bac*. — Dubois, *M. Blondelet*. — Un bourgeois, *M. Dellombe*. — Isidore, *M. Courcelles*. — Dubonnet, *M. Dumesnil*. — Pingouin, *M. Thiéry*. — Octavie, *Mlle Mily Meyer*. — Jérômie, *Mme Irma Aubrys*. — Alice, *Mlle Hicks*. — Albertine, *Mlle Declères*. — Zoé, *Mlle M. Dubois*. — Étiennette, *Mlle Folleville*. — Victoire, *Mlle Monsay*. — Irma, *Mlle Muller*.

Après les délégués des Nouveautés, les touristes du « Voyage aux Pyrénées », nos bons jurés viennent de traverser l'épreuve de la scène. Et si nous n'avons pas vu la Cour d'assises, du moins nous a-t-on donné le spectacle de deux accusés de l'un et l'autre sexe ; la Terreur de Grenelle, souteneur, assommeur et gouapeur de vocation, et la bouquetière Octavie, dont la profession consiste à vendre des bouquets de deux sous cent sous, mais qui revolverise à bout portant les acheteurs trop pressés de rentrer dans leur argent.

On a fait un accueil assez froid à ce petit tableau de nos mœurs judiciaires. La donnée de la pièce de MM. Ferrièr et Fabrice Carré est cependant ingénieuse.

Elle pouvait même — ...mais peut-être était-ce son défaut irrémédiable, son vice originel au point de vue du vaudeville genre Variétés — fournir les éléments d'une comédie de mœurs, voire d'une satire sociale fouillée comme une pièce d'Emile Augier ou poussée au noir comme un drame de Becque.

M. Dupont, le passementier Dupont, chef du jury d'une session d'été, a la tarentule des grandes déclamations prudhommesques. Il croit à la régénération, à l'amélioration, à la réintégration dans le milieu social de tous les criminels, et, logiquement, il conclut à l'acquittement de tous les accusés. C'est ainsi qu'il fait rendre à la liberté la Terreur de Grenelle, qu'on a arrêté fracturant la devanture d'un mastroquet (sous prétexte, de déposer sur le comptoir le prix d'une consommation qu'il avait oublié de payer) et Octavie une fringuante bouquetière, qui a logé une balle dans les « chairs sans conséquence » — lisez : du côté pile — du gommeux Gontran.

Si la belle action de M. Dupont, s'arrêtait là, il n'aurait fait tort qu'à la société en général. Mais le passementier est bientôt mis en demeure de pratiquer personnellement ses théories et de recueillir dans son magasin les deux acquittés. Octavie, attachée au rayon des galons, profite de la situation pour faire la grasse matinée, dépouiller une correspondance plus nombreuse que celle du patron et séduire l'associé de la maison. Aux reproches de M. Dupont elle répond en menaçant de rentrer dans le mauvais chemin. « Tant pis ! si vous me brusquez, je tournerai mal. »

Dupont se résignerait encore à conserver une demoiselle de magasin qui ne travaille pas, mais dont le nom célèbre dans les fastes judiciaires lui assure une réclame gratuite. La Terreur de Grenelle est plus encombrant. Il « subjugue » la sœur du patron, une demoiselle mûre, met les pantoufles de Dupont, boit son Porto et même lui rend le service — terrifiant ! — de forcer, à titre amiable, son coffre-fort dont la clef est égarée.

Ces hôtes dangereux suivent Dupont jusque dans une petite villa qu'il possède à Saint-Maur sous le talus du chemin de fer, situation excellente pour recevoir les os de poulet, les carcasses de dinde et les bouteilles vides dont veulent se débarrasser les voyageurs de l'impériale. La Terreur en abuse pour engager des conversations compromettantes avec ses amis les rôdeurs, jeter des détritus sur les gendarmes, débaucher la bonne et gâter le dimanche du malheureux passementier. Quant à Octavie, elle épouserait l'associé si par bonheur ne survenait le gommeux Gontran qui offre sa couronne de vicomte, la petite balle (qu'aucun bistouri n'a pu lui faire digérer) ayant trouvé le chemin de son cœur par un détour d'école buissonnière.

Octavie convole avec Gontran. La Terreur, craignant de « perdre ses relations », se décide à filer par le talus du chemin de fer, en traitant Dupont de « pochard », de « pignouf » et d'ingrat. Le passementier, guéri de sa manie de réhabilitation, jure qu'on ne l'y reprendra plus, à acquitter des coupables. Il condamnera plutôt tous les innocents qui tomberont sous sa coupe de futur chef d'un futur jury.

On a franchement ri de quelques scènes amusantes; notamment de celles où la Terreur force la caisse à titre amical, et de plusieurs mots drôles.

— Quel est votre état ? demande Dupont à la Terreur.
— Je donne des coups de mains. » Et encore la réplique de la Terreur à Dupont au dernier tableau : « Vous sentez l'absinthe ! — La vôtre, ingrat ! »

Mlle Mily Meyer, l'incomparable Joséphine des Bouffes, a été médiocrement partagée.

Elle ne chante que deux couplets assez drôles, parodiés sur la polka de Farbach, l'histoire des amours du tambour de mairie, son père, avec la blanchisseuse sa maman à qui ce fonctionnaire devait une note de 25 fr

C'est ainsi que je vis le jour,
Pour vingt-cinq francs cinquante !

Le reste appartient à la mauvaise moyenne des cafés-concerts. Il convient d'ajouter que Mlle Mily Meyer y met tout ce qui ne s'y trouve pas et rend supportables les longueurs du troisième acte. Baron est remarquable en rôdeur de barrières. C'est un souteneur bon enfant et un assommeur à qui ses victimes auraient mauvaise grâce de reprocher ses « coups de main ». Il est *ex-œquo* avec Mily Meyer, la circonstance la plus atténuante de la soirée.

Christian a dessiné assez largement la physionomie prudhommesque du juré Dupont.

BEAUCOUP DE BRUIT POUR RIEN
par Louis Legendre,
musique de scène de Benjamin Godard

Comédie en vers en 5 actes et 8 tableaux (d'après Shakspeare)
Première représentation à l'**Odéon**, 8 décembre 1887

—

Distribution : Leonato, *M. Paul Mounet*. — Bénédict, *M. Amaury*. — Don Pèdre, *M. Rebel*. — Gandolfo, *M. Cornaglia*. — Claudio, *M. Marquet*. — Borachio, *M. Colombey*. — Un prêtre, *M. Jahan*. — Calam, *M. Vandenne*. — Don Juan, *M. Laroche* — Conrad, *M. Calmettes*. — 1ᵉʳ soldat du guet, *M. Coquet*. — 2ᵉ soldat du guet, *M. Chautard*. — 3ᵉ soldat du guet, *M. Dalier*. — Ursule, *Mᵐᵉ Crosnier*. — Béatrix, *Mˡˡᵉ Sisos*. — Héro, *Mˡˡᵉ Panot*

Quand un auteur, jeune encore, bien que déjà en bonne position dans l'estime des lettrés, a la rare vaillance de se mesurer avec Shakspeare et ne craint pas de faire juge du camp le Tout-Paris des premières, ne vous semble-t-il pas que le premier devoir de la critique est de commencer par « raconter » son œuvre uniment, ingénument, comme s'il s'agissait d'un drame inédit ou d'une comédie nouvelle ? C'est ainsi que je procéderai avec M. Legendre. Les comparaisons et les restrictions viendront plus loin, s'il y a lieu.

Le rideau se lève pour la première fois sur une salle du palais de Leonato, gouverneur de Messine. A l'avant-scène se tient un cavalier qui a la mine méchante et les sombres allures d'un Antony du xvi⁰ siècle. C'est don Juan d'Aragon, Juan le bâtard qui vient d'être battu puis amnistié par son frère le prince don Pèdre, et qui supporte malaisément le double poids de la défaite et de la reconnaissance. Il exhale sa mauvaise humeur dans le sein du classique confident, le gentilhomme Conrad.

> Je suis de ces oiseaux d'humeur fière et sauvage
> Qu'on peut prendre, mais non faire chanter en cage !

C'est bien Antony, mais un Antony prudent qui n'oserait toucher à don Pèdre, et à qui il suffira de se venger sur l'entourage du prince, notamment sur son plus fidèle ami, le jeune seigneur Claudio.

Pendant que le bâtard rumine ces sombres projets, une idylle éclôt dans l'ombre, à ses côtés. Deux jeunes filles ont grandi près du gouverneur Leonato : sa fille Héro et sa nièce Béatrix. Deux beautés parfaites et deux cœurs d'or, mais deux tempéraments opposés. Béatrix, hardie et moqueuse, raille l'amour et l'hymen, les chevaliers et les prétendants. C'est la plus mauvaise langue de la cour, et sa verve s'exerce en particulier sur un gentilhomme du nom de Bénédict qu'elle a surnommé « Tranche-Montagne ». Héro a tout au contraire la douceur et ce que les modernes appelleraient les facultés suavement passionnelles de la colombe. A peine Claudio qui l'adore en silence mais qui a voulu attendre la fin de la campagne pour se déclarer a-t-il décidé don Pèdre à faire la demande, qu'elle aquiesce, en fille obéissante — mais sans effort — à la volonté de Leonato. Reste Béatrix qui s'écriait tout à l'heure :

...Aux soupirs d'amours nous renonçons !
Qu'on ne nous parle pas mariage ! Nous sommes
De trop friands morceaux pour tous ces vilains hommes !

Qu'à cela ne tienne, don Pèdre, prince à la fois fantaisiste et pratique, ami des unions... fréquentes

Car les nombreux maris font les sujets nombreux,

et aussi des paradoxes en action, a son affaire toute trouvée : Bénédict, le seigneur Bénédict qui, tout à l'heure lui aussi, tenait cette conversation anti-conjugale avec Claudio.

L'esclavage est toujours un état misérable.
— Mais l'état de mari n'a rien que d'honorable !
— Honorable ! le mot est trouvé ! mais il est
Honorable d'avoir du ventre et c'est fort laid.

Béatrix et Bénédict font profession de détester le mariage. Donc, ils se marieront dans la huitaine, comme Héro et Claudio. Ils font mine de se détester réciproquement. Donc ils épouseront l'un contre l'autre, l'une avec l'autre. Une supercherie innocente consommera ce miracle.

Un hymen à réaliser, un hymen à préparer, voilà bien du travail pour les hôtes de Leonato. Don Juan ne veut pas être en reste d'activité :

> Pour qu'elle soit parfaite
> Il faudra que don Juan contribue à la fête,
> Et j'y veux apporter un plat de ma façon !

Le premier tableau du second acte représente un jardin chez Leonato ; arbres en fleurs, bosquets et bancs ; au fond, la mer, par une échappée à travers les feuilles. Dans ce décor fleuri, nous retrouvons don Juan en tête à tête avec un certain Boracchio, son âme damnée, ivrogne, coureur et parfait gredin, ainsi défini par Conrad :

> Ah ! quel gosier d'éponge et quel cœur d'amadou !
> S'il n'est au cabaret, il court le guilledou :
> Je sais qu'en ce palais mieux qu'un seigneur à l'ambre
> Cet ivrogne est gâté par les filles de chambre !

Justement il est dans les termes les plus intimes avec Marguerite, la suivante de Héro, et il propose à don Juan de la faire passer pour la fille de Leonato.

Faites le faux rapport! si le comte est jaloux.
Il est crédule! Allez, nous avons les atouts!
La suivante d'Héro, Marguerite, a son âge,
Sa taille : elle jouera très bien son personnage!
Claudio va ce soir s'arracher les cheveux.

Le second acte est rempli par la mise au point de la comédie préparée par le prince, Léonato, Héro, etc., pour prendre au piège Béatrix et Bénédict. De ce côté, succès complet. Bénédict est converti à l'amour et à la poésie... effective.

Et Béatrix ne ressent pas un moins profond émoi en écoutant, à travers les bosquets, Héro et Claudio parler de l'amour de Bénédict. Elle hésite à capituler, mais elle est vaincue :

J'ai joué l'insensible et perdu ma gageure.

Par malheur, au second tableau du même acte, le complot de Boracchio et de don Juan n'a pas moins de succès. Claudio entend une femme toute semblable dire adieu à un homme qui descend de la fenêtre, et quand le bâtard lui demande ce qu'il va faire, il répond :

C'est demain qu'Héro couronne mon amour!...
Comme il est convenu, rendez-vous à l'église :
— Quel est votre dessein? Claudio.
       Vous verrez.

Troisième acte : à l'église. Voici les fiancés. « — Vous consentez à prendre ce seigneur pour mari? demande le prêtre à Héro. — Oui! — Et vous, seigneur, vous prenez Héro pour femme? — Non! au prix de mon honneur, ce serait trop cher. Vieillard, reprends ta fille! Je n'en veux pas! »

> Belle et perfide Héro, sous la honte écrasée,
> Quel ange dans le ciel ne t'aurait jalousée
> Si ton âme avait eu la moitié seulement
> Des grâces qui paraient ton corps svelte et charmant?
> Même à présent encore tu gardes ton air chaste!
> De la surface au fond toujours même contraste!...
> Oh! quel mal tu m'as fait!... Tu parlais de poison?
> J'ai bu le plus amer! — Après ta trahison,
> Héro, toute croyance est morte dans mon âme,
> Et je maudis l'amour, et je maudis la femme,
> Et je maudis l'azur dont se vêtent les cieux
> Depuis que j'en ai vu la douceur dans tes yeux!

Héro tombe évanouie. Leonato accablé par les reproches de Claudio et aussi de don Pèdre, gémit sur le corps de sa fille qu'il ne peut absoudre devant l'évidence, ni condamner :

> Je rougissais de moi, pauvre homme, devant elle,
> Tant sa grâce passait toute grâce mortelle!
> Rien qu'à la regarder le chagrin s'en allait,
> Et comme un ciel d'été mon âme s'étoilait.

Ah ! plutôt que ton nom soit marqué d'infamie,
O ma petite Héro, si tu n'es qu'endormie,
Puisqu'il efface tout, accepte le trépas !
Ne te réveille pas ! ne te réveille pas !

Le traître ne tarde pas à être démasqué, à la suite des scènes de comédie et même d'opérette, où Gandolfo, le Dogberry de Shakespeare, un capitaine de milice traité en caricature, surprend le secret de Boracchio raconté à Conrad. Claudio fait amende honorable à la mémoire de Héro qu'il croit réellement morte, et Léonato se prête à la funèbre illusion. — Ta vie m'appartient, dit-il à Claudio. Tu me l'as donnée. Eh bien ! j'ai une nièce qui est là, derrière cette tapisserie. Sans la voir, tu l'épouseras :

Fût-elle plus affreuse encore que ma faute !

Je l'épouserai, répond Claudio. La tapisserie se soulève. Héro apparaît. Tout s'explique. Tout est pardonné ! Et pour compléter la réconciliation, Béatrix, devenue mélancolique, tend sa main à Bénédict de plus en plus rêveur.

M. Legendre a traité avec autant de respect et de tact que d'habileté le texte de Shakspeare. Il ne s'est permis que des suppressions indispensables, par exemple, le prétendu amour de don Pèdre pour Héro — intrigue à peine ébauchée et qui n'aboutit pas — et aussi le rôle du moine, donneur de conseils, qui aurait trop rappelé le frère Laurent, de *Roméo*. Il a fort ingénieusement suivi le scénario du grand Will. Je ne lui ferai que deux reproches.

Le premier porte sur le début même de la pièce. Au lieu de s'ouvrir, comme dans Shakespeare, par l'étincelant dialogue de Béatrix et du messager, elle débute par la conversation morose de Conrad et de don Juan. Elle prend ainsi, dès la première scène, un faux air du Cid. Tel en effet don Gormas morigéné par un conseiller du roi de Castille, tel don Juan sermonné par son compagnon.

L'autre reproche, plus général, porte sur l'ensemble de l'arrangement. M. Legendre a quelque peu émoussé le relief des personnages de Shakspeare.

Il les a rembourrés, emmaillotés, capitonnés de convenances par trop modernes Ainsi la Béatrix du texte original, une véritable Italienne de la Renaissance, ayant son très vif et très franc parler, nommant les choses par leur nom et désignant les gens mariés par... leurs infortunes plus vertement que les servantes de Molière, devient quelque chose comme une Renée Mauperin, vive en paroles, mais plus du tout « forte en gueule », toujours comme disait Molière. Evidemment

M. Legendre a cru en procédant ainsi élargir son cadre, mais ainsi que le dit excellemment le don Pèdre de Shakspeare : « Quel besoin y a-t-il que le pont soit plus large que la rivière ! »

J'ai cru reconnaître à certains indices d'alanguissement intermittent, à certains moments de suspension d'intérêt sur la scène et d'attention dans la salle, que le public trouvait parfois le pont un peu trop large et la rivière trop disciplinée, — la sautillante rivière shakespearienne qui roule de si jolis cailloux dans une écume si argentée !

Ce sont là d'ailleurs des chicanes de détail ; dans l'adaptation de M. Legendre, Béatrix, même réduite, est encore un délicieux personnage. Et Bénédict garde bien du charme et de la grâce, ce Bénédict dont procède si curieusement le Max de la *Souris*, le coq des cinq poules, ce célibataire et ce repenti de Bénédict qui reniait quelques centaines d'années avant M. de Cimiers ses théories anti-maritales et se payait des formules longtemps bafouées.

Au point de vue de la facture, la pièce de M. Legendre comporte d'intéressantes observations littéraires. Le vers est toujours remarquable, mais il offre cette caractéristique bien moderne d'être disparate. Je signalais tout à l'heure la scène du *Cid* qui rappelle le début de *Beau-*

coup de bruit pour rien. Eh bien! toute l'entrée en matière de la nouvelle comédie de l'Odéon appartient au style tragique. Ecoutez le dialogue de Conrad et de don Juan. Il est essentiellement cornélien :

> S'il m'épargne, crois-tu que c'est pure bonté!
> Non, il craint les effets de sa sévérité ;
> Il sait que la vengeance appelle la vengeance.
> Et c'est sa lâcheté qui fait son indulgence!
>
> CONRAD, *ironique*
> Ce doit être pour vous grande commodité,
> De voir tout ce qu'il fait par le mauvais côté ;
> Vous pouvez vous donner ainsi toute licence
> De secouer le joug de la reconnaissance !

Le second tiers du *Beaucoup de bruit pour rien*, de M. Legendre, est un mélange de la versification de Molière et des rimes à panache du drame romantique. Ecoutez Héro faisant à son père l'aveu indirect qu'elle aime Claudio.

> ... Je n'ai près d'un père qui m'aime,
> Jamais occasion de dire : je le veux !
> Quand donc, puisque ce père exauce tous mes vœux
> Et qu'à les deviner sa bonté s'ingénie,
> Aurais-je eu contre lui besoin de tyrannie ?
> Nos cœurs ont jusqu'ici toujours été d'accord ;
> Aujourd'hui, monseigneur, ils le seront encor, —

Et puisqu'à cet hymen on veut que je consente,
Mon père, je serai sans peine obéissante.

C'est du Molière. Voici maintenant du Victor Hugo. Les invites amoureuses d'Héro à Béatrix :

... Je suis toujours la même, ton amie
Très tendre, et je voudrais qu'en ton âme endormie,
Ainsi que dans la mienne, il se fît un réveil,
Et que tout y fût plein d'amour et de soleil !

Le dernier tiers de la pièce est un grand opéra (avec musique, s'il vous plaît, et très remarquable partition symphonique sinon dramatique de M. Benjamin Godard), mais un grand opéra dont le poème aurait été écrit par Musset. Reconnaissez l'inspiration du chantre des *Nuits* dans le couplet final de Béatrix s'adressant au public :

Si tout n'est que vain bruit et que vaine apparence
  (Et nous venons de le prouver),
  Il n'est de sûr que l'espérance,
  Et rien n'est vrai que de rêver ;
Donc, à l'heure où la vie est de saveur amère,
Où passent dans les cieux des souffles attristants,
  Ce n'est pas perdre votre temps,
De venir avec nous errer quelques instants
  Au royaume de la Chimère,
Dans un monde où les cœurs sont gais comme le mien,
Dans un monde où l'on peut, loin des soucis moroses,
  Croire à l'éternité des roses,

Dans un monde où l'on voit s'arranger toutes choses,
Dans un monde où tout finit bien !

L'interprétation offre une remarquable homogénéité, si j'en excepte Colombey (Boracchio), un charmant artiste, mais qui ne sait pas et ne saura jamais dire le vers. Paul Mounet est un merveilleux Leonato, tour à tour bonhomme et tragique, dans les vraies données classiques ; Amaury un Bénédict impétueux ; Marquet un Claudio dramatique et Rebel un don Pèdro plein de dignité. Mlle Panot (Héro) est vouée aux rôles de tenue. Elle s'y montre un peu froide, mais impeccable : c'est un très acceptable minimum. Les honneurs de la soirée ont été pour Mme Sisos, une Béatrix multiple, variée, d'une gaieté communicative jusque dans sa crise de mélancolie amoureuse.

Quant à la mise en scène, elle ferait époque même ailleurs qu'à l'Odéon où M. Porel a établi de somptueuses traditions. Les jardins de Leonato à Messine avec la foule des courtisans qui passent en magnifiques atours, d'une curieuse exactitude archéologique, les jardins d'Héro, l'intérieur de l'église, la rue de Messine sont les pages d'un admirable album du jour de l'an — qui survivra longtemps au début de l'année nouvelle.

LE MICROBE, par Maxime Vitrac
musique de Georges Dufresne
Vaudeville en 3 actes
Première représentation aux Bouffes-Parisiens
9 décembre 1887

Distribution : Gustave, *M. Piccaluga*. — Pétrowski, *M. Ch. Lamy*. — Dulac, *M. Roux*. — Zéphirin, *M. Jeannin*. — Polycarpe, *M. Scipion*. — Ninon, *Mlle Cheirel*. — Célestine, *Mme Toudouze* — Éliacine, *Mlle Gilberte*. — Félicité, *Mlle Desgenets*.

Etait-ce la faute de la culture ou celle de « l'infiniment petit », dont M. Pasteur poursuit la destruction avec une ardeur toujours juvénile ?

Le microbe théâtral de MM. Vitrac et Dufresne (ce dernier, hâtons-nous de le dire, n'ayant qu'une responsabilité musicale, celle d'une partitionnette, alerte, agréable, parfois dramatique et toujours mélodique), s'est acclimaté bien difficilement dans la salle de l'ancien théâtre Comte.

Il y a quelques mois, M. Vitrac, amateur enthousiaste, avait sous-loué la maison Ugalde pour y faire représenter son vaudeville « mêlé de chant », quand la commission d'incendie opposa son veto à la prise de possession, sous prétexte de travaux de réfection générale. De longues semaines s'écoulèrent. Puis, Mme Ugalde, fidèle aux saines traditions, désira faire sa réouverture avec une opérette, deux opérettes, trois opérettes ! Enfin le *Microbe* s'est décidé à faire élection de domicile sur le cadavre du Sosie décédé à la fleur de l'âge. Une courte reprise de la *Timbale*, et en attendant mieux, on a essayé le vaudeville en trois bacilles de M. Vitrac.

Le *Microbe* aura-t-il, après tant d'épreuves, la consolation de pulluler et de foisonner, ou succombera-t-il à la pastorisation de l'indifférence publique ? Il faut bien l'avouer : le vrai public et la critique ont eu peine à saisir la donnée principale de ce vaudeville désarticulé et désossé comme les pièces clownesques du maestro Hervé.

Un médecin polonais, le docteur Petrowski, pose en principe que toute la morbidité et aussi toute la vitalité des organismes dépendent d'un microbe. Ou il est nuisible, et vous l'avez ; alors il faut vous en débarrasser ; ou il est indispensable, et il vous fait défaut ; alors, il faut vous le donner. Il applique ces théories à un mari valétudinaire que raniment des pastilles plus ou moins cantharidées, et à une femme pas assez sur le retour que délivrent de ses mauvaises pensées des cigarettes au bromure.

Cette thérapeutique et cette pharmacie sont médiocrement réjouissantes. Ajoutez-y des complications de vau-

deville ancien jeu et des mots d'auteurs plaqués çà et
à, dont voici le plus remarquable : « Tu ne sais pas
ce que ma tragédie est pour moi, dit un auteur à sa
maîtresse. La chair de ma pensée ! — Et moi! qu'est-
ce que je suis alors? — Toi, tu es tout le contraire. »

L'interprétation comprend un certain nombre d'artistes d'appareillage occasionnel et de provenances diverses : Mlle Cheitel, M. Chameroy, et jusqu'à des artistes des Bouffes, M. Charles Lamy, M. Piccaluga,
Mme Gilberte, Mme Desgenets.

LA GRENOUILLE, par Boucheron et Grisier
Comédie en 3 actes
Déjazet, 10 décembre 1887

DISTRIBUTION : Blanchard, *M. Chameroy*. — Francastel, *M. Verlé*. — M. Jules, *M. Lacombe*. — Du Bel-Air, *M. Fournier*. — César, *M. Angely* — Riflard, *M. V. Gay*. — Gorillon, *M. Prévost*. — Duraullo, *M. Debray*. — Joseph Blanchard, *M. Roussel*. — Mme Blanchard, *Mme Régnier*. — Danaé, *Mlle Lunéville*. — Mme Cerclier, *Mlle Didier*. — Ève, *Mlle Vogel*. — Virginie, *Mlle Roche*.

Grenouille : genre des batraciens, type de la famille des raniformes. Souvent confondues avec les crapauds, les grenouilles en diffèrent par des formes plus élégantes (sic), plus sveltes, plus élancées... *Grenouille* : acception populaire, argent de l'ordinaire d'une escouade, argent appartenant en commun à une Société : « Manger la grenouille, faire sauter la grenouille s'approprier l'argent mis en commun. » Ainsi se trouvent résumées dans les dictionnaires les plus encyclopédiques les deux acceptions les plus répandues du substantif grenouille.

Une troisième grenouille a servi de principal personnage aux spirituels fournisseurs de Déjazet, un patricien symbolique, la grenouille du fabuliste, celle qui a l'ambition et qui veut devenir aussi grosse que le bœuf. Dans la vie privée, civile et administrative, la grenouille s'appelle Blanchard, employé du ministère des inutilités budgétaires, grand pêcheur à la ligne et père d'une charmante fille qu'il refuse naturellement à un bon jeune homme de plus d'avenir que de présent.

Par bonheur pour les amoureux, Magloire Blanchard est chargé par son chef de division d'aller à Montargis soutenir la candidature du fils de ce haut fonctionnaire ; et il commet de telles bourdes sous le nom de baron de la Blanchardière qu'il est trop heureux, à la fin du dernier acte, de rendre sa place contre compensations pécuniaires, honorifiques et autres, et aussi de caser son unique enfant avec un minimum dotal. La croix d'honneur, une retraite de 6,000 francs et plus de fille sur les bras.

Cette forte bouffonnerie se fait écouter jusqu'au bout. Il convient de faire la part de l'interprétation, pleine d'entrain et dans les véritables données de la haute grenouillerie : Verlé, Lacombe, Fournier, Angely, Mmes Regnier, Lunéville et Vogel.

ANNIVERSAIRE D'Alfred de MUSSET
Comédie-Française, 11 décembre 1887
—

« A vingt ans, Cléon fait son premier livre : il chante le jeu et l'amour. Passe ! Il a une pétulance et une grâce de jeunesse qui font espérer un écrivain. Cette fleur folle annonce des fruits. On attend. A vingt-cinq ans, il chante le jeu et l'amour. Pourtant, il ne se répète pas ; il est vert et sémillant encore. Attendons. A trente ans, il chante le jeu et l'amour... La fleur se fane et le fruit ne mûrit pas. A trente-cinq ans, l'amour, et déjà les dents n'y sont plus. A quarante ans, l'amour ; l'amour dans les flanelles, dans les asthmes, dans le cercueil... »

Cette page injuste, amère — et admirable ! — des *Libres penseurs*, de Louis Veuillot, me revenait à la mémoire au début de cette après-midi du dimanche consacrée à Musset par la Comédie-Française. Comme les idées d'anniversaire, de cérémonie commémorative, de solennités, de couronnements de buste et de dépenses de palmes jurent avec l'image toujours et nécessairement souriante d'un poète de la jeunesse ! Trentenaires, cinquantenaires, centenaires, autant de travestissements. Cléon a vingt ans, il faut qu'il ait vingt ans à travers les générations et les siècles. Et Veuillot avait bien raison dans sa méchante humeur. On ne se figure pas Cléon dans les flanelles, dans les asthmes, dans la tombe.

La remarque est encore plus frappante quand il s'agit — et la Comédie-Française ne pouvait avoir d'autre intention! — de célébrer surtout Musset auteur dramatique, le metteur en scène d'un théâtre enchanté où la jeunesse a plein droit de cité, où même elle n'admet les vieilles gens qu'à titre de repoussoirs, et pour compléter son triomphe d'une Cythère peinte à la détrempe qui rappelle le doux pays de Watteau chanté par les Goncourt. « Thélème partout! et partout Tempé! Iles, îles enchantées qu'un ruban de cristal sépare de la terre! Iles sans soir ni cure où le repos cause avec l'ombre... Ce sont les nouvelles humeurs de l'humanité vieillissante, la coquetterie, la langueur, la galanterie, la rêverie que Musset incarne en des allégories habillées; ce sont les muses morales de nos âges qu'il fait déesses en les faisant femmes, qu'il fait femmes en les faisant amoureuses. L'amour est la lumière de ce monde. Il le pénètre et l'emplit. Il en est la jeunesse et la sérénité; et passez les fleuves et les monts, les promenades et les jardins, les lacs et les fontaines, le paradis de Musset s'ouvre, c'est Cythère. »

J'ai écrit Musset où les Goncourt mettent Watteau.

Mais la parenté est directe! Et quelle vallée de Tempé et quelle Cythère, cette patrie du rêve où passent la tremblante Jacqueline, l'agitée Mme de Léris, la tendre Rosette, l'orgueilleuse Camille, la fidèle Barberine, la capricieuse Marianne, toutes ces petites filles de Shakspeare à qui la Sylvia de Marivaux a donné, à l'abri de quelque bosquet ou sous l'ombre rosée de quelque nuage, la leçon suprême, le complément théâtral de ses grâces à l'Italienne, de ses souplesses félines, de ses inépuisables ressources de moderne Colombine.

Tout est jeune chez Alfred de Musset, le nom, l'œuvre, les personnages, le décor. Tout doit rester jeune et, plus j'y songe, plus je me persuade qu'un anniversaire du poète de la jeunesse est presque un contre-sens, car il éveille des idées tristes, il évoque des images moroses... Mais, cet hommage rendu à ce que je considère comme l'évidence aveuglante, me voilà bien embarrassé.

Sociétaires et pensionnaires, tout le monde a fait preuve de zèle, et il y a eu des récompenses, je veux dire du succès pour tout le monde : Pour Prudhon et Mme Pierson, d'une correction fort élégante dans *Il faut qu'une porte soit ouverte ou fermée;* pour Mlle Bartet, la Muse de la *Nuit d'Octobre*, et pour Mlle Dudley, la Muse de la *Nuit de Juin ;* pour Le Bargy,

Mlle Fayolle et Mme Worms-Barreta dans le deuxième acte d'*On ne badine pas avec l'amour;* pour Mounet Sully, excellent comme partenaire de Mlle Bartet, moins bon comme donneur de répliques à Mlle Legault.

A parler franc, les honneurs de l'après-midi ont été pour cette dernière. Elle a été acclamée d'un bout à l'autre du *Caprice*, dans le rôle de Mme de Léris. Elle n'a pas cessé d'être en communication intime avec cet excellent public des matinées qui demande surtout à être intéressé, amusé, émoustillé, et qui s'épanouit quand on le tient quitte des ron-rons du Conservatoire. C'étaient des rires sans fin ! Et quelle joie, quelle tempête de clameurs hilares quand elle a négligemment laissé tombé au cours du dialogue avec M. de Chavigny cette actualité presque quinquagénaire : « Avons-nous un ministère ?... Ce sont de drôles d'auberges que ces ministères. On y entre, on en sort, sans savoir pourquoi ! »

L'a propos de rigueur, la *Nuit de juin*, de M. Le Corbeiller, terminait la soirée. Une fantaisie très intéressante, dans l'excellente moyenne des productions de ce genre. C'est le début, la partie en prose qui a produit la moindre impression. Elle se compose d'un long dialogue entre Musset (Albert Lambert fils) et son oncle (Leloir). Musset se plaint de l'infidélité de ses maîtresses et l'oncle tâche de le consoler. Cette explication de famille manque d'intérêt pour les gens de notre génération très renseignés, trop renseignés sur la nature des peines de cœur de Musset. « Une des erreurs les plus communes en amour, comme l'a fait observé Emile Montégut, un des meilleurs scoliastes de Musset, est cette illusion qui porte l'un vers l'autre deux êtres dont les natures ne sont faites pour s'appareiller en aucune façon. Comme cette illusion résulte d'ordinaire de l'attrait des contrastes, elle fait les passions extrêmement vives, et comme en même temps elle ne repose sur aucune affinité des natures, elle fait les passions extrêmement courtes. » Or toutes les discussions d'Elle et de Lui reposaient ou plutôt ne se reposaient que sur des malentendus de ce genre. Et puis Musset savait si bien, trop bien se venger !

N'est-ce pas encore Montégut qui a comparé ces vengeances à celles que le bel Amazan, le héros d'un conte de Voltaire, imagina contre la princesse de Babylone lorsqu'il crut avoir à s'en plaindre : « Ah ! princesse, comme je vous punis ! comme je vous punis ! » s'écriait-il chaque fois qu'il se surprenait lui-même dans le flagrant délit de la plus positive infidélité. Il faut bien avouer que c'est tout à fait l'agréable méthode par laquelle Musset entretint sa douleur.

Heureusement après cette conversation un peu bourgeoise, — Musset chez Scribe ! — le poète s'endort et la Muse invoque en vers éloquents les futurs enfants de son futur génie :

> Eh bien ! regarde, ami, voici ta Carmosine,
> Perdican et Camille avec Fantasio...

Autour du buste de Musset sont apparus, groupés avec beaucoup d'art Got, sous la robe rouge du podestats des *Caprices*, Reichemberg en Rosette, Pierson en Marianne, Le Bargy en Perdican, Mme Barretta avec la robe blanche et le ruban bleu de Camille, etc. etc.

MIGNON (reprise)
Opéra-Comique, 14 décembre 1887

—

Rassurons le public qui connaît depuis longtemps la jettature spéciale aux partitions d'Ambroise Thomas (c'est avec *Hamlet*, qu'a brûlé l'Opéra de la rue Le Peletier, et avec *Mignon* qu'a flambé la salle Favart). La salle provisoire, c'est-à-dire de destination probablement indéfinie de la place du Châtelet, est encore debout malgré la reprise de *Mignon*. Cependant la débutante, Mlle Arnoldson, a brûlé les planches, et, en l'applaudissant avec une frénésie parfois excessive, le public lui aussi a brûlé ce qu'il adorait jadis : le sentiment contenu, les grâces savamment félines, le tact et la mesure des Mignons d'origine française.

En fait, le rôle de Mignon n'a guère été tenu d'une façon complète et vraiment artistique — dans le sens complet du mot — que par des divas nées sur les bords de la Seine... ou de la Garonne. Mais c'est une flamme qui n'a cessé d'attirer les papillons des provenances les plus lointaines : nous y avons eu tour à tour Mlle d'Adler, une Moscovite ; Mlle Nevada, une Américaine ; Mlle Van Zandt, une Hollandaise. La débutante d'hier, une Suédoise, est agréable à voir ; elle rappelle (avec moins de montée en graine) Mlle Adiny, de l'Opéra. Mêmes regards noirs, même sourire persistant de danseuse émérite ou de poupée de grand magasin (telle la moue purpurine, longtemps célèbre autour du lac, de la belle Madame Musard). La voix a un développement assez médiocre, mais porte bien, dans les morceaux habilement serinés par le professeur : « Connais-tu le pays où fleurit l'oranger ; » — le duo avec Lothario : « As-tu souffert, as-tu pleuré ? » et la prière « Vierge Marie ».

Par malheur, il y a peu d'accent personnel et beaucoup de mécanisme. Et puis, le « parler » qui rappelle étrangement la prononciation de Cora Pearl et d'autres illustrations de la demi-bicherie est vraiment odieux. Telle quelle, Mlle Arnoldson, qui a du talent, de la voix, une certaine habitude de la scène, mais dont l'individualité reste à découvrir, ne justifie l'accueil trop empressé que lui a fait une partie du public que par le caractère des représentations qu'elle donnera à l'Opéra-Comique. C'est une exhibition qui comprendra dix séances. Après cela, bon voyage... et aussi au revoir, quand Mlle Arnoldson chantera moins de la gorge et surtout quand elle se sentira de force à reparaître dans un rôle moins rebattu que Mignon.

Bon ensemble d'interprétation. Mlle Merguillier a vocalisé de façon impeccable le grand air de Philine : « Je suis Titania la blonde. » Il ne lui manque qu'un peu plus de gaîté juvénile et de souplesse. M. Cobalet est un bon Lothario, et M. Mouliérat un Wilhem Meister fort correct.

FRANÇOIS LES BAS-BLEUS (REPRISE)
paroles de Dubreuil, Humbert et Burani
musique de Bernicat et Messager

Opéra comique en 3 actes
Menus-Plaisirs, 17 décembre 1887

Distribution : François, *M. Jacquin*. — Pontcornet, *M. Bartel.* — Fanchon, *Mlle Pierny.* — Mme de Pontcornet, *Mme Berthier.* — MM. *Darman, Bouloy, Perrier.* — Mmes *Thierry et Dauville.*

C'est François les Bas-Bleus
Que partout on renomme,
L'ami des amoureux
C'est François les Bas-bleus.

On l'a revu avec plaisir, ce brave François, dit l'enfant des cinq pères. Car il a trois papas littéraires, Humbert, Dubreuil et Burani, puis deux papas musiciens : Bernicat et André Messager. Et sur les cinq auteurs de ses jours, ou pour mieux dire de ses nuits, trois sont aller rimer des livrets ou enfiler des notes dans un monde meilleur. Seuls Burani et Messager continuent à travailler, l'un pour l'Opéra, l'autre pour la postérité.

On a très gentiment écouté l'histoire pas très nouvelle, mais toujours amusante de François les Bas-Bleus, écrivain public aux Halles, membre des comités les plus progressistes en 1789, amoureux de Fanchon-la-Vielleuse ; laquelle Fanchon est la fille longtemps perdue, finalement retrouvée, du marquis de Pontcornet, lequel marquis, farouche réactionnaire, refuse d'abord son enfant au brave François; lequel François, devenu commandant de la garde civique, finit par conquérir Fanchon en sauvant le marquis de la fureur populaire ; laquelle fureur s'arrête brusquement devant le bel uniforme de François et devant son titre de fiancé de la fille du marquis de Pontcornet ; lequel Pontcornet s'écrie dans un élan de reconnaissance : « Ah ! quel bonheur d'avoir un gendre comme celui-là !... »

En somme il est fort convenable, ce livret, et plus que suffisant. Je voudrais seulement (mais ne suis-je pas trop difficile) qu'on enlevât quelques « cheveux blancs », par exemple qu'on corrigeât le refrain de la chanson « politique » du premier acte :

> Ce qu'il faut à la France
> C'est la prospérité
> Et l'indépendance
> Par la liberté...

L'indépendance par la liberté ! Nos pères de 89 faisaient-ils un abus aussi audacieux ou un emploi aussi intempérant du pléonasme ?

Vif succès pour la débutante, Mlle Jane Pierny : une petite divette bien Parisienne. Elle dit juste et ne chante pas faux. Mlle Berthier est une excellente Desclauzas et Bartel (le marquis de Pontcornet), prend une très curieuse moyenne entre Brasseur et Montrouge, dans un rôle qui semble d'ailleurs écrit pour Maugé et pour lui seul.

L'AFFAIRE CLÉMENCEAU, par A. D'ARTOIS

Pièce en 5 actes, tirée du roman d'Alexandre Dumas fils
Première représentation au **Vaudeville**, 20 décembre 1887

DISTRIBUTION : Clémenceau, *M. Raphaël Duflos*. — Constantin, *M. Dieudonné*. — Ritz, *M. Courtès*. — Cassagnol, *M. Peutat*. — Serge, *M. E. Garraud*. — Faucher, *M. Bernès*. — Théodore, *M. Gouget*. — Léopold, *M. Legrand*. — La comtesse, Mlle *Tessandier*. — Iza, Mlle *Cerny*, — Mme Clémenceau, Mme *Raphaël Félix* (début). — Mme Lespéron, Mlle *de Cléry*. — Georgette, Mlle *Cécile Caron*. — Mariette, Mlle *Darly*. — Une jeune fille, Mlle *Tyllon*. — Mme de Niederfeld, Mlle *Moncharmon*. — Le Fou, Mlle *Ferney*.

Plus tard, si vous y consentez, oh ! le plus tard possible, nous parlerons de l'*Affaire Clémenceau* « roman ». Aussi bien, c'est à juger une pièce, et non à savourer les joies délicates d'une conférence littéraire que nous a convié la direction du Vaudeville. Donc commençons par raconter le drame de M. Armand d'Artois comme s'il n'avait jamais existé de roman de M. Alexandre Dumas fils portant le même titre et traitant — ou à peu près — le même sujet.

Le rideau se lève sur l'atelier du statuaire Ritz, fabricant de bustes pour femmes du monde, officier de la Légion d'honneur et membre de l'Institut, « pompier » en un mot, pour employer l'argot des rapins, un fort brave homme, aimé de tous ses élèves et adoré d'un certain Pierre Clémenceau, l'auteur de la *Claudia*, qui a eu la grande médaille au dernier Salon. Ce Clémenceau est un enfant naturel, et, au courant des confidences qu'il échange avec Constantin Ritz, son ami d'enfance, devenu un brillant officier de l'armée d'Afrique, nous apprenons que la famille Ritz a protégé son enfance et dirigé sa jeunesse — si bien protégé et si bien dirigé que le voilà célèbre, presque riche, chargé de commandes, en passe de soutenir à son tour et de conseiller la vieillesse passablement hypertrophiée de sa maman naturelle — Mme ou plutôt Mlle Clémenceau a une maladie de cœur.

Tout irait pour le mieux, si Pierre Clémenceau consentait encore à faire souche de petits statuaires qui commenceraient une filiation légitime. Mais il redoute la femme... libre — croyant sentir en lui des instincts pervers, « le démon du meurtre et de la luxure ; » — et quant au mariage, il ne le comprend que dans certaines conditions très spéciales, pour ne pas écrire : très spécieuses. Ou il restera garçon... plus que garçon, vierge, — ou il épousera une femme pauvre, malheureuse, comme sa mère, une Mlle Clémenceau avant la lettre, je veux dire avant la faute.

Cet idéal fort périlleux (car il faut toujours en revenir à la grande parole de Pascal : « Qui veut faire l'ange fait la bête, » et *un* vierge, risque peut-être plus qu'un autre à ne pas suivre les voies bourgeoises de l'hyménée), cet idéal se présente au second tableau. Il apparaît dans l'atelier du père Ritz, disposé cette fois pour un bal costumé, sous les espèces et apparences à la fois ingénues et grassouillettes d'un page Louis XIII, Iza Dobronowska. Iza est la fille d'une comtesse russo-polonaise, Mme Dobronowska, veuve et ruinée, réduite à l'expédient suprême de traîner son enfant à travers les réunions mondaines dans un costume qui montre tout « sans qu'on ait rien à dire » — c'est elle qui le dit !

Que deviendra Iza ? La comtesse rêve pour cette beauté « troublante » un sceptre pris de la main droite ou de la main gauche, peu lui importe. A la rigueur elle se contenterait d'un certain comte Serge Woïnoff qui sera riche à millions. Mais la famille du Serge en question s'oppose à cette mésalliance, et il faudrait attendre trop longtemps, car « le papa est vert ». D'autre part l'enfant s'impatiente.

Elle ne comprend pas le bonheur sans argent — « L'un. ne va pas sans l'autre, évidemment, » déclare-t-elle en faisant écho à la plus positive des mamans rastaquouères ; mais elle est lasse de courir les bals, de s'entendre dire qu'elle est belle, sans que personne songe à demander sa main. Aussi, quand Pierre Clémenceau, qui a reçu le coup de foudre, se présente dans le bizarre logement de la veuve Dobronowska sous le prétexte un peu naïf d'apporter un croquis du page Louis XIII « enlevé » en pleine redoute du papa Ritz, est-il sympatiquement accueilli. De tendre, il devient enthousiaste pour les grâces blondissantes d'Iza : « Vive la Pologne, Mademoiselle ! » Il finit par lui proposer de partager sa renommée artistique, sa fortune déjà sérieuse, ses brillantes espérances d'avenir, et elle s'écrie : « Essayons ! » en ajoutant *a parte* : « Au petit bonheur ! »

Ce petit bonheur paraît fort grand pour Clémenceau, quand on le retrouve au quatrième tableau, en tête à tête — si j'ose m'exprimer ainsi — avec Iza, devenue sa femme. Iza, étendue sur l'estrade, lui sert de modèle dans un déshabillé provoquant : — Si quelqu'un te voyait ? murmure le statuaire, presque effrayé de sa propre fantaisie. — Eh bien, réplique-t-elle, il ne s'ennuierait pas ! Cette belle réponse n'ayant pas apaisé tous les scrupules de Clémenceau, Iza y ajoute quelques considérations sur le droit et même le devoir du sculpteur de prendre ses modèles dans la plus intime intimité, et finit par se rhabiller pour aller faire des achats dans les magasins de nouveautés.

On se sépare en s'embrassant. Mais cette idylle passablement charnelle dissimule une grave situation conjugale. Nous ne tardons pas à apprendre par les inquiétudes de Mlle Clémenceau-mère, que sa maladie de cœur n'empêche pas d'observer en belle-maman méfiante, et surtout par les révélations de l'ami Constantin Ritz, qu'Iza trompe son mari. Elle est devenue la maîtresse de Serge Woïnoff entré en possession de sa fortune (le papa « très vert » a subitement blanchi... pour l'éternité) ; il l'accable de cadeaux dont Clémenceau ignore la provenance ; et, comme une politesse en vaut une autre, elle le remercie par des visites répétées à son appartement de la rue du Marché-d'Aguesseau. Constantin a compris le secret ; il le jette brutalement à la face d'Iza ; Mlle Clémenceau-mère, qui a le tort d'écouter derrière les portes, reçoit le contre-coup de la révélation, et meurt en pardonnant.

Débarrassée de sa belle-mère, dont la surveillance même silencieuse l'inquiétait ; délivrée de Constantin, qu'elle a rendu presque innoffensif en l'accusant d'avoir voulu lui faire la cour, Iza est livrée par une des innombrables complications du jeu de la correspondance et du hasard. Son mari ouvre une lettre adressée à Serge avec la suscription : « Madame Henri, modiste, » et qui contient ces mots : « Je t'adore. » Il chasse Iza et sa mère, provoque Serge, le blesse... et part pour Rome, car « un grand artiste doit faire du grand art pour se consoler des grandes douleurs. » C'est le conseil et la formule de l'ami Constantin.

Sixième et dernier tableau. Un hôtel, ou plutôt un palais, car le rêve de la comtesse Dobronowska s'est accompli. Sa fille est reine de la main gauche. Un souverain doté d'une bien belle liste civile lui a donné « dans un tout petit portefeuille, deux inscriptions de rente de deux cent cinquante mille livres de rente », ce qui représente dix millions, ne vous déplaise, mais on compte moins au théâtre que dans les parlements. Elle serait donc fort heureuse si elle n'aimait encore Pierre et définitivement rangée si elle n'avait la dangereuse fantaisie de le faire revenir en lui adressant à Rome une lettre passionnée.

Pierre, qui est resté fidèle à sa femme et que le démon de la chair travaille d'autant plus rudement, se rend à cette étrange invitation. Et quand il arrive dans le boudoir d'Iza, elle lui propose un marché. — Déshonore-moi judiciairement, répudie-moi comme femme, mais garde-moi comme maîtresse... le monde n'aura plus rien à dire. Nous pourrons nous prendre, nous quitter, nous battre (*sic*), je serai ta chose, ton esclave, ton chien... » Pierre accepte : « A ce soir!... » Mais le roi doit venir. « Oh! non, s'écrie Iza, ce soir je ne suis pas libre. » Pierre bondit, saisit un couteau et le plonge dans le sein d'Iza, après l'avoir embrassée dans un élan de passion quelque peu sadique : «... J'ai tué le monstre! »

Tel est ce drame, âprement secoué sur la mer houleuse de la première représentation, mais qui, je veux le croire, a définitivement et victorieusement franchi tous les écueils... Je m'exprime en style imagé. Mais, comme jurerait la comtesse Dobronowska, par notre petit père le tsar, qui habite à Saint-Pétersbourg, et qui doit être bien surpris d'avoir tant de sujets dans la littérature contemporaine, la soirée a été rude !

On ne les a pas avalés sans peine, si bien mis en scène qu'ils aient été par M. Armand d'Artois, qui a fait preuve d'une réelle intelligence théâtrale, et un peu aussi par M. Dumas fils, qui reste entre quatre chandelles Jabloskoff, le maître des maîtres ; on ne les a pas digérés sans résistance, la comtesse Dobronowska, la belle Iza, le galant Serge et autres Polono-Russes d'importation plus ou moins suspecte. Et, par la même occasion, il y a eu quelque tirage en ce qui concerne le statuaire Clémenceau, la maman Clémenceau, l'ami Constantin... J'en donnerai les raisons : les unes de pur métier, les autres se rapportant à la donnée générale de la pièce ; et les autres comme les unes m'amèneront enfin au roman.

Cette affaire Clémenceau, « livre » dont j'ai retardé le plus longtemps possible le moment de rappeler le souvenir, mais qu'il est matériellement impossible d'abstraire d'une critique du drame de M. d'Artois, fut un des plus grands succès et non des moins justifiés de la production littéraire de la fin du dernier régime. Quand le volume parut — en 1866 — une douzaine d'éditions furent épuisées en quelques mois. C'était alors un chiffre rarement atteint, un gros lot au tirage de la loterie romanesque ou romaniforme. Et le réalisme accentué, les brutalités voulues du livre ne l'empêchèrent pas d'aller aux nues.

L'impression n'a pas changé. Il est difficile, même aux idéalistes les plus impénitents, de rouvrir ce bréviaire du naturalisme conjugal, ce manuel de la passion charnelle, ce traité des appétences physiques, sans lui reconnaître plusieurs des caractères du chef-d'œuvre : l'impersonnalité, la vigueur, la simplicité solide et saine, même quand elle s'applique aux descriptions des maladies de l'âme et des perversions de la chair ; l'implacable mise en relief des vices de l'humanité jointe à ce minimum de tendresse compatissante en deçà duquel l'homme se dérobe, au delà duquel l'auteur se découvre.

Mais si chef-d'œuvre que soit le roman de M. Dumas fils, il a sa facture particulière, sa forme de livre.

1° Le martyre de Pierre Clémenceau, enfant naturel, se concentrant pour échapper aux humiliations ;

2° Le martyre de Pierre Clémenceau, marié, payant cher cette concentration, c'est-à-dire cette inexpérience voulue.

Le roman est là et n'a jamais été que là, soyez-en sûrs, pour M. Dumas fils. Quelconques les personnages accessoires, la comtesse, la famille Ritz, Iza elle-même. Ce qui lui importait, c'était de mettre en scène ces deux martyres, celui de l'enfant victime de sa naissance, et celui de l'homme essayant de fatiguer une chair restée trop longtemps pure, s'assouvissant — il faut bien appeler par leur nom les choses à qui ce nom donne un complément d'existence — s'assouvissant sur la première femme qu'il se soit cru le droit de posséder, s'abîmant dans une orgie de conjugalité effervescente, continuant la possession jusque dans le jeûne du travail, jusque dans l'atelier où il fait poser Iza presque nue, la perpétuant par les satisfactions aisément perverses de ce métier même du sculpteur où chaque progrès du modelage peut prendre la saveur d'une assimilation, d'une conquête matérielle du modèle.

Ce Clémenceau, qui est le héros du livre, qui est le livre lui-même, M. Armand d'Artois ne pouvait s'en désintéresser complètement. Mais s'il est psychologique et physiologique, il est peu scénique, car on ne saurait le prendre par la main dès l'enfance et nous le montrer au collège.

Quand il nous apparaît, il est riche, célèbre. etc. Sa mère elle-même, Mlle Clémenceau, est reçue comme une égale par les Ritz, famille académique. Bref, l'enfant et la mère sont reclassés socialement, ce qui enlève toute vraisemblance et tout intérêt aux déclamations de Pierre Clémenceau. Ce bâtard et cette fille-mère sont redevenus de bons bourgeois ; on ne sent pas sur eux la main de la fatalité. Rien ne force le statuaire à épouser une aventurée et une aventureuse, fille d'aventurière.

On est tenté de lui crier quand il se jette la tête basse dans ce guêpier : « Imbécile ! C'est toi maintenant qui détruis l'œuvre de la Providence et qui te déclasses. Ce qui t'arrivera, tu l'auras bien mérité. »

Ce manque de préparation, ou, pour mieux dire cette préparation impossible au théâtre qui ne peut nous présenter d'une façon objective le journal d'une âme où se complaît si éloquemment Pierre Clémenceau dans le roman, compromet le drame tout entier. Les développements qui s'y rapportent font longueur pour cette raison toujours excellente et qu'on ne saurait trop répéter aux débutants que CE N'EST PAS LA PIÈCE... C'est peut-être une excellente pièce, mais ce n'est pas celle qu'avait à faire M. d'Artois.

Aussi, tout nous irrite, les déclamations de Pierre Clémenceau, les compassions de Constantin Ritz et les attitudes penchées de Mlle Clémenceau maman qui parle un peu trop d'une faute très oubliée. Le refrain de sa chanson sonne faux! Ce n'est plus Clara, ce n'est plus la fille-mère. C'est une belle-mère quelconque en bisbille avec sa belle-fille.

La thèse sur la bâtardise, voilà le boulet qu'a traîné M. d'Artois pendant les premiers tableaux. Il a essayé de se rattraper à la fin par le tableau de l'amour physique. C'était là sa compensation, et c'est sa pièce. Mais en raison d'une autre fatalité tenant au roman, il n'a obtenu qu'une revanche partielle. L'amour physique, ses affres, ses angoisses, ce qu'on pourrait appeler ses soupers et ses digestions, prend une crudité ou une banalité également pénibles au théâtre. Banalité, le couplet sur modèle conjugal, immortalisant la tendresse de l'artiste ; crudité, le cri d'Iza : « Toute ma chair t'appelait. »

Et cependant, si M. d'Artois n'a pas complètement réussi, il a du moins tiré un remarquable parti de cette donnée délicate. Il a bien mis en scène, au dernier tableau, la réalisation de cette phrase du roman : « Disons-le à la honte de la nature humaine : la jalousie est absolument physique. » Vraie ou fausse, il a objectivé la formule, il nous a montré le Clémenceau bestial semblable au chien dont parle l'Écriture *qui redit ad vomitum* et qui y revient avec fringale.

La couleur locale est un peu vieillote. On pourrait alléger les deux tableaux de l'atelier Ritz. Quant aux « mots », ils portent la double marque de M. d'Artois et de M. Alexandre Dumas fils, ce qui ne veut pas dire qu'ils ne soient parfois contestables. Citons au hasard :

« C'est étonnant combien il y a à Paris de comtes polonais qui sont morts ! » — « Quand tu auras envie d'une femme, tu feras comme moi. Tu la paieras ce qu'elle vaut, c'est-à-dire pas grand'chose. » — « Et le roi, qu'en ferez-vous ? demande Constantin à Iza. — Ce qu'on fait du roi à l'écarté : on le marque et on le joue. »

Il me reste à parler de l'interprétation, très vaillante, fort intéressante, mais en correspondance presque trop complète avec la pièce, car elle a des lacunes, des inconsistances, des incohérences. Mettons cependant hors de pair une artiste absolument complète, impeccable, irréprochable : Mme Tessandier. C'est la Georgette de Sardou, c'est la Marie-Jeanne de Dennery qui tient le rôle de la comtesse Dobronowska et elle lui donne, en même temps qu'une saveur très appréciable de réalisme exotique, un accent de vérité ou pour mieux dire de pérennité humaine qui a ravi les plus délicats, convaincu les plus résistants.

C'est bien une aventurière polonaise ou moscovite, avec les intonations rauques, la beauté rude, les manières... cosaques ; mais c'est aussi l'aventurière telle que tout Paris l'a connue et pratiquée, la rastaquouère femelle, tour à tour hautaine et familière, autoritaire et quémandeuse, aspirant à « fréquenter » chez les princes et s'installant au thé de Mme Gibou.

Elle a joué à miracle la scène des galoches, à la fin du bal costumé ; elle a puissamment, largement égayé l'habillage si lamentable, mais si vécu, de la petite Iza cachant son costume de page sous un tartan de marchande des quatre-saisons et un mantelet acheté au « décrochez-moi ça ». Elle a mis une merveilleuse variété d'effets et d'intonations dans la série de ses récriminations et de ses confidences, au logis du quai de l'École. Et si le quatrième acte a paru le plus faible de tous, c'est peut-être parce qu'elle se contente de le traverser sans prendre une part sérieuse à l'intrigue.

Par ordre de mérite, M. Raphaël Duflos vient immédiatement après Mme Tessandier. S'il lui manque l'ampleur physique du rôle, — il est plutôt le maigre et mince Saccard, miné par la jaunisse de l'or que le statuaire vierge, musclé comme un Hercule, chaste comme Joseph, qu'évoque le roman de M. Dumas fils ; — si l'on est tenté de sourire quand il dit à l'ami Constantin : « J'ai une santé de fer... je ne connais pas la limite de mes forces, » — en revanche, il a fait preuve d'une énergie passionnelle et d'une simplicité de tout premier ordre.

La salle a frémi quand il est revenu d'un bond sur Iza après l'aveu : « Ah ! non, ce soir, je ne peux pas. »

C'est Mlle Cerny, de l'Odéon, la Renée Mauperin, de Denoisel, la petite Bachellery de *Numa Roumestan*, qui a créé le rôle d'Iza Dobronowska. Avec elle nous descendons d'un échelon. Fort inégale, la nouvelle pensionnaire du Vaudeville.

Il lui manque la force dramatique qu'elle peut acquérir au contact de ses protagonistes, et aussi quelque chose de plus délicat, le sens du caractère complexe du rôle ; si elle roucoule fort joliment le couplet sentimental, l'accompagnement est faible. Bref, on voit la bonne petite fille, puis la bonne fille ; la fille perdue ne se laisse guère deviner.

Et non seulement cette préparation insuffisante déroute le spectateur, lorsque se produit la transformation soudaine, mais elle ne lui permet pas de s'installer dans une conviction solide. Quand Pierre Clémenceau s'écrie : « J'ai tué le monstre, » il y a un sourire d'incrédulité. Nous ne croyons pas au monstre ; à peine avons-nous vu la bête !

Je serais injuste envers Mlle Cerny en n'ajoutant pas qu'elle a très habilement tenu, dans ce qu'on pourrait appeler les parties mièvres du rôle, un juste milieu entre les tragiques froncements de sourcils de M{}^{lle} Brandès et les allanguissements de M{}^{me} Hading. Parmi ces petites mines, il en est beaucoup de fort agréables.

Dieudonné a très bien rendu le type de l'officier bon enfant ; il a fait un sort à la phrase : « Quand on a une tête destinée à être cassée par les balles, ce n'est pas la peine de mettre grand'chose dedans. » Ce n'est pas sa faute si le rôle de l'ami conseilleur et délateur est devenu odieux au théâtre, si le public s'exaspère, rien qu'en voyant apparaître ce personnage jadis presque sympathique. L'opinion a des courants irrésistibles, et je doute que M. Dumas lui-même puisse remonter celui-là. Dieudonné dit quelque part qu'il a « tué le mandarin ». Il aurait mieux fait de tuer l'Olivier de Jalin ; ce serait un grand débarras !

M{}^{mes} Julia de Cléry et Raphaël Félix, Courtès, Peutat, etc., ont fait preuve de dévouement. Quant au jeune Garraud, je suis tenté de le plaindre ; dans *Renée* on lui avait donné le rôle exaspérant de Maxime ; dans l'affaire Clémenceau, il joue Serge, un emploi ridicule mettant en relief son principal défaut qui est une tendance à l'interprétation déclamatoire et ne lui permettant de montrer aucune qualité sérieuse.

L'ANNIVERSAIRE DE RACINE

Comédie-Française et Odéon, 21 décembre 1887

—

La passion, ou pour mieux dire la passionnite aiguë étant à la mode (on l'a vu hier encore sur le théâtre de Thémis, vulgairement à la cour d'assises, où douze citoyens plus sensibles peut-être qu'intelligents ont acquitté un mari divorcé qui avait cru devoir venger d'anciennes infortunes conjugales sur son ex-compagne), on ne sera pas surpris que l'à-propos de la Comédie-Française pour le deux cent quarante-huitième anniversaire de Racine se soit surtout occupé du très passionné amant de la Champmeslé, du père de Monime, de Bérénice, d'Iphigénie et de Roxane. M. Auguste Dorchain, le délicat auteur du *Conte d'avril*, n'a même pas hésité à établir un parallèle direct entre l'auteur des *Nuits* et le chantre d'Esther :

> Les femmes! Ah! sinon le grand Musset, jamais
> Nul ne sut les aimer comme tu les aimais,
> Toi seul as su chanter, toi seul as su comprendre
> Ce qu'enferme leur cœur d'héroïque et de tendre,
> Combien il peut lutter, par le sort combattu,
> Que pour elles l'amour est presque une vertu,

> Mère des passions et des vertus plus hautes,
> Et qui reste vivante au milieu de leurs fautes,
> Imposant le respect de leur cœur aveuglé,
> Comme un temple debout sur un monde écroulé.

Musset et Racine ! Si la comparaison ne s'impose pas absolument, du moins est-elle fort acceptable. Le titre générique d' « Elle et Lui » s'applique à Racine et à la Champmeslé comme à Musset et à la grande ou plutôt au grand George. Ce fut à la Champmeslé que Racine destina ses rôles les plus brillants : Bérénice, Athalie, Monime, Iphigénie. « Elle était belle et remplie de talents (écrit fort joliment un contemporain, indulgent comme... risquons le mot, et tant pis pour ce contemporain du grand roi, comme un juré parisien du xix⁰ siècle) ; Racine avait un cœur tout neuf, mais sensible à l'excès. Quoi de plus naturel que cette passion, et qu'il eût été difficile à celle qui l'imposait à un homme tel que Racine de ne pas la partager ! »

Elle la partageait, certes, mais — toujours comme l'illustre George — elle étendait cet esprit de partage à une fraction trop considérable de l'humanité. Boileau en fit une épigramme :

> De six amants contents et non jaloux,
> Qui tour à tour servaient Madame Claude,
> Le moins volage était Jean, son époux.

A l'Odéon, une petite comédie de M. Lefèvre : L'*Oncle Anselme*, principal personnage, un ancien « Jeune France » qui a porté dans les temps préhistoriques le gilet rouge de Théophile Gautier et crié comme Granier de Cassagnac : « Racine n'est qu'un polisson. » Retiré en province et désolé de la réaction anti-romantique qui s'est produite depuis un demi-siècle, il a élevé un sien neveu dans la haine de Racine et des classiques soi-disant à perruques. Ledit neveu, qui est prénommé Jehan, revient avec de longs cheveux, un justaucorps écarlate, une cravate de soie à franges, des gants rouges ; ce travestissement désole une jeune provinciale, la charmante Andrée, qui adore Jehan et Racine.

Un mot la rassure : « Ne dites rien. Moi aussi je suis classique. Mais il ne faut pas irriter mon oncle ! » Là-dessus l'idylle s'engage à grand renfort de réminiscences raciniennes.

> ... Quand nous allions tous deux
> Egarer dans les bois nos rêves hasardeux
> Nous emportions toujours le poète ineffable.
> . . . .
> Il nous apprend comment on aimait, et comment
> Parlaient au prince aimé les belles amoureuses.

L'oncle Anselme a tout entendu ! Il commence par maudire l'humanité en général et les amoureux en particulier. Mais la contagion passionnelle le gagne lui aussi — Racine est un grand charmeur ! — et il pardonne. Jehan redevenu Jean tout court épousera Andrée. On fera un voyage de noces à Paris ; l'oncle Anselme accompagnera les nouveaux mariés...

Et nous irons ensemble applaudir Athalie !

Cette jolie saynète a beaucoup réussi. M. Albert Lambert père, M. Calmettes et Mlle Saulaville l'ont jouée d'ailleurs avec une très amusante et pimpante modernité.

LA SÉRÉNADE, par Julien

—

LE BAISER, par Th. de Banville

—

TOUT POUR L'HONNEUR, par Henry Céard
Théâtre-Libre, 23 décembre 1887

—

La *Sérénade*, de M. Julien, est une comédie de mœurs fort pimentée. Un notable commerçant, un bon bourgeois, M. Cottin, découvre que sa femme et sa fille ont été séduites par le même coureur de dots et de cachets, le professeur libre Maxime Champanet. Que faire ? Il commence par retirer son ruban rouge, puis consulte son meilleur ami, Poujade, qui en est resté au « Tue-la ! » de Dumas fils. Mais Cottin n'entend pas grossir la liste des acquittés, même triomphants.

En vain Poujade trouve-t-il un compromis qui lui paraît fort ingénieux : « Tu ne sais décidément plus, mon pauvre ami, ni ce que tu dis ni ce que tu fais. Ecoute-moi, voyons, les choses ne sont peut-être pas si embrouillées qu'elles paraissent l'être : l'honneur de ta fille te force à prendre pour gendre un homme que la loi t'autorise à tuer. Eh bien, c'est simple, marie-les, réhabilite ta fille, légitime l'enfant, et tue le coupable après! »

Cottin proteste: « Encore une fois, Poujade, nous ne sommes pas des bouchers pour que tu me conseilles toujours de tuer ; belle avance! scandale dans tout le quartier, arrestation, cour d'assises! Quand on a été un honnête homme pendant près d'un demi-siècle! Non, non, pas de ça. » Il se résigne à pardonner à sa femme, et prie le séducteur de lui faire la grâce d'épouser sa fille. Le rideau tombe sur cette apostrophe du même Cottin à Poujade :

« Tu vois bien, vieil ours des Pyrénéss, qu'il n'y a pas besoin de se couper la gorge pour tout arranger et que, tant tués que blessés, il n'y a personne de mort. Seulement, vous savez, je mets une condition au mariage. C'est qu'il se fera en blanc... On n'a pas besoin de montrer à tout le quartier... (il remet la décoration à sa boutonnière). Allons, mes enfants, à table. » Et Mme Cottin montre à Maxime sa nouvelle place : « A côté de moi, mon gendre! »

Cette cocasserie a paru morose. Cependant M. Jullien ne manque ni d'esprit d'observation, ni de talent d'analyse, et à son point de vue personnel, ce début n'est pas indifférent. MM. Mévisto, Mayer; M^{elles} Lucienne Darsy et Amélie Villetard ont vaillamment défendu la *Sérénade*.

Le *Baiser*, de Théodore de Banville, pourrait avoir pour sous-titre : « Pierrot Cocquebin. » Tout jeune, encore naïf, plein d'illusions et de vertu, Pierrot rencontre dans les bois de Viroflay la fée Urgèle, métamorphosée en une vieille femme horrible et repoussante par un enchanteur dont elle a dédaigné l'amour. Elle ne peut être délivrée que par le baiser d'un Cocquebin genre Pierrot. Celui-ci s'exécute galamment et Urgèle est transfigurée. Mais que va-t-elle faire pour son bienfaiteur ? Il veut tout et le reste, c'est-à-dire le mariage avec ou sans maire, tel qu'il peut se célébrer dans les taillis. Urgèle est émue, Urgèle va consentir, mais si elle cède, elle renoncera à la destinée surnaturelle. Et voici que le chœur des fées s'élève dans les profondeurs célestes, appelant Urgèle... Elle se penche, donne à Pierrot le plus chaste baiser et s'envole.

Tout pour l'honneur, de M. Henry Céard, est une remarquable adaptation du *Capitaine Burle*, de Zola. Le capitaine Burle a volé. Il n'a plus qu'à se faire sauter la cervelle, déclarent son ami le major Laguitte et sa mère, une maman spartiate. Comme il hésite, le major l'insulte, se bat avec lui et le tue.

Quand la mère revient, ramenant de l'école le fils du mort, elle lui montre le major, debout près du cadavre :

« Remercie-le, il a sauvé notre honneur. » Cette action rapide et serrée, cette eau forte de la vie mauvaise ont produit grand effet. Mˡˡᵉ Lerou est d'ailleurs une Mᵐᵉ Burle de la réalité la plus farouche et de la plus intense vérité — car l'héroïsme est vrai, lui aussi, et je suis bien aise d'avoir entendu deux naturalistes déterminés tels que MM. Zola et Céard faire implicitement cet aveu idéaliste.

LA LYCÉENNE, par Georges Feydeau
musique de Gaston Serpette

Pièce en 3 actes

Première représentation aux **Nouveautés**, 23 décembre 1887

Distribution : Saboulot, *M. Saint-Germain*. — Bouvard, *M. Albert Brasseur*. — Carlin, *M. Gaillard*. — Dutréteau, *M. Guy*. — Bichu, *M. Tony-Riom*. — Le Proviseur, *M. Bourgeotte*. — Alexandrin, *M. Schey*. — Firmin, *M. Dubois*. — Un garçon, *M. Prosper*. — Finette, *Mme Jane May*. — Mme Bichu, *Mme Fanny Génat*. — Allice, *Mlle Pitter*. — Anita, *Mlle Guilbert*.

M. et Mme Bichu, bourgeois enrichis, destinent leur fille, Finette, à M. Saboulot, professeur de physique et de chimie dans un lycée de jeunes filles récemment fondé, le collège Marmontel. Mais Finette, qui est jeune, jolie, et à peu près aussi bien élevée que Renée Mauperin et Iza Dobronowska réunies, préfère à Saboulot, vieux, chauve, morose, un jeune peintre, Apollon Bouvard.

Mme Bichu lui déclare qu'elle la laisse parfaitement libre de disposer de sa main ; seulement, si elle persiste dans son refus, elle sera enfermée jusqu'à sa majorité dans un lycée de jeunes filles. Cette menace n'effraye plus Finette, depuis qu'elle a revu Apollon Bouvard.

Le peintre s'est faufilé dans la soirée de contrat, d'abord en garçon d'extra, puis en notaire. Il profite de ce dernier déguisement pour inviter Saboulot à chanter une chanson avant de lui faire la lecture du contrat. Saboulot s'exécute, tout en trouvant l'usage bizarre, et chante une romance intitulée le *Cannibale et l'horizontale*. Dévouement peu récompensé, car le prétendu notaire profite de chaque clause du contrat pour faire ressortir les ridicules du futur. Finalement le vrai notaire est reconnu, le rapin est démasqué, Finette déclare qu'elle n'épousera jamais Saboulot et les Bichu exaspérés expédient la révoltée au collège Marmontel.

Dans ce lycée de filles, dont le patronage ne devrait faire songer qu'à des contes moraux, se passent des choses fort inconvenantes. Les lycéennes s'y font des confidences très risquées ; les maîtres d'étude y récompensent les élèves en leur donnant des baisers, et les punissent... en se les faisant rendre. On y enlève les perruques des professeurs de physique, et l'on y chante des chœurs de conspiratrices à faire frémir toute la police de sûreté.

Bref, c'est la pétaudière purement fantaisiste que les vaudevillistes, observateurs nécessairement superficiels, ont empruntée aux commérages des journaux réactionnaires. M. Georges Feydeau n'a qu'une excuse; mais heureusement elle est bonne. Il a tiré de cette donnée absurde un acte gai, mouvementé, bien mené jusqu'au bout, où nous voyons Saboulot conspué et Apollon Bouvard porté en triomphe par les petites camarades de Finette, qui finit par s'enfuir avec le rapin.

Troisième et dernier acte. Tout le monde se retrouve au « Jardin de Paris » où Appollon fait des silhouettes à vingt sous pendant que Finette chante des romances sur l'estrade. Et tout le monde s'y épouse, ce qui répond bien à la spécialité de la maison.

La partition de M. Serpette est agréable, et l'interprétation très homogène du côté masculin; M. Saint-Germain est excellent dans un rôle qui rappelle le Pétillon de *Bébé*, et M. Albert Brasseur donne une physionomie bien amusante au rapin Apollon Bouvard. J'aime moins Mlle Jane May, Finette. Elle tient l'emploi en grisette de Paul de Kock. C'est un point de vue particulier (et relativement assez juste), mais qui n'a pas peu contribué à dérouter le public. Il y avait trois manières de jouer cette embarrassante Finette; en pantin détraqué, genre Mily Meyer ; en petite naturaliste, genre Chaumont; en ingénue provocante, genre Judic. Mlle Jane May a voulu prendre un terme moyen ; cet esprit de conciliation ne lui a guère réussi.

MICHEL STROGOFF (REPRISE)
par Adolphe DENNERY et Jules VERNE

Pièce en 5 actes et 16 tableaux

Châtelet, 24 décembre 1887

DISTRIBUTION : Ivan Ogareff, *M. Laray*. — Michel Strogoff, *M. Volny*. — Jollivet, *M. Paul Reney*. — Blount, *M. Lérand*. — Le gouverneur, *M. Paul Giron*. — Le grand-duc, *M. Gilio*. — Le maître de poste, *M. Vivier*. — Le maître de police, *M. Christian*. — L'émir, *M. Damien*. — Kissoff, *M. Crambade*. — Marfa Strogoff, *Mᵐᵉ Marie Laurent*. — Nadia Fédor, *Mˡˡᵉ A. Prévost*. — Sangarre, *Mˡˡᵉ J. Dian*.

C'est pendant l'hiver de 1880, le 17 novembre, que la pièce à grand spectacle remise hier à la scène par la direction du Châtelet a vu pour la première fois le feu de la rampe. D'un roman fort populaire de Jules Verne, M. Dennery avait tiré un drame en cinq actes et seize tableaux qui parut, dès le premier soir, un des modèles du genre et qui est en effet un petit chef-d'œuvre sinon de haute littérature, du moins de charpenterie transcendentale et contient d'habiles prétextes à panoramas.

Féofar-Khan, l'émir de Boukhara, a soulevé les populations tartares ; à sa voix, elles ont envahi la Sibérie ; mais les troupes des provinces du nord sont parties pour secourir le grand-duc enfermé dans Irkoustk, et s'il connait le jour exact où cette armée arrivera en vue d'Irkoustk, et où il devra faire une sortie générale pour écraser les Tartares, ceux-ci sont perdus. Le télégraphe étant coupé et les communications interrompues, on charge de cette mission de confiance un soldat du nom de Michel Strogoff : « Jure-moi, lui dit le gouverneur, jure-moi que rien ne pourra te faire avouer, ni qui tu es, ni où tu vas! — Je le jure. — Pars donc, et quand il s'agira de surmonter les plus grands obstacles, de braver les plus menaçants périls, redis-toi ces paroles sacrées : « Pour Dieu, pour le tsar... — Pour la patrie ! »

Strogoff parviendrait sain et sauf jusqu'à Irkoustk, s'il n'était reconnu en traversant Kolyvan, sa ville natale, qu'assiègent les Tartares, par Marfa, sa mère. En vain, — à l'exemple de Jean de Leyde, mais pour des motifs plus héroïques — renie-t-il publiquement Marfa. Il est reconnu, suivi, arrêté, conduit devant l'émir Féofar qui pose le doigt sur ce verset du Coran : « Ses yeux s'obscurciront comme les étoiles sous le nuage, et il ne verra plus les choses de la terre! »

On passe donc une lame de cimeterre rougie au feu sous les yeux de Strogoff, que Féofar fait mettre en liberté pour accomplir jusqu'au bout l'ordre du Coran : « Et aveugle, il sera comme l'enfant, et comme l'être privé de raison, sacré pour tous!... »

Heureusement, la Providence, qui ne saurait se désintéresser d'un drame de M. Dennery, a protégé Michel Strogoff contre le mysticisme féroce de Féofar; Michel n'est point aveugle, et quand sa mère, l'infortunée Marfa, dévorée de remords et imputant non sans raison à sa maternité indiscrète le supplice de son fils, le retrouve sous les murs d'Irkoustk, il lui donne cette explication plus sentimentale que scientifique :

« Quand je croyais te regarder pour la dernière fois, ma mère, mes yeux se sont inondés de tant de pleurs, que le fer rougi n'a pu que les sécher sans brûler mon regard!... Et comme il me fallait, pour sauver notre Sibérie, traverser les lignes tartares : « Je suis aveugle, disais-je. Le Koran me protège... Je suis aveugle... » et je passais. »

Et il passe encore, et Irkoustk est délivré !

Si toute cette fin paraît un peu ridicule, littérairement le début de *Michel Strogoff* n'est pas méprisable. Le voyage du courrier du tsar peut et doit passer pour une adaptation heureuse de la vieille légende gallo-germanique dont Wagner a tiré la *Walkure* : le voyage du chevalier sans peur et sans reproche à travers les enchantements; le talisman des contes de fées étant remplacé cette fois par le patriotisme et les formules cabalistiques par la phrase : « Pour Dieu, pour le tsar, pour la patrie... »

MM. Verne et Dennery n'ont pas démarqué avec moins de bonheur une étoffe d'ailleurs beaucoup plus neuve, le linge lyrico-dramatique de Scribe, dans la scène du reniement du fils par sa mère. Si Marfa n'est pas supérieure à Fidès, du moins ne lui cède-t-elle guère, et quant à Michel Strogoff, il l'emporte sur Jean de Leyde de toute la grandeur héroïque du patriotisme militant.

En 1880, Marais jouait le rôle de Michel Strogoff, qui incombe maintenant à Volny; Ivan Ogareff, créé par Paul Deshayes, revient à Laray. Blount et Jolivet, les deux types de reporters, furent créés par défunt Montbars, et M. Rosny en ce moment à la Porte-Saint-Martin; plus tard ils s'incarnèrent dans les joyeuses personnalités de Dailly et de Joumard. On les a confiés à M. Lerand, un comique des Bouffes du Nord, dont les débuts ont passé pour une révélation, et Paul Reney, prêté par M. Duquesnel. Nada, c'était Mlle Augé, et Sangarre, Mme Paul Deshayes. Alice Prévost et Jeanne Dian, les ont remplacées. Bref, de l'ancienne distribution il ne reste (en mettant à part le petit rôle du maître de poste, conservé à Vivien), que Mme Marie Laurent : Marfa Strogoff.

A vrai dire, elle seule, et c'est presque assez, ce serait même tout à fait assez si Volny n'avait réussi à donner une physionomie intéressante et nouvelle à Michel Strogoff, et si Laray ne jouait avec beaucoup d'ampleur le personnage d'Ivan Ogareff. Ils ont transporté au premier plan ces emplois dont l'un est un rôle de tenue et l'autre un troisième rôle.

Marfa n'en reste pas moins la protagoniste du drame. Et — fait à noter — dans la scène où elle engage les habitants à poursuivre la lutte et où elle est reniée par son fils, Mme Marie Laurent a eu son ovation de cantatrice, ses rappels de Falcon ou de Krauss. Il n'est pas toujours nécessaire de chanter pour remporter des triomphes de diva !

MERCADET (reprise), par Balzac
Comédie-Française, 27 décembre 1887

Distribution : Mercadet, *M. Got.* — De la Brive, *M. Febvre.* — Verdelin, *M. Barré.* — Méricourt, *M. Baillet.* — Minard, *M. Boucher.* — Goulard, *M. Joliet.* — Justin, *M. Roger.* — Violette, *M. Leloir.* — Pierquin, *M. Clerh.* — Mme Mercadet, Mme *C. Montaland.* — Julie, Mlle *Frémaux.* — Virginie, Mme *Amel.* — Thérèse, Mlle *Kalb.*

Pour corser son affiche de fin d'année, la Comédie-Française a repris *Mercadet* de Balzac. L'interprétation actuelle n'est pas positivement nouvelle, mais elle garde un remarquable caractère d'homogénéité. Got en Mercadet, Febvre en de la Brive, Barré en Verdelin ; les créanciers joués par Joliet, Roger, Leloir et Clerh ; Mme Céline Montaland d'une rondeur fort amusante et d'une belle humeur à peine teintée de mélancolie dans le rôle embarrassant de Mme Mercadet ; Mlle Frémaux, s'acquittant sans dépit du rôle ingrat de Julie, la fille laide « à figure d'héritière sans héritage ; » Mlle Kalb, très parisienne en cuisinière... picarde.

Il m'a semblé que le public de la représentation d'hier prêtait une attention plus soutenue et prenait même un plaisir plus vif qu'autrefois à la comédie de Balzac. Si c'est une ère de réparation qui s'ouvre, j'en suis ravi, car, malgré des affirmations réitérées, je ne suis pas encore parvenu à me convaincre de l'infériorité théâtrale de *Mercadet*.

J'y trouve faites, et fort bien faites, toutes les « scènes à faire » : la scène des domestiques déblatérant contre «le bourgeois» qui laisse leurs gages impayés; puis fascinés par Mercadet aussitôt qu'il se montre et fait miroiter à leurs yeux les dividendes les plus vertigineux ; la scène du propriétaire qui commence par invoquer la lettre de la loi pour toucher ses loyers en retard, puis consent à tourner la même loi et accepte une compensation au détriment des autres créanciers de Mercadet ; la scène du viveur ruiné qui tente de faire un mariage riche et s'aperçoit avec amertume qu'il a mis la main sur « un sac » aussi vide que ses poches...

Il y a tout, dans *Mercadet*, et autre chose encore ; je veux dire de fort amusants tableaux de mœurs de 1839, une couleur locale qui vaut bien celle de la *Famille Benoiton* ou de *Maison neuve*. Rien de plus curieux à ce point de vue particulier que la description du prétendant la Brive et de son parrain Méricourt, faite par la cuisinière Virginie :

« Ce serait ces deux jeunes gens à gants jaunes, à beaux gilets de soie à fleurs; leur cabriolet reluisait comme du satin, leur cheval avait des roses là (elle montre son oreille) ; il était tenu par un enfant de huit ans, blond, frisé, de bottes à revers, un air de souris qui ronge des dentelles, un amour qui avait du linge éblouissant et qui jurait comme un sapeur. Et ce beau jeune homme, qui a tout cela, des gros diamants à sa cravate, épouserait Mlle Mercadet ! ... Allons donc ! »

Le cheval, le linge, le « tigre », les diamants, est-ce assez 1839 ?

Et ce dialogue de Julie avec son père : « Mon père, Adolphe a tant de volonté unie à tant de moyens, que je suis sûre de le voir un jour... ministre peut-être.
— Aujourd'hui, répond Mercadet, qui est-ce qui ne se voit pas plus ou moins ministre ? En sortant du collège on se croit un poète, un grand orateur, un grand ministre, comme, sous l'Empire, on se voyait maréchal de France en partant sous-lieutenant. »

Ainsi sous la monarchie de Juillet, les jeunes filles ambitieuses songeaient à épouser un futur ministre et les papas les plus pratiques ne leur reprochaient que l'exagération de leurs espérances. Nous avons changé tout cela ; les ministres passent auprès des familles sérieuses, pour être à la peine plus qu'à l'honneur. Et tel papa de province, notable industriel, millionnaire à vue d'usine, daignant marier sa fille à un fonctionnaire amateur peut faire à son gendre cette recommandation historique : « Surtout, point d'invitation à votre ministre. Je ne veux pas qu'un mauvais souvenir s'attache à ce beau jour. »

Aussi bien, qu'elle date ou non, rien de plus amusant que la couleur locale de *Mercadet*. Et quel dialogue éminemment théâtral ! Il n'est pas naturel, je le veux bien ; mais s'il est voulu, c'est à la façon du théâtre de Musset. On n'a pas remarqué la parenté du style scénique de Balzac et de l'auteur du *Chandelier* ; elle est cependant réelle et même intime. On en jugera d'après quelques citations. Voici d'abord la conversation de Mercadet et de M. Brédif :

« Faire vendre mes meubles ! Et vous vous êtes réveillé dès le jour pour causer un si violent chagrin à l'un de vos semblables ? — Vous n'êtes, Dieu merci, pas mon semblable, Monsieur Mercadet ! Vous êtes criblé de dettes et moi je ne dois rien ; je suis dans ma maison et vous êtes mon locataire. » Et encore : « Cher Monsieur Brédif, touchez là ! — J'aimerais mieux toucher mes loyers, mon cher Monsieur Mercadet. » Autre dialogue avec le créancier Goulard, qui s'est faufilé dans l'appartement : « Il faut s'y prendre dès le matin et profiter du moment où la porte est ouverte et les gardiens absents... — Les gardiens, sommes-nous des bêtes curieuses ? Vous êtes impayable !... — Non, je suis impayé, Monsieur Mercadet. »

Et aussi les réflexions échangés avec M^mo Mercadet sur le compte de Julie : « Ah ! la pauvre enfant n'est pas notre plus belle affaire... — Il y a des hommes sensés qui pensent que la beauté passe ?... — Il y en a de plus sensés qui pensent que la laideur reste. »

C'est du Musset, d'ailleurs contemporain des dialogues étincelants de *Fantasio*, du *Caprice*, etc., mais c'est aussi du vrai style de théâtre, de l'esprit de mots, à brusque détente.

L'AGE D'OR, par Willette

LA TENTATION DE SAINT-ANTOINE
par Henri Rivière
Au **Chat Noir**, 29 décembre 1887

Il n'y a plus à lutter contre le courant. On « chanoirise » à outrance, fin décembre 1887, dans le high-life parisien, comme on « alcazarisait », il y a deux ans, à la même date, lors de la nouvelle vogue de Thérésa ; comme on « ambassadorise » à chaque retour de la saison chaude, comme la mode se portera l'an prochain ici ou là.

Donc M. Rodolphe Salis, gentilhomme cabaretier tenant boutique sur la pente des Martyrs, ayant épuisé la vogue de l'*épopée* napoléonienne de Caran d'Ache, a convié la critique. Et la critique, qui aime à se reposer des « solennités » dramatiques parfois si cruelles, n'a pas craint d'aller s'attabler chez ce Ramponneau de l'art facile où l'on sert de gros morceaux dans une vaisselle minuscule.

Le menu était fort chargé.

J'arrive aux plus grosses pièces : l'une, plat d'agré-

ment, l'autre, plat de résistance (ce qui ne veut pas dire
que le second soit d'une digestion pénible); le plat d'a-
grément est une pantomime de Willette, le peintre des
pierrots; intitulée : l'*Age d'Or*. Deux personnages, Pierrot et Colombine. Pierrot est amoureux. Colombine
reste froide. Le pauvre diable fait des vers ; il esquisse
un portrait ; il essaye de la musique et « fait parler
son âme » sur son violon.

Or Pierrot-Orphée est un si grand virtuose que les oiseaux, les bêtes fauves, les serpents accourent au son de
sa guimbarde — entre nous, Ovide avait trouvé celle-là
avant Willette, — et se groupent, ravi, autour du violo-
neux par amour. Mais Colombine reste froide. Enfin
Pierrot se décide à fouiller la terre pour y trouver de l'or.
Et quand il reparaît, hâve, décharné, presque mort, mais
tenant à la main un beau louis, tout neuf, Colombine lui
saute au cou :

> Longtemps il travailla...
> Lorsqu'il fut presque mort
> Il eut un beau louis d'or,
> — Ah ! combien je vous aime,
> Dit la belle en riant...
> Zon, zon, laridaine,
> Zon zon, laridon !...

La *Tentation de Saint-Antoine*, par Henry Rivière, est

le plat de résistance : une féerie en quarante tableaux, et, point à noter, une féerie en ombres polychromes... les personnages n'ont plus un teint de nègres, mais la couleur des chairs, des yeux, des cheveux, des étoffes. Les arbres sont verts, et les fleurs rosées. Ainsi coloriées les ombres sont plus que chinoises ; on les dirait japonaises ! Voilà pour les artistes et la troupe. Quant au poème, son originalité consiste à mettre en scène les tentations les plus modernes.

Aux Halles, l'anachorète est tenté par M. Zola qui lui offre les « matières premières », si j'ose m'exprimer ainsi, destinées à l'engraisement du Ventre de Paris ; dans les cercles, on l'appâte au moyen des rastaquouères les plus distingués, et une apothéose des cartes vivantes ; à la Bourse on lui montre le Veau d'Or sur son piédestal. Puis c'est le président de la République qui le tente en lui offrant un portefeuille, l'orgueil qui lui apparaît sous la figure... équestre d'un général Boulanger à cheval noir ; le cortège de la reine de Saba terminé par un ballet de bayadères, le défilé de tous les Olympes passés, présents et futurs, etc. Nous voilà loin de l'ancien Séraphin et de ses naïves silhouettes.

Y A RIEN D'FAIT
par Frantz BEAUVALLET et Henri ARRAULT
Première représentation au **Château-d'Eau**,
30 décembre 1887

DISTRIBUTION : *MM. Galinais, Brunet, Dalmy, Meillet, Livry, Florent, E. Petit, Dervet, Lenfant. Mmes Benoît, Riquet-Lemonnier, Louise Dauville, Mario, Alice Gaullié, Frégny, Jeager, Sélikette d'Héry, Samuel, Jane Prady, Carolia, Orestie.*

Débuts de Mlle MARET à l'Opéra

La critique parisienne a reçu ses étrennes dans la salle du Château-d'Eau sous la forme panachée de peaux d'oranges, épluchures de pommes, rondelles de saucissons, oranges entières, pommes de terre, cailloux et crachats. Petits cadeaux adressés aux spectateurs de l'orchestre et du balcon par les hôtes des galeries supérieures.

Quelques murmures ayant salué l'apparition d'une demi-douzaine d'Eves non seulement peu vêtues, ce qui ne serait rien, mais encore et surtout d'une plastique aussi humiliante pour la mémoire du grand-père Adam qu'incompatible avec la carrière de figurantes pour revues, les citoyens d'en-haut ont englobé tous les messieurs d'en-bas (sans excepter les dames) dans la qualification générale et méprisante de journalistes. Et après les paroles, les actes : le bombardement de la presse à coups de projectiles variés.

Pour calmer l'orage, M. Ulysse Bessac, le directeur, a prudemment eu recours aux arguments de pur sentiment : « Mesdames et Messieurs, je viens vous demander s'il faut continuer la représentation ou baisser le rideau et rendre l'argent. » La perspective d'une direction de théâtre forcée de rendre, un 30 décembre, l'argent attendu par tant de pauvres diables du petit personnel pour faire bouillir leur marmite, a décidé les invités de M. Bessac à ne pas réclamer de satisfaction plus complète, mais j'ai bien peur que le Château-d'Eau ne soit désormais classé théâtre *extra-muros !*

La revue de MM. Frantz Beauvallet, et Henri Arrault, *Y a rien d'fait*, n'est malheureusement pas aussi mouvementée que la scène dans la salle dont je viens de raconter les péripéties. Elle contient cependant quelques scènes amusantes ; la direction l'a montée avec un luxe relatif, mais très réel. Mme Riquet-Lemonnier est d'une intrépidité... historique, mais d'une verve toujours communicative; Mme Benoit, la commère qui personnifie la presse (avec un canard à trois becs comme coiffure symbolique), le compère Gâtinais, qui arrive de Clermont (ainsi que César Ernest) ; MM. Brunet, Dalmy,

Florent ; MM^{mes} Jœger et Dauville lui assureront une série de bonnes représentations.

Parmi les clous, la levée des lettres au nouvel hôtel des Postes, la danse des Achanti, l'embarcadère de la future gare Saint-Lazare desservie par les ballons, la statue colossale de la Liberté éclairant le monde, les diamants de la couronne, la fête des vendanges ; enfin sous prétexte de tableau de la mobilisation, un grand déploiement de troupes et de musiques militaires.

Mlle Maret, qui a remporté cette année un second prix de chant au Conservatoire dans l'arioso du *Prophète*, débutait hier soir à l'Opéra.

Mlle Maret ne s'est pas présentée comme une étoile, mais comme une artiste désireuse de gagner ses grades dans le premier de nos théâtres lyriques. Elle a chanté sinon en diva — la voix demande à être encore assouplie — du moins en utile et consciencieuse pensionnaire ; en même temps, elle a fait preuve de sérieuses dispositions dramatiques.

PARIS-CANCANS, par Blondeau et Monréal

Première représentation aux Folies-Dramatiques
31 décembre 1887

—

Distribution : *MM. Gobin, Guyon fils, Marcelin, Duhamel, Belluci, Balanqué, Speck. Mmes J. Darcourt, Vialda, Fanzi, Riva, Debrièges, Becker, J. Richard.*

De la gaîté sans effort et de l'actualité sans délayage ; bref, une petite bonne femme de revue suivant son petit bonhomme de chemin d'un pas de flâneuse amusée et joujoutant comme le chaperon rouge avec les bleuets et les coquelicots, les moineaux et les papillons, la faune et la flore de l'année.

Le prologue nous montre la « cuisine des Revues », les chefs et les marmitons qui confectionnent pour l'exportation des « cinq actes et seize tableaux » coulés dans le même moule, assaisonnés des mêmes sauces. Afin de varier... le moins possible, on choisit pour compère un personnage abattu au jeu de massacre: Cadet-Roussel en personne naturelle. Cadet-Roussel, c'est Gobin tout de gris vêtu, suivant la formule classique. Il s'adjoint immédiatement pour commère une perruche du plus chatoyant plumage ; Julia Darcourt.

Le défilé commence devant l'Arc de Triomphe, à cet

angle de l'avenue du Bois de Boulogne où s'entassent pêle-mêle les coureurs de dots, les pick-pockets patentés de l'autre côté de la Manche, les simples badauds et qu'on appelle le Club des Panés. Tour à tour passent dans la lanterne magique la lettre d'amour, l'exposition des bières françaises, l'exposition des insectes, le lycée de jeunes filles, les collégiens surmenés, l'architecte du nouvel hôtel des Postes à cheval sur une tortue — symbole plus profond que ne l'ont peut-être imaginé les auteurs de « Paris-Cancans », car si la tortue est l'emblème de la lenteur, spirituel Blondeau, c'est aussi et surtout l'emblème de la pérennité, sagace Monréal, et elle représente à merveille la pérennité inamovible des traditions bureaucratiques ; — enfin l'enlèvement d'une corpulente Mercédès par un Melviaque débile.

Du Club des Panés nous passons à la gare du Nord. Le Club Alpin y est personnifié par un alpiniste. Viennent ensuite des bons bourgeois retour du bal de l'hôtel de ville, une élève de la laïque de Saint-Ouen — ce type commence à s'user ! — Enfin la locomotive de César-Ernest Boulanger, le lion hypnotisé, le bataillon scolaire et la revue des joujoux de l'année représentés par quelques douzaine de babys, pleins d'ardeur théâtrale et disposés à brûler les planches, mais si petits qu'ils ont failli être renversés par une manœuvre du rideau ?

L'acte des théâtres est très réussi. Une petite Bettina et un petit Jean ont joué à ravir un petit *Abbé Constantin*, pour bazar à treize sous. Sévère, mais juste.

Autres parodies, celle-là de grandeur nature : Cap Matifou et Pointe-Pescade, de *Mathias Sandorf*, pastiches par Gobin et Guyon fils ; Théo imitée par Mlle Debrièges (la Cramponia des *Saturnales*), et Sarah-Bernhardt, fort tragiquement doublée par Mme Darcourt, qui plonge dans le sein de Scarpia une fourchette aussi vengeresse que le poignard de la Tosca.

LES BRIGANDS (reprise)
Variétés, 4 janvier 1888

Distribution : Falsacapa, *M. Dupuis*. — Piétro, *M. Christian*. — Le chef de carabiniers, *M. Baron*. — Le prince de Mantoue, *M. E. Didier*. — Antonio, *M. Barral*. — Campotasso, *M. Blondelet*. — Domino, *M. Hérissier*. — Barbavano, *M. Daniel-Bac*. — Gloria-Cassis, *M. Courcelles*. — Le Précepteur, *M. Thiéry*. — Carmagnola, *M. Lamy*. — Pipo, *M. Landrin*. — Un huissier, *M. Millaux*. — Fiorella, *Mme Monty*. — Fragoletto, *Mme Jeanne Thibault*. — La marquise, *Mme Declères*. — Bianca, *Mme Dubois*. — Adolphe de Valadolid, *Mme Fernande*. — Le prince de Grenade, *Mme Berges*. — La Duchesse, *Mme Delys*. — Fiametta, *Mme Wolbel*.

Encore une vieille connaissance. La première représentation des *Brigands* — paroles de Meilhac et Halévy, musique d'Offenbach — remonte au 10 décembre 1869. C'était la veille de graves événements. A peine Falsacappa, Fragoletto, le chef des carabiniers du duc de Mantoue, la princesse de Grenade, les Espagnols vrais et les faux Espagnols avaient-ils fait leur joyeuse entrée à la vie théâtrale que se produisaient coup sur coup le crime de Tropmann, la grève du Creusot, l'affaire Victor Noir, la manifestation de l'Arc de Triomphe, tous les symptômes fâcheux, tous les prodromes morbides de l'année climatérique du second Empire. Les étrangers et les provinciaux fuyaient Paris, laissant l'araignée filer sa toile dans la caisse des théâtres du boulevard, et de toutes parts s'élevait un concert de lamentation...

Dix-sept ans se sont écoulés. Nous entrons dans l'année climatérique de la troisième République. Mais les théâtres ne traversent pas une crise aussi grave. Il y avait hier salle comble aux Variétés pour applaudir la rentrée en scène des *Brigands* d'Offenbach. Le livret des *Brigands* a infiniment moins vieilli que celui de la *Vie Parisienne*, actuellement trop démodé et qui date à la façon d'une benoitonnerie de M. Sardou. La parodie qui en forme la trame solide garde une verdure et une vigueur juvéniles.

Que de perles dans cet écrin : Le cri du chef de brigands Ernesto Falsacappa, à qui la troupe vient souhaiter sa fête : « Ils ne savent comment faire pour me surprendre... C'est délicieux ! Joies paisibles de l'innocence, que vous êtes douces au cœur des coupables ! » L'air célèbre des soldats du prince de Mantoue : « Nous sommes les carabiniers, — la sécurité des foyers, — mais par un malheureux hasard, — au secours des particuliers, nous arrivons toujours trop tard ; » — les explications fournies à la princesse de Grenade par l'ambassadeur Gloria-Cassis : « Savez-vous, princesse pourquoi vous épousez le prince de Mantoue ?... C'est parce que la cour de Mantoue nous devait cinq millions, et que nous ne pouvions pas arriver à nous faire payer. Alors nous leur avons proposé une transaction ; nous leur avons dit : « Voulez-vous épouser notre princese, nous ferons grâce de deux millions, ce sera la dot... Reste trois millions... Pouvez-vous nous payer trois millions ? » Ils ont répondu : « Pour trois millions, nous pouvons les payer ; amenez la princesse. » Enfin, le chœur du dénouement : « Y a des gens qui se disent Espagnols — et qui ne sont pas du tout Espagnols... »

Et quelle partition maître Jacques a écrite sur ce poème désopilant ! Allante, vibrante, d'une perpétuelle bonne humeur et d'une éternelle jeunesse. C'est un véritable réconfort aux heures tristes et dans la saison brumeuse...

On a fait un accueil enthousiaste à la pièce, à la musique et aux interprètes qui ont joué l'œuvre de Meilhac, d'Halévy et d'Offenbach avec l'ardeur communicative des beaux jours : Dupuis, Christian, Baron — ce dernier tout à fait en vedette dans le rôle du chef des carabiniers.

Mlle Blanche Monty rentrait dans le rôle de Fiorella ; elle a été fort aplaudie après l'air d'entrée : » C'est Fiorella la brune... » et le rondeau : « Après avoir pris à droite, à gauche tu tourneras. » Mlle Jeanne Thibault, l'ex-pensionnaire des Bouffes, le Muller de la *Timbale d'argent*, tout ce que nous avons de mieux pour l'instant en fait de simili-Peschard, portait la casaque de Fragoletto. Elle a eu sa grosse part du succès malgré une émotion très visible. Léonce, malade, avait dû abandonner le rôle du caissier à M. Barral, qui en a tiré bon parti.

LES DRAGONS DE VILLARS (reprise)
Opéra-Comique, 10 janvier 1888

DISTRIBUTION : Sylvain, *M. Moulièrat*. — Belamy, *M. Fugère*. — Thibault, *M. Barnolt*. — Un pasteur, *M. Troy*. — Rose Friquet, *M*^{me} *E. Chevallier*. — Georgette, *M*^{lle} *Degrandi*.

Les *Dragons de Villars* sont revenus hier à leur berceau. On sait que la première représentation eut lieu dans la salle de la place du Châtelet, le 19 septembre 1856.

Si M. Carvalho n'avait jamais joué que les *Dragons de Villars* et la *Reine Topaze,* il serait peut-être encore sur le trône, presque suburbain mais d'abord agrémenté d'une assez jolie liste civile, du Théâtre-Lyrique… Il est malheureux pour lui-même, fort heureux pour le grand art, hâtons-nous de le dire, qu'il n'ait pas raisonné aussi prudemment et qu'il se soit lancé, à travers ses multiples directions, dans une suite d'essais plus féconds pour notre école nationale. Mais l'excès en tout est un défaut, et si l'on avait un peu plus joué ci et là, par ici par là, place du Châtelet ou place Boieldieu ces *Dragons de Villars*, la *Mascotte* de 1856, peut-être aurait-on paré à de fâcheux déficits.

C'est sans aucun doute le calcul du récent directeur de l'Opéra-Comique, M. Paravey. En attendant les

« grandes nouveautés » il s'applique à remettre sur pied le répertoire classique, celui qui fait partie intégrante de la succession. Les *Dragons de Villars* méritaient cette attention à la fois délicate et pratique, car ils ont beaucoup moins vieilli qu'on ne pourrait croire. Evidemment le livret de Lockroy et de Cormon contient de véritables rébus, par exemple la célèbre romance :

> Ne parle pas, Rose, je t'en supplie,
> Car me trahir serait un grand péché !
> Nul ne connaît le devoir qui me lie,
> Ni le secret en mon âme caché.
> Mais quand l'hiver brisant le nid fragile (?)
> Chasse l'oiseau vers de *lointains* climats,
> Si ton cœur pense au malheur qui s'exiie (*sic*)
> Ne parle pas, Rose, ne parle pas !...
>
> Dieu nous a dit: dans ton humble demeure,
> Garde une place au pauvre, à l'orphelin ;
> Donne au vieillard, à la veuve qui pleure,
> Avec amour (!) la moitié de ton pain.
> Si tu l'as fait, lorque la cloche tinte,
> A l'Angelus ta voix *répond tout bas*.
> Et si tu crois à la parole sainte,
> Ne parle pas, Rose, ne parle pas !

Cette excellente Rose, suppliée de ne pas parler pendant que sa voix répondra « tout bas » à l'Angelus est la cousine du soldat de *Michel et Christine*, résigné à se taire sans murmurer. Mais les paroliers nous en ont fait entendre bien d'autres depuis un quart de siècle. Quant à la partition d'Aimé Maillard, elle ne paraît ni plus ni moins précieuse, ou pour mieux dire, préciosée, mignardisante, caressante, susurrante qu'au début. Elle a toujours été à prendre ou à laisser, avec ses réminiscences des albums d'Henrion et son abus des cuivres. On la prend, et, somme toute, on ne se repent guère d'avoir cédé à ces séductions un peu quelconques.

Mlle Chevalier abordait pour la première fois le rôle de Rose Friquet, où Mme Galli-Marié s'était montrée si remarquable lors de la reprise de 1869. Elle y a remporté un double succès de cantatrice et de comédienne qui grandira quand elle aura pris possession complète de l'emploi.

LE RÉVEILLON (REPRISE)
Palais-Royal, 16 janvier 1888

DISTRIBUTION : *MM. Daubray, Calvin, Milher. Mmes Descorval, Berthon, Bonnet.*

Le *Réveillon* date du 10 septembre 1872 ; il fut donné deux cent vingt-trois fois de suite et repris en 1878 et 1879. Il y a donc plus de huit ans qu'il n'avait reparu sur une scène parisienne. Aussi convient-il d'en parler comme d'une nouveauté. La scène se passe « de nos jours » à Pincornet-les-Bœufs ! Gaillardin, notable bourgeois, a cru devoir traiter d'imbécile un garde champêtre de la ville... ou des environs. Il se fie, pour être acquitté, en son intimité avec les membres du Tribunal de Pincornet. Mais l'événement trompe ses prévisions. Et il rentre désespéré : « Condamné ! Ils m'ont condamné ! Scélérat de garde champêtre ! Et moi, qui me croyais sûr !... En allant au tribunal, je rencontre Moulinot, le président, dans l'escalier... Il n'avait pas sa robe... il me dit : Bonjour, Gaillardin... Je lui réponds : bonjour, Moulinot. — Ça va bien ? — Très bien, merci. — Et la petite femme ? — Très-bien aussi. — Je vous demande un peu si je pouvais m'attendre... »

Gaillardin a tant ri qu'il s'est fait condamner à huit

jours de prison. Mais pendant qu'il se prépare à aller purger sa condamnation, le notaire Duparquet, un bon vivant, lui propose de réveillonner chez le prince Yermontoff, un jeune Russe, viveur et blasé qui reçoit le soir même quelques amis et diverses actrices parisiennes « en déplacement à Pincornet-les-Bœufs ».

« Devant coucher en prison, quoi de plus simple ? vous embrassez gentiment votre femme et vous lui dites : Mon petit chou, ou ma bichette, je ne sais pas de quel mot vous vous servez habituellement ?... enfin, le mot qui vous viendra... je m'en vais faire mes huit jours de prison ; et au lieu d'aller à la prison, crac ! vous allez chez le prince. »

Gallardin se conforme à ce programme ; mais quelques minutes après ses adieux à Mme Gaillardin survient un amoureux d'enfance, l'ex-jeune Alfred, le propre chef d'orchestre du prince Yermontoff qui vient rappeler à la femme, ou plutôt à la veuve intermittente du condamné, les serments d'autrefois. Elle cherche à se justifier, avec beaucoup de sens pratique : « Mon père me laissa le choix entre deux choses :... la misère avec vous, ou bien une honnête aisance avec M. Gallardin. Je n'hésitai pas ! je me décidai pour l'honnête aisance ! Je fis ce que vous-même m'auriez conseillé de faire, si vous aviez été à ma place. Je connaissais votre délicatesse, et je ne voulais pas vous donner le chagrin de voir dans la gêne la femme que vous aimiez. — « Malheureuse! » s'écrie Alfred! Et pendant que Mme Gaillardin courbe la tête sous le poids de ses remords, la gendarmerie cerne la maison. Elle vient arrêter Gaillardin.

Alfred veut fuir par la fenêtre. Mais le directeur de la prison, un nouveau venu dans le pays, le sieur Tourillon, fait irruption dans le gynécée avec son geôlier et empoigne Alfred.

En vain Mme Gaillardin essaye-t-elle de protester contre la méprise. Tourillon sourit avec le scepticisme d'un homme qui en a vu bien d'autres. « Vous voulez le sauver... c'est sublime... c'est sublime, mais c'est un peu vif. Vous me persuaderez difficilement qu'une personne que je trouve près de vous à une pareille heure... sans lumière... et dans un pareil négligé... » Bref, Alfred est conduit en prison...

On voit l'imbroglio. Quand Gaillardin, après avoir passé une nuit en « folles orgies » chez le prince Yermontoff, vient purger sa condamnation, le directeur de la prison qui, lui aussi, a réveillonné chez le Russe sous le faux nom de comte de Vilbouzin, le traite de mauvais plaisant et lui raconte dans quelles circonstances on a arrêté le vrai Gaillardin... Le malheureux bourgeois de Pincornet s'arrache les cheveux et se débat dans sa situation de nouveau Sosie comme le diable dans un bénitier : « Un autre que moi arrêté à ma place... hier soir, chez moi !... auprès de ma femme !... Voyons ! Voyons... Cette nuit... J'étais gris ; tout à l'heure je l'étais même encore un peu... mais la nouvelle de mon arrestation m'a complètement dégrisé... Il y a là un autre Gallardin, un moi qui n'est pas moi, si ce n'est pour ma femme ! »

Tout s'arrange, grâce à la complaisance du prince Yermontoff. Le noble Russe fait croire à Gaillardin qu'il s'agit d'une plaisanterie de réveillon : « ... Mon prince en était, s'écrie Gaillardin, mon prince a daigné... Il aura dit à son chef d'orchestre de venir prendre ma place... on aura envoyé chez moi chercher ma robe de chambre Et ma femme l'aura donnée... avec ma calotte de velours... ma femme, ma chère petite femme !... je l'ai soupçonnée pourtant... C'est que j'avais la tête perdue ! »

On remarquera que j'ai pu analyser le *Réveillon*, en ne m'occupant que du premier et du troisième acte et sans parler de l'acte intermédiaire, c'est-à-dire du souper.

C'est la critique la plus pertinente de cet acte même qui n'a jamais tenu de très près à l'action, qui est, à appeler les choses par leur nom, un hors-d'œuvre. Les hors-d'œuvre gardent difficilement leur fraîcheur. C'est la partie du menu qui s'avarie le plus vite. La plupart des soupers de théâtre — en mettant à part l'admirable scène du *Mariage d'Olympe*, une incomparable exception — ont vieilli avec les générations de spectateurs qui avaient fait leur premier succès.

Le souper du *Réveillon* est encore un des mieux conservés. Il faudrait cependant l'alléger notamment d'une dissertation sur les soupers de théâtre fort bien faite, mais qui date. Il ne serait pas moins nécessaire de resserrer le début du premier acte et d'arriver plus rapidement à la scène de l'arrestation d'Alfred. Les monologues de Daubray dans toute cette partie de la pièce et le dialogue avec Duparquet appellent de respectueuses mais sérieuses coupures.

De l'ancienne interprétation il ne reste que Pellerin, le notaire bon vivant et même joyeux viveur. Le *Réveillon* avait été crée par Geoffroy, Lhéritier, Hyacinthe, qui sont morts ; par M. Lassouche, Mmes Georgette Olivier, Valérie, qui, elles aussi, « sont en déplacement », comme les artistes du souper. La direction du Palais-Royal les a remplacées de façon à ne pas attrister le public par des regrets, d'ailleurs superflus. Calvin est un remarquable tzigane, avec des intonations de Buridan et d'Antony fort ingénieusement combinées. M. Daubray hache menu, menu comme persil, mais détaille avec bien de la finesse et même de la science psychologique les répliques de Gaillardin. M. Milher succède à Lhéritier (rôle de Tourillon), Il a eu un triomphe de mime dans la scène du retour « entre deux vins », lorsque le directeur de la prison, dépouillant l'homme du monde, reprend ses fonctions avec autant de noblesse que de mal aux cheveux.

Mlle Descorval, qui ne paraît qu'au premier acte, a tenu le rôle de Mme Gaillardin non pas en excentrique, en « tête de linotte », genre Legault, ni en toquée, genre Lavigne, mais avec un certain sérieux tragique qui m'a paru dérouter une partie des spectateurs. Je me bornerai à leur faire observer que ce mode d'interprétation est obligatoire d'après le texte même du *Réveillon*. L'intention de parodie dramatique ressort nettement de la phraséologie prêtée par MM. Meilhac et Halévy au bel Alfred et à sa pseudo-complice. « Il y avait une fois une jeune fille et un jeune homme, la jeune fille... Tenez-vous à ce que je vous dise son nom, à la jeune fille?... »

C'est ainsi qu'Alfred commence le récit des amours d'antan, et Fanny lui répond : « Ayez pitié de moi. » Ainsi de suite. C'est ce qu'on peut appeler un rôle anoté en marge. Je ne vois pas comment la nouvelle Mme Gaillardin aurait pu en dénaturer le sens général. Elle s'est contentée de le rendre avec intelligence et mesure, sans trop le souligner.

Il me reste à nommer Mlle Berthou, une charmante Metella, et Mlle Bonnet qui porte fort crânement l'habit noir du prince Yermontoff, ce curieux pendant de l'Arthur du souper de la *Dame aux Camélias*.

ROBERT-LE-DIABLE (reprise)
Débuts de Mlle BRONVILLE et de M. WARMBRODT
Opéra, 3 janvier 1888

Intéressante reprise de *Robert le Diable* pour les débuts de deux jeunes échappés du Conservatoire. Mlle Bronville (rôle d'Alice) qui avait obtenu un premier accessit au dernier concours d'opéra, a fait preuve d'une rare intelligence scénique, et s'est montrée en réel progrès vocal. Si l'organe manque de puissance, sa pureté et sa fraîcheur augmentent la portée de l'émission, et c'est sans aucun parti-pris — on connaît d'ailleurs l'attitude traditionnelle, juste mais sévère des abonnés et des habitués de la salle Garnier — qu'on a acclamé la débutante après la romance du premier acte et le grand air du troisième.

M. Warmbrodt prenait possession du rôle de Raimbaud. Lui aussi tient bien la scène; c'est un ténor léger, d'une voix agréable et qui s'est tiré à la satisfaction générale — la sienne y comprise — du duo avec Bertram : « Ah ! le brave homme, ah ! l'honnête homme ! »

M. Duc interprétait Robert pour la première fois ; il l'a enlevé non pas de haute lutte — car il est admirablement doué pour cet emploi ardu et il ne lui manque guère que l'expérience des vieux Villarets de retour — mais de première attaque. Il a triomphé à force de crânerie résolue et de vaillante imprudence. M. Gresse (Bertram) a pris sa bonne part des honneurs de la soirée. On l'a chaleureusement applaudi après l'air célèbre : « De ma grandeur passée — de ma gloire éclipsée... »

Mme Lureau-Escalaïs est une Isabelle depuis longtemps acclimatée dans l'atmosphère de serre chaude de la partition de *Robert* et qui s'y épanouit en pleine floraison vocale. Le ballet des Nonnes, avec Mlle Lobstein pour nouvelle étoile, a retrouvé son succès habituel.

L'ANNIVERSAIRE DE MOLIÈRE

A la Comédie-Française et à l'Odéon, 15 janvier 1888

Pour le deux cent soixante-sixième anniversaire de la naissance de Molière, le *Rire de Molière* de M. Tiercelin qu'interprétaient à la Comédie-Française M. Dupont-Vernon et Mme Samary, se recommandait tout d'abord par son inspiration et ses origines.

C'est à la suite d'une lecture du chaleureux volume : *Molière et Bossuet*, où Henri de Lapommeraye a mis cette ardeur toujours juvénile et si communicative d'une critique savante sans pédanterie et moderne sans affectation, que M. Tiercelin a composé son à-propos.

Le décor de *Tartufe*. Au milieu de la scène, sur une demi-colonne, un buste voilé ; la scène est obscure. Tartufe entre mystérieusement, une lanterne sourde et un marteau à la main, et s'arrête devant le buste.

    Le voilà, cet ennemi puissant,
Ce baladin obscur dont l'outrage incessant
Nous poursuit, ce bouffon qui nous ridiculise ;
Qui sur tous, gens de loi, médecins, gens d'église,
Savants, riches, bourgeois, nobles, honnêtes gens
Enfin, s'acharne avec des rires outrageants !

Il saisit le marteau et va frapper le buste quand Dorinet sortant de dessous la table, — la table fameuse sous laquelle s'exaspère et en même temps s'attarde Orgon pendant le brûlant dialogue de Tartufe et d'Elmire — le saisit par son manteau. Il se dégage, fait un pas vers le buste et lève le bras. Dorine ouvre la lanterne et la dirige sur le visage de Molière qui semble s'animer. Tartufe recule, puis fait un bond en avant, le bras levé :

> Regarde, et maintenant que le voilà debout
> Dans la pleine lumière, ose donc jusqu'au bout.

Et Tartufe troublé, hausse les épaules, et Dorine rit avec le rire à trente-deux dents de Mme Samary, et l'homme à la lévite s'emporte contre le rire, la rieuse et les rieurs.

> Oui, le rire, toujours ! Bel argument, le rire !
> Vous excitez les gens par ce qu'ils ont de pire !
> Vous allez caressant leurs instincts les plus bas !

Et Dorine célèbre les bons rires gais, les jolis rires frais, les rires de vingt ans, « ces fleurs des lèvres roses ; » les rires aigus, les rires infinis et les rires immenses ;

> Qui tombent dans les cœurs, immortelles semences
> De la sagesse et du bon goût et du bon sens !

en rimes un peu trop riches, en métaphores un peu trop modernes — et Tartufe passablement romantique, lui aussi, Tartufe poursuivi par les huées du parterre, s'abat aux pieds de la statue du grand homme, tandis que Molière triomphe dans l'apothéose du rire.

L'auteur de l'à-propos représenté à l'Odéon est M. Albert Lambert, un des quasi-sociétaires de l'autre maison de Molière. Titre : *Une collaboration*.

Il s'agit de la collaboration de Corneille et de Molière dans *Psyché*. En composant la déclaration de l'amour à Psyché, Corneille s'est senti, à l'égal du Pyrrhus racinien brûlé de plus de feux qu'il n'en allumait. Bref il est tombé amoureux de Mlle Molière, si amoureux qu'elle ne peut résister à la tentation toute féminine de lui faire avouer cette flamme presque posthume. Eh bien, s'écrie Corneille :

> Et quand cela serait ! Je sais bien qu'à mon âge
> Il doit m'être interdit de tenir ce langage.
> Mais ne savez-vous point le pouvoir de ces yeux,
> Ne vous livre-t-il pas tous cœurs jeunes et vieux ?

Armande a quelque peine à prendre au sérieux « ce trait le plus noir de Cupidon ». Elle préfère au vieux poète normand le séduisant et triomphant Baron, ce Delaunay du grand siècle. Et Corneille irrité se venge par les strophes célèbres :

> Marquise, si mon visage
> A quelques traits un peu vieux,
> Souvenez-vous qu'à mon âge
> Vous ne serez guère mieux.
>
> ... Chez la race nouvelle
> Où j'aurai quelque crédit
> Vous ne passerez pour belle
> Qu'autant que je l'aurai dit.

On se pardonne cependant, et même on s'embrasse en Apollon. Corneille apporte la fin de *Pysché*, Armande, prenant par la main Molière et Corneille, termine la pièce par ces prédictions à coup sûr.

> Et l'admiration de l'avenir humain
> Vous joindra comme moi tous les deux par la main !

HYPNOTISÉ, par NAJAC et MILLAUD

Vaudeville en trois actes

Première représentation à la **Renaissance**, 6 janvier 1888

DISTRIBUTION : Toutenpain, *M. Maugé*. — Dubrocard, *M. Raimond*. — Leplâtreux, *M. Montcavrel*. — Quatrefils, *M. Bellot*. — Francine, *Mme Leriche*.

M. Toutenpain de Gluten, professeur d'hypnotisme animal au Jardin d'Acclimatation, cerveau érudit, cœur ardent, a séduit jadis, très jadis au temps où l'on n'avait pas encore inventé le charcotage humain, la femme d'un de ses amis, M. Leplâtreux, professeur de chinois au Collège de France. Leplâtreux a connu sa mésaventure, Leplâtreux l'a supportée, mais son veuvage même (qu'il a d'ailleurs mathématiquement compensé par un remariage) ne lui a pas fait pardonner à Toutenpain de Gluten. Et la science, qui lui doit tant, lui fournit l'occasion d'appliquer la loi du talion.

C'est au cours d'une conférence de l'illustrissime et modernissime docteur Quatrefils sur l'hypnotisme, conférence donnée à la salle des Capucines, que se présente cette occasion si patiemment attendue. Toutenpain s'étant révélé comme un « sujet » aussi malléable que la cire molle, Leplâtreux a l'idée infernale (*sic*) de lui suggérer de faire choir Mme Toutenpain sur le chemin de la vertu, bref, de lui donner un amant...

Tel est le point de départ de la pièce de MM. de Najac et Millaud. On voit les suites : Francine Toutenpain, femme vertueuse, malgré son faible pour un certain Honoré Dubrocard, se défendant contre les suggestions adultériformes ; Toutenpain reprenant (mais dans des conditions assez peu réjouissantes et avec l'inconscience d'un sujet « extériorisé » de lui-même) le rôle du mari dans *Le plus heureux des trois,* poussant l'amoureux dans les bras de la femme, le faisant rentrer par la fenêtre quand Francine l'a mis à la porte, l'installant dans la maison conjugale, bref, se donnant autant de mal pour « l'être » que d'autres pour ne l'être pas..

Francine se défend. Elle s'arrange même pour que Toutenpain surprenne Dubrocard à ses pieds. Mais Toutenpain tient à son inconscience. « Si c'était vrai, s'écrie-t-il, si c'était vrai, tu ne me le ferais pas voir. » Désespérée la jeune femme écrit une lettre où elle explique à Toutenpain les projets diaboliques de Leplâtreux. Or le professeur d'hypnotisme animal croit comprendre qu'on lui a suggéré de tromper la seconde femme de son collègue, il n'essaye même pas de résister : « Je suis hypnotisé, c'est fatal ! » Et il se dirige vers la maison Leplâtreux, laissant Francine, que commence à exaspérer la stupidité d'un pareil gâteux, en butte aux entreprises de Dubrocard. Quand il revient brusquement, déshypnotisé cette fois et rentré en possession de son individualité conjugale, il n'est que temps... Le plan Leplâtreux allait recevoir un commencement d'exécution.

Cette donnée physiologico-médicale a paru déplaisante à une forte partie du public. L'hypnotisme a fourni à M. Jules Claretie le sujet d'un roman intéressant ; il a inspiré et inspirera plus d'un fabricants de mélodrames ; les vaudevillistes n'en tireront jamais que des effets moroses. Mais Toutenpain, Maugé; Honoré Dubrocard, Raimond ; Leplâtreux, Montcavrel ; Quatrefils, Bellot ; Francine, Mlle Augustine Leriche, ont sauvé l'honneur du théâtre de la Renaissance.

OUVERTURE

DU THÉATRE D'APPLICATION

17 janvier 1888

—

C'était hier soir une grande date pour M. Bodinier, secrétaire de la Comédie-Française et en même temps homme de théâtre très passionné pour les progrès de l'art dramatique : ce qui n'est pas nécessairement ni toujours la « manie » prédominante des gens de théâtre. Il réalisait enfin un projet depuis longtemps caressé, mais que les bons petits camarades avaient souvent traité d'utopie : le Théâtre d'application : une scène d'essai où les élèves du Conservatoire, forcés jusqu'à présent de caboliner dans la banlieue (et même dans les cafés concerts) pourraient affronter les feux de la rampe, pour employer la métaphore classique, et s'aguerrir aux sifflets comme aux bravos. Cette scène d'essai — voire d'essayage, car on s'y habituera aussi à porter le costume — aurait pu et dû être créée au Conservatoire qui possède un admirable « petit local », la salle des concours à huis-clos. L'établissement du faubourg Poissonnière se refusant avec une énergie digne d'une meilleure cause à être autre chose qu'une grande école musicale et metttant la déclanation au nombre de ces gros péchés dont on ne s'accuse qu'aux jours de confession publique, je veux dire pendant les concours de juillet, la création du théâtre Bodinier s'imposait...

La salle, tout intime, se trouve rue Saint-Lazare, au bas de la pente du quartier des Martyrs. Pour le détail, se reporter à la description très exacte donnée dans le *Soir*, par Eugène Fraumont. « La salle, par elle-même, est plutôt longue, avec une vingtaine de rangées de fauteuils; au fond, en l'air, une rangée de loges; à gauche, une autre loge, la loge officielle. Des glaces, des ornements sur des murs peints en bistre clair et gris perle, des lustres, des draperies en velours la décorent élégamment et gaiement. La scène est minuscule, mais les décors sont jolis et les costumes sont propres. Le rideau de fer, peint par Mlle Abbéma, et représentant les Français et l'Odéon en perspective, avec un jardin sur le premier plan et les principaux personnages du théâtre, ne se lève pas, mais s'abaisse, ce qui, l'acte terminé, fait un effet bizarre; on croit qu'il va couper la tête aux artistes en scène. »

M. Cocheris, un jeune premier qui me paraît le sous-Delaunay de la scène dirigée par M. Delaunay, car c'est le Fortunio émérite de la Comédie qui jardine en chef les plates-bandes de cette pépinière de Fortunios en herbe ou en gerbe, a récité un à-propos de M. Théodore de Banville.

> Comme dans la maison dont l'éclat nous attire,
> Nous vous rendrons ici le grand passé lointain,
> Racine, à qui l'amour a conté son martyre,
> Et Corneille au grand cœur, plus fort que le destin.
> Nous vous donnerons tout, l'esprit et le génie ;
> Hugo, prodigieux sous la pourpre et les fleurs ;
> Augier, dans sa virile et superbe ironie ;
> Musset, dont le sourire est tout mouillé de pleurs.
> Mesdames, cependant, vous que Paris admire,
> Vous sans qui rien n'est vrai, ni juste, ni complet,
> Nous serons, comme dit Tartuffe, aux pieds d'Elmire,
> Heureux, si vous voulez ; malheureux s'il vous plaît.

Le spectacle d'ouverture se composait du *Dépit amoureux*, du *Mariage forcé*, d'un acte d'*Horace* et d'un acte des *Plaideurs*. On a fait un succès fort légitime à M. Arnaud, Sganarelle ; à Mlle Guernier, Marinette, et à une tragédienne bien douée, Mlle Bailly.

MADEMOISELLE CRÉNOM

par JAIME et G. DUVAL, musique de VASSEUR

Opérette en 3 actes

Première représentation aux Bouffes-Parisiens
19 janvier 1888

—

DISTRIBUTION : Serpin, *M. Cooper*. — Vincent, *M. Montrouge*. — Alexis, *M. Piccaluga*. — M. Hotard, *M. Scipion*. — La Guirlande, *M. Jannin*. — Juliette, *M*ᵐᵉ *Grizier-Montbazon*. — M*ˡˡᵉ* Chipoix, *M*ᵐᵉ *Macé-Montrouge*. — Sophie, *M*ᵐᵉ *Gilberte*. — *M*ᵐᵉ Hottard, *M*ᵐᵉ *Toudouze*. — Justine, *M*ᵐᵉ *Desgenets*.

Vous rappelez-vous l'explication du mariage de la comtesse Woiska, telle que la donne Mᵐᵉ Céline Montaland au début de la *Souris* : « Clotilde est bien la fille de mon premier mari, mais c'est mon second qui l'a mariée. » Et Mᵐᵉ Samary murmure, interloquée : « Mon premier, mon second..., c'est une charade. » Il y a un peu et même beaucoup de cette charade dans l'histoire de la « veine » de l'entreprise des Bouffes. Issue d'un premier et fécond mariage de l'ancienne salle Comte avec l'opérette, elle n'a trouvé un établissement solide, elle n'a été réellement mariée avec le succès que par le second époux de sa vieille maman : le vaudeville.

Imitations de la *Mascotte* ou reprise de la *Timbale d'argent*, l'ancienne formule a toujours échoué pendant un lustre presque entier. En revanche, le vaudeville, sous sa forme ancienne — la forme chère à nos pères et même à nos grands-papas — le vaudeville à ariettes, à couplets de facture, à chœurs d'entrée et de sortie, à duos roucoulés entre deux portes, à sérénades pour entresols et à partitionnette de chambre garnie, le classique, traditionnel et légendaire vaudeville a fait des prodiges de sauvetage. *Joséphine vendue par ses sœurs* était un vaudeville exubérant (doublé d'une excellente parodie). *Mademoiselle Crénom* est un autre succès et qui peut, et qui doit durer.

Plus de souverains d'opérettes gâteux, plus de premiers ministres déliquescents : du modernisme peint à la détrempe, de la bonne grosse gaîté brassée à la bonne franquette, bref, du Paul de Kock agrémenté de quelques fredons du caveau, telle est la pièce qu'ont voulu nous donner MM. Georges Duval et Jaime fils.

Au premier acte nous sommes à la campagne, — aux Ormes, dit le livret, — dans le jardin du capitaine Vincent, un vieux brave retraité. Il a une nièce, Juliette, élevée en garçon, et à qui sa passion pour les jurons caractéristiques a valu le surnom de « Mademoiselle Crénom ». En vain, pour lui faire perdre cette fâcheuse habitude, le capitaine Vincent l'a-t-il confiée aux soins d'une institutrice des plus renommées : « Mme Chipoix, *boarding school for young ladies,* » là comme ailleurs la jeune lady est redevenue en quelques jours miss Crénom et s'est fait mettre à la porte, à la suite d'une escapade.

Au fond du jardin où est installée la pension Chipoix, se trouvent deux pavillons qu'habitaient Juliette et son amie Sophie Hotard. On a vu, certain soir, un jeune homme sortir furtivement d'un de ces pavillons. Duquel? Évidemment de celui qu'occupait Mlle Crénom, car Sophie Hotard est un ange de candeur et paraît d'autant plus insoupçonnable qu'elle va se marier avec un bon jeune homme, presque quadragénaire, du nom de Serpin.

On a fait comparaître Juliette Vincent devant le tribunal de famille composé par Mlle Chipoix et ses sous-maîtresses; on l'a interrogée, démasquée, et elle s'est laissée renvoyer, bien que le jeune homme, un lieutenant du nom d'Alexis, soit venu non pour elle, mais pour Sophie, qui l'aime, qui l'adore, et à qui il voulait faire de suprêmes adieux.

Juliette mise à la porte et rentrée chez son oncle, et Sophie Hotard, dont le dernier jour de liberté a sonné, se retrouvent aux Ormes car le papa Hotard est frère d'armes du capitaine Vincent et lui fait l'honneur de lui emprunter sa maison de campagne pour célébrer la noce. Mlle Crénom combine aussitôt le plan le plus machiavélique.

Pour débarrasser son amie d'un prétendant odieux, elle compromettra Serpin.

Première manœuvre : Juliette emprunte à Sophie la photographie de Serpin, la cache dans son corsage et simule un évanouissement. Le capitaine se précipite et ramasse le portrait tombé du corsage de sa nièce. Deuxième manœuvre (on voit bien qu'il s'agit d'une famille, d'une jeune fille et d'une pièce toutes militaires !) Elle pénètre dans la chambre à coucher de Serpin pendant que le prétendant est encore au lit. Cette fois, plus de doute pour le capitaine. Serpin, le fiancé de Sophie Hotard, était déjà l'amant de Juliette Vincent. C'est lui le nocturne visiteur du pavillon Chipoix. Il le dénonce publiquement devant les invités réunis pour la signature du contrat et le somme d'épouser Mlle Crénom.

Le bon jeune homme exaspéré refuse, bien que Juliette lui plaise presque autant qu'il plaît à Juliette... Car elle a été prise au piège, Mlle Crénom, elle s'est « emballée » pour le brave garçon qu'elle a mis dans une situation si ridicule, et avec une colère dépitée elle fredonne ou plutôt elle grince l'air antique et solennel : « J'ai du bon tabac dans ma tabatière... J'ai du bon tabac, tu n'en auras pas... »

C'est en effet, à la recherche de la tabatière, du tabac et de la marchande que s'acharne, au troisième acte, le prétendant congédié de Mlle Hotard, pénètre dans le pensionnat Chipoix où l'on a réintégré la nièce du capitaine Vincent. Ici un hors-d'œuvre assez réussi, bien qu'il rappelle un peu trop les *Mousquetaires au couvent* et la *Lycéenne*, le tableau de l'école régénératrice fondé par Mlle Chipoix, une repentie, qui se voue à la réfection physique et morale des « désabusées » précoces. Escrime, boxe, économie sociale, rien n'y manque. Mais ces exercices variés n'ont plus aucun charme pour Juliette. Mlle Crénom a été mordue au cœur par une passion sérieuse. Elle a subi une transformation aussi profonde que celle de la Béatrix de *Beaucoup de bruit pour rien*, avec qui elle offre de certains rapports de cousinage (Tout rappelle tout, et Paul de Kock n'est pas indigne de marcher dans l'ombre de Shakspeare). Bref, quand l'occasion se présente d'avouer à Serpin qu'elle l'aime, Mlle Crénom saisit l'occasion. Le capitaine bénit les deux amoureux, et la toile tombe.

Sur ce joyeux vaudeville, M. Léon Vasseur a écrit une partition qui n'ajoutera rien à sa gloire mais qui ne saurait nuire à la fortune du livret. M. Piccaluga a chanté en véritable baryton d'opéra comique la romance « Elle est charmante », et les couplets: « Enfin nous sommes seuls. » Mme Grisier-Montbazon, une demoiselle Crénom d'une allure fort amusante et en même temps d'une sobriété appréciable, a tiré un bon parti des couplets fort joliment contrastés : «Ah ! sacré nom, c'est bien heureux, » du premier acte, et : « Quel est le secret qui trouble mon être, » du troisième.

Mlle Gilberte très en beauté dans le blanc costume de fiancée de Sophie Hotard, Mme Macé-Montrouge, la directrice du pensionnat régénérateur, son mari, bien grimé en Vincent Ramollot, forment un ensemble très homogène. Quant à M. Cooper (Serpin), prêté par les Variétés, il a eu triple succès ; de bon garçonnisme : on ne reçoit pas de meilleures grâce une demi-douzaine de tuiles à peine espacées ; de sommeil élégant : impossible de rester plus gracieux en dormant la bouche ouverte ; enfin de costumage savant : on n'imagine rien de plus ingénieux que le caleçon noir à pois blanc qui lui permet de sauter hors du lit sans effaroucher la pudeur de Mlle Crénom.

LA STATION CHAMPBAUDET

par Labiche et Marc-Michel

Comédie-vaudeville en 3 actes

Distribution : Arsène, *M. Raimond.* — Paul Tacarel, *M. Galipaux.* — Lotrinquier, *M. Montcavrel.* — Garambois, *M. Bellot* — Durozoir, *M. Gildès.* — Mme Champbaudet, *Mme Mathilde.* — Nina Letrinquier, *Mme Rolland.* — Caroline, *Mme Patry.* — Victoire, *Mme Jolly.*

LE CHOIX D'UN GENDRE (reprise),

par Labiche

Comédie en un acte

Renaissance, 14 janvier 1888

Distribution : *MM. Delaunay, Regnard, Mlle Corlin.*

Le Vaudeville de Labiche et Marc Michel que la Renaissance a remis à la scène pour parer à l'insuffisance du *Roi Koko* et à la brusque disparition d'*Hypnotisé*, a déjà un quart de siècle. Cette bouffonnerie fut représentée pour la première fois au théâtre du Palais-Royal le 7 mars 1862 Lassouche, Gil-Pérès, L'héritier, Pellerin, Mme Thierret remplissaient les principaux rôles. C'est un des bons vaudevilles de Labiche, bâti sur une donnée des plus simples. La station Champbaudet est l'appartement de Mme veuve Champbaudet, quinquagénaire inflamable, chez qui vient chaque jour un jeune architecte du nom de Tacarel, pour prendre la commande du mausolée de feu Champbaudet. Or, le mausolée Champbaudet n'est qu'un prétexte. Tacarel est amoureux d'une femme mariée, Mme Aglaé Garambois, qui occupe l'appartement au-dessus, et Tacarel explique ainsi sa petite combinaison :

« Sous prétexte de mausolée, j'ai fait la connaissance de la veuve... Son petit local m'est très commode. Avant de monter au troisième, je m'arrête au second... C'est ma station... la station Champbaudet... Dix minutes d'arrêt Je donne le signal avec ceci... et j'attends la réponse... Quand M. Garambois, son mari, est sorti, Aglaé joue sur son piano : *J'ai du bon tabac...* et je monte.
— Quand il est là-haut, et que je ne dois pas monter, elle joue « *Marie trempe ton pain dans la sauce...* »

On devine quel imbroglio peut s'emmêler autour de cette extravagance, Tacarel étant prétendant à la main d'une jeune héritière, Caroline Letrinquier, en même temps que postulant au... déshonneur d'Aglaé Garambois et au mausolée Champbaudet. Le second acte qui se passe dans le salon des Letrinquier est d'un comique très franc. Mais la partie la plus solide et en même temps la moins gaie de la *station Champbaudet* est l'étude du personnage de Mme Champbaudet, la veuve ardente et prétentieuse, sentimentale et en même temps, et surtout réellement sensible qui prend feu pour le sémillant architecte.

Que de traits de mœurs qui appartiennent à la comédie, presque au drame, dans la peinture de cette incandescente quinquagénaire ! Quand Tacarel, contraint, pour corser son prétexte architectural, de serrer de près Mme Champbaudet, la voit danser de joie comme une petite folle et s'écrie : « C'est criminel de faire sautiller ainsi une femme d'âge, » nous sommes un peu de son avis, et l'étude de mœurs nous paraît vraisemblable, mais d'une vraisemblance cruelle. Quand elle-même, se croyant fiancée au jeune Tacarel, s'écrie à son tour : « Je vous quitte, pour un instant... je vais faire part à mes amies de pension de la nouvelle, de la grande nouvelle... Ah ! je n'ai que vingt-cinq ans. » cette émouvante exclamation nous fait passer aux plus mélancoliques études de Balzac, notamment à la vieille fille du « cabinet des antiques ».

Ajoutez à ces remarques, d'une exactitude si facile à vérifier, le caractère tragique du troisième acte où Mme Champbaudet, dénonçant Tacarel au mari menacé, sinon encore outragé, prend l'attitude de la Roxane de *Bajazet*... Il n'est pas gai, ce troisième acte pris « en soi », comme diraient les philosophes allemands. Pour le maintenir dans la sphère de vaudeville, il faut une interprétation qui sauve, à force de gaieté et de rondeur joviale, les côtés tristes ou sévères de l'étude de mœurs. M. Raymond, superbe de bonhomie ahurie dans le rôle du domestique Arsène, M. Galipaux plein de verve sous la jaquette de l'architecte Tacarel, enfin et surtout Mme Mathilde dont la franche belle humeur, l'entrain toujours juvénile, remplissent le premier et le dernier acte, ont amplement suffi à cette tâche plus délicate qu'on ne croirait au premier abord de jouer comiquement un « vaudeville de mœurs ».

La soirée commençait par la reprise du *Choix d'un Gendre* que Labiche et Delacour intitulaient modestement « pochade en un acte », mais qui est un bon vaudeville du vrai crû gaulois. M. Trugadin, négociant, teinture et chinage sur coton, laine et soie, 5, rue du Mail, a eu la douleur de marier... désastreusement sa première fille. On lui avait cependant fourni les meilleurs informations sur son gendre. Pierre, Paul, Jacques et le notaire de Trugadin lui avaient dit avec ensemble: « Oscar, charmant jeune homme ! Charmant ! charmant ! » Or Oscar joue, découche et refus obstinément de venir manger sa soupe en famille le dimanche. Aussi, pour sa seconde fille,

Trugadin s'est-il juré de prendre des renseignements lui-même. Il s'est placé comme valet de chambre chez Emile de Montmeillan, qui brigue la main d'Hermance sans avoir encore été présenté.

Excellent moyen pour l'étudier de près. Mais les apparences peuvent être trompeuses, même pour le valet de chambre d'un prétendant. Si, au début, Trugadin est enchanté du jeune homme, qui ne fume pas, ne joue pas, n'a pas de liaisons dangereuses, tout se gâte une certaine matinée de carnaval où M. de Montmeillan rentre avec un faux-nez et une petite actrice qui joue le Génie du feu dans une féerie de la Porte-Saint-Martin.

Trugadin tombe du haut de ses illusions, mais ne tarde pas à se relever courageusement. Emile, qui n'est pas Joseph, lui plaît cependant tel quel, et d'ailleurs il ne veut pas perdre les fruits du travail servile dans la maison où depuis huit jours, il frotte, époussète, monte du charbon de terre et boit du vin d'office. Il se dévoue à rompre la chaîne illégitime, ou plutôt il fait la première mise de fonds d'un lâchage à l'amiable : cinq mille francs d'indemnité. En vain M. de Montmeillan qui trouve son valet de chambre un peu trop envahissant, paie-t-il cet excès de zèle du classique coup de pied sur les basques de la livrée. « Dans mes bras, s'écrie le papa d'Hermance.... Ce petit mouvement d'impatience m'a été droit au cœur. » — Et, venu en domestique, il part en beau-père au bras du gendre de son choix.

On a réentendu avec plaisir, grâce à Raymond, à Delannoy et à Mme Cantin, cette bouffonnerie qui contient d'ailleurs un rôle accessoire d'une bonne venue, invieillissable comme la plupart des charges de la gent cabotinante: Mandolina, l'étoile des théâtres de féeries, Mandolina est d'une bêtise naturelle et largement caractérisée; elle prend pour argent comptant cette note perfide, d'un courriériste : « On parle de l'engagement de Mme Mandolina par la Russie. Cela ne surprendra personne, car il est dans la destinée de certains oiseaux voyageurs d'émigrer vers le Nord. » Elle songe aux hirondelles et se trouve cruellement déçue quand Trugadin lui fait cette révélation d'histoire naturelle : « Elles vont dans le Midi, les hirondelles. Ce sont les grues qui vont dans le Nord. » N'est-il pas encore typique, ce dialogue de Montmeillan et de Mandolina : « L'art est un sacerdoce. Quand on se sent là une étincelle de feu sacré, on travaille, on creuse ses rôles!... — Mais puisque j'ai mon costume ! »

C'est dans le relief de ces figures caractéristiques, très vues, en quelque sorte vécues, que se trouvent la supériorité du répertoire de Labiche et ses chances de survie. Il convient de les noter au passage quand elles reparaissent au grand jour de la rampe.

DÉCORÉ, par Henri MEILHAC
Comédie en 3 actes
Première représentation aux **Variétés**, 27 janvier 1885
—

DISTRIBUTION : Edouard, *M. Dupuis*. — Colineau, *M. Baron*. — Le domestique, *M. Lassouche*. — Le sous-préfet, *M. Daniel-Bac*. — Mᵐᵉ Colineau, *Mᵐᵉ Réjane*. — La comtesse, *Mᵐᵉ Crouzet*.

Préambule à plusieurs fins. Il n'est pas inutile de prévenir que *Décoré* n'a été écrit ni pour les petites filles, ni même pour les très jeunes femmes, trop proches des fruits permis pour avoir le droit de s'intéresser au fruit défendu. En revanche, les « arrivés » sinon les « revenus » de la vie battant son plein dans l'épanouissement de la maturité (cette périphrase aimable s'applique à la sélection boulevardière déjà d'un certain âge, mais pas encore d'un âge certain en vue duquel a été composé presque tout le répertoire psychologico-physiologique de Meilhac) y trouveront un plaisir extrême.

Après s'être trompés ou failli tromper l'un l'autre pendant deux actes trois quarts, Monsieur et Madame se réconcilient, celui-ci dans son remords effectif, celle-là dans son repentir platonique. Pressentie ou réalisée, l'infidélité est le terrain qui les divise le moins ou qui les rapproche le plus... Qu'il y ait encore un peu et même beaucoup de corruption moderniste dans ce tendre rapapillottage conjugal suivant un tripatouillage du contrat (pour parler la belle langue qui sera demain celle de l'Académie), je me garderai bien de le nier. Mais les apparences sont sauvées. N'est-ce pas l'essentiel ?

Et maintenant, à la pièce, car on a eu le temps de faire sortir les enfants pendant que je m'attardais à ces considérations préventives, encore que laudatives et même admiratives. Au lever du rideau nous sommes chez Colineau, riche propriétaire, éleveur distingué, que la belle venue de ses Durham a mis en posture d'obtenir le ruban rouge, s'il consentait à le solliciter. Mais Colineau a plusieurs bonnes raisons pour ne pas tenir à ce hochet de la vanité. Un sien oncle, également agronome, qui doit lui léguer deux cent mille livres de rente, et à qui les Durham n'ont rapporté aucune distinction honorifique, ne manquerait pas de le déshériter, s'il le voyait trop avant dans les faveurs gouvernementales. En outre Colineau, *gentleman farmer*, qui exerce à distance, c'està-dire à Paris, s'intéresse moins aux Durham qu'aux petites femmes, dans l'acception la plus large du pluriel cupidonesque — car, pour sa femme légitime, la charmante Mme Colineau, il la néglige, et croit même lui faire plaisir en la catégorisant dans la classe de l'élevage neutre : « Tu es froide, lui dit-il à brûle corsage... Si, si, tu es froide, je m'en suis bien aperçu... »

Or Mme Colineau, qui hausse les épaules avec un dédain apparent quand son agronome de mari lui tient ces propos impertinents, Mme Colineau traverse justement une période critique. Elle est serrée de près, révérence parler, par un ami intime de son mari, du nom d'Edouard d'Andresy qui a même poussé l'audace jusqu'à lui proposer de l'accompagner quand elle irait voir sa tante de Barentin... et de faire une station à Harfleur. « Je l'ai chassé, murmure l'inflammable Mme Colineau — un volcan sous la neige — mais je ne me suis pas assez indignée... Une honnête femme et qui n'aime pas, doit s'indigner avec plus de vigueur ! » Bref, prise de scrupule, elle fait à son mari la confession qui a déjà tant servi au théâtre. Elle lui avoue — sans nommer d'Andresy — que, si elle a eu la force de lui rester fidèle jusqu'à présent, elle commence à courir de grands dangers.

Une fois de plus se confirme la justesse de cette variante du proverbe : « Un imbécile averti vaut... deux imbéciles. » Colineau n'attache qu'une importance secondaire à la confession de sa femme ; il pousse même le manque de tact, joint à l'indélicatesse des procédés conjugaux, jusqu'à profiter de l'aveu pour envoyer à Barentin la malheureuse névrosée, si peu sûre de ses tenants et aboutissants. Et pourquoi l'envoie-t-il à Barentin — sur la ligne où se trouve le redoutable « au delà » d'Harfleur ?

— Tout simplement pour faire de son côté et sur la ligne de Lyon un stationnement criminel à Mâcon, avec une certaine comtesse romaine, qui a un besoin urgent, avant de rentrer dans ses terres, d'échanger quarante mille francs de factures en souffrance contre même somme d'amour comptant.

Décidément Colineau est trop bête, et Mme Colineau — Henriette dans l'intimité — renonce à lutter. Elle part pour Barentin. Qui l'aime la suive ! Bien entendu Édouard d'Andresy ne laisse pas perdre une occasion si favorable, et le rideau tombe sur un quadruple départ en partie double.

Tel est le début de *Décoré*. On devine quel sera le second acte, étudié au point de vue psychologique. Mme Colineau est une femme de trente ans qui commet ou va commettre sa première faute. Or, à vingt ans, l'amour d'une femme est une romance où murmure un rapide et léger accompagnement. A vingt-cinq ans, la mélodie, plus ample, prend les proportions d'un air de bravoure. Mais, au delà de trente ans, la passion ne se contente plus d'une seule ariette et, débordant les étroites limites du morceau brillant, elle s'épanouit dans le développement symphonique.

Donc, le public prévoit et Mme Colineau pressent tout un petit roman voluptueux, l'andante ému des frémissements et des angoisses, le trouble de la femme du monde qui, en passant le seuil d'une chambre d'aventure, laisse derrière elle, dans la nuit et dans l'inconnu, dans l'isolement et le danger, l'ombre apeurée de son honneur. Elle frissonnera tout entière penchée sur l'épaule d'Édouard d'Andresy, lui confiant, à défaut de paroles, l'aveu haletant de son cœur, qui bat à coups redoublés. Elle étendra la transition sous le coup de la menace voluptueuse et de cette brutalité d'approches que dissimule mal l'amant le plus respectueux ; elle mettra la seule pudeur qui lui soit permise sans ridicule dans les câlineries qui font gagner du temps et dans ces tendresses alanguies qui retardent la chute tout en la rendant plus sûre ; elle luttera sur le bord même du précipice jusqu'au moment où elle sentira la tentation irrésistible et la fièvre attirante, le vertige de la chute...

Eh bien, pas du tout. Aucune des prévisions du public, aucune des espérances frissonnantes de Mme Colineau ne se réalisent. C'est la surprise savante et tout à fait théâtrale, d'un métier raffiné et d'un art exquis, de la pièce d'Henri Meilhac. Edouard d'Andresy, qui a la passion, voire la manie du sauvetage, ne s'est-il pas jeté à l'eau pour sauver un pêcheur à la ligne, pendant le trajet de la gare à l'hôtel ! On l'a retiré ruisselant, grelottant ; c'est dans cet équipage qu'il échoue en plein garni de l'adultère, au bras de Mme Colineau qui l'accable de reproches : « En un pareil moment, risquer sa vie... Si vous aviez péri, on m'aurait conduite chez le commissaire. C'est trop fort ! Ah ! je me disais en moi-même, pendant que vous disparaissiez sous l'eau : Je lui donne cinq minutes... Si, dans cinq minutes, il n'est pas là, je repars... Vous en étiez quitte pour mourir, mais moi ? Qu'est-ce que j'aurais fait toute seule, pendant que vous vous seriez dit : J'ai amené cette femme, je l'ai compromise... me voilà noyé... Eh ! qu'elle se débrouille !... »

La colère de Mme Colineau prend des proportions tragiques et elle ne parle plus que de repartir quand un hasard l'a mise en présence d'un domestique qui la veille même s'était présenté chez elle, à Paris, comme valet de chambre. Edouard ne trouve rien à objecter, — rien que des larmes. A vrai dire, la réplique est bonne, car Mme Colineau est sensible ; elle s'attendrit, et l'honneur de l'agronome recommence à courir des risques bien sérieux, lorsqu'on entend des rugissements ; un lion de Bidel, en représentation dans la ville s'est échappé et parcourt l'hôtel. L'homérique Edouard n'hésite pas ; il se précipite sur son parapluie et roue de coups le fauve **pacifique, réfugié dans une chambre de l'hôtel, car il a peur de son ombre.**

Pourtant, dans l'ardeur de la lutte, le paletot du sauveteur a subi de notables accrocs. Il revient en bonne posture héroïque, et quelle femme peut se défendre contre les récidives de l'héroïsme ?

Mᵐᵉ Colineau va définitivement céder : « — Je t'adore ! Nous ne partons plus ! — Soupons, alors ! répond Edouard qui a fait préparer une collation. — A quoi bon souper ? murmure-t-elle, fascinée. » Mais la porte s'ouvre. Le sous-préfet apporte au bel Edouard « les félicitations du gouvernement de la République ». L'hôtel contenait « un prince ami de la France », un Sénégambien dont l'héroïsme d'Edouard a protégé les jours précieux au titre le plus international. Et, par le télégraphe, le ministre a décoré M. Colineau... Car ce ne peut être que M. Colineau qui se trouve la nuit dans une chambre d'hôtel avec Mᵐᵉ Colineau certifiée authentique par le témoignage du domestique Léopold.

Edouard accepte tout, pêle-mêle, les félicitations et la croix pour éviter le scandale. Mais que va dire Colineau quand il apprendra la nouvelle ? Comment expliquera-t-il cette distinction honorifique qu'annoncera demain l'*Officiel ?* Il faut rentrer sans retard à Paris, afin de parer ce coup du sort. Et la partie de plaisir adultère prend brusquement fin avant d'avoir passé outre aux bagatelles de la porte.

Au lever du rideau du troisième acte, arrivée haletante de Mme Colineau :

— Où est Monsieur? demande-t-elle à la femme de chambre.

— Monsieur est sorti, hier après Madame, en emportant une fausse barbe et des lunettes, et il n'est pas rentré.

— Que signifie cette fugue? pense Henriette. Il nous aurait donc suivis? Nous sommes perdus alors.

Mais elle ne tarde pas à se convaincre que Colineau n'a eu aucun soupçon. Et allant droit à son mari, quand il reparaît, gavé d'amour et d'école buissonnière, elle lui met sous les yeux le numéro d'un journal normand qui raconte ses hauts faits d'Harfleur en ajoutant qu'il était accompagné d'une femme charmante. Colineau croit rêver et ses remords joints à son ahurissement l'aident à se convaincre qu'un voyageur quelconque a pris son nom pour accomplir des exploits variés. Il se décide même à faire l'aveu de sa faute et à demander son pardon. Mme Colineau triomphe à force d'audace. Mais, comme le bel Édouard veut tenter de renouer l'intrigue :

— Non, mon ami. Deux personnes qui se sont... manquées ne se rejoignent pas. Nous nous sommes... manqués... Restons bons camarades.

Et elle part le soir même en petit voyage de noces avec son mari...

Tout n'est pas absolument nouveau dans le parti pris psychologique qui sert de donnée à *Décoré*. Les revirements consécutifs et contradictoires d'Henriette Colineau, c'est le pendant féminin du va-et-vient passionnel du vicomte de Bois-Flotté de la *Petite Marquise* (mais pourquoi M. Meilhac n'aurait-il pas le droit de se piller lui-même ?) et c'est encore la mise au point comique du mouvement de lacet exécuté par la Renée de Zola avec de tragiques soubresauts.

Il y aurait aussi quelques réserves à faire sur le « risqué » de certaines situations très physiologiques et notamment sur la moralité de ce dénouement qui nous montre le mari chaud encore, si j'ose m'exprimer ainsi, de l'adultère très réalisé avec la comtesse italienne, la femme encore palpitante des étreintes audacieuses du bel Édouard, se réconciliant dans le coupé-lit du voyage à Rome; mais n'insistons pas sur ces images contestables et ne songeons pas plus au quatrième acte de *Décoré* qu'au sixième de *Denise* ou de la *Souris*. La vérité est que le public a fait le plus chaud accueil à une pièce vraiment théâtrale, éminemment parisienne, et bourrée de « mots » tous boulevardiers.

Dupuis est d'une bonhomie inimitable sous les travestissements variés du bel Édouard (le second acte est en trois redingotes : une trempée, une déchirée, la dernière bourgeoise et confortable). Baron joue en comique de premier ordre le rôle difficile du mari. Il est Colineau sans être Calino et ce n'est pas un petit mérite. Lassouche en domestique et Daniel Bac en sous-préfet gardent aussi la juste mesure. Mlle Crouzet a nuancé et ponctué fort habilement les répliques croustillantes de la comtesse italienne. Quant à Mlle Réjane (Mme Colineau) elle a joué avec un remarquable mélange de naturel et de fantaisie auquel n'a guère manqué que le très peu, le tout petit peu de chatterie voluptueuse d'une Chaumont ou d'une Judic.

LA DAME DE MONSOREAU
paroles d'A. Maquet, musique de G. Salvayre

Opéra en 4 actes et 7 tableaux
Première représentation à l'**Opéra**, 30 janvier 1888

Distribution : Bussy, *M. J. de Reské*. — Monsoreau, *M. Delmas*. — Henri III, *M. Bérardi*. — Duc d'Anjou, *M. Ibos*. — Saint-Luc, *M. Muratet*. — Aurilly, *M. Dubulle*. — Quélus, *M. Martapoura*. — Entraguet, *M. Téqui*. — Chicot, *M. Balleroy*. — Gorenflot, *M. Bataille*. — Maugiron, *M. Sapin*. — D'Epernon, *M. Warmbrodt*. — Schomberg, *M. Boulens*. — Livarot, *M. Lambert*. — Ribérac, *M. Crépaux*. — Luhurière, *M. Malvaut*. — Bonhomet, *M. Voulet*. — Un huissier, *M. Giraud*. — Diane, *M*^{me} *Bosman*. — Jeanne, *M*^{me} *Sarolta*. — Gertrude, *M*^{me} *Maret*. — Un page, *M*^{me} *Canti*.

On se rappelle l'énorme succès du roman d'Alexandre Dumas, la popularité du héros de cette œuvre compacte : Chicot, le fou du roi, langue de vipère, fine lame et brave cœur ; Gorenflot, le moine émeutier et goinfre, sorte de Pantagruel mâtiné de Prudhomme, toujours prêt à savourer un bon morceau et à donner une bonne leçon au gouvernement ; la belle Diane de Méridor convoitée par le duc d'Anjou, enlevée par le sire de Monsoreau, consolée par le sire de Bussy jusqu'au moment où « monseigneur d'Amboise » est méchamment mis à mort par trois douzaines de malandrins dont la moitié reste sur le carreau ; le duc d'Anjou prince aux deux nez, Henri III et ses mignons, etc. etc.

Ce personnel considérable et tel que Dumas père, grand remueur de masses, régisseur prédestiné du mélodrame historique à innombrables comparses aimait à le mettre en mouvement, avait pu prendre place tout entier dans le drame qui tint pendant tant de mois l'affiche de l'Ambigu ; sur une scène populaire on avait donné le premier rôle à Chicot (qu'incarnait Mélingue) et qui devenait le protagoniste des cinq actes fort habilement découpés par Auguste Maquet, Gorenflot étant aussi du premier plan et encore Henri III, fort curieusement dessiné.

En faisant de la *Dame de Monsoreau* un drame lyrique, il a fallu consentir quelques sacrifices, notamment celui de Chicot et de Gorenflot, qui redeviennent des personnages épisodiques. L'action se trouve concentrée entre Diane de Méridor (Mme Bosman), le sire de Monsoreau (Delmas), le duc d'Anjou (Ibos) et de Bussy (Jean de Rezké). Sur ce dernier se sont portées toutes les complaisances des librettistes ainsi que se portait du reste toute l'admiration de Dumas père, fort « emballé » comme nous dirions maintenant pour ses personnages. On en jugera par le portrait de ce héros de cape et d'épée, tel qu'il est tracé dans la *Dame de Monsoreau*, portrait si naïf qu'il en devient touchant, car il donne la note exacte du romantisme de Dumas.

« C'était un beau cavalier et un parfait gentilhomme que Louis de Clermont, plus connu sous le nom de Bussy d'Amboise, que Brantôme, son cousin, a mis au rang des grands capitaines du XVIe siècle. Nul homme, depuis longtemps, n'avait fait de plus glorieuses conquêtes. Les rois et les princes avaient brigué son amitié. Les reines et les princesses lui avaient envoyé leurs plus doux sourires, Bussy avait succédé à La Môle dans les affections de Marguerite de Navarre ... Mais au milieu de tous les succès de guerre, d'ambition et de galanterie, Bussy était demeuré ce que peut être une âme inaccessible à toute faiblesse humaine, et celui-là qui n'avait jamais connu la peur, n'avait jamais non plus, jusqu'à l'époque où nous sommes arrivés du moins, connu l'amour. Ce cœur d'empereur, qui battait dans sa poitrine de gentilhomme, comme il disait lui-même, était vierge et pur, pareil au diamant que la main du lapidaire n'a pas encore touché et qui sort de la mine où il a mûri sous le regard du soleil. Aussi n'y avait-il point dans ce cœur place pour les détails de pensée qui eussent fait de Bussy un empereur véritable. Il se croyait digne d'une couronne et valait mieux que la couronne qui lui servait de point de comparaison. »

C'est aux palpitations amoureuses de ce « cœur d'empereur » battant « dans une poitrine de gentilhomme » qu'est consacré presque tout le livret d'Auguste Maquet. Le drame passionnel y tient une place considérable — si considérable qu'ainsi mise au point lyrique, resserrée, tassée, l'histoire de Diane de Méridor, du triste sire de Monsoreau et du brave Bussy abattu d'un coup de feu au moment où il va enlever sa belle (car on a supprimé les trois douzaines de rapières d'un si bel effet à la Porte-Saint-Martin), ressemble extraordinairement à la mésaventure de Mme Diane de Lys, de son époux morose et du peintre aussi galant qu'infortuné qu'abat également un coup de pistolet à l'instant où il va toucher au comble de ses vœux.

Ceci posé, quelques indications relatives aux sept tableaux qui composent la nouvelle *Dame de Monsoreau*.

Au lever du rideau, Aurilly l'intendant, l'âme damnée du duc d'Anjou, donne ses instructions aux valets groupés dans une salle basse du château de Beaugé, en Anjou. Une jeune dame va venir occuper cet appartement ; défense de chercher à la voir, défense de répondre soit à un signal, soit à un cri. C'est la volonté du maître. Les valets se retirent ; Diane de Méridor amenée avec sa servante Gertrude, demande compte à Aurilly de son enlèvement : « Où suis-je ici ? — Chez vous, Madame ! » Restée seule Diane, reconnaît l'étang de Beaugé qui s'étend sous les fenêtres du château. « Je suis perdue... j'ai été enlevée par les hommes du duc d'Anjou, ce débauché sinistre, le tyran redouté de la province... « Mais un homme a suivi Diane et précède le duc ; c'est un de ses serviteurs qui le trahit par amour pour la belle damoiselle de Méridor, c'est le sire de Monsoreau, autre visage sinistre, âme de traître, cœur de passionné.

Il propose à Diane de la sauver. Qu'elle le suive, il la ramènera à son père... Diane hésite ; le secours lui fait peur autant que le danger. Mais on entend une fanfare. C'est le duc d'Anjou qui arrive avec son escorte. Diane se confie à Monsoreau qui la fait disparaître par une porte secrète, après avoir pris soin de jeter son voile dans l'étang : « Ils la croiront morte ; cela vaut mieux ainsi. »

Second tableau : les *Noces de Saint-Luc*, intérieur de l'hôtel Cossé-Brissac où l'on célèbre les noces d'un ami du roi, le sieur de Saint-Luc.

C'est là que se présente pour la première fois Bussy dans l'escorte du duc d'Anjou. Il apparaît et les femmes l'admirent, et les hommes le jalousent, et les trois mignons (Sapin, Warmbrodt, Boutens) le raillent, ainsi que la suite angevine : « Que chasserons-nous demain... Une belle venaison, quelque chose de haut goût, une hure de sanglier, par exemple. » Bussy et les trois Angevins

(Téqui, Lambert, Crépeaux) répliquent sur le même ton. Finalement, Bussy avise les mignons qu'il a affaire le soir même chez son argentier, près de la Bastille. Un quartier bien désert où l'on peut se retrouver sûrement et s'égorger à l'aise.

On se retrouve en effet et l'on s'égorge au troisième tableau (un remarquable décor de Poisson, la rue Saint-Antoine à droite, un auvent de pierre sous lequel s'abritent les mignons en embuscade, à gauche une maison à balcon, avec porte basse ; la disposition du dernier décor de *Rigoletto*). C'est la maison où le sire de Monsoreau, infidèle à sa promesse, a conduit Diane de Méridor au lieu de la ramener à son père. Bussy, attaqué devant cette maison, blesse ses trois adversaires, mais va périr accablé par le nombre, quand un battant cède, ouvert par Gertrude. Le sire d'Amboise n'a que le temps de refermer la porte et tombe sanglant sur le pavé.

Dans l'oratoire de Diane (quatrième tableau, décor de Carpezat), a lieu l'explication décisive entre Diane et Monsoreau. Diane se croit encore poursuivie par le duc d'Anjou : « Epousez-moi, lui dit Montsoreau ; je suis grand-veneur, je ne dépends plus que du roi, et le roi protégera ma femme... Je peux tout pour Diane de Monsoreau, rien pour Diane de Méridor. » Elle consent, et le mariage est aussitôt célébré dans l'oratoire de l'hôtel.

Mais, pendant qu'on psalmodie les prières, Bussy, sauvé par Diane et qui se rappelle toujours l'angélique vision, Bussy pénètre dans la maison. Et à travers la porte de l'oratoire, il entend la voix de Diane, il reconnaît le grand-veneur.

C'est la situation du dernier tableau de la *Favorite*, retournée et donnant des effets nouveaux. Bussy assisté au mariage de Diane comme Léonor à l'ordination de Fernand, puis il se cache dans une pièce voisine pour écouter l'entretien des deux nouveaux époux. En vain Monsoreau réclame-t-il ses droits, Diane, qui se méfie — un peu tard — lui déclare qu'il manque au mariage la consécration suprême, la bénédiction de son père au château de Méridor. Monsoreau s'emporte, menace... et part, car il est attendu par les conjurés qui veulent détrôner Henri III en faveur du duc d'Anjou. Bussy se montre alors à Diane et lui déclare que son honneur est sous sa garde.

Le cinquième tableau (décor de Lavastre) se passe au Louvre. Il est consacré tout entier aux combats d'âme du duc d'Anjou à qui Bussy est venu dénoncer le mariage secret du sire de Monsoreau. Le duc, qui aime toujours Diane, voudrait rompre le mariage ; il en fait la promesse solennelle à Bussy, mais le sire de Monsoreau le menace de révéler le complot et c'est lui-même qui

présente la nouvelle dame de Monsoreau à Henri III.
« Nous sommes trahis, s'écrie Bussy!... Madame, c'est moi qui vous sauverai, moi qui ai commis la faute de croire à la parole d'un infâme! »

Le sixième tableau, carrefour de l'Arbre-Sec, ballet et procession, est le clou décoratif de la pièce. Mais l'action s'y passe en quelque sorte à la cantonade. On devine que les conspirateurs — et notamment le sire de Monsoreau — y sont arrêtés, et, en effet, au lever du rideau du dernier tableau (même décor qu'au quatrième acte), Bussy venu pour emmener Diane à Méridor, lui apprend que le bourreau la fera bientôt libre... Mais au même instant la porte s'ouvre ; Monsoreau, qui a échappé à ses gardiens, se précipite dans l'appartement avec deux reîtres, Bussy est atteint d'une double arquebusade, et, quand arrivent les soldats du roi qui ont suivi la piste du fugitif, Monsoreau leur dit en reprenant la phrase du mari de Diane de Lys : « Cet homme était chez moi, près de ma femme, j'ai fait justice. »

De Bussy n'est qu'agonisant ; il profite de cette diversion... juridique pour se relever et plonger sa dague dans la poitrine de Monsoreau : « Madame, ajoute-t-il en substance, dans ses derniers adieux à Diane, je vous aimais, nous aurions pu être heureux, mais je meurs avec la consolation de vous laisser veuve. » Et le rideau tombe pour la dernière fois...

Il serait puéril de chercher à le dissimuler : la température était basse dans la salle pendant l'exécution de l'œuvre de Salvayre : il « faisait frais », comme on dit en style de coulisses; il faisait même un froid polaire. Ce qu'il y a eu d'injustice relative et de parti-pris absolu dans cet accueil plus que réservé, je le dirai tout à l'heure. Mais je dois commencer par constater en historien fidèle cet ensemble — presque cette unanimité — de dispositions fâcheuses. Gelé on était venu ; gelé on est resté pendant les sept tableaux de l'opéra nouveau, comme on était venu flambant d'enthousiasme et comme flambant on était resté chez MM. Bertrand et Baron, le soir de la première représentation du vaudeville de M. Meilhac.

Cet « on » impersonnel et vague, mais tout-puissant qui tour à tour établit et subit les courants dans les salles de théâtre, est-il tout à fait inexcusable d'avoir trouvé si peu de plaisir à l'exécution de l'œuvre nouvelle? expression relativement légitime encore qu'exagérée d'une profonde déception.

La *Dame de Monsoreau*: ce titre seul semblait promettre un cliquetis dramatique et musical rappelant le heurt des épées, le fracas des arquebusades du célèbre duel de Bussy d'Amboise et des reîtres, une épopée bruyante, mais vivante et vibrante, du Verdi toulousain mis au courant des « progrès de la science moderne », comme disent nos algébristes de contre-point. Or, la *Dame de Monsoreau*, cet intéressant ensemble lyrique, musical, pittoresque, dû à la collaboration de nombreux Méridionaux, manque justement de Midi. Et la partition est Nord en diable, du Nord le plus Nord qui se puisse trouver dans les parages Nord ! Elle n'a pas la flamme, ni l'envolée, ni le grand caractère passionnel nécessaires à une adaptation définitive d'une conception aussi tranchée que l'opéra de cape et d'épée.

Ce lyrico-drame romantique manque de romantisme. C'est la cause primordiale et décisive de son insuccès. Au lieu de se livrer à son tempérament qui le portait à écrire de la musique parfois commune, presque toujours bien en scène et d'une allure vraiment théâtrale, l'auteur du *Bravo* a voulu, lui aussi, sacrifier au drame musical, sans morceaux définis, sans classification régulière. Et ce qu'il a sacrifié ainsi, en démentant sa propre nature, c'est la clarté, c'est le rendu de l'inspiration, sinon l'inspiration même. Les belles pages ne manquent pas dans l'œuvre nouvelle de Salvayre et la lecture au piano les met en évidence, mais à la scène la mélodie est écrasée par une orchestration effroyablement surchargée. La musique en devient dure et tourmentée ; les rythmes disparaissent, la sonorité dégénère en bruit.

Ajoutons qu'avec l'ardeur des néophytes, Salvayre, renonçant à être lui-même, a trop souvent voulu, en même temps, être plusieurs à lui seul. C'est ainsi qu'il s'est efforcé, dans plus d'une page de la partition, de multiplier les données mélodiques et de les conduire toutes à la fois. Parti-pris dangereux dont la réalisation même augmente l'obscurité, ou, pour mieux dire l'obscurcissement des idées musicales...

Elles ne sont pas absentes de l'œuvre de Salvayre, elles y sont même en plus grand nombre que ne voulaient le reconnaître hier soir les excellents confrères et les bons petits camarades, mais elles n'apparaissent qu'à travers les nuages accumulés, les ténèbres épaisses d'une orchestration outrancière.

Il est permis de le regretter. Je signalerai au premier tableau l'*andantino* de Diane de Méridor: « J'ignorais encore les pleurs » ; au second tableau le chœur des noces de Saint-Luc d'une belle écriture musicale et d'une inspiration franche, le duo de Saint-Luc et de Jeanne; « Tout voir sans regarder, tout penser sans rien dire, » d'une bonne couleur locale et du plus acceptable archaïsme, et aussi le final de la provocation.

Le troisième tableau contient une intéressante *rap-*

sodie soldatesque en la mineur, la rêverie de Diane, et un air de bravoure, dans le vrai sens du mot, le refrain de Bussy : « Un beau chercheur de noise — c'est le Seigneur d'Amboise. » Au quatrième tableau, dans la chambre de la rue des Tournelles, le lamento : « Depuis bientôt une semaine, que peut-il être devenu; » l'air de Bussy : « Blanche vision, » qu'avec moins de mauvaise humeur on n'aurait pas hésité à bisser, car il est d'un ton vraiment mélodique et sans surcharge d'accompagnement; enfin le duo avec Diane de Monsoreau. Le cinquième tableau, au Louvre, sert de cadre à un autre duo d'un caractère tout différent mais d'une égale valeur dramatique, le dialogue du duc d'Anjou et de Monsoreau refusant de rendre Diane aux menaces comme aux supplications du prince.

.... Elle est à moi.
Comme mon nom, comme ma terre !

Le ballet du sixième tableau ne comprend pas moins de neuf numéros: *Saturnale, Scherzettino, Valse, Forme Styrienne, Andantino, Danse des Fous, Romanesca, Variation* et *Finale*. La *Styrienne* et la *Romanesca* ont tranché sur les autres morceaux qui ont paru assez ternes. Le chœur des ligueurs et la chanson de Gorenflot n'ont eu également et ne méritaient qu'un succès d'estime, mais le joli duo de Diane et de Bussy au carrefour de l'Arbre-Sec, d'une inspiration très délicate et d'une facture relativement simple, méritait un meilleur accueil. Le septième tableau se réduit musicalement au duo final de Bussy et de Diane.

Rendons justice aux chanteurs. Aucun rôle ne pouvait mieux convenir que celui de Bussy d'Amboise à la belle voix de M. Jean de Reszké et à son élégance scénique. M. Delmas est un amoureux fièrement campé, et sa voix de basse chantante trouve au besoin les grandes sonorités passionnelles. Les deux ténors, MM. Ibos et Muratet, M. Bérardi, qui porte le pourpoint d'Henri III, M. Dubulle, l'intendant Aurilly, ne méritent que des éloges. Du côté féminin Mme Sarolta (fort jolie sous le blanc costume de Mme de Saint-Luc, la nouvelle épousée), na guère qu'un rôle de tenue. La scène est occupée pendant six tableaux sur sept par Mme Bosman (Diane), qui n'a pas faibli sous ce fardeau écrasant.

De grande « utilité » l'infante du *Cid* passe prima donna, et c'est justice. Une belle voix et une diction sûre ne sont pas des mérites à dédaigner par ce temps de cantatrices incomplètes. L'ampleur et l'autorité viendront plus tard...

Il me reste à parler du ballet où Mlle Subra a fait

preuve comme toujours de grâce aérienne et de sentiment du vrai style chorégraphique.

Il fut un temps où les lundistes les plus graves ne dédaignaient pas de consacrer de longs articles aux premiers sujets de la danse. Eugénie Fiocre — la célèbre ballerine que de bonnes petites camarades avaient surnommée la Vénus de Milon, par allusion au fournisseur de maillots de l'Opéra, qui s'appelait Milon — Fiocre a eu les honneurs du feuilleton des *Débats*. Les premiers sujets de l'Opéra n'ont plus dans les journaux cette réclame flamboyante. C'est que la chorégraphie s'est singulièrement concentrée ; le foyer de la danse est devenu une sorte de serre chaude où tout le monde n'entre pas et où tout le monde ne pourrait respirer Il y a là une intimité extraordinaire ; une quintessence d'apothéose, une dépense de compliments offerts à brûle-corsage ou à brûle-maillot, dans le salon aux grandes glaces. On s'y préoccupe peu de la presse et pas du tout du public courant.

En somme, ce petit-Paris du foyer de la danse va se resserrant de jour en jour, sous la protection de quelques hauts barons de la finance, comme une couvée d'oiseaux frileux ne formant plus qu'un seul duvet sous la main du chasseur. Mais il convient de ne pas le laisser tout à fait au dehors des appréciations de la critique, car il apporte lui aussi bien de l'ardeur, du dévouement de l'activité patiente aux premières représentations de l'Opéra. La danse de Mlle Subra, le pas de Mlle Hirsch et de Mlle Roumier, la poursuite des masques, le brusque arrêt des danseuses aux sons de l'*Angelus* composent un ensemble du plus gracieux effet.

TOUS PINCÉS, par P. RAYNAUD
Comédie bouffe en 3 actes
Première représentation à **Déjazet**, 1ᵉʳ février 1888

DISTRIBUTION : Margarin, *M. Jaeger*. — Lagrifoule, *M. Lacombe*. — Enogat de Rouflacourt, *M. Victor Gay*. — Paul, *M. Lerville*. — Edgard, *M. Prévost*. — Le gardien de la paix, *M. Debray*. — Le cocher, *M. Stebler*. — Le père Bouquin, *M· Brébant*. — Le Joueur de serinette, *M. Jouve*. — Potard, *M. Rousselle*. — Suzanne, *Mᵐᵉ Lunéville*. — Zénobie, *Mᵐᵉ Eug. Petit*. — Blanche, *Mᵐᵉ Roche*. — Angèle, *Mᵐᵉ Vogel*. — Marie, *Mᵐᵉ Giesz*. — Berthe, *Mᵐᵉ Darzac*.

On se demandait avec quelque émotion avant de passer le seuil de Déjazet, quelles allusions à l'actualité politique pouvait sous-entendre l'affiche du théâtre de M. Boscher : *Tous pincés !* S'agissait-il des clients de M. Vigneau devenus la matière inquisitoriale de M. Athalin, des anciens postulants à la Légion d'honneur ou des nouveaux impétrants aux honneurs de Mazas ?... M. Pierre Raynaud avait-il mis en scène la magistrature se pinçant elle-même ou faisant une partie de pinçons avec la police ?

M. Pierre Raynaud n'a pas eu d'aussi hautes visées, et il convient de l'en féliciter. En vrai « jeune » qui aime le théâtre et qui ne tardera pas à y prendre un bon rang, il a écrit le vaudeville classique, sans rechercher d'actualités, le vaudeville « imminent », à imbroglios, à portes battantes, à situations bouffonnes...

Paul Margarin, fils de M. Margarin, candidat sénatorial à Beautreillis, est censé faire son droit à Paris, mais fait surtout des sottises avec la complicité d'une belle petite qui déshonore le chaste nom de Suzanne. Margarin accourt de Beautreillis pour recommencer la scène fameuse du père Duval dans la *Dame aux Camélias*. Mais il n'est pas seul ; il s'est fait accompagner de son inséparable ami Lagrifoule, et, pendant que la belle petite reçoit cette semonce en partie double, arrive le vrai protecteur de la demoiselle (Paul n'étant qu'un surnuméraire). Suzanne, fort compromise entre ces deux vieillards, se tire d'affaire en les présentant au monsieur sérieux comme des créanciers irréductibles, tandis qu'elle présente le monsieur sérieux à Beautreillis et à Lagrifoule comme un fournisseur plus irréductible encore.

La fugue du jeune Paul qui redoute le courroux paternel et qui se dérobe à toutes les recherches avec la prestesse alarmée du chien de Jean de Nivelle vient encore compliquer la situation. On devine aisément qu'après une poursuite acharnée à laquelle prend également part Mme Margarin qui croit son mari en galante école buissonnière, tout le monde se retrouve et s'embrasse à Beautreillis.

Mmes Luneville, Eugénie Petit et Roche ; MM. Jeager, Lacombe, Victor, Gay, Lerville et Prévost, ont joué avec belle humeur, sinon toujours avec mémoire.

GAVROCHE, par Jules DORNAY
Drame en 5 actes
Première représentation au **Château-d'Eau**, 3 février 1888

DISTRIBUTION : *MM. Ulysse Bessac, Dalmy, Brunet, Petit. Mmes Berthier, F. Moreau, Presteau.*

La soirée des surprises !... Et d'abord point d'épluchures de pommes de terre, point de patates à moitié cuites, pas de marrons décortiqués, aucune pelure d'oranges tombant des galeries supérieures sur les invités du balcon et de l'orchestre.

S'il y a eu quelques échanges d'apostrophes douteuses entre jeunes gens ayant trop bien dîné à l'Américain ou chez Péters et les farouches citoyens qui tiennent près du lustre un petit Parlement orageux, on s'est arrêté avant d'entamer les voies de fait. La présence de gardes municipaux décorativement distribués tout le long de l'amphithéâtre n'a pas été étrangère à ce calme relatif. Mais, tout le monde ayant bénéficié de ce déploiement de forces, félicitons-nous une fois de plus que force soit restée à la loi — casquée.

L'autre surprise, encore plus appréciable, a été la représentation d'un mélodrame intéressant, dans la grosse (mais non grossière) moyenne du mélo populaire. Les cinq actes et sept tableaux de M. Jules Dornay sont d'ailleurs tirés des nouvelles, d'une facture distinguée, publiées il y a quelques années par un officier de marine, M. Lange, sous le titre : *Souvenirs d'un lieutenant de vaisseau*.

C'est l'aventure traînée par le monde entier, de Paris à l'île Formose, d'un certain Gavroche, de son vrai nom Claude, gamin de Paris, acclimaté dans l'infanterie de marine, dont le frère utérin, le lieutenant Daniel Richard, est déshonoré par suite d'un complot dont il serait aussi long qu'inutile de raconter les origines et le détail. Sachez seulement — car c'est le point capital — que Gavroche, policier familial aussi éminent dans la vie privée que brave piou-piou dans le militaire — réhabilite son frère, lui fait restituer un héritage convoité par d'autres collatéraux, et le rend à une fiancée qui a soupiré pour lui dans les cinq parties du monde, car c'est aussi une infatigable voyageuse.

Des situations dramatiques fort habilement exploitées ont fait le succès de ce drame, que la direction du Château-d'Eau a convenablement monté. MM. Ulysse, Bessac, Dalmy, Brunet, Petit ; Mmes Berthier, F. Moreau et Presteau peuvent revendiquer leur bonne part des honneurs de la soirée.

LES EFFRONTÉS (reprise)
Comédie-Française, 7 février 1888

Distribution : Giboyer, *M. Got.* — Marquis d'Auberive, *M. Thiron.* — De Sergine, *M. Laroche.* — Charrier, *M. Barré.* — Vernouillet, *M. Baillet.* — Henri, *M. Le Bargy.* — Le général, *M. Martel.* — Le baron, *M. Joliet.* — Vicomte d'Isigny, *M. Leloir.* — Clémence, Mme *Muller.* — La Vicomtesse d'Isigny, Mme *Pierson.* — Marquise d'Auberive, Mlle *Legault.* — Une femme de chambre, Mme *Jamaux.*

On reprenait les *Effrontés* avec ce qu'on pourrait appeler le double tableau : ancienne troupe, Got, Thiron, Laroche, Barré — et Leloir, qui a toujours figuré parmi les doyens, même à l'âge le plus tendre ; nouvelle troupe : Le Bargy, Baillet, Mlle Muller, Mlle Legault, Mme Persoons.

Cette interprétation, à demi renouvelée, n'était pas le seul ni même le principal intérêt de la soirée. Il s'agissait de voir et de savoir à quel point de vue se met le public de 1888 pour juger des personnages dont l'acte de naissance scénique remonte à 1861, et à qui leur père littéraire attribue sur le scénario la date de 1845.

Eh bien ! la perspective a changé. Les effrontés ne sont plus, dans la comédie de M. Émile Augier, où les avait vus et montrés l'illustre auteur dramatique... Peut-être paraissaient-ils effrontés en 1861, mais nous ne saurions garder la même illusion. En vain M. Émile Augier a-t-il essayé de cataloguer son Vernouillet dans la série des grands « faiseurs » — Turca*ret*, Merca*det*, Vernouil*let*, la même désinence sèche, âpre et reconnaissable — un même final syllabique, une consonnance identique ne suffisent pas à créer une véritable parenté dramatique.

Turcaret est une bête de somme, un animal puissant faisant tranquillement son chemin, non sans orgueil, mais sans prétention, dans le sens mesquin du mot. Écoutez-le parler de son entourage : « Hors moi et deux ou trois autres, il n'y a parmi nous que des génies assez communs : il suffit d'un certain usage, d'une routine que l'on ne manque guère d'attraper. Nous voyons tant de gens ! Nous nous étudions à prendre ce que le monde a de meilleur; voilà notre science ».

Il y a presque de la modestie dans cette assurance purement physique d'un « gros génie » pour employer le vocabulaire du temps de Lesage, il y a surtout le sentiment légitime d'une force réelle, d'une puissance qui ne périra que par ses propres excès.

Quant à Mercadet, il a le caractère essentiellement lyrique de la plupart des héros de Balzac. C'est un fou, c'est un halluciné — c'est un poète. Écoutez son valet de chambre Justin : « Moi qui suis chez lui depuis six ans et qui le vois, depuis sa dégringolade, aux prises avec ses créanciers, je le crois capable de tout, même de devenir riche... Tantôt, je me disais : Le voilà perdu! Les affiches jaunes fleurissaient à la porte ; il avait des rames de papier timbré que j'en vendais sans qu'il s'en aperçût! Brrr ! il rebondissait, il triomphait! Et quelles inventions !... Vous ne lisez pas les journaux, vous autres! c'était du nouveau tous les jours ; du bois en pavés ; des pavés filés en soie ; des duchés, des moulins, enfin jusqu'au blanchissage mis en action... » Entre cette brute superbe, ce pachyderme de Turcaret et ce Mercadet mirifique, rebondissant toujours jusqu'aux étoiles, comme le clown de Banville, le Vernouillet de M. Émile Augier fait assez triste figure.

Il apparaît d'abord comme un pied plat, ce pitoyable faiseur qui se traîne en d'invraisemblables humilités jusqu'au moment où le marquis d'Auberive le rassure en lui rappelant son capital disponible : « Quel est votre avoir ? — Huit cent mille francs ? que parliez-vous d'honnêteté? Vous êtes de plein-pied avec la délicatesse. » Puis, à peine remis en selle, à quoi songe-t-il ? à faire un sot mariage en épousant la fille du papa Charrier, car enfin il connaît l'affaire, la fameuse affaire dont la *Gazette des Tribunaux* garde la trace, et s'il la connaît, tout le monde peut la connaître, et si ce secret doit devenir tôt ou tard un lieu commun au propos de Polichinelle, Vernouillet ferait une détestable affaire en s'alliant à une famille tarée.

A vrai dire, Vernouillet n'a pas grande consistance. C'est un comparse qui donne la réplique, mais ce n'est pas — ou ce n'est plus, car, je le répète, l'optique a bien changé — un personnage de premier plan. Et le papa Charrier? Celui-là est plutôt un inconscient qu'un effronté. Il s'est enrichi grâce à une première indélicatesse, mais n'a qu'une très insuffisante aperception de sa culpabilité morale. Quand le marquis d'Auberive réclame la création d'une aristocratie intellectuelle, il s'écrie : « Mais elle existe..... L'argent, voilà l'étalon moderne..... Nous sommes les vrais aristocrates », sans penser un instant aux douteuses origines de cette supériorité financière, et nous admirons cette naïveté de l'effet le plus comique ; mais quand, voyant son fils atterré par la révélation du passé paternel, il lui dit: « Que veux-tu que je fasse? Veux-tu que je rembourse jusqu'au dernier sou tous ceux qui ont perdu dans cette affaire? Ce sera le tiers de ma fortune, mais je suis prêt; » nous trouvons que cette générosité tardive est encore l'indice d'un « petit génie », car, s'il s'agit uniquement du tiers de la fortune du papa Charrier, il aurait eu depuis longtemps grand intérêt (il vise la pairie !) à désintéresser ses créanciers.

Giboyer est-il beaucoup plus effronté que Vernouillet et papa Charrier? Ce professeur — libre — de scepticisme et de voyoucratie journalisante paraît, au contraire, un timide, même en paroles. Le marquis d'Auberive lui demandant comment triompheront ses théories, il répond : « Je n'en sais rien... » Si Giboyer était vraiment Giboyer, c'est-à-dire un effronté, il aurait un système tout prêt, un programme bon ou mauvais, et s'il ne faisait pas réussir le programme, il réussirait par lui...

Sait-on — j'ai presque honte de le dire, mais la vérité historique avant tout, — sait-on où sont apparus hier les vrais effrontés des *Effrontés?* Dans la catégorie de prétendus honnêtes gens de la comédie de M. Emile Augier.

Effrontée, cette marquise d'Auberive publiquement « collée » au noble Sergine et qui discute si paisiblement les questions d'argent avec son mari, les questions de tendresse avec son amant. Effronté, ce Charrier fils, qui se conduit comme un collégien mal élevé avec la maîtresse de son meilleur ami, comme un neveu de vaudeville avec son papa, comme un étourneau avec sa sœur. Bien plus effronté encore, le noble Sergine, le publiciste éminent, le héros de la pièce, qui passe d'une liaison adultère de cinq ans de durée aux fiançailles avec

Mlle Charrier en murmurant cet invraisemblable épithalame : « Sois tranquille, ce n'est pas un cœur flétri que je lui apporte ; de la jeunesse il n'a usé que les assiduités perverses et le dédain des joies légitimes ; il n'a jeté au feu que ses scories ; il s'est purifié et non consumé. »

Bon apôtre ! Est-il inconscient, est-il canaille ? A titre de concession, admettons qu'il est inconscient. C'est apparemment la contagion qui opère. En effet, on l'a trop bien vu hier soir ; ç'a même été une brusque révélation, comme une explosion d'évidence. Tous ces gens là manquent de sens moral. Il y a un moment psychologique où éclate leur pleine inconscience : c'est quand Henri Charrier, pénétré d'un noble mépris pour cette fortune paternelle dont il connaît maintenant l'origine suspecte, se décide à s'engager dans l'armée d'Afrique et s'avise de repasser ce bien mal acquis... à sa sœur. « Accepte, ma petite Clémence, je t'en supplie, tu me rendras bien heureux ; d'ailleurs, c'est la condition que mon père met à ton mariage. »

C'est déjà bien joli. Mais il y a mieux. Quand Sergine arrive, le papa Charrier le jette dans les bras de sa fille puis lui adresse ce speech d'une prud'hommerie singulièrement déplacée :

« Vous la rendrez heureuse, Monsieur, vous êtes un

honnête homme. Veillez scrupuleusement sur votre honneur ! Vous allez être assez riche pour n'avoir souci d'amasser à vos enfants que l'héritage d'un nom sans tache. »

Ah ! çà qui trompe-t-on ici ? L'argent suspect, l'argent dont ne veut pas le fils Charrier s'épurerait-il parce qu'il tombe entre les mains du noble Sergine ?

Il faut avoir le courage de le dire : toute cette partie des *Effrontés*, la partie historique, sociale, etc., a beaucoup vieilli. La pièce n'est pas homogène comme ces impérissables chefs-d'œuvre : le *Mariage d'Olympe*, et les *Lionnes pauvres*. En revanche l'exécution matérielle, la forme dramatique reste admirable. Le dialogue du marquis d'Auberive et du papa Charrier, l'entretien de la marquise et de Charrier fils, la causerie désillusionnée des amants adultères las de leur chaîne, les répliques de Giboyer sont d'incomparables modèles de style théâtral.

Enfin et surtout — cette transposition d'intérêt a sauvé la soirée d'hier — le drame de famille qui était jadis secondaire passe maintenant au premier plan. La tragique et presque silencieuse explication d'Henri Charrier et de son père, — le numéro de la *Gazette des Tribunaux* portant un témoignage accablant contre le banquier — a profondément remué une salle encore hésitante. On l'a acclamée. On l'acclamera toujours.

Troisième début de Mlle Legault, dans le rôle de la marquise que jouait en dernier lieu Mme Tholer. Elle y a fait preuve de sensibilité contenue et de grande habileté scénique. Mme Muller passe au Reichemberg ; elle a très convenablement nuancé les répliques de Clémence Charrier, dont la gravité soutenue n'est pas tout à fait de son emploi. MM. Lebargy et Baillet ne méritent que des éloges. Quant à Got, Barré, Laroche et Leloir (ce dernier gardant le rôle du vicomte d'Isigny), surtout préoccupés de soutenir la jeune troupe, ils n'en ont pas moins remporté ou plutôt retrouvé un vif succès personnel.

LA PUISSANCE DES TÉNÈBRES
Drame de TOLSTOI, adapté par PAVLOWSKI et Oscar MÉTENIER
Représentation unique au **Théâtre-Libre**
10 février 1888

—

La traduction de la « puissance des ténèbres » est-elle supportable sur une scène française? La question a été longuement débattue. M. Halpérine Kaminsky, auteur d'une première traduction de la *Puissance des ténèbres*, publiait dans le dernier numéro de la *Nouvelle Revue* un article où, tout en défendant son œuvre, il s'efforçait de prouver qu'on a grand tort de vouloir représenter le drame de Tolstoï devant un public français.

Et il apportait quelques documents à l'appui, notamment une lettre de M. Dumas fils écrivant « : La pièce est trop sombre; aucun des personnages n'est sympathique... »

A vrai dire, M. Dumas ajoutait : « Une seule représentation de ce drame donnée devant un public de lettrés et de délicats dans une salle qui ne contiendrait pas plus de trois ou quatre cents personnes, où les femmes seraient en minorité, pourrait laisser une impression littéraire assez profonde; mais ce serait tout, et je ne suis pas sûr que les mêmes personnes reviendraient à une autre représentation, fût-elle donnée longtemps après. » C'est justement à cette combinaison qu'on s'est arrêté, en mettant à la scène une autre traduction : l'adaptation de MM. Isaac Paulowsky et Oscar Méténier.

Cette adaption n'est pas une œuvre indifférente. Elle a été conçue et traitée avec un certain parti-pris naturaliste. Mais je n'y vois aucun inconvénient — car il est bien entendu, n'est-ce pas, que le terrible drame rustique de l'auteur de *Guerre et Paix*, d'*Anna Karinine*, de *Katia*, de la *Mort d'Ivan*, etc., composition farouche et brutale, ne sera jamais un dessert de *five o'clock*, un menu de salon aristocratique. Et sous cette forme un peu âpre, dont la répétition inutile de quelques gros mots me paraît la tache la plus apparente, — d'ailleurs facile à enlever, — les intentions de l'auteur ne sont rien moins que déguisées. Il est peut-être souligné, accentué, grossi. Il n'est pas trahi. Et si l'impression générale n'est pas tout à fait celle que nous pouvions espérer — je dirai tout à l'heure comment et pourquoi d'assez graves réserves sont indispensables — on ne saurait s'en prendre à ses traducteurs.

Au lever du rideau nous sommes dans la ferme de Piotr, que désigne en ces termes l'indication des personnages : « Piotr, paysan riche, marié en secondes noces, malade, et qu'entourent — assister serait une expression exagérée — la femme qu'il a épousée en secondes noces, Anicia, trente-deux ans, paysanne coquette, une enfant de dix ans issue de ce second mariage, Anioutka; enfin une fille du premier lit, Akoulina, « seize ans, un peu sourde et simple d'esprit. » Piotr, malade et grondeur, passe ses journées à rudoyer ses serviteurs qui se moquent de lui, entre autres le beau Nikita, un valet de ferme récemment engagé, et sa femme Anicia qui répugne aux travaux de la maison. Elle lui jette à la face l'expression de sa mauvaise humeur : « Je ne veux pas faire un métier de paysan ; je m'étendrai comme toi sur ce poêle, et que tout aille au diable. Fais comme tu voudras. » La vérité est que Anicia aime Nikita, qu'elle est devenue sa maîtresse et qu'elle a hâte de voir mourir son mari pour épouser le beau valet de ferme. Or, Nikita a mis précédemment à mal une jeune fille, Marina, et l'a rendue mère. Celle-ci, soutenue par Akim, le père de Nikita — un juste devant l'Eternel, — mais un pauvre diable, bégayant, zézayant, et en puissance d'une terrible compagne, vient réclamer le mariage.

Anicia supplie Nikita de ne pas céder, en lui faisant comprendre qu'elle ne tardera pas à être veuve, qu'un peu de patience suffirait. Le beau garçon sourit avec suffisance : « Pourquoi penser à des choses aussi lointaines? Qu'est-ce que cela me fait? Je travaille comme pour moi-même. Le maître m'aime, la patronne aussi, et, si les femmes me courent après, je n'y suis pour rien, c'est bien simple. » Au fond, il est lâche et ne tient pas à se compromettre. Mais voici sa mère, Matriona; grande dévideuse de paroles et matrone sans scrupules.

« Eh bien, lui dit Anicia, est-ce sérieux? Vous voulez le marier. — Avec qui donc, ma petite fraise?... Ce sont des paroles en l'air de mon vieux... Quand on est bien, pourquoi chercher mieux? C'est le cas. Est-ce que je ne vois pas où en sont les choses? » Anicia avoue : « J'ai péché, j'aime ton fils... Quand on m'a dit qu'on voulait le marier, c'est comme si on m'avait planté un couteau dans la poitrine. » Mais Matriona la rassure : « Nikita, vois-tu, est un gars qui a de l'idée. Il sait bien qui il faut aimer. » Matriona apporte justement à Anicia de quoi faciliter les « idées » de Nikita en éliminant Piotr, quelques petits paquets de poudre blanche achetés à un vieux sorcier, moyennant un rouble, et qu'il suffira de mettre par pincées dans le thé du malade. Ni odeur, ni saveur.

Le mariage avec Marina est rompu malgré les protestations du papa Akim, qui dit à son fils : « Souviens-t'en bien, Nikita! Une larme provoquée ne tombe jamais à côté, mais sur la tête de l'homme. »

Le deuxième acte est rempli par l'agonie de Piotr, à qui Anicia a versé les poudres blanches. Piotr moribond erre de chambre en chambre, à travers l'Isba. Il porte sur lui une sacoche renfermant toute sa fortune, et il fait appeler sa sœur, Mara, sans doute pour lui remettre cette sacoche. Anicia terrifiée se décide à l'achever, sur le conseil de Matriona. Une dernière pincée de poudre blanche et la mort a fait son œuvre, et la sacoche passe des mains d'Anicia dans celles de Nikita et la femme adultère rêve déjà à son nouveau mariage pendant qu'elle hurle en embrassant une colonnade du perron les lamentations d'usage : « Pourquoi m'as-tu laissée, toute seule, veuve, malheureuse... Pour toujours, pour toujours il a fermé ses yeux... ses yeux clairs ! »

Troisième acte. Anicia est remariée. Nikita occupe la chambre de maître Piotr ; mais la coupable Anicia est déjà cruellement punie. Nikita l'a réduite au rôle de servante, il a pris pour maîtresse Akoulina, l'enfant du premier lit, et cette fille « simple » mais clairvoyante, qui a surpris le secret de la mort de son père, brave en face la fermière. Celle-ci, qui aime toujours Nikita, supporte ses infidélités conjugales et ses brutalités d'alcoolique : « Défunt mon mari était plus dur, et cependant je le retournais comme je voulais. Aujourd'hui je ne puis plus. Il me suffit de le voir pour que toute ma colère tombe. Devant lui, je ne me sens plus de courage ; je suis comme une poule mouillée. »

Dans cette maison où Nikita rentre ivre-mort, où Akoulina maltraite sa belle-mère, arrive le vieux Akim, le père de Nikita. Et le moujick, voyant son fils sur le chemin de la perdition, repart dans la nuit, sous la neige, en refusant de coucher sous ce toit chargé de malédiction. « Tu vis mal, Nikita, mal. Je m'en vais... Tu es pris dans ta richesse comme dans des filets... Je ne resterai pas, je coucherai plutôt le long d'une borne qu'au milieu de ta saleté. »

Le quatrième acte est une quintessence d'horreur, un tissu d'abominations sans précédent, même dans nos mélodrames populaires les plus poussés au noir. Akoulina est enceinte des œuvres de Nikita. Et pendant qu'elle accouche, dans une grange, arrive un épouseur, qu'a découvert le mari d'Anicia : « Ce que cherchent surtout les parents du fiancé, dit une commère du voisinage, c'est la dot. Ce n'est pas peu de chose qu'on donne à cette fille : deux pelisses, six robes, un châle français, je ne sais plus combien de pièces de toile, et deux billets de cent roubles ! »

Cependant, malgré l'aveuglement volontaire du fiancé, pour que le mariage soit possible, il faut faire disparaître l'enfant, il faut l'enterrer tout vif, dans la cave. Nikita refuse de commettre ce nouveau crime ; il ne veut pas creuser la fosse. Mais Anicia menace : « Je vais aller tout raconter à la police... Ça m'est égal d'en finir une bonne fois ; je vais tout raconter !... Qui a pris l'argent ? Toi. Et le poison, qui l'a donné ? C'est moi, mais tu le savais... Tu étais mon complice. »

Nikita cède, et pris de fureur, pour étouffer les vagissements de l'enfant, il lui écrase la tête avec une planche... Il sort de la cave, halluciné, trébuchant : « Qu'avez-vous donc fait de moi ?... Le vin est là !... Je vais tâcher d'oublier en buvant. » Et Anicia le regarde en haussant les épaules : « Tu t'es amusé, eh ! bien, c'est fini maintenant ! Tu faisais le crâneur, attends, tu vas savoir ce que c'est. Tu en rabattras. »

Il en rabat, en effet, le beau Nikita que poursuivent d'épouvantables visions. Il entend toujours crier l'enfant : « Petite mère, dit-il à Matriona, ne l'enterre pas, il vit... Il vit toujours... Est-ce que tu n'entends pas ? » Matriona et Anicia essayent en vain de lui rendre un peu de sang-froid. Le remords devient trop pesant ; le jour du mariage d'Akoulina, au lieu de la bénédiction qu'il doit donner comme chef de la famille, c'est sa confession qu'il commence devant le village rassemblé.

Il demande pardon à Marina. « Je suis coupable envers toi ! Je t'avais promis le mariage, je t'avais séduite. Je t'ai trompée. » Il s'agenouille devant Akoulina. « Je suis coupable envers toi ! Ton père n'est pas mort de sa bonne mort. On l'a empoisonné... J'ai encore à confesser un grand péché envers toi. Je t'ai séduite, pardonne-moi, au nom du Christ... » Il s'arrête, mais Akim, son vieux père, qu'exalte cette scène mystique, le règlement de cette « affaire de Dieu », est là pour lui redonner du courage : « Dis, mon enfant, dis tout .. tu l'allégeras. . Confesse-toi à Dieu ! Ne crains pas le monde ! Dieu ! Dieu ! le voilà. » Nikita reprend sa confession : « J'ai empoisonné le père, j'ai séduit la fille... J'ai tué son enfant... Dans la cave, je l'ai écrasé sous une planche. Il était sous moi... Je l'ai écrasé et ses petits os craquaient, et je l'ai enfoncé dans la terre ! C'est moi qui l'ai fait, moi seul. » Et quand il a tout dit, il rappelle à son père les prédictions sinistres du commencement de sa vie de débauche : «... Misérable que je suis, je n'ai pas écouté ta voix, et ce que tu as prédit est arrivé ! Pardonne-moi, au nom du Christ ! » — « Dieu te pardonne, mon enfant chéri ! — s'écrie Akim, transporté d'enthousiasme et de mystique allégresse. — Tu ne t'es pas épargné ! Il t'épargnera. »

Il me paraît bien inutile de faire remarquer après M. Alexandre Dumas fils que ce drame noir manque absolument d'échappées lumineuse pendant les cinq premiers tableaux. Aucun rayon de soleil. En revanche, un véritable feu d'artifice au dénouement, une admirable aurore idéaliste.

De même on exagère en prétendant que la formule déroute nécessairement un public français. Nous la connaissions déjà. Dans l'ensemble, une suite de menues observations couronnées par une explosion lyrique, le matérialisme de l'exécution aboutissant à un final épique, héroïque dans le détail, et en raison même des procédés de style employés par MM. Isaac Panlovsky et Oscar Metenier, des ressemblances très marquées avec le répertoire de l'auteur des *Rougon-Macquart*. Matriona, c'est la mère Fétu de la *Page d'amour* ; Nikita, c'est d'abord Lantier, puis Coupeau de l'*Assommoir*. Le vieux berger raisonneur de la *Terre*, celui qui assiste, à la fois prudent et navré, à la débâcle de la maison Fouan, est bien proche parent d'Akim.

Assurément, ce n'est pas la formule artistique pour laquelle nous avons toujours combattu, ce n'est pas le triomphe, le comble de la sélection dramatique. Mais c'est une formule acceptable, sinon agréable, et que personne n'a le droit de condamner en bloc. Mes observations porteront sur un autre point à la fois plus délicat et plus grave : le trompe-l'œil, l'inanité psychologique.

Comme on l'a fait très justement observer, dans la

pensée de l'auteur cette « puissance des ténèbres » qui pèse si lourdement sur les moujiks russes, « c'est l'ignorance, cette nuit noire des âmes, qui, ne faisant rien pour réveiller les nobles instincts de l'humanité, la laisse tout entière en proie aux suggestions de la passion, du vice et de la misère. » Fort bien. Mais si c'est là, comme nous le pensons aussi, la pièce rêvée par le comte de Tolstoï, où est cette pièce ?

M. Oscar Méténier, dans une lettre qu'il vient de publier, nous dit bien qu'il s'agit de « l'âme du moujik ». Cette âme n'apparaît que dans le rôle épisodique et vraiment trop confus du paysan Mitrich. Partout ailleurs nous nevoyons que des brutes suivant l'instinct purement animal.

Au demeurant, le premier acte avec son exposition un peu étendue, ses préparations très savantes, donne l'espoir ou pour mieux dire l'illusion d'une œuvre définitive, d'une étude appronfodie. Le dénouement offre, comme je l'écrivais tout à l'heure, une superbe explosion lyrique. Et tout le milieu n'est qu'un vulgaire mélodrame avec, çà et là, des embryons shakspeariens, des fœtus de génialités...

C'est trop peu pour classer la *Puissance des ténèbres* parmi les œuvres impérissables ; c'est assez pour faire de la traduction de MM. Paulovski et Méténier un service rendu aux lettres et de la représentation organisée par M. Antoine une solennité qui datera en raison même de son manque de lendemain. J'ajouterai que l'interprétation est excellente et — complètement, cette fois — dans la couleur shakspearienne, avec un très petit peu de surcharge zolâtre. MM. Mevisto, Antoine et Cernay; Mlles Dorsy, Barny et Colas en portent vaillamment le poids très lourd.

LA VOLIÈRE, paroles de Nuitter et Beaumont musique de Charles Lecocq

Opéra-comique en 3 actes
Première représentation aux Nouveautés, 10 février 1888

Distribution : Mortadello, *M. Brasseur*. — Sosthène IV, *M. Albert Brasseur*. — Gilbert. *M. Jourdan*. — Belvédère, *M. Gaillard*. — Tulipani, *M. Tony-Riom*. — Castagnola, *M. Jacotot*. — Un domestique, *M. Prosper*. — Premier piqueur, *M. Cusquel*. — Deuxième piqueur, *M. Pihier*. — Angóla, Mlle *Lardinois*. — Fiametta, Mme *Richard*. — Béatrice, Mme *Lagarde*. — Zitella, Mme *Varennes*. — Laura, Mme *Dasilva*. — Nunziata, Mme *Mithoir*. — Zanetta, Mme *Georgina*. — Flaminia, Mme *Devilliers*. — Antonia, Mme *Farge*.

Volière : « Lieu ordinairement fermé de fils d'archal, où l'on élève des oiseaux ; grande cage ayant la même destination. » C'est ainsi que les encyclopédies les plus chères à M. Sarcey définissent la volière, et le dictionnaire de l'Académie ajoute : « Les pigeons de volière sont les plus délicats, » et Varron dont l'autorité a traversé les siècles distingue deux sortes de volières : « La volière utile, contenant des oiseaux de table, et la volière d'agrément contenant des oiseaux au brillant plumage ou au chant harmonieux. »

C'est à la distinction de Varron que s'est arrêté le héros du livret de MM. Milher et Beaumont, le grand-duc Sosthène IV. Son père lui avait légué une volière ne contenant que des oiseaux de table, des volatiles pour rôtissoires et casseroles, et il l'a transformée en une volière d'agrément, en petite maison genre dix-huitième siècle, où ont roucoulé, roucoulent et roucouleront les plus jolies filles de la principauté. Il voudrait bien annexer à cette basse-cour d'acclimatation une certaine Angela, fille d'un certain — je parle comme les auteurs de contes de fées pour « premier âge », mais le livret n'est même pas à l'usage du second ! — d'un certain Mortadello, ancien glacier napolitain, devenu surintendant des musées de la cour.

Or, Angela est aimée d'un certain jeune baron, nommé Gilbert, qu'elle aime aussi, et elle a fasciné un certain vieux comte de Belvédère qui soupire pour la préférée du prince. Mais Sosthène ne s'arrête pas devant d'aussi faibles obstacles. Il se débarrasse de Gilbert en l'envoyant comme ambassadeur en Moldavie. Puis il fiance Angela au comte de Belvédère, qui sera nommé amiral et partira, suivant l'usage de la cour grand-ducale, aussitôt après son mariage.

Inutile d'ajouter que Gilbert n'est pas parti ou plutôt qu'il s'est arrêté en route, à la porte de la volière, dont il a une petite clef — qu'il y trouve Angela après l'enlèvement, mais avant l'arrivée du grand-duc — qu'il la compromet, avec son consentement, tout juste assez pour rendre le mariage indispensable. Ce sont les herbes de la Saint-Jean — hélas ! non, de la Saint-Sylvestre de l'opérette vieux jeu. Finalement le grand-duc se console en offrant la succession d'Angela à une cousine de la nouvelle baronne Gilbert, la brune Fiametta qu'il a serrée de près dans les ténèbres. De la main gauche, si j'ose ainsi parler, Flametta sera grande-duchesse ; de la droite elle épousera cet imbécile de Belvédère, de plus en plus amiral...

Si M. Lecocq n'a pas sauvé la partie, du moins faut-il lui garder quelque gré d'avoir, à défaut d'une inspiration franche, d'une composition homogène, cherché et trouvé dans ses cartons quelques valses, quelques duos, quelques cantilènes d'une bonne facture ; le trio de la leçon de dessin, la valse chantée, la tarentelle avec chœur et tambours de basque, le duo : « Je vous aimais et je vous aime plus encore ; » la chanson de l'hospodar, les couplets : « J'ai un galbe extraordinaire ; » l'air de l'éteignoir. Par malheur, si correctement et même si gentiment écrite que soit cette nouvelle partitionnette de l'auteur de la *Fille de Madame Angot,* elle relève d'une formule vieille ; parfois même elle abuse des réminiscences.

En première ligne, dans l'interprétation, M. Brasseur père, un amusant Mortadello, M. Albert Brasseur (Sosthène IV), Mlle Lardinois (Angela) qui détaille avec beaucoup de finesse les airs, duos, etc., dont son rôle est surchargé; M. Jourdan, un ténor barytonisant, dont la personne a malheureusement moins d'ampleur que la voix; Mlle Richard, etc., ont aussi très vaillamment défendu la *Volière*. Mais je doute qu'ils y roucoulent longtemps.

LA FILLE DE Mme ANGOT (REPRISE)
Eden-Théâtre, 12 février 1888

DISTRIBUTION : Ange Pitou, *M. Romain*. — La Rivaudière, *M. Christian*. — Pomponnet, *M. Lamy*. — Trenitz, *M. Germain*. — Mlle Lange, *Mme Judic*. — Clairette, *Mme Jeanne Granier*. — Amarante, *Mme Piccolo*.

Ce ne sont que festons, ce ne sont qu'astragales, et une salle toute rajeunie, et des décors profonds comme la place de la Concorde, mouvementés comme le carreau des Halles, et des cortèges qui nous rappellent les processions de l'Opéra (charge de cavalerie finale comprise dans le programme) et des bals chez « l'amie » du directeur Barras qui font pâlir jusqu'aux splendeurs municipales de l'Hôtel de Ville, et des ballets qui rappellent les beaux jours d'*Excelsior*, et des fêtes populaires éclairées aux verres de couleur... Pas d'apothéose ! mais c'est le public qui s'en est chargé. Belmontet l'aurait dit :

Le vrai feu d'artifice est d'être enthousiasmé...

On l'était, on devait l'être. Le grand goût et le grand luxe — l'un et l'autre sont fort heureusement combinés et très intimement unis dans la nouvelle mise en scène — n'auront jamais tort avec un public parisien. Le traité d'alliance signé entre les deux divas, Granier et Judic, méritait d'ailleurs d'avoir pour décor ce véritable camp du Drap d'or (lamé d'argent). Un grave événement, cette rencontre, annoncée, pronostiquée, confirmée, corroborée par les uns, contredite, démentie, réduite à l'état de vulgaire racontar par les autres, pendant ces dernières semaines.

Le Tout-Paris boulevardier en était aussi « angoissé » que l'intéressante Hermine de Sagancey, la « femme brisée » de la dernière comédie de Pailleron : « Mme Judic chantera à côté de Mlle Granier. — Quelle plaisanterie ? — C'est signé ! — C'est rompu. — Judic arrive ! — Lender répète ! — Le couturier de Mlle Nitouche a pris télégraphiquement les nouvelles mesures de Mlle Lange. — On parle de Mily Meyer et de Jane May... »

Tout s'est arrangé. Mlle Lender demeure dans la coulisse (il pourrait cependant arriver qu'elle doublât Judic), ni Mily Meyer ni Jane May n'ont jamais eu l'idée de se jeter à corps perdu dans cet immense vaisseau de l'Eden. Granier et Judic se sont embrassées *coram populo* et les murmures les plus sympathiques ont accueilli cette concentration d'un nouveau genre — la fusion des divas.

A parler franc, c'était la grande attraction de la soirée, ce double début que l'affiche annonçait en ces termes : « Mme Judic jouera pour la première fois le rôle de Mlle Lange. — Mlle Jeanne Granier jouera pour la première fois le rôle de Clairette. » Tout est dit sur la valeur du livret de Clairville et Siraudin et le charme de la partition de Lecocq. Pendant d'innombrables soirées, le tout a tenu l'affiche des Folies-Dramatiques ; la première eut lieu le 21 février 1873 et la centième au mois de juin de la même année, et nous avons entendu tant de livrets prétentieux, tant de partitionnettes indifférentes depuis cette adorable *Fille de Mme Angot* que ce scénario si vivant, cette musique pleine d'idées, sans aucune surcharge de facture, nous ravissent par comparaison rétrospective autant qu'ils nous enchantent par jouissance immédiate et directe.

Il n'y avait qu'un cri hier soir, pendant les entr'actes : « Qui nous rendra, ou bien : que M. Lecocq ne nous rend-il le pendant de la *Fille Angot?* » Mais cette admiration n'est rien moins qu'une nouveauté. Le nouveau, le nanan d'inédit était Granier en Clairette et Judic en Lange...

C'est Granier qui ouvre le feu. Elle paraît au premier acte en mariée, les yeux baissés, la démarche modeste, pendant que le chœur chante :

> Beauté, grâce et décence,
> Modèle d'innocence,
>   La voilà !
> Mais encore embellie ;
> Voyez, qu'elle est jolie
> Sous ce costume-là !

Succès d'estime — je raconte en spectateur impartial — pour la romance : « Je vous dois tout, moi, l'enfant de la halle. » Puis, brusquement, bis, rappel, enthousiasme, ovation ; bref, « tout aux étoiles », après la chanson célèbre :

> Barras est roi, Lange est sa reine,
> C' n'était pas la peine, assurément,
> De changer de gouvernement...

Au second acte, les deux divas se trouvent en présence dans le salon de la rue de Clichy. Encore un triomphe bruyant pour Granier, dans le duo de la répétition poissarde, où elle mime avec une exubérance fort savante le couplet :

> Mais voyez donc c'te vertu
> Qu'a les bras et les jambes nus,
> N' dirait-on pas qu' c'est Vénus
> Qui vient de sortir des eaux
> Pour faire peur aux moineaux.

Judic chante et joue « plus fin », avec des nuances
et même des sous-nuances. On l'applaudit... plus fin
aussi, sans explosion d'enthousiasme. La justice distributive n'est décidément pas un vain mot ! Même genre
de succès mais plus souligné quand la diva des Variétés
soupire la valse du final : « Tournez, valsez, que la
danse commence... »

Au troisième acte, dans les jardins du ballet de Calypso, Clairette n'a que médiocrement porté — dites-moi
pourquoi ? — dans les couplets fameux qui commencent
par : « Vous avez fait de la dépense — pour me donner
de l'innocence » et se terminant par le refrain : « De la
mère Angot je suis la fille. » Pas sortis, ces couplets-là.
Mais quelle nouvelle et superbe revanche se préparait
Mlle Granier dans le duo de « l'engueulement » pour
parler comme les papas de Clairette ! C'était une frénésie d'acclamations.

Mme Judic a pu en réclamer sa bonne part, car elle a
détaillé avec un charme exquis — trop de petites mines
peut-être et de distinction modernisme, — la réplique de
Lange à Clairette ;

> Fallait donc dire, fleur de péché
> Qu'avec ton air effarouché,
> T'avais tout en baissant les yeux
> Reluqué ce bel amoureux...

En somme et toujours pour rester dans mon rôle d'arbitre désintéressé, je dois constater que Mlle Granier a eu un succès d'enthousiasme. Mme Judic un succès de... mettons de cordialité. Elle méritait plus, et elle aura sans doute davantage aux représentations suivantes, car elle joue avec beaucoup de grâce, et nuance avec bien de l'esprit, et garde même quelque voix dans cette énorme salle de l'Eden ; mais voix, chant et grâce ont besoin de prendre encore un peu... comment dirai-je ? un peu d'élan pour dépasser la rampe.

Quant à Mlle Granier, acclamée, rappelée à outrance, et dont l'extrême habileté, la coquetterie savante, le registre vocal d'une remarquable étendue (elle a chanté *Orphée aux Enfers* à la Gaîté, et n'a pas faibli un instant sous le poids du rôle d'Eurydice), elle est l'âme de la reprise de la *Fille de Madame Angot*. Je lui demanderais seulement de presser les mouvements, presque tous les mouvements sans exception, ne fût-ce que pour enlever ses camarades du second plan, Germain, Christian, Romain, Lamy, Mme Piccolo, tous suffisants, tous pontifiants.

Une opérette, même classique, n'est pas un opéra... Je fais, bien entendu, la part du cadre et des ralentissements qu'entraîne une transposition aussi complète. Mais il suffit d'une protagoniste comme Mlle Granier pour accomplir ce miracle nécessaire de remuer les masses profondes.

Je pense aussi que Mlle Granier ne jugera pas indispensable de continuer à danser la chacone qu'on a intercalée dans le troisième acte à son usage personnel. Elle a beaucoup amusé le public de la première, cette danse où Granier, en vraie gamine de Paris, a parodié Mauri, Subra et Cornalba. Elle a beaucoup amusé ce public spécial — et il ne l'a pas bissée. Elle n'amusera pas le public des représentations suivantes, qui n'en goûtera pas les savantes finesses, qui ne lira pas entre les lignes.., pardon, entre les ronds de jambes, et elle sera encore moins redemandée.

LES PREMIÈRES ARMES DE LOUIS XV
paroles d'Albert CARRÉ
musique de Firmin BERNICAT

Opéra-comique en 3 actes
Première représentation aux **Menus-Plaisirs**,
16 février 1888

DISTRIBUTION : Louis XV, *M*ᵐᵉ *Nixau*. — Le duc de Blagnac, *M. Bartel*. — Amadis, *M. Darman*. — Don Rodriguez, *M. Perrier*. — Le chevalier de Norcy, *M. Wolff*. — De Montmordin, *M. Vavasseur*. — Un caporal, *M. Perrenot*. — Un roué, *M. Bertier*. — Antoinette d'Humière, *M*ˡˡᵉ *Jane Pierny*. — La marquise d'Humière, *M*ˡˡᵉ *Alice Berthier*. — Atalante de Narbonne, *M*ˡˡᵉ *Thierry*. — La tourière, *M*ˡˡᵉ *Curnier*.

Les réputations théâtrales font parfois le désespoir et souvent l'envie des écrivains graves qui s'irritent de voir la vogue s'attacher en quelques heures à telle ou telle œuvre légère, à telle ou telle production fantaisiste... Elles devraient faire aussi leur consolation par le caractère essentiellement éphémère, la prompte mise en oubli des notoriétés que les qualités de forme, le sentiment de l'art non mercantile n'ont pas transformées à temps en célébrités durables. Qui connaît, par exemple, dans la génération nouvelle, le nom de l'auteur de ces *Beignets à la Cour* que M. Albert Carré, le sympathique directeur du Vaudeville, nous a rendus hier transformés, rajeunis, — et, en même temps, pimentés, — le nom de Benjamin Antier? Et cependant Benjamin Antier fut à la fois le Valabrègue et l'Auguste Maquet de son temps ; il collabora à la *Reine d'un jour*, à la *Lanterne sourde*, aux *Filets de Saint-Cloud*, aux *Tours de Notre-Dame*, enfin à l'*Auberge des Adrets* et à *Robert Macaire*... Bref, il vécut encombré de commandes vaudevillesques ou mélo-dramaturgiques et mourut chargé d'années, d'honneurs (il était légionnaire), et, de plus, employé « supérieur » du Mont-de-Piété.

Sauf *Robert Macaire* et l'*Auberge des Adrets*, il ne subsiste rien de cette littérature à 13 0/0. Et quant aux *Beignets à la Cour*, que créa Déjazet, en 1835, ils n'auraient pas été supportables sous leur forme primitive, si M. Albert Carré ne les avait énergiquement saupoudrés de modernité, retapés, resaucés, ragaillardis ; en même temps, il a respecté le caractère bon enfant de la pièce de Benjamin Antier, en dépit de quelques ajoutés grivois ; il lui a laissé un cachet de gentille bouffonnerie... Beignet, dit prosaïquement la *Cuisinière Bourgeoise* : « Espèce de pâte frite à la poêle qui enveloppe ordinairement une tranche de quelque fruit et qui se gonfle en cuisant. » Mais l'un des ancêtres du baron

Brisse classe plus poétiquement cette « espèce de pâte frite » parmi les « gentillesses » de cuisine... » Rien de plus juste, quant à la soirée d'hier, les beignets dramatiques d'Antier recuisinés par M. Carré avec musique de feu Bernicat et rarrangement final d'André Messager (une première version a été représentée, en 1882, à l'Alcazar de Bruxelles) sont la gentillesse même.

Gentille l'action, gentillette la musique, sans compter les personnages qui sont tous gentillâtres.

Au premier acte, nous voyons Louis XV dans un couvent de jeunes filles, l'abbaye de Chevreuse. Ce couvent est très mal gardé; toutes les cinq minutes, un soupirant passe par-dessus le mur (peut-être vaudrait-il mieux y pratiquer une porte battante, ce serait plus simple et aussi vraisemblable); les pensionnaires correspondent avec des fiancés, voire des maris qu'elles ont au dehors et dont les séparent nominalement des consignes aussi vaines que sévères.

Tout Versailles vient flirter autour des pensionnaires de Chevreuse ; il n'est pas étonnant que le roi prenne la file. Mais comme c'est encore un Louis XV très damoiseau, un sire vierge, — M. Albert Carré, qui a toutes les audaces, a risqué le mot, — il n'est séduit que par le talent de pâtissière d'une des couventines, la jolie Antoinette d'Humière. Et s'il la mande dans ses petits appartements, où nous la retrouvons au second acte, c'est uniquement pour manger des beignets en contrebande et faire la dînette sur un coin de table. Or le tête-à-tête, d'abord enfantin, prend bientôt un caractère plus marqué. Le roi sent comme un grand coup dans l'estomac. Il accuse d'abord la pâtisserie... Erreur ! il s'est trompé d'organe. Ce n'est pas l'estomac qui se plaint, c'est le cœur qui gémit. Le roi est tombé amoureux fou de la pâtissière. Mais celle-ci n'a pas la moindre envie de jouer les La Vallière près du petit-fils de Louis XIV. Elle aime un certain chevalier de Norcy et se refuse au caprice royal; Louis XV, furieux, lui déclare qu'elle sera punie de sa désobéissance dans les vingt-quatre heures, et qu'elle épousera un Gascon ridicule, le vieux duc de Blagnac.

Le troisième acte nous conduit dans le parc de Versailles. S'il faut en croire Benjamin Antier et Albert Carré, la méchante réputation du parc égalait alors celle de la forêt de Bondy ; les femmes de la cour qui s'y aventuraient à la nuit close rencontraient des bandes de roués, et couraient des risques sérieux. Bien entendu, tous les personnages déjà vus au cours des deux premiers actes se donnent rendez-vous sous ces ombrages périlleux ; mais la Providence veille sur eux de diverses façons, parfois contestables. Antoinette d'Humières y retrouve son fiancé, et c'est un résultat moral. Mais le roi... Oh ! le roi... Rappelez-vous le récit de *Candide* :

« Un jour, Cunégonde, en se promenant auprès du château dans le petit bois qu'on appelait *Parc*, vit entre les broussailles le docteur Pangloss qui donnoit une leçon de physique expérimentale à la femme de chambre de sa mère, petite brune très jolie et très docile. Comme Mademoiselle Cunégonde avoit beaucoup de dispositions pour les sciences, elle observa, sans souffler, les expériences réitérées dont elle fut témoin ; elle vit clairement la raison suffisante du docteur, les effets et les causes, et s'en retourna toute agitée, toute pensive, toute remplie du désir d'être savante, songeant qu'elle pourroit bien être la raison suffisante du jeune Candide, qui pouvoit être aussi la sienne... » Eh bien ! c'est une leçon de physique expérimentale que le jeune Louis XV reçoit à l'ombre des grands marronniers. Il a trouvé sa raison suffisante en la personne de la propre tante d'Antoinette d'Humières. Il a fait ses... premières armes. Et voilà le nouveau titre de l'opérette pleinement justifié : ce qui paraîtra encore plus essentiel que la satisfaction absolue de la morale.

Sur ce thème, Bernicat avait écrit une partition nette, bien allante, bien vivante, bien gentille, comme je le disais plus haut. M. André Messager y a joint quelques pages intéressantes. Signalons le madrigal du premier acte, le duo : « Ma barbe pique ! » au second acte, la romance : « Mon fils, vous êtes à l'âge ; » l'air : « N'ajoutez pas de rides à son front... ; » le chœur très scénique : « Vous aimez les beignets ; » au troisième, le trio des pendus, le duetto, la leçon d'amour et les petits airs de ballet d'une jolie couleur archaïque... Tout cela, un peu vieux jeu, formule monarchie de Juillet comme le livret (grivoiseries à part), mais animé, intéressant, d'une facture correcte et d'une inspiration presque toujours élégante.

L'orchestre de M. Lagoanère a sa bonne part du succès de la soirée. Il a exécuté à merveille cette partition jamais laborieuse, souvent difficile. Mlle Nixau, une échappée des Nouveautés, n'a pas tout à fait le nez bourbonien, mais elle porte le travesti avec une belle humeur souriante et une plénitude de formes qui font passer aisément sur l'invraisemblance du profil. Mlle Pierny a fait preuve de gentillesse dans les *Premières Armes* comme dans *François les Bas Bleus*. Mlle Berthier joue et chante à ravir les miniatures de Desclauzas. Du côté des hommes, il suffira de mentionner M. Bartel en duc de Blagnac et M. Darman, très applaudi dans le joli pastiche des airs de ballet du xviiie siècle.

LA JEUNESSE DES MOUSQUETAIRES
(REPRISE)
Ambigu, 17 février 1888

Distribution : D'Artagnan, *M. Chelles*. — Richelieu, *M. Montal*. — Athos, *M. Gravier*. — Buckingham, *M. Fabrègues*. — Bonacieux, *M. Péricault*. — Planchot, *M. Fugère*. - Louis XIII, *M. H Mayer*. — Porthos, *M. Donato*. — Aramis, *M. Munié*. — De Tréville, *M. Reykers*. — Rochefort, *M. Dermez*. — Felton, *M. Waller*. — De Winter, *M. Lyonnel*. — Le greffier du cardinal, *M. Pougaud* — Grimaud, *M. Maurel*. — Mousqueton, *M. Manuel*. — Bazin, *M. Saclier*. — Mme Bonacieux, *Mme Jane May*. — Milady de Winter, *Mme Deschamps*. — Anne d'Autriche, *Mme J. Méa*. — La Supérieure, *Mme L. Manvel*.

Une résurrection, non une exhumation. Il y a là une nuance délicate, mais nécessaire à souligner; car, n'en déplaise aux critiques infiltrés de renanisme décadent qui se lamentent de ne point trouver dans les grands drames de cape et d'épée d'Alexandre Dumas père les aimables indécisions, les flottements et les oscillations d'un discours académique, le drame historique populaire est un genre qui n'a point « flambé » et ne flambera jamais. Les mauvaises copies disparaissent; les bons modèles sont éternellement jeunes. Et, pour revenir à ma comparaison, si l'on déterre les cadavres, on réveille les belles au bois dormant.

Or, c'était bien une belle au bois dormant, le drame

repris hier à l'Ambigu, trente-neuf ans jour pour jour après la première du Théâtre-Historique.

Certains côtés de l'œuvre ont pu vieillir, mais l'ensemble garde bien de l'allure et de la puissance scénique. Et sait-on ce qui est resté le plus inaltérable, le plus aimable, le plus applaudi dans cette *Jeunesse des Mousquetaires* (arrangement un peu tardif des *Trois Mousquetaires*, car dès 1845 l'Ambigu avait eu la primeur d'une adaption de... *Vingt ans après* intitulée *Les Mousquetaires*) ? C'est la partie comique, le tableau de mœurs, les premières maladresses de d'Artagnan, la grosse balourdise de ce Porthos que Dumas père a si curieusement pastiché de M. de la Baguenaudière, un des héros de Scarron, les exploits gastronomiques de Planchet, l'approvisionnement à coups de hallebarde, la pêche à la ligne de volailles vivantes, les effarements et les aplatissements courtisanesques de Bonacieux, considérant avec une respectueuse admiration la main touchée par le gant de l'Eminence Rouge ?

C'est encore la scène, très délicate de conception, mais exécutée avec une habileté, conduite avec un tact infinis, des adieux de Buckingham à la reine ; c'est aussi la mort de ce même Buckingham, mêlant à son dernier soupir le nom de l'adorée; c'est également la tendresse innocente de Mᵐᵉ Bonacieux pour d'Artagnan, tendresse dont la pureté même est garantie par la situation périlleuse des deux amants, placés entre la vie et la mort jusqu'au moment où Milady verse du poison à la carmélite.

Voilà du véritable Dumas, vivant, vibrant, alerte, pétillant, grisant, enveloppant. Et je ne répondrais pas que l'autre partie du drame, le tableau des crimes et du châtiment de Milady ne fût encore d'un grand effet si le caractère déplaisant ne s'en était accentué avec les années, si cet acharnement des trois mousquetaires (qui sont quatre plus que jamais) contre une seule femme ne répugnait au public actuel.

Cette répugnance ne saurait faire l'objet d'un doute. On l'a si bien sentie — préventivement — qu'on a coupé le prologue du texte primitif, la scène où Charlotte Blackson, la future Milady, était marquée d'un fer rouge à l'épaule. On a aussi enlevé tout un tableau : la présentation de d'Artagnan à lady de Winter. Je ne prétends pas qu'il en reste trop. Mais assurément il en reste assez. Et ma foi il ne faudrait pas me pousser beaucoup pour me faire avouer que la pièce me paraît finie, et très bien finie, après le bal de l'Hôtel de Ville, quand Anne d'Autriche a retrouvé ses ferrets de diamants souillés par le sang qu'a fait jaillir le couteau de Felton.

Incedo per ignes! C'est un terrain bien délicat où je

me hasarde. Cependant, M. Dumas fils appartient déjà à la postérité presque autant que son glorieux père, et on lui doit l'hommage de l'absolue vérité comme à tous les écrivains immortels vivants ou morts. Eh ! bien, ce qui ressort clairement d'une étude attentive et respective des deux Dumas, c'est... mon Dieu ! comment dire poliment ces choses énormes ? — c'est une sorte d'inconscience, un manque réel de sens moral en ce qui concerne les relations des deux sexes. A ce point de vue Milady de Winter et d'Artagnan, la baronne d'Ange et Olivier de Jalin forment deux couples très ressemblants.

D'Artagnan a été l'amant de Milady ; c'est dans le désordre d'une victoire (d'ailleurs remportée par subterfuge), qu'il a vu la fameuse fleur de lys imprimée sur l'épaule de l'ancienne comtesse de la Fère. Et il va raconter sa découverte, et il en fait un lieu commun de la cour et de la ville, et il s'acharne contre cette femme qu'il a possédée, à laquelle il devrait au moins la courtoisie d'une neutralité, et il la condamne à mort, et il aide à son exécution ! Il est bien le frère de l'Olivier de Jalin qui injurie les jeunes filles dans le salon des mamans dont il vient manger les gâteaux, dénonce une femme dont il a été l'amant et fait le malheur de tout le monde sous prétexte de garder d'une mésalliance un homme qu'il ne connaissait pas vingt-quatre heures auparavant.

Ces inconsciences et — très certainement — ces innocences du Dumas de 1830 et du Dumas de 1854 nous paraissent maintenant des monstruosités. Visiblement, la salle tout entière était hier soir avec Milady quand elle criait à ses bourreaux : « Vous êtes des lâches, vous êtes des assassins, vous vous mettez six pour assassiner une femme... Assassins, assassins, assassins ! » Elle en a trop fait sans doute. Mais vraiment ils sont trop pour la punir. Et ils troublent la conscience du public, et si une certaine poésie décorative, dont il faut savoir gré au metteur en scène, n'enveloppait le tableau, ils l'écœureraient...

Chelles qui joue d'Artagnan sans panache — la plus belle fille du monde... — mais avec de la crânerie et de la noblesse chevaleresque, a si bien senti le danger du rôle que, dans toute la partie amoureuse il a gardé un accent enfantin, une allure de bébé. C'est un innocent... Allons, tant mieux ! M. Gravier, qui joue Athos, lui aussi, a fait un tour de force ; il a sauvé à force de conviction et d'autorité, le grand récit du comte de la Fère : « Un jour qu'elle courait la chasse avec son mari, elle tomba de cheval et s'évanouit ; le comte s'élança à son secours, et, comme elle étouffait dans ses habits, il les fendit avec son poignard et lui découvrit l'épaule. (Eclatant de rire) Devine ce qu'elle avait sur l'épaule, d'Artagnan !... Une fleur de lis...

« Le comte était un grand seigneur, il avait sur ses terres droit de justice basse et haute, il acheva de déchirer les habits de la comtesse, il lui lia les mains derrière le dos et la pendit à un arbre. »

C'est dur à dire, et terriblement difficile à faire accepter. Car enfin, il y a bien de l'atrocité dans le « procédé » de M. de la Fère. Punir une femme qui est sa femme, parce qu'on lui découvre une fleur de lis, c'est une solution contestable et pour le moins exagérée. Eh bien, grâce à Gravier, ce récit a passé comme une lettre à la la poste. Un beau succès.

Chelles est bon, Gravier est bon, Péricaud est excellent. Il a joué Bonacieux en personnage du répertoire. C'est la véritable interprétation, car il y a chez Bonacieux du Chrysale, du Géronte et de l'Harpagon. MM. Montal, Donato, Fugère, Fabrègue, Ryskers et Meyer complètent d'une façon très satisfaisante la troupe masculine. Mme Deschamps déblaye avec habileté les passages longuets du rôle de Milady; Mme Jane May, toute charmante et très vivante en Mme Bonacieux, est morte avec un réalisme saisissant. C'est ce qu'on peut appeler finir sur un contraste.

LES MARIÉS DE MONGIRON
par Grenet-Dancourt

Comédie bouffe en 3 actes

Première représentation à **Cluny**, 18 février 1888

Distribution : Balandard, *M. Dorgat*. — Durosior, *M. Allart*. — Mathurin, *M. Véret*. — Arthuro Bernardini, *M. Dubos*. — Gigolet, *M. Numas*. — François, *M. Dupuy*. — Canardeau, *M. Chevalier*. — Cigognac, *M. Picard*. — De la Panne, *M. Lagrange*. — Béchut, *M. Colson*. — Gabrielle, *Mme Aciana*. — Mme Benoît, *Mme B. Billy*. — Mme Lépineux, *Mme F. Génal*. — Blanche, *Mme N. Bertin*. — Régina, *Mme Carina*. — Zénobie, *Mme J. Andrée*. — Charlotte, *Mme Dumont*.

M. Balandard, ancien négociant, propriétaire et conseiller municipal de Mongiron, petite ville oubliée sur la carte de France, ayant commis l'indélicatesse de jeter des œufs sur le plat à la tête de sa femme Gabrielle, celle-ci a riposté en le coiffant d'un compotier. La belle-mère, Mme Lépineux, — reconnaissez à ce seul nom la tradition indéracinable du vaudeville populaire, son incurable hostilité à l'égard des belles-mamans — étant présente à l'entretien, ce dialogue à coups de vaisselle a eu les plus fâcheuses conséquences. Le divorce a été prononcé.

Cependant les deux époux se regrettent tout en se détestant. Ils recommencent l'éternelle comédie du *Dépit amoureux* agrémentée et surtout pimentée de notables réminiscences de *Divorçons*. Gabrielle, sous prétexte de satisfaire les implacables rancunes de Mme Lépineux en venant braver à domicile son ex-mari, demande à Balandard de se trouver lui-même un successeur. Qu'il lui désigne un époux, elle l'acceptera les yeux fermés — et la main ouverte.

Or Balandard, sous prétexte de compléter sa vengeance, s'acharne à n'offrir à Gabrielle que d'impossibles prétendants. En vain, un certain Durosier, qui aimait Mme Balandard avant son mariage et qui l'aime toujours, revient d'Amérique « à seule fin » comme on dit dans le quartier Cluny, d'épouser la divorcée ; cette union trop assortie épouvante Balandard :

« Je ne veux pas qu'il l'épouse, s'écrie le veuf judiciaire de Gabrielle, il n'aurait qu'à la rendre heureuse. »

Et il lui propose un certain Gigolet, un gâteux de la plus vilaine venue.

On devine qu'après des complications quelque peu longuettes, il y a remariage entre Gabrielle et Balandard. Rien de tel que de s'être quitté avec rage pour se reprendre avec plaisir et même avec enthousiasme. Accessoirement, on célèbre d'autres unions où la fleur d'oranger est plus de mise ; mais il ne me paraît pas nécessaire de raconter par le menu ces épisodes extra-conjugaux.

Les *Mariés de Mongiron*, c'est à proprement parler *Divorçons* après la lettre comme *Divorçons* était les *Mariés de Mongiron* avant le divorce.

Mais je doute que la pièce de M. Grenet-Dancourt ait la fortune du vaudeville de Sardou et Najac. Une œuvre quelconque, dont il ne survivra qu'une scène dans la mémoire des gens de théâtre, celle de la statue.

Le maire de Mongiron a promis à ses électeurs d'inaugurer une statue. Laquelle ? Il prend le parti de faire défiler ses électeurs devant un corps de statue, remettant à l'an prochain l'inauguration de la tête, lorsqu'on aura décidé quel sera le grand homme de Mongiron.

Signalons dans la troupe masculine MM. Dorgat et Allard. Les rôles de femmes sont un peu effacés : Mme Aciana, Billy et Jeanne Andrée leur ajoutent heureusement ce qu'on pourrait appeler une double étoffe artistique et plastique.

ZAMPA
LES AMOUREUX DE CATHERINE
(REPRISES)
Opéra-Comique, 20 février 1888

La première des « Amoureux de Catherine » date de 1876 (direction intérimaire d'Emile Perrin). On ne connaissait encore qu'une œuvre du musicien M. Henri Maréchal, jeune prix de Rome : *la Nativité*. M. Nicot créa le rôle de Walter, Mlle Chapuy celui de Catherine. Quant au livret, tiré par M. Jules Barbier d'une nouvelle d'Erckmann-Chatrian, il devait plaire par la simplicité même de la donnée.

Placée entre plusieurs amoureux, la patronne de la *Carpe d'Or*, à Neudorf, en Alsace, la belle Catherine, choisit le plus pauvre. Et c'est tout. Les vers de M. Jules Barbier offrent une particularité assez rare dans ce genre de littérature : une faute de prosodie... volontaire. La chanson de Catherine se termine par ce refrain :

> Doux pays natal où l'été ramène
> Les vieilles chansons dont on fête en chœur
> Le vin des coteaux, le blé de la plaine,
> *Patrie*, je t'aime avec tout mon cœur !

Et M. Jules Barbier a mis en marge cette note, qui se passe de commentaire : « On me pardonnera cette faute de prosodie. Le vrai mot, auquel j'ai dû renoncer, était *Alsace* ; il ne pouvait être remplacé que par le mot de *Patrie*. »

La reprise de ce petit ouvrage a fait grand plaisir. La partition de M. Henri Maréchal n'a pas vieilli, en raison même de ses qualités d'élégance sobre et de réelle distinction mélodique. Mlle Chevalier est en pleine possession de son nouveau rôle. Voilà un lever de rideau reclassé au répertoire et qui permettra de corser l'affiche...

Assurément *Zampa* a plus de « cheveux blancs » que les *Amoureux de Catherine*. Certains vers du livret sont particulièrement odieux, quand on les entend, — et on entend tout, place du Châtelet :

Je citerai le chœur d'ouverture :

> Dans ses présents que de magnificence :
> Que le futur est aimable et galant !
> Je sens que je l'aime d'avance,
> Vraiment, c'est un époux charmant.

Ce sont là des taches légères. Le caractère dramatique, la multiplicité et la variété des situations maintiendront longtemps au répertoire le livret de Mélesville. Quant à la partition elle garde une puissance et une vigueur, une grâce mélodique et une habileté de facture que ne feront pas reléguer au second plan les dernières productions de l'école française.

M. Soulacroix fait sa rentrée dans le rôle écrasant de Zampa, où successivement ont paru Chollet, le créateur, puis Masset, Montaubry, etc. Ce rôle est écrit pour un baryton possédant un registre très étendu dans les notes hautes. Il a été souvent chanté par des ténors de force. M. Soulacroix l'a interprété tel qu'il est écrit mais de façon à prouver qu'il s'arrangerait d'une transposition. Son succès, partagé par Mlle Salambiani, Mouliérat, Grivot, Barnol et Mlle Chevalier, a été très vif et très mérité.

UNE PROVINCIALE
Première représentation chez **Madame Adam**
20 février 1888

—

On se rappelle de quelle façon assez inattendue le nom d'Ivan Tourgueneff a reparu tout récemment dans les polémiques de presse. Il s'agissait d'une sorte de diffamation posthume de M. Alphonse Daudet par l'auteur des *Terres vierges* qui était ou qu'il avait cru son ami. M. Daudet s'attrista et s'inquiéta de ces commérages. Mais ce sont là des affaires de boutique sans grand intérêt pour le public. *Genus irritabile vates...* ; les prosateurs ne font pas exception, et la grande masse des lecteurs intéressés par les œuvres, assez indifférents aux producteurs, pense de nos discussions intimes ce que la servante de Molière disait de l'accord des participes :

Qu'ils s'accordent entre eux ou se gourment qu'importe !

Au demeurant, si le petit travail de « débinage », pour parler la langue moderne prêtée à Tourgueneff par M. Oscar Paulovsky a produit une mauvaise impression sur le public (entre nous, je crois qu'il s'en moque pas mal), le plus sûr moyen de réconcilier le Tout-Paris des lettres et de la haute mondanité intellectuelle avec la mémoire du grand romancier russe était de le montrer ce qu'il fut réellement : un véritable Parisien sous les apparences moscovites et avec les réserves slaves, sceptique et spirituel, oseur et délicat : en fait, un psychologue de premier ordre. C'est à ce parti que s'est arrêtée Mme Adam en faisant entendre à deux séries d'invités une saynète intitulée : *Une provinciale*, qui a obtenu dimanche et lundi soir le plus vif et le plus franc succès...

Je dois m'empresser d'ajouter — de peur de gâter les mânes de Tourgueneff qui de son vivant ne gâtait personne — que l'intime parisianisme d'*Une provinciale*, ce je ne sais quoi de délicat et de subtil qui flotte autour de l'adaptation de l'œuvre de Tourgueneff, est dû en grande partie à la mise au point faite par Mme Adam. Elle a resserré l'action, simplifié le dialogue, aiguisé les répliques et couronné ce travail qui demandait une souplesse toute féminine par un dénouement curieux, original et en même temps si décisif qu'on n'en peut imaginer d'autre.

L'intrigue d'*Une provinciale* est des plus simples. Une jeune fille, élevée à Saint-Pétersbourg dans la maison du comte Loubine, dont la mère était sa protectrice, a été réduite par des revers de fortune à épouser un modeste fonctionnaire de province, Alexis Stupendieff. Elle se désespère au fond de cette impasse, Stupendieff est un brave homme, mais borné, sans éducation et sans doute sans avenir... Or, voici que le comte Loubine traverse la petite ville où végètent les Stupendieff. C'est maintenant un vieux beau, très marqué, fort infatué de sa personne ; mais la petite Mme Stupendieff n'y regarde pas de si près pour revenir à Saint-Pétersbourg. Elle attire le comte Loubine dans son humble maison, le retient à dîner, lui rappelle le passé, le fascine et pousse la coquetterie si loin que le pauvre Stupendieff fait bien de rentrer au plus vite.

Il n'est pas très intelligent, Stupendieff ; il se rend compte de la supériorité de sa femme et dit naïvement : « Elle a été bien élevée, Maria Ivanovna ; moi je suis un homme sans éducation... » Mais il aime, il est partagé entre l'ambition et la jalousie, et si cruellement torturé qu'il se décide à faire irruption chez sa femme juste au moment précis où le comte Loubine s'agenouillait aux pieds de Mme Stupendieff. Maria Ivanovna l'a entendu monter l'escalier : « Vite, relevez-vous, crie-t-elle à Loubine. — Ah ! diable ! c'est que je ne peux pas... » Et Stupendieff se précipite, et malgré sa colère, c'est lui qui instinctivement tend la main à Loubine toujours agenouillé...

Cette « leçon de choses », comme on dit dans les écoles primaires, a frappé le comte Loubine ; il s'est rendu compte du rôle ridicule qu'il a failli jouer, mais il n'est pas méchant et tient d'ailleurs à garder le beau rôle : « C'est vrai, dit-il à Stupendieff, je me suis agenouillé devant votre femme, mais c'est vous qui m'avez relevé... je ne l'oublierai pas. Vous aurez un poste à Saint-Pétersbourg. »

Ce dénouement ingénieux et d'un grand effet a été très applaudi. Mlle Legault est charmante en Maria Ivanovna ; elle a des emportements et des réticences, des coquetteries et des pudeurs adorables. Laugier est très remarquable dans le rôle à moitié niais, à moitié passionnel de Stupendieff. Baillet, Berr et Gravolet complètent un ensemble très homogène et que le grand public retrouverait avec plaisir sur une scène plus vaste que celle de l'hospitalière maison du boulevard Malesherbes.

COCARD ET BICOQUET, par H. Raymond
et Maxime Boucheron
Première représentation à la **Renaissance**, 22 février 1888

Distribution : Bicoquet, *M Raimond*. — Farjassier, *M. Maugé*. — Maître Jacquin, *M. Montcavrel*. — Malgachon, *M. E. Larcher*. — Dubonnel, *M. Bellot*. — Benoît, *M. Regnard*. — M*me* Tringlot, *M*me *Mathilde*. — Francine, *M*me *Aug. Leriche*. — Claire, *M*me *Mary. Gillet*. — M*me* Tamerlan, *M*me *V. Rolland*. — M*me* X., *M*me *Juliette Lhéry*. — M*me* Y., *M*me *D'Arthez*.

Ne vous trompez pas au titre du vaudeville de MM. Raymond et Boucheron, Cocard et Bicoquet ne sont pas deux personnalités distinctes. Cocard c'est Bicoquet et Bicoquet c'est Cocard. Rappelez-vous l'*homo duplex* de Racine, le damnable pécheur qui se débat dans le chrétien méritoire et pratiquant ;

Mon Dieu, quelle guerre cruelle!...

c'est absolument la situation du sage Bicoquet à l'égard de sa doublure le galantin Cocard. Seulement la guerre n'est pas du tout cruelle, au contraire, tant que Bicoquet qui se fait appeler Cocard par les dames de mœurs faciles, borne ses conquêtes au monde galant. Par bonheur pour la morale, mais par malheur pour la tranquillité de Cocard-Bicoquet, voici que Cocard se fatigue des petites dames et qu'en même temps, Bicoquet songe à faire une fin en se mariant.

De cette dualité de changements dans les dispositions respectives des deux personnages que réunit un lien physique confinant à la parfaite identité — ouf ! à quelle dépense de vocabulaire philosophico-scientifique nous condamnent MM. Raymond et Boucheron ! — résultent des désagréments variés pour le sage Bicoquet et pour le débauché Cocard, mais grâce à la providence des vaudevillistes, cette connexité de mésaventures se résout en une plénitude unique et définitive de satisfaction conjugale...

Laissons ce jargon et racontons à la bonne franquette le vaudeville fort amusant et relativement assez simple sous ces apparences compliquées qui va, sans doute, désenguignonner la Renaissance. Bicoquet, se rendant à Thibouville pour faire une fin en épousant la plus belle fille de la cité, Mlle Francine Tamerlan, a rencontré en chemin de fer une femme d'attaque — mais non de défense — une certaine Mme Farjassier encore portée sur la bagatelle et qui fait ses fredaines sous le nom de Théodora. Pour mener à bonne fin son entreprise amoureuse sans compromettre sa carrière de fiancé, Bicoquet a recours au truc de Cocard.

Il se rend aux rendez-vous de Mme Farjassier en s'affublant d'une fausse barbe, d'un manteau couleur de muraille et d'une casquette. Sous cet accoutrement bizarre il comble de... ridicule l'infortuné Farjassier dont le ménage a eu d'ailleurs bien d'autres mésaventures.

Cependant les amours de l'incandescent Cocard ne sauraient distraire indéfiniment le très calme Bicoquet de l'affaire Tamerlan. A vrai dire, Francine Tamerlan n'aime pas Bicoquet et ne dissimule guère ses mauvaises dispositions à l'égard du prétendant venu tout exprès de Paris pour enlever la fleur de Thibouville.

Mais cette résistance ne fait qu'accroître la passion de Bicoquet et dans un monologue animé dont les réponses précèdent presque les demandes, Bicoquet n'a pas de peine à convaincre Cocard qu'il faut rompre sans retard avec Mme Farjassier.

La scène tragique du « cassons tout », pendant traditionnel de la scène moins bruyante du « lâchons tout », a lieu au bord de l'eau. Mais l'ultime conversion de Bicoquet et de la dame des pensées de Cocard est interrompue par l'arrivée du passeur. Bicoquet s'esquive en abandonnant sur la berge sa casquette de loutre et sa redingote. Le pêcheur trouvant ces épaves les porte à l'adjoint au maire.

Pas de doute pour cet officier de l'état civil, auxiliaire occasionnel du procureur de la République. Un crime a eu lieu à Thibouville ; Cocard, l'infortuné Cocard a été précipité dans la Seine. Quant à l'assasin, il se dénonce lui-même en se promenant dans les rues de la ville avec la canne de la victime.... Oui, Bicoquet lui-même, le maladroit Bicoquet n'a pas songé à jeter dans la rivière cet accessoire reconnaissable. L'aubergiste de Cocard le dénonce, le passeur croit le reconnaître, la foule s'ameute. On assiège l'hôtel où s'est réfugié le prétendant — malgré elle — de Francine Tamerlan. En vain fait-il entendre les plus véhémentes protestations, les autorités de Thibouville sont trop fières de tenir un criminel authentique et de faire concurrence à la commune voisine qui a eu tout récemment son assassin pour ne pas le mettre en état d'arrestation immédiate. L'adjoint téléphone au parquet les premiers résultats de l'enquête et mande un juge d'instruction.

Sur cette donnée qui permettra de donner un sous-titre à *Cocard et Bicoquet* dans les nombreuses villes de provinces où ne saurait manquer d'être représentée cette joyeuse bouffonnerie: le *Jonc fatal* ou le *Bambou révélateur* (suivant les ressources du théâtre ou les préférences du directeur) se greffent des épisodes fort amusants et d'une très suffisante invraisemblance. C'est la population de Thibouville qui se prend d'un bel enthousiasme pour le prétendu assassin, gloire à jamais locale et même régionale, et lui envoie des paniers de friandises; c'est la romanesque Francine Tamerlan qui avait en horreur le prosaïque prétendant et admire l'héroïque meurtrier ; c'est l'avocat qui presse le prévenu d'avouer son crime, au moyen d'arguments d'un comique très réussi, confinant presque à la comédie de mœurs : « Si vous n'avouez pas, vous aurez trois ans, cinq ans, dix ans de réclusion... Avouez : vous irez à la « Nouvelle »... Et là-bas, c'est le paradis J'y ai fait expédier un client, un ami !... Il est marié, il a une femme adorable, des enfants charmants, maison de ville et de campagne... Il m'accable de bénédictions... Avouez, il n'y a pas autre chose à faire. »

Bicoquet se refuse à avouer, malgré l'éloquente insistance de M° Jacquin; il tient à rester indemne de la mort de Cocard, bien qu'un nouveau coup du sort l'empêche de se tirer d'embarras en racontant ses amours avec la belle Théodora (l'adjoint qui instruit l'affaire n'est autre que M. Farjassier, le mari de la commère). Il a d'ailleurs une compensation : la passion de Francine, qui brûle d'une flamme de plus en plus ardente pour le grand criminel, éternel honneur de Thibouville. Si bien qu'au moment où l'innocence de Bicoquet est reconnue — tout doit avoir une fin, même les joyeux vaudevilles — le prévenu ayant eu l'idée, pour s'évader, de remettre la barbe et la casquette de loutre, dont il s'affublait sous le nom de Cocard, il s'écrie despéré : « Je suis perdu ! on va me croire innocent. » Mais Francine est trop romanesque pour abandonner ses illusions : « Dans mes bras ! s'écrie-t-elle, au moins tu n'y commettras pas de nouveau crime. » Et Bicoquet, fou de bonheur, se précipite dans cette prison qui n'a rien, ou, du moins — car je ne voudrais pas diffamer les robustes appas de Mme Leriche, l'ingénue Francine— qui a tout juste assez de *carcere duro*.

Il y a des réminiscences de l'*Affaire de la rue de Lourcine* dans ces trois actes fort remplis ; il y a aussi un emprunt indirect à *Gavaut Minard et Cie*, l'idée du rôle de Francine Tamerlan ; de la femme mariée enthousiaste pour les grands criminels, MM. Raymond et Boucheron ont fait une ingénue. C'était leur droit, dès qu'ils en tiraient bon parti.

Raymond détaille avec un peu trop de saint-germanisme, si j'ose m'exprimer ainsi, un peu trop de soulignements intérieurs et de finesses contenues le rôle fort lourd de Cocard-Bicoquet. Il ne le met pas en pleine lumière ou, pour mieux dire, il l'attriste. J'y aurais voulu un amoureux transi et en même temps ahuri comme le Corbin de *Tête de Linotte*. Tous les autres interprètes de *Cocard et Bicoquet* ne méritent que des éloges sans restriction :

Mme Leriche, la fougueuse ingénue ; Mme Mathilde, l'incandescente aubergiste; M. Maugé, l'adjoint instructeur; M. Montcavrel, l'avocat insinuant, sans oublier Mmes Gillet et Roland, ainsi que M. Larcher et M. Bellot, le passeur, un témoin « bien moderne », un vrai comparse de cour d'assises, car il n'a rien vu et il raconte tout sans omettre le plus petit détail.

LA PRINCESSE GEORGES (REPRISE)
Comédie-Française, 27 février 1888

DISTRIBUTION : Le comte de Terremonde, *M. Laroche*. — Galanson, *M. Coquelin cadet*. — Le prince de Birac, *M. Baillet*. — Victor, *M. Truffier*. — Des Fondettes, *M. H. Samary*. — Le baron, *M. Hamel*. — Cervières, *M. Gravollet*. — Mme de Périgny, *Mme C. Montaland*. — Rosalie, *Mme Kalb*. — Valentine de Baudremont, *Mme Du Minil*. — Séverine, *Mme Brandès*. — La baronne, *Mme Ludwig*. — Berthe, *Mme Rachel Boyer*. — Sylvanie, *Mme Legault*.

Discutée pendant deux actes trois quarts, acceptée enfin et même acclamée pendant les suprèmes dix minutes du finale à double détente si savamment préparé par M. Dumas, la *Princesse Georges* a couru hier soir de terribles bordées sur une mer bien houleuse. On est parti en pensant à *Francillon*, mais on avait longtemps songé à la *Princesse de Bagdad*.

On connaît le sujet de la Princesse Georges qui, jouée le 2 décembre 1871 au Gymnase, à la fin de l'année terrible, paraissait pour la première fois à la Comédie-Française, mais avait déjà, vers 1882, fourni une certaine carrière au Vaudeville.

La princesse Séverine de Birac, plus généralement appelée la princesse Georges, interroge une domestique qu'elle avait chargée d'espionner son mari. Cette domestique a vu le prince, qui prétendait aller soigner son frère à Versailles, prendre le train du Havre, descendre à Rouen, et se rendre à l'hôtel d'Angleterre où il a passé la nuit dans la même chambre qu'une amie intime de la princesse, la comtesse Sylvanie de Terremonde. La princesse adore le prince et ne demande qu'à pardonner, mais on ne tarde pas à lui apprendre qu'il veut s'enfuir avec Sylvanie, en emportant comme viatique deux millions pris sur la dot de sa femme. Elle met Sylvanie à la porte de son salon, puis, s'adressant au mari :

— Je l'ai chassée.

— Chassée ! Vous avez chassé ma femme !... Et pourquoi ?

— Parce qu'il ne me plaît pas de recevoir une femme qui vient chez moi chercher son amant.

— Son amant ! ma femme a un amant ! Savez-vous bien ce que vous dites, Madame ?

— Parfaitement, Monsieur.

— Et qui donc ?

— Cherchez !

Pendant qu'il cherche, Sylvanie consulte tour à tour sa mère et... son notaire. — On ne casse pas un mariage, lui dit sa mère (le divorce n'était pas voté). — L'argent de la communauté appartient à l'époux, ajoute le notaire.

— Alors, c'est tout ce que vous pouvez pour moi tous

es deux, vous la loi, toi la famille ? La loi peut me rendre l'argent de ma dot, si elle le retrouve ; la famille peut me rendre ma chambre de pensionnaire, et puis c'est tout. La table et le logement, tel est le souci de la société. Vous pouvez vous retirer. Je craignais d'avoir fait plus que je n'avais le droit de faire. Je vois maintenant que je suis dans mon droit, et je m'en réjouis, et je suis calme. Bonsoir.

Sur ces entrefaites, un valet de chambre vient raconter à la princesse Georges que le mari de Sylvanie va faire semblant de partir en voyage ce soir même ; il ne partira pas et, le revolver en main, il attendra le prince qui, croyant le mari absent, ne manquera pas de venir passer la nuit avec la femme. Si la princesse ne retient pas le prince, elle sera veuve... C'est justement au veuvage qu'elle se décide. Elle envoie le prince à la mort, puis au dernier moment elle le retient. « Je t'aime, tu n'iras pas, le comte est là ! » Le prince se précipite, ne voulant pas laisser Sylvanie exposée à la vengeance de M. Terremonde (entre nous, il commet une jolie gaffe, car s'il ne va pas là-bas, le comte en sera pour une vaine attente et Sylvanie se trouvera justifiée). On entend un coup de pistolet. Séverine s'évanouit à moitié dans les bras de sa mère. Mais le prince reparaît. M. de Terremonde n'a tué qu'un jouvenceau, M. des Fondettes, amant supplémentaire, à qui une invitée disait : « Vous êtes enthousiaste, naïf et bon ; vous avez une mère qui n'a que vous et qui mourrait de votre mort. »

Coup double, par conséquent. Mais la princesse est si ravie de revoir le prince, Roxane est si enchantée de retrouver Bajazet sain et sauf, qu'elle ne songe guère à ce drame *in partibus* — et pardonne.

Voilà pour l'ensemble très discutable du drame Quant aux détails, on dira sans doute que la couleur locale de la *Princesse Georges* a vieilli. On aura tort en ce sens qu'elle a toujours paru sans âge, étant non seulement sans vérité absolue mais sans exactitude relative, sans le minimum de vraisemblance — épais comme un noir d'ongle, suivant la locution des Italiens, ces affreux réalistes — exigé par les conventions théâtrales. Le vernis mondain de la princesse Georges (notez que les Birac ont huit cents ans de noblesse « derrière eux » et s'en vantent, ce qui porte déjà à douter qu'il les aient, car une habitude presque millénaire d'être noble doit s'allier au parfait oubli de ces avantages de la naissance) est extravagant, fantastique et, pour tout dire, surchargé de tons criards.

Je n'exprime pas seulement mon opinion personnelle et celle des spectateurs d'hier. Les impressions du public de 1871 n'ont pas sensiblement différé de celles des invités de 1888. La fantaisie m'est venue de rechercher dans les feuilletons du temps les critiques sur ce point spécial. Il n'y a qu'à se baisser pour prendre : « des mères nobles qui font le geste de donner des calottes et qui prononcent le mot — des domestiques qui appellent leur maître *monseigneur* ou *mon prince* à la façon des ouvreurs de portière — une Sylvanie qui a été épousée comme on épouse une actrice, qui n'est même pas Latour Lagneau, et qui est l'*amie* de la princesse Georges (huit cents ans de noblesse... par le mari)... Séverine a même l'imprudence de dire : *ma meilleure amie* — un notaire qui espionne comme les domestiques et qui appelle *Bomarsund* une femme à qui on vient de le présenter — des grandes dames du plus noble des faubourgs qui définissent ainsi une de leurs intimes : « C'est la fille de Minos et de Pasiphaé. »

Avouons le, en effet, sans méconnaître qu'on a fait bien du chemin depuis 1871, et que les pudeurs d'antan pourraient sembler un peu exagérées, elles ont une étrange attitude, ces grandes mondaines reçues dans l'hôtel Birac. Il y en a une qui raconte de petites histoires évidemment à réserver pour les émules de Mme La Chapelle et murmure sans baisser les yeux : « Je n'ai pas d'enfant et *ça sera toujours comme ça...* » Une autre dit à Mme de Périgny, la douairière : « Vous vous êtes remariée, vous marquise. Mais il faut dire que vous êtes de l'époque où l'on pouvait faire ces choses-là deux fois. *Il y avait encore des hommes dans ce temps-là...* » Une troisième, définissant M. de Terremonde : « Il est affreux, il a une grosse barbe, il est énorme. *C'est un bœuf — Mieux que ça...* » Palsambleu ! princesses... Vous êtes certainement de grandes dames, mais non plus de l'Œil-de-Bœuf : de l'œil de taureau, pour suivre la métaphore de M. Dumas fils.

Impossible d'oublier la mère — une maman bien étrange, qui « s'exprime » trop souvent et trop abondamment, comme Mme Gibou. Elle dit à sa fille, en parlant de mésaventures conjugales : « Va, ça vaut mieux qu'une jambe cassée ; » elle ajoute même cette observation trop judicieuse : « Je t'ai mariée à cet homme parce que, quand on a des filles, il faut les marier ; mais *nous ne sommes pas dans les maris qui se présentent,* et nous ne pouvons savoir comment ils sont faits. »

Séverine elle-même dit : « Sacrifie-moi cette femme, ou *il y aura un malheur.* » Rosalie ne parlerait pas autrement — et le prince lui répond : « Tu seras sage ! »

On peut adresser d'autres reproches et plus graves à la *Princesse Georges.* Séverine manque non d'harmonie dans les proportions, — c'est au contraire, à ce point de vue de plastique théâtrale un des modèles les plus élégants, une des plus souples figurines, un des meilleurs Tanagra de la collection de M. Dumas fils — mais de solidité dans l'assemblage, de cohésion dans l'ensemble C'est une hermine, elle a toutes les distinctions et toutes les pudeurs, et elle tutoie une Sylvanie de Terremonde, et elle reçoit des femmes qui tiennent dans son salon des propos à faire rougir les bougies du lustre !

C'est une aristocrate de sentiment comme de naissance, voulant estimer celui qu'elle aime, lui criant au premier acte : « Oh ! ne mentez plus. Oh ! ne vous abaissez pas ! Oh ! je vous en supplie, ne me forcez pas à vous mépriser. Qu'est-ce que je deviendrais ? » Et il ment encore, et il la trompe, et il la vole dans les grands prix (deux millions argent sur table !) et quand il se voit moralement forcé de rendre l'argent, il injurie Séverine, il éclate en récriminations, « il rugit, il écume comme une bête sauvage » (c'est elle qui le dit), et ce joli monsieur qu'elle a certainement cessé d'estimer, qui doit lui paraître le dernier des drôles, elle se repent et elle le reprend après l'avoir envoyé à la mort ; elle se traîne à ses pieds, elle s'accroche à ses pans d'habit, et elle lui crie son amour à pleine voix délirante, à pleine gorge haletante.

Ne m'objectez pas que c'est le lieu commun, l'évolution banale de toutes les crises passionnelles, qu'on peut aimer sans estimer et que Baudelaire n'a pas menti en bafouant « le rêveur inutile » qui voulut un jour

Aux choses de l'amour mêler l'honnêteté ;

que toutes les femmes pardonnent quand elles aiment et que M. Dumas nous a indirectement préparés à cette fin en faisant dire dans le courant de la pièce : « Celle qui n'a jamais eu à pardonner à celui qu'elle aime ne peut pas dire qu'elle aime. » Ce qui est vrai en règle générale n'est pas vraisemblable pour un personnage aussi caractérisé, aussi spécial que Séverine de Birac...

Il y a aussi comme pendant à l'incohérence flottante de Séverine la monstruosité solide du prince de Birac. Il est complet, celui-là, et plus que complet, trop achevé, trop infâme ! M. Dumas l'a si bien senti que le remettant plus tard à la scène avec les mêmes espèces et apparences de « gredin de la haute » — à toi D'Ennery ! — mais sous le nom de duc de Septmonts, il n'a pas osé cette fois le laisser vivre, il l'a fait exécuter par une Providence vengeresse; à barbe en pointe, qui s'appelle Clarkson et supprime le vibrion d'un coup d'épée.

Il y a enfin, il y a surtout le dernier acte hypothétique de la *Princesse Georges*. Je n'aime pas, en général, à me figurer les actes complémentaires du répertoire moderne de M. Dumas fils. Je ne me représente qu'avec une certaine répugnance le dîner de famille de *Denise* réunissant les jolis personnages que l'on sait, ainsi que la nouvelle nuit de noces de *Francillon* (le petit a été sevré avant-hier soir, souvenez-vous-en, souvenez-vous-en). Mais, en bonne foi, on n'est pas absolument forcé, dans ces deux cas, d'accomplir ce pénible travail d'imagination. Au baisser du rideau de la *Princesse Georges*, c'est autre chose! Il ne s'agit plus de combinaisons éventuelles qui pourraient à la grande rigueur ne pas se réaliser; le fait est là — je veux dire le fait-divers — le petit des Fondettes qui agonise à deux pas, la poitrine trouée d'une balle, assassiné par la princesse et son gentilhomme de mari, car ils sont responsables du coup de pistolet; ce sont eux qui ont armé M. de Terremonde.

Donc voilà M. des Fondettes qui râle et le mari de Sylvanie que vont empoigner les gendarmes, et Sylvanie qui va rester seule!... Dans quarante-huit heures elle s'enfuira avec M. de Birac. A la place de Séverine, je tremblerais pour mon bonheur si fraîchement réparé, et si j'étais M° Galanson je n'aurais aucune confiance dans le retour au bercail des dix-sept cent mille francs restés à la disposition du prince... Sylvanie est derrière la porte. L'argent traîne sur la table. Quelle tentation !

Eh bien, ces réserves faites, et je n'ai pas cru pouvoir les atténuer, car toute acquisition nouvelle du répertoire, tout arrivage de quelques actes du Vaudeville ou du Gymnase à la Comédie-Française impose des devoirs à la critique, il reste sinon un chef-d'œuvre, du moins une œuvre dont quelques scènes se recommandent par de telles qualités d'exécution, un réalisme, si précis, une si rare netteté de rendu que, même médiocrement jouée, elle s'impose toujours à l'attention, parfois à l'admiration du public.

Rien de plus serré, de plus achevé, de plus solidement parfait dans le théâtre contemporain (sauf peut-être la scène initiale de l'*Odette*, de Sardou) que la conversation de Séverine et de Rosalie, faisant à elle seule une exposition complète ; le final du deuxième acte; le renvoi brutal de Sylvanie: « Va-t-en sans dire un mot, sans faire un signe, ou je t'insulte publiquement et je te chasse devant tout le monde; enfin la terreur de Séverine quand, renouvelant le fameux *Sortez !* de Roxane à Bazajet, elle a dit au prince : « Le mari de cette femme est parti ce soir. Elle est libre, elle est seule, vous n'avez pas de temps à perdre, allez la retrouver; vous êtes mort pour moi. Allez ! » Et, quand elle s'attache à lui, désespérée, pour le sauver de la mort ; et quand, jetée à terre, entendant le coup de pistolet qui, dans sa pensée la fait veuve, elle se relève en criant: « Maman! maman! » Ce n'est pas de la vérité ni même de la vraisemblance psychologique, et je l'ai assez montré ; mais c'est du grand art théâtral et, quand l'exécution matérielle atteint ce degré de perfection, elle dompte les spectateurs les plus récalcitrants.

L'instinct souvent génial de M. Dumas fils, ses extraordinaires qualités de metteur en scène, transforment donc la donnée de la *Princesse Georges* et font de ce drame saccadé une œuvre tantôt exécrable, tantôt exquise, jamais indifférente. On finit par se laisser dominer, on oublie le vibrion antipathique, les valets espions, les mondaines trop délurées, la maman portière, on ne voit plus que Séverine, la jeune femme passionnée tenant à son mari — presque à son homme, car, sur ce point, elle a des ardeurs fort plébéiennes — luttant pour le garder contre tout ce qui abandonne, tout ce qui trahit, l'amitié, la maternité, la loi ; on la plaint, on l'admire, on parvient même, en dépit des lacunes du dénouement, par se figurer qu'elle sera heureuse et qu'une transposition providentielle fera passer en la cervelle du prince de Birac le plomb mis par M. de Terremonde dans la caboche moutonnière de ce pauvre petit des Fondettes!...

Le sort de la pièce a été partagé par sa principale interprète. Très discutée, très contestable jusqu'à minuit moins le quart, Mlle Brandès n'a pris sa revanche que pendant le quart d'heure de grâce. Avait-elle insuffisamment répété ? S'était-elle fiée imprudemment au dernier jet, à l'inspiration sur place ? Je ne sais. Peut-être était-elle troublée par les souvenirs de Desclée qui tint le rôle en 1871 ? Pauvre Desclée :

> Semblablement où est la reine
> Qui commanda que Buridan
> Fut jeté en un sac en Seine...

Et elle aussi la reine de Buridan de Birac, elle a disparu en laissant plus de renommée gênante pour les nouvelles venues que de traditions faciles à ressusciter. Il n'est pas impossible que cette grande ombre ait troublé Mlle Brandès qui est encore une débutante, sinon une élève. Elle a manqué de variété et de souplesse ; elle n'a pas suffisamment donné l'idée d'une princesse, d'une femme du monde combinant dans une formule aristocratique l'honnêteté et la passion ; elle a joué d'une façon nerveuse et saccadée ; enfin il lui est trop souvent arrivé, surtout pendant le premier acte, de partir sur des intonations fausses et de tomber dans le ridicule pour exagérer le naturel. Elle a même manqué au troisième acte le monologue, véritable pierre de touche du rôle, où Desclée était incomparable : « Eh ! bien, ma conscience, vous voilà juge comme vous vouliez l'être, comme vous aviez le droit de l'être... Je n'ai qu'un mot à dire pour que cet homme meure. » Elle ne s'est relevée que dans la scène finale — la scène de Roxane — où elle a fait preuve de grandes qualités dramatiques. C'est quelque chose ; ce n'est pas tout à fait décisif.

Mlle Legault (qui incarna, il y a quelques années, au Vaudeville, la princesse de Birac), continuait ses débuts dans Sylvanie, créée en 1871 par Mlle Pierson. Elle n'est qu'à demi la femme du rôle. J'en ai déjà donné la caractéristique, de ce rôle étrange, mais non isolé, dans l'œuvre de M. Dumas fils ; les grands chevaux de bataille, baronne d'Ange et princesse Georges, mistress Clarkson et Albertine Delaborde, Sylvanie de Terremonde et Lionnette de Hun, pas une qui ne soit capable de traverser le désert et de le traverser à jeun ! Elles ont toutes l'allure à la fois prompte et grave, la magnifique prestance et les rapides enjambées, la volonté soutenue et la sobriété intermittente qui conviennent aux nobles coursiers du Sahara. Elles ont les épaules larges ; les reins solides ; elles portent sans broncher tout le bagage dont on les a chargées, parcourant d'un pied sûr la mer de sable, les landes stériles de la galanterie. Or Mlle Legault est trop bonne personne, trop visiblement bourgeoise pour s'engager dans la caravane. Il lui manque l'ampleur d'une Croizette ou les allures d'une Tholer. Elle a cependant sauvé le rôle à force de tenue et ne mérite que des éloges. Intelligente, bien douée, elle ne tardera pas à tirer parti même de scènes qui ne sont guère de son emploi.

Mme Céline Montaland n'avait qu'à reprendre ses intonations de la *Souris* pour plaire au public (elle joue le même rôle de maman rondelette et satisfaite, deux fois mariée, toujours heureuse). Mlle Kalb a dit avec bien de la finesse et de la sobriété le difficile récit du premier acte. M. Truffier a donné une allure fort parisienne mais sans surcharge moderniste au valet de chambre Victor. M. Coquelin cadet sauve les invraisemblables du rôle de Me Galanson, et M. Samary ne manque pas de suffisance juvénile en des Fondettes. Par contre, M. Laroche ne semblait guère désigné, en raison de sa froideur toujours correcte ou de sa correction toujours froide pour jouer M. de Terremonde, le mari de Sylvanie, tantôt « taureau », tantôt « sanglier » dans l'histoire naturelle de Dumas. Quant à M. Baillet, il s'est trompé d'un bout à l'autre du rôle, et il est charitable de ne pas insister sur une aussi grosse erreur.

LES NOCES DE Mademoiselle GAMACHE
par M. Ordonneau et H. Raymond
Vaudeville en 3 actes
Première représentation au **Palais-Royal**, 28 février 1888

Distribution : Gamache, *M. Dailly*. — Frison, *M. Calvin*. — Trubert, *M. Pellerin*. — Bonnard, *M. René Luguet*. — Duplantier, *M. Numas*. — Saint-Mandé, *M. Hurteaux*. — Ernest Bonnard, *M. Maudru*. — Beaucerf, *M. Matrat*. — La cousine Cléopâtre, *Mme Lavigne*. — Mme Gamache, *Mme Dunoyer*. — Nicolette, *Mme Berny*. — Claudine, *Mme Marie Leroux*.

La nouvelle comédie de MM. Ordonneau et Raymond — deux gloires : l'auteur du *Cabinet Piperlin* et celui de *Durand et Durand*, fusionnés pour la circonstance — a été montée en dix répétitions. Et peut-être avait-elle été écrite en dix jours. Qu'est-il résulté de cette précipitation ? Le quasi-échec d'une bouffonnerie qui a paru insipide parce qu'elle n'avait pas été poussée à un degré suffisant d'exécution.

La pièce paraît incohérente et diffuse, faute de mise au point, tandis qu'elle est simplement rapide et nerveuse. Avec trois mois « d'écriture » et six semaines de répétitions supplémentaires elle aurait eu un très honorable succès, on en aurait parlé comme d'une œuvre « bâclée » à la bonne franquette et « enlevée » à la diable. Enlevée justement et bâclée, elle s'est vu refuser le bénéfice de ces très réels défauts. Gamache, bon bourgeois de Nogent-sur-Marne — rien de don Quichotte, comme on voit, ni des *Cosas de Espanas* — voudrait marier sa fille Nicolette à un bon petit jeune homme du nom d'Ernest Bonnard, qui l'aime et qu'elle adore. Mais le papa Bonnard, gros capitaliste, ne consent au mariage que si la petite Gamache apporte une dot rondelette. Et Gamache n'a pas cette dot, et la seule personne qui puisse en gratifier Nicolette est sa tante Cléopâtre, et cette tante Cléopâtre, vieille fille élevée en garçon par son papa, le commandant Vaudreland, qui lui a fait porter des culottes jusqu'à douze ans, ne digère pas le qualificatif de « melon » que Gamache s'est laissé infliger par un voisin grincheux.

Gamache, refusant de demander réparation, Cléopâtre retire son estime — et la dot de Nicolette. Elle se prépare même à quitter la maison du trop pacifique Gamache. Au premier lever de rideau elle prend le chocolat du départ que tous les Gamaches réunis s'efforcent vainement de vaniller des attentions les plus délicates. Cléopâtre, humiliée dans la virilité morale d'ex-garçon et d'ancien militaire, se refuse à vivre plus longtemps au foyer d'un pantouffard. Mais, par bonheur, deux Parisiens (qui ont déjà vu *Châlet à vendre*), MM. de Saint-

Mandé et Duplantier, viennent, sous prétexte d'achat, visiter la maison Gamache. Tous deux amoureux de Nicolette, ils se provoquent, et Duplantier prie Gamache de lui servir de témoin.

Le bon bourgeois accepte, tout fier d'aller sur le terrain, ne fût-ce que comme comparse, mais il avait trop présumé de ses forces et il reparaît ému, défaillant... Cette syncope a des résultats inattendus. Cléopâtre s'imagine que Gamache s'est battu pour son propre compte. — Quel héros, quel Bayard, quel lapin ! — Et dans son enthousiasme elle rapporte la dot, Nicolette épousera le petit Bonnard. Tout est recollé, mon gendre.

Tout est recollé, mais tout se complique, car, pour obtenir le silence de Duplantier et de Saint-Mandé, Gamache a dû les mettre dans la confidence. Les deux prétendants à la main de Nicolette profitent de la circonstance pour s'efforcer, chacun à part bien entendu, de supplanter Bonnard en faisant chanter Gamache. S'il refuse la main de sa fille à Duplantier et à Saint-Mandé, ces fiancés supplémentaires iront tout raconter à Cléopâtre.

Il se décide à promettre, il fixe même la date des deux unions en les ajournant à trois semaines. Pendant ce temps il mariera Nicolette au petit Bonnard.

Mais les autres prétendants se méfient et tandis qu'on

signe le contrat en plein jour, mais aux bougies, tous volets fermés, pour laisser croire à un départ, Duplantier fait irruption ; Gamache n'a que le temps de faire monter la noce au grenier. Elle ne tarde pas à en dégringoler, Duplantier étant enfermé dans les combles, mais voici Saint-Mandé qui frappe. Cette fois la noce descend à la cave. Saint-Mandé enfermé à son tour et à double tour, la noce remonte. Dernière péripétie : Saint-Mandé et Duplantier forcent les portes. Pour sauver la situation, Gamache, qui veut à tout prix dissimuler le caractère de la petite fête de famille, transforme ses invités en choristes et leur fait entonner le grand air de la *Dame blanche* : « Les montagnards sont réunis... »

Dernier acte : la mairie. Gamache, a donné rendez-vous à Saint-Mandé à une heure et à Duplantier à une heure et demie, comptant marier Nicolette au petit Bonnard à midi précis. Mais l'adjoint, un mari jaloux qui s'absente toutes les cinq minutes pour aller surveiller sa femme, est en retard de plusieurs quarts d'heure ; les trois fiancés se présentent en même temps ; Gamache n'a d'autre recours que d'implorer du ciel un tremblement de terre, et l'officier de l'état-civil, ahuri, ne sait à quel prétendant colloquer l'infortunée Nicolette. La fiancée finit cependant par être départagée, grâce à l'intervention d'une ancienne maîtresse qui pourchasse Duplantier et à la jalousie de l'adjoint qui reconnaît en Saint-Mandé un amant de sa femme...

Dailly est excellent en bon gros bourgeois; Calvin, joue l'adjoint ahuri, Pellerin, le notaire ganache, Luguet, le papa d'Ernest. Quant à Mlle Lavigne, la cousine Cléopâtre, elle est comme toujours fort amusante pendant cinq minutes, monotone pendant un acte entier. Et elle remplit la moitié de la pièce !

LA DEMOISELLE DE BELLEVILLE

par Nuitter et Beaumont, musique de Millocker

Pièce en 3 actes tirée du roman de Paul de KOCK
Première représentation aux **Folies-Dramatiques**,
29 février 1888

Distribution : Godibert, *M. Gobin*. — Doudoux, *M. Guyon fils*. — Troupeau, *M. Marquetti*. — Emile, *M. Marcelin*. — Vaudoré, *M. Lauret*. — Maconvieux, *M. Bourgeotte*. — Chamoiseau, *M. Duhamel*. — Tir, *M. Bellucui*. — Virginie, *Mme Mily-Meyer*. — Mlle Bellavoine, *Mme Fanny-Génat*. — Adrienne, *Mme Fansi*. — Babette, *Mme Ferrard*. — Simone; *Mme Guéret*. — Clara, *Mme Noris*. — Lucie, *Mme Laugeais*.

Une première tout en vieux neuf. Aussi bien il faut savoir gré à MM. Brasseur et Gautier de n'avoir pas cherché à déguiser leur marchandise.

En ne faisant pas « proclamer » les noms des librettistes et du compositeur à la fin de la représentation, en les affichant d'avance, en les inscrivant même sur les billets d'invitation, ils ont d'avance coupé court aux commentaires désobligeants de la presse et des bons petits camarades. En 1855 Paul de Kock et Cogniard donnèrent aux Folies-Dramatiques un vaudeville en trois actes tirés de la *Pucelle de Belleville*, laquelle devint l'*Agnès de Belleville*. Une traduction de l'*Agnès* fut représentée il y a quelques années sur le théâtre An der Wien, avec grand succès. M. Brasseur, ayant entendu l'opérette de Milloker, obtint l'autorisation de la faire réadapter pour la scène française par MM. Nuitter et Beaumont. C'est la version représentée hier aux Folies-Dramatiques.

On ne saurait avoir la prétention de faire passer la *Pucelle de Belleville*, même arrangée au goût du jour, pour une production de la plus entière fraîcheur. L'œuvre, est tout à la fois une des plus célèbres et des plus « datées » du répertoire de Paul de Kock. Elle débute par une description du passage des Panoramas dont voici les premières lignes : « C'est le passage le mieux situé, le plus fréquenté de Paris, et il est probable que la nouvelle rue que l'on a percée à côté ne lui fera pas perdre de la vogue... » L'ouverture de la rue Vivienne, ce n'est pas d'hier, c'est même de 1840 — presque un demi-siècle.

Ne nous plaignons pas de cette résurrection de l'époque Louis-Philippiste. Au point de vue du costume, elle a fourni de fort amusants détails (on l'a vu récemment dans la *Gamine de Paris*), manches à pagodes et à gigots, turbans et chapeaux cabriolets, bolivars et casques à chenilles, redingotes pincées à la taille et habits bleus à boutons d'or, corsages à rubans roses et coiffures en « petit tas », ramassé sur le haut de la tête, petits souliers laissant apparaître le bas blanc tiré à grand renfort de bretelles-jarretières, bref, du Gavarni et du Daumier se combinant à doses égales. La direction des Folies-Dramatiques ne nous a pas refusé le plaisir tour à tour mélancolique et joyeux de revoir nos grand'mères et nos grand'tantes en leurs atours d'intimité et de parade :

> J'aime à vous voir dans vos cadres ovales,
> Portraits vieillis des belles du vieux temps
> Tenant en main des roses un peu pâles...

Donc nous avons revu hier et même applaudi dans le cadre très ovale des Folies-Dramatiques — c'est à coup sûr la salle la plus elliptique de Paris et même de la banlieue, un œuf avec le public au gros bout, les acteurs occupant l'autre — la petite bourgeoise ingénue du vieux temps ; Mlle Mily-Meyer chargée de représenter le lys de Belleville. Elle a été l'âme et la joie de la soirée. Et il faut d'autant moins lui ménager les éloges qu'elle a dû tout créer, tout inventer, tout ressusciter. En effet, il reste bien peu de chose dans l'adaptation actuelle de l'étude joyeusement naturaliste dessinée à grands traits, enluminée de grosses couleurs par Paul de Kock. La pièce ne signifie pas grand'chose et peut se raconter en quelques lignes.

Mlle Virginie Troupeau, l'Agnès du village de Belleville

(en ce temps-là le futur Mont-Aventin de la troisième
République était une commune très suburbaine) est une
jeune personne élevée dans les meilleurs principes mais
dont les dix-sept printemps commencent à réagir contre
une claustration trop prolongée et qui veut à toute force
« achever son éducation ». Elle se fait courtiser successivement — sans arrière-pensée coupable, uniquement
pour savoir — par quatre soupirants : Godibert, un cuirassier ; Doudoux, un bon petit jeune homme ; M. de
Maconvieux, un vieux beau; Emile, le fiancé de son amie
Adrienne.

Elle traverse saine et sauve, quant à l'ensemble,
quoique notablement effleurée en détail, le flirtage avec
Godibert et Doudoux, et finit par épouser le comte de
Maconvieux pour laisser à Adrienne le bel Emile, le plus
séduisant de tous les prétendus. Au demeurant Maconvieux n'est pas à plaindre, Virginie lui apporte des valeurs mobilières intactes, — malgré quelques coupons
détachés.

Ainsi dilué, le Paul de Kock devient de la piquette...
Je m'empresse d'ajouter que je n'en fais aucun reproche
à MM. Nuitter et Beaumont. Il est matériellement impossible de mettre au théâtre la couleur locale de Paul de
Kock, rarement pornographique, toujours rabelaisienne.
J'en donnerai un exemple à titre historique; il est un

peu risqué, mais il a le mérite de caractériser le genre Paul de Kock, assez oublié des modernes, qui seraient même tentés de l'idéaliser et de voir à travers le prisme légendaire de la « vieille gaieté française » ces tableaux de mœurs passablement grossières.

Il fixe aussi un point assez délicat de l'histoire des « dessous » féminins au XIX° siècle, l'introduction du pantalon dans la toilette intime. C'est l'épisode jadis célèbre du caleçon de finette. Doudoux fait la cour à Virginie, au clair de lune, dans le petit jardin de Belleville : « On ne se disait plus rien, mais on éprouvait un bien-aise qui valait les plus belles phrases. La lune se cachait, Doudoux se rapprochait toujours de Virginie, qui se reculait un peu, mais se laissait prendre la taille et serrer fort tendrement par le jeune homme, qui devenait plus audacieux à mesure que l'astre des cieux se dérobait derrière un nuage... Enfin, il va se hasarder à prendre un baiser... lorsque le banc fait la bascule... Les jeunes gens étaient parvenus au bout sans s'en apercevoir. Ils tombent tous deux. Doudoux roule sur Virginie... D'abord il se désole ; mais la jeune fille rit, il se calme ; il se permet même de fureter avec sa main, et il rencontre... le petit caleçon de finette ; il pousse un cri et se relève comme s'il venait de marcher sur un serpent, en disant :

« Ah ! mon Dieu ! est-ce que c'est un garçon !... »

Voilà le véritable Paul de Kock pris sur le fait ou plutôt sur le fémur comme dirait la Pucelle de Belleville, à qui sa tante a défendu de désigner les choses autrement que par leur nom scientifique.

Il serait assez difficile de transporter au théâtre ces gaietés de commis-voyageurs en goguette. Mais Mlle Mily Meyer pouvait — et elle y a merveilleusement réussi — ressusciter l'ingénuité agacée et récalcitrante, les ardeurs innocentes mais non inconscientes de l'héroïne de Paul de Kock. Elle a montré la gamine de Paris dans la jeune fille trop longtemps cloîtrée, qui sera demain une bonne mère de famille, mais qui veut choisir son mari et ne pas épouser chat en poche. A côté d'elle, il faut citer Mme Fanny Génat, une duègne fort amusante en tante Bellavoine, et Mlle Fanzi, très gentiment zézayante dans le rôle sacrifié d'Adrienne.

Du côté des hommes le protagoniste est M. Gobin, de superbe allure et de verve inépuisable en cuirassier Godibert. Viennent ensuite M. Guyon fils, un Doudoux mâtiné de Cadet-Rousselle, et de Jocrisse; MM. Marcellin (Emile), Marquetti (Trousseau) et Bourgeotte (Maconvieux). Tous ces braves gens ont fait de leur mieux.

... Et la partition, car après tout la *Demoiselle de Belleville* est une opérette? Mon Dieu ! je ne me refuse pas absolument à en parler ; cependant je tiens à formuler deux réserves préliminaires :

1° La troupe de M. Gautier contient beaucoup de comiques, fort peu de chanteurs.

Elle n'a pas tiré grand parti des numéros assez nombreux de la partition ; elle les a plutôt fredonnés et laissé pressentir que réellement chantés. On aurait dit une traduction vocale faisant pendant à la réadaptation du livret.

2° M. Milloker, le chef d'orchestre du théâtre *An der Wien* a écrit la musique d'un grand nombre d'opérettes : *l'Hôte mort, Diana, l'Ile des Femmes, le Tambour du Régiment, Une aventure à Vienne, Trois paires de souliers, la Musique du diable, le Château maudit, la Comtesse Dubarry* et *l'Étudiant pauvre*, grand succès des bords du Danube. C'est un musicien de valeur, Viennois dans l'âme, comme tel émule de Strauss, compositeur passionné pour les motifs de valse, les pas redoublés, les rhythmes dansants ; il a de jolies idées, une inspiration suffisamment mélodique ; il traite les morceaux d'ensemble avec esprit et sentiment de la scène... Mais nous connaissons tout cela et c'est encore du vieux neuf pour nous, du bien vieux neuf ! C'est même la formule primitive de l'opérette, telle qu'Offenbach l'a donnée dans ses premiers essais.

Au demeurant, M. Millocker nous a fait hier soir de jolies confidences musicales chantonnées d'une voix tout à fait gentille ; mais ce qu'il murmurait à l'oreille du Tout-Paris, celui-ci l'avait depuis quelque vingt-cinq ans dans la mémoire et n'a pu y prendre qu'un intérêt tout relatif.

LES SURPRISES DU DIVORCE
pas Alexandre Bisson et Antony Mars
Première représentation au Vaudeville, 2 mars 1888

—

Distribution : Henry Duval, *M. Jolly.* — Bourganeuf, *M. Boisselot.* — Corbulon, *M. Courtès.* — Champeaux, *M. Corbin.* — Un paysan, *M. Gouget.* — Mme Bonivard, *Mme D. Grassot.* — Diane, *Mme C. Caron.* — Gabrielle, *Mme M. Caron.* — Victoire, *Mme Ferney.* — Mariette, *Mme Englebert.*

Une idée à la fois juste et simple, un tour de force en partie double, tels sont les principaux éléments du gros succès remporté hier au Vaudeville par MM. Bisson et Mars, les auteurs des *Surprises du Divorce*. L'idée juste consiste à ne voir dans l'application encore récente du divorce et les suites de cette dissolution légale du ménage que des sujets de grosse bouffonnerie. Depuis le vote de la loi Naquet des centaines de fabricants de scénario, jeunes ou vieux, pâlissent sur l' « ajouté » au Code et s'efforcent d'en extraire quelque sublimation dramatique, quelque quintessence comique... Or, rien n'est venu du côté du drame, ni même de la comédie de mœurs.

Apparemment, le divorce n'est pas aussi anti-naturel ni anti-familial que le prétendent les docteurs catholiques. Apparemment aussi — et surtout — la loi est encore trop nouvelle pour avoir donné, au point de vue de la « vie cruelle » toutes les conséquences fatalement entraînées par chaque profonde évolution sociale. Le fait divers terrible, le procès sanglant dont la transposition théâtrale se fera pour ainsi dire d'elle-même, sont encore à venir. Et soyez tranquilles de ce côté, quand ils seront venus, ils ne resteront pas longtemps une non-valeur.

Mais rien ne fait prévoir, ni même pressentir cette aubaine. Il faut se borner aux illusions de sujets comiques fournis en dehors des revenez-y passionnels en quelque sorte épuisés d'avance dans *Divorçons*, par la chronique scandaleuse des ménages divorcés.

Illusions de sujets... je l'ai écrit et je le maintiens en dépit et même en raison de la nécessité des *Surprises du Divorce*, car c'est justement la constatation du tour de force accompli par MM. Bisson et Mars. A grand renfort d'ingéniosité, d'habileté scénique, de ravaudage des traditions d'Hennequin ils ont: 1° remis au théâtre le personnage de la belle-mère acariâtre, grincheuse, principal « facteur de discorde », pour nous exprimer comme messieurs les parlementaires, dont ne veulent plus les spectateurs de la Scala, de l'Eldorado ou de l'Alcazar, tant il s'est défraîchi à traîner sur les planches ; 2° fait croire au public (d'ailleurs admirablement disposé par un de ces courants sympathiques très régionaux dont il serait bien intéressant d'étudier quelque jour les conditions climatologiques) qu'ils avaient découvert une situation théâtrale.

Rappelez-vous, je puis le dire sans inconvénients, car les *Surprises du Divorce* qui sont dans le rail occuperont — et au delà — toute la nouvelle saison, rappelez-vous l'enfer de Scarron où l'on voyait

..... l'ombre d'un cocher
Qui tenant l'ombre d'une brosse
Nettoyait l'ombre d'un carrosse.

Ainsi de l'ombre de pièce diluée par MM. Bisson et Mars autour d'une apparence de sujet, d'une simili situation. Que faut-il entendre en effet par situation au théâtre :

— Paul aime Angèle, femme de Pierre. Tous deux sont surpris en flagrant délit d'adultère et condamnés en police correctionnelle. Angèle est libre, mais la loi ne lui permet pas d'épouser son ex-complice... Comment sortira-t-elle de cet imbroglio légal ? Autre exemple : Paul aime Angèle, femme de Pierre, et, surpris par Pierre, il le tue en duel. Angèle est libre, après ses dix mois de veuvage, mais la loi ne lui permet pas d'épouser le meurtrier de son mari... Comment arrivera t-elle à concilier les exigences de sa passion en partie devenue légitime, en partie restée criminelle?

J'ai donné, au hasard, deux situations de drames ou de comédies de mœurs, et je m'empresse d'ajouter, pour ne pas induire les gens de lettres en tentation de recherche de l'impossible, qu'elles sont à la fois séduisantes et décevantes; mais, réservées à l'homme de génie que nous garde sans doute le commencement du xxe siècle, ou abordables pour les simples gens de talent qui abondent entre la Bastille et la Madeleine, elles sont vraiment scéniques. Rien de pareil en ce qui concerne le sujet des *Surprises du Divorce* qui peut se résumer en trois lignes.

« Étant donné qu'un mari exaspéré par sa belle-mère et ayant divorcé pour éviter sa cohabitation quotidienne, se remarie, et, au lendemain de cette nouvelle union, voit son ex-femme épouser son nouveau beau-père, ce qui lui donne sa première compagne comme belle-mère et sa première belle-mère comme arrière belle-maman, — qu'arrivera-t-il? »

Hé! mon Dieu, il n'arrivera rien que de très simple ou de très facile à régulariser. Il n'y a pas là de situation inquiétante, ni insoluble; il n'y a même pas de situation du tout dans le sens vrai du mot. Car « on n'épouse pas les parentes de sa femme » comme dirait la mère de la princesse Georges, et si le mari névrosé qui retrouve son ancienne belle-maman dans la mère de sa nouvelle belle-mère ne croit pas pouvoir la supporter, rien de plus aisé que de simplifier cet embarras. Chaque ménage restera chez lui, et il n'en résultera ni trouble domestique, ni difficulté d'aucune espèce, la présence des beaux-parents, dans la société moderne, n'étant pas plus nécessaire au bonheur des gendres que l'assiduité des gendres n'est indispensable à la félicité des beaux-parents.

Ceci posé et le sujet de *Surprises du Divorce* étant classé dans les limbes du ciel des auteurs dramatiques, où errent les embryons d'idées, les *tenues sine corpore vitæ* du poète, l'habileté, l'ingéniosité de MM. Bisson et Mars ressortiront plus complètement de l'analyse de la pièce. Henri Duval, le personnage principal, est un compositeur vaguement raté, un mélancolique croque-notes dont se moquent sans grand ménagement Diane, la jeune femme, et sa belle-mère, Mme Bonvard, une ancienne danseuse. La vie intérieure est triste ; Duval en arrive à douter de sa vocation.

« Au fait, si ma femme et ma belle-mère avaient raison? Si je n'avais pas de talent? » — A vrai dire il s'empresse de se répondre à lui-même : « Cela m'étonnerait. »

Finalement, il impute son manque d'entrain à sa

belle-mère, l'ex-ballerine, qui s'habille encore en sylphide, danse le grand pas de *Gisèle* devant les photographes amateurs et le dérange dix fois par heure, sans aucun respect pour l'inspiration.

La corde, très tendue au début de l'acte, ne tarde pas à se rompre à la suite de scènes d'une grossièreté certainement voulue, mais un peu forte. Mme Bonivard est tombée dans la mare du jardin (la scène se passe au Vésinet); on la rapporte couverte de nénuphars. — Donnez cinq cents francs à mes sauveurs ! dit-elle à son gendre. — Comment, cinq cents francs pour un bain de pied. Ça vaut cent sous, bien payé ! » — Reproches, gifles — partagées entre Mme Bonivard et Diane, — adieux comminatoires : « Nous ne nous reverrons qu'au tribunal ! »

Cette enfilade d'explications et de récriminations brutales et qui ne contiennent aucune plaisanterie neuve sur les belles-mères, ces têtes de Turc des scènes populaires et même populacières, auraient été mal accueillies partout ailleurs que dans une atmosphère singulièrement complaisante. Au Palais-Royal, à la Renaissance, on les aurait peut-être chûtées. Au Vaudeville, on les a applaudies de confiance en escomptant les joyeusetés du deuxième acte — Confiance très récompensée. A part le début un peu traînant, cet acte n'est qu'un long éclat de rire, malheureusement intraduisible dans le compte rendu le plus consciencieux.

Au lever du rideau nous apprenons que Duval s'est remarié avec Mme Gabrielle Bourganeuf, fille d'un ancien industriel, veuf, encore très vert.

— Au moins, je n'aurai pas de belle-mère, s'est dit Duval. — Et de fait à peine a-t-il un beau-père, car depuis trois mois Bourganeuf l'a laissé sans nouvelles. Il se décide cependant à revenir, annonçant une surprise... Horreur! la surprise, c'est Diane Bonnivard qu'a épousée Bourganeuf sans prévenir sa famille, Diane Bonnivard flanquée de sa maman, l'ancienne danseuse. Duval est médusé par cette double apparition. Ainsi il a divorcé pour échapper à l'ancienne Gisèle et il se retrouvera toujours dans le sillage de son ex-belle-mère.

L'effet, d'un comique très puissant, les quiproquos et les contre-coups qui se succèdent en quelques minutes comme les coups d'un revolver à multiple détente, font de ce deuxième acte une des charges des plus désopilantes du répertoire moderne. Joly, qui joue le rôle de Duval, a rendu la scène de la reconnaissance en hypnotisé, en halluciné, avec un masque effaré, un *facies* quasi-pathologique de la plus curieuse nouveauté.

C'est à la fois original et justifié, car le rôle de Duval dessiné à gros traits, enluminé de grosses couleurs, ne serait pas un instant supportable pour le public sans enthousiasme prémédité qui assistera aux représentations des *Surprises du Divorce*, si l'infortuné croque-notes ne poussait jusqu'à ses conséquences les plus morbides la haine de sa belle-mère. Comme malade, il est acceptable et devient même intéressant.

Il n'y a pas de troisième acte possible avec la simple apparence, la pure illusion du sujet que la conscience professionnelle m'a fait un devoir de signaler au début de cette analyse. Ou plutôt le véritable troisième acte serait la très ordinaire, très plate et tout à fait insignifiante réalité, le petit train-train quotidien des ménages faisant appartement et même maison à part, ne s'occupant pas plus l'un de l'autre que s'ils n'existaient pas. Mais le théâtre a d'autres exigences.

Duval fait enlever la comtesse Diane, devenue Mme Bourganeuf, par un de ses amis, nommé Champeaux, qui, dix ans auparavant, était parti parce qu'il l'aimait et ne voulait pas tromper son vieux camarade.

Bourganeuf, poussé à bout, administre à Mme Bonivard et à sa fille les deux gifles réglementaires. Il y aura divorce, et les Duval retrouveront un beau-père sans belle-mère...

J'ai dit quelle *vis comica* teintée d'observation scientifique, quelle force d'ahurissement a montrées Joly dans l'interprétation du personnage simple mais dangereux du compositeur Duval. Boisselot n'a pas été indigne de son partenaire ; il a joué Bourganeuf avec une justesse, une sobriété faisant un excellent contraste.

Courtès et Corbin tiennent convenablement deux rôles épisodiques ; les deux sœurs Caron montrent beaucoup de belle humeur dans l'emploi un peu sacrifié des deux femmes de Duval. Mais les honneurs de la soirée ont été pour Mme Dayne-Grassot, la duègne du vaudeville, étonnante de fantaisie, de verve, de variété dans l'aigreur, avec le tutu de Gisèle comme sous le tour de cheveux de la belle-maman... irréductible.

MADAME TURLUPIN, par E. Guiraud
Opéra-comique en 2 actes

DIMANCHE ET LUNDI, par Ad. Deslandres
Opéra comique en un acte
(REPRISES)
Opéra-Comique, 5 mars 1888

Madame Turlupin, deux actes de M. Guiraud, *Dimanche et Lundi*, un acte de M. Deslandres, ont vu le jour, le premier ouvrage, le 23 novembre 1872, et le second, le 22 octobre de la même année, à quelques mètres au-dessous du niveau de l'asphalte, rue Scribe, au fond de ce sous sol d'ailleurs fort ingénieusement disposé qui prenait le titre un peu ambitieux de théâtre de l'Athénée. En réalité, c'était moins un théâtre que les Caves de l'art lyrique, voire leur caveau, car, inauguré en 1866, il fit faillite en 1873 et devint le guignol de ces deux excellents polichinelles, le couple Macé-Montrouge qui y jouèrent d'inénarrables grivoiseries. *Lequel ?*, le *Cabinet Piperlin*, le *Lapin*, etc.

Dimanche et Lundi n'est qu'un lever de rideau. Livret simple, cadre de saynète. Le jeune paysan Lucas aime la jeune paysanne Suzon ; mais le père de la jouvencelle, papa Barnabé trouve sa fille trop coquette pour faire une bonne maîtresse de maison. Elle est aimable en semaine avec Lucas, mais le dimanche elle le traite du haut de sa grandeur: « Le dimanche, dit Barnabé au rustique soupirant, un' fois qu'elle est sur ses trente-six, ça y tourne la tête, ell' n' fait tant seul'ment pas attention à toi... C'est-il pas vrai ? En n' pensant pus qu'à aller à la danse, à éclipser toutes les filles, à s' fair' courtiser par tous les garçons... C'est-il pas vrai ? Tout ça, parce qu'elle est sûre de toi, parce qu'elle a beau te faire endêver le dimanche, elle te retrouve toujours le lundi. »

Barnabé veut que Lucas ait le courage de rebuter Suzon et de l'amener à résipiscence. Il y parvient — ou à peu près — en lui faisant croire que le dimanche est le lundi et qu'elle a dormi pendant vingt-quatre heures, depuis le samedi soir, comme la Belle au bois dormant ou à peu près également. On se pardonne, on s'embrasse, on se marie.

La musique de Deslandres, le sympathique organiste de Sainte-Marie des Batignolles, reste claire, facile, toujours mélodique. On a fait un succès mérité aux couplets de Suzon :

Ah ! monsieur ne me touchez pas.

Ainsi qu'à la chanson du père Barnabé,

Mention plus qu'honorable à M°“ Molé, une très agréable Suzon.

Le sujet de *Madame Turlupin* est un peu plus compliqué, bien qu'encore assez simplet.

Turlupin, impresario ambulant, a dans toutes les auberges de la banlieue parisienne des notes impayées. Descendant à Saint-Germain, à l'hôtel du *Soleil d'or* et commandant un repas copieux que soldera la recette, il se voit présenter ce menu original :

« Six potages — quatre veaux rôtis, douze gibelottes… Notes des dépenses faites par le sieur Turlupin pendant la foire de Pontoise, à l'*Ecu de France*, tenu par le sieur Piphagne. » C'est une carte à payer au lieu d'une carte à commander. Le sieur Piphagne a deux auberges, l'une à Pontoise, l'autre à Saint-Germain. Même aventure en ce qui concerne l'autorisation du spectacle. Turlupin retrouve à Saint-Germain un capitaine du nom de Rodomont que les rigueurs de la belle madame Turlupin, l'idole de la troupe, avaient déjà désespéré à Pontoise, et qui s'empresse d'interdire l'allumage des chandelles.

Bref, ni souper, ni représentation, si M°° Turlupin ne se résignait à sacrifier… les apparences. A la fois honnête et coquette, elle fait tomber le sieur Piphagne et le capitaine Rodomont dans un piège renouvelé des imbroglios de la comédie italienne. Leur ayant donné rendez-vous au théâtre même un quart d'heure avant la représentation, elle leur fait revêtir des costumes de la troupe sous prétexte de ne pas éveiller les soupçons de son mari. Quand ils paraissent, l'un en Gros-Guillaume, l'autre en Turlupin, la rusée commère les menace de faire lever le rideau devant tout Saint-Germain assemblé, s'ils ne consentent au mariage d'un couple qu'elle a pris sous sa protection ; le neveu de Piphagne, la nièce de Rodomont, Olivier et Isabelle, deux amoureux roucoulants, provenance directe des scénarios bergamasques.

Sur ce canevas assez résistant, M. Guiraud a écrit une partition très mélodique, fort spirituelle et d'une facture savante, malgré le manque de prétention qui était encore, il y a quinze ans, le caractère des œuvres de début de nos jeunes compositeurs. On en a bien rappelé depuis 1872 !

Mme Merguillier, qui reprenait le rôle créé par Mlle Daram, a été cordialement fêtée, ainsi que Fugère, Grivot, Cornubert et Mlle Auguez.

LE MARI DE MA FEMME, par Paul d'Ivoi

Comédie-bouffe en 3 actes

Première représentation à **Déjazet**, 10 mars 1888

DISTRIBUTION : Jean Ledoux, *M. Barlet*. — Platinard, *M. Victor Gay*. — Edgard, *M. Angély*. — Canillet, *M. Debray*. — Le secrétaire, *M. Slebler*. — Jules, *M. Prévost*. — Isidore, *M. Rousselle*. — Sidonie, Mme *Courbois-Guyon*. — Arabella, Mme *Lunéville*. — Mme Reboul, Mme *Regnier*. — Clarisse, Mme *Vogel*. — La caissière, Mme *Giess*.

Le héros des trois actes de M. Paul d'Ivoi est un certain Jean Ledoux, ex-croupier d'un cercle fermé par la police et devenu garçon de restaurant au pavillon d'Ermenonville. Ce Ledoux a épousé il y a quelques années une certaine Sidonie si dépourvue d'étoffe, si maigre, qu'il l'a quittée le lendemain même du mariage, laissant ce qu'on définirait en politique « une situation intacte ».

Non marié et cependant presque veuf, pourquoi Jean Ledoux a-t-il pris la profession impressionnante de garçon de restaurant chargé de desservir et même de servir un pavillon où se succèdent les époux assortis en justes noces ? M. Paul d'Ivoi nous fournit une explication catégorique. Il faut bien que Jean Ledoux retrouve Sidonie. Et en effet elle arrive au bras d'un second mari, le sieur Platinard, son propriétaire à qui elle devait cinq termes et qu'elle a épousé — le divorce étant prononcé par défaut contre Ledoux — pour éviter une saisie mobilière.

Sidonie n'aime pas Platinard qui a lâchement abusé de la situation. Et voici que Jean Ledoux se reprend à brûler de la flamme la plus inopportune pour Sidonie. L'ancienne maigre est devenue une véritable grasse, la « petite caille plucheuse » des nouvelles d'Henri Meilhac (au temps où il ne songeait pas encore à l'Académie française). Et Jean Ledoux a la passion des cailles plucheuses, et si Platinard, « le mari de sa femme, » lui paraît bon à victime, Sidonie lui semble encore meilleure à faire rentrer dans la volière conjugale...

Il y a bien quelques petits obstacles : une miss Arabella à qui Jean Ledoux a promis le mariage, plus la loi française qui ne permet pas de se dépareiller et de se réappareiller en vingt-quatre heures, sans crier gare. Mais Arabella finit par être aiguillée sur une autre direction. Et quant à la loi, elle reçoit une entorse renouvelée de la mésaventure des mariés de Montrouge. Au moment de dresser procès-verbal d'adultère contre Jean et Sidonie, à la requête du désolé Platinard, le commissaire de police reçoit une lettre de la mairie l'informant que le mariage est nul par ce fait qu'en l'absence du maire un simple conseiller municipal a uni les deux époux ; Sidonie est libre et n'aura plus qu'à redevenir judiciairement Mme Ledoux.

La donnée de cette bouffonnerie est ingénieuse, mais l'ensemble manque de cohésion. L'interprétation (MM. Gay, Barlet, Mmes Cabrois-Guyon et Lunéville) ne sort pas d'une honnête moyenne.

LAZARE LE PATRE (REPRISE)
Château-d'Eau, 10 mars 1887

—

DISTRIBUTION : *MM. Dalay, Riva, Degeorge, Petit, Mery, Laurenty, Gautier,* etc.

Le bombardement, régulier comme une institution mais pénible comme une routine, des invités des « grandes premières » n'ayant pas sauvé la direction Bessac, les artistes de cet infortuné théâtre ont pris deux résolutions également suprêmes consistant : la première à s'administrer eux-mêmes en famille, la seconde à reprendre *Lazare le Pâtre*.

Bonne chance à ces braves gens et bon accueil à *Lazare le Pâtre*, ce cadet fort bien venu de la grande famille qui comprend *Gaspardo le Pécheur!* la *Prière des Naufragés!* la *Grâce de Dieu! Victor l'Enfant de la forêt! Cœlina l'enfant du mystère!* C'est le chef-d'œuvre de Bouchardy et c'est à coup sûr une œuvre intéressante. Si, par l'abus des suppositions d'enfant, des croix de ma mère, des cachettes mystérieuses, des reconnaissances tardives, il se rattache aux bons vieux mélos, dont je parlais tout à l'heure, il annonce déjà les vastes compositions théâtrales de M. Victorien Sardou, la *Haine* par exemple, et encore *Théodora* et aussi la *Tosca*, par l'entente de la scène, la prodigieuse dextérité dramatique, la science des préparations, l'admirable souci du détail.

Cosme de Médicis a jadis recueilli cinq orphelins et les a fait élever dans « l'Asile de la Patrie ». Devenus officiers au service de la Toscane, ces cinq jeunes gens, les Salviati, se dévouent à délivrer Cosme, arrêté comme accapareur par la noblesse qui redoutait sa puissance à venir. Quatre Salviati périssent ; le cinquième, qui se cachait sous le nom et les habits — style local — du pâtre Lazare, est jeté en prison, après une tentative d'empoisonnement qui l'a seulement rendu muet.

Le « postulat », comme disent nos bons pédagogues de la critique, est un peu dur à accepter ; mais une fois admis, il fournit une prestigieuse série de coups de théâtre. Lazare le pâtre, Lazare le muet sauve successivement la vie à Cosme, l'honneur à la duchesse de Médicis (qui avait été déjà, en premières noces secrètes, la femme d'un de ses frères) ; il rend une fortune immense à un sien neveu issu de cette union mystérieuse. Et finalement, il se rend à lui-même le service de recouvrer la voix sous le coup d'une émotion subite.

L'effet est très grand et la scène n'a pas vieilli. Le traître de la pièce, Judaël, veut faire mettre à mort le neveu de Lazare, Juliano, qui est détenu dans les prisons de l'État. Cosme de Médicis n'est pas sanguinaire, et, quoiqu'il ait de sérieuses raisons pour haïr Juliano, il ne permet pas qu'on le frappe. Aussi Galeotto, le complice de Judaël, hésite-t-il à donner l'ordre de l'exécution. Mais le Médicis est agonisant, il sera peut-être mort dans quelques minutes : « Écoute, dit Judaël à Galeotto, je vais me rapprocher du duc, et s'il donne encore signe de vie, si les médecins espèrent... (désignant la fenêtre), je viendrai jeter par cette fenêtre le cri de veille de nuit aux archers du palais ; et ce cri, répété de sentinelle en sentinelle, ira bientôt jusqu'au fond des prisons. Ce cri t'annoncera le salut de Médicis. Protège alors Juliano. Mais, si avant une heure les sentinelles n'ont pas parlé, qu'il meure, Galeotto, car ce silence t'apprendra que Cosme aura cessé de vivre. »

Quoi qu'il arrive, Judaël compte bien garder le silence et laisser étrangler Juliano. Mais Lazare a tout entendu, caché derrière la classique tapisserie ; il court à la fenêtre, l'ouvre avec violence, s'avance sur le balcon et crie : « Archers du palais, veillez ! » La scène se termine par une explosion lyrique, un hymne de Lazare qui peut passer pour le meilleur « couplet » du mélodrame original : « Je suis resté quinze ans sans dire un mot, car pour un seul mot prononcé il était mort celui qui a ton terrible secret, Judaël !... Seigneur, mon Dieu, qui n'avez jamais éteint en moi l'espoir de la vengeance et de la liberté... Seigneur, qui m'avez donné la puissance d'arrêter avec un cri les assassins trompés... Est-ce qu'il est venu, mon Dieu, le grand jour de la vengeance ? »

Le Bouchardy de 1840 n'est-il pas du Sardou de 1888 — et du meilleur ? Notez encore que cette invention du cri n'est déjà pas si méprisable puisque les Goncourt, gens difficiles, et même un peu trop chipotiers d'exquis, l'ont reprise pour le dénouement de *Madame Gervaisais*.

Je me demandais en sortant de la représentation, convenable mais nécessairement insuffisante, donnée par les pauvres diables d'acteurs syndiqués du Château-d'Eau, pourquoi tel grand théâtre du boulevard fort embarrassé de remplir sa fin de saison, ne reprend pas cette excellente vieillerie, *Lazare le pâtre*... Oui, je sais, il y a le style, si glorieusement emphatique, dont voici quelques échantillons : « C'est une vertu que cette discrétion de l'homme qui consent à faire vivre un enfant sans avoir jamais fait une question au père silencieux. »

Et encore le dialogue de Giocomo et de Judaël : « Pour arriver à tout cela, maître Judaël, vous avez trompé les Pazzi, trompé les Médicis, menti aux uns, trahi les autres ; vous êtes un infâme gueux, mon maître, mais un heureux coquin. Vous avez la voix persuasive, l'habileté, l'audace et la chance... Vive Dieu ! vous ferez fortune et j'en serai bien charmé... Combien m'achèteras-tu mon silence ? » Et aussi l'idylle de Cosme de Médicis et de la duchesse : « Oh ! Nativa, tu ne me viens pas des hommes, n'est-ce-pas ? — Pourquoi cette pensée, Monseigneur ? — Parce qu'il n'y a que Dieu, Nativa, qui puisse nous donner le rayon de soleil qui vient nous réchauffer l'hiver. » Et même et surtout la fameuse apostrophe de Cosme de Médicis à Juliano accusé de vol, et dont les supplications de Matteo (son prétendu père) viennent d'obtenir la grâce : « Courbe-toi devant cette larme paternelle et libératrice, car sans elle tu partais peut-être demain sur les galères de l'État. » Ce sont des cheveux blancs, je le reconnais, et même d'un blanc de neige. Mais on peut les enlever, et il restera un modèle de pièce romantico-mélodramatique du plus vif intérêt pour les générations nouvelles peu familiarisées avec le répertoire Bouchardy.

LE PUITS QUI PARLE,
par Beaumont et Paul Burani,
musique d'Audran

Opérette-fantastique en 3 actes et 6 tableaux

Première représentation aux **Nouveautés**, 12 mars 1888

Distribution : Anastasius, *M. Brasseur*. — Eusèbe, *M. Albert Brasseur*. — Le baron Nestor, *M. J. Perrin*. — Eloi, *M. Gaillard*. — Le colonel, *M. Tony-Riom*. — Le procureur, *M. Dubois*. — Beauvallon, *M. Schey*. — Le vidame, *M. Jacotot*. — Joseph, *M. Prosper*. — Un domestique, *M. Raybaud*. — Eglantine, *M*^me *Lardinois*. — Ermengarde, *M*^me *J. Dancourt*. — Renée, *M*^me *Lantelme*. — Eva, *M*^me *Darcelle*. — La Vérité, *M*^me *Debrièges*. — Renaud, *M*^me *Varennes*. — Toinon, *M*^me *Dasilva*. — Grégorine, *M*^me *Devilliers*. — Léonard, *M*^me *Yriart*. — Fanchette, *M*^me *Georgina*.

Il y a sinon du méli-mélo — la pièce étant essentiellement comique — au moins du méli-mélange dans le *Puits qui parle*, le troisième poème(?) de M. Beaumont (avec Burani) représenté cette saison : aux derniers les bons ou les meilleurs. De l'opérette et de la féerie, de l'incohérence et du fantastique, de la grosse farce et de la poésie fort quintessenciée, voilà pour le livret. Quant à la partition, beaucoup de banalités et un peu (tout juste assez) de gentillesses gentillissimes, de ces menues ariettes que Tout-Paris fredonne pendant huit jours, des pots-pourris d'airs connus et quelques morceaux d'une assez heureuse verve pour dater à leur tour et être pastichés dans quelques années.

Le puits qui parle est un puits qui a la vertu de forcer ceux qui en boivent à dire la vérité. Les maris avouent leurs fredaines, les femmes leurs infidélités. Aussi chante-t-on en chœur autour de ce puits maudit :

> Croyez-moi, ne buvez pas d'eau...

Pourtant ce puits peut rendre des services aux amoureux dans l'embarras, ainsi que l'apprend le jeune page René, maître à danser et amoureux fou de sa cousine, Eva de la Poulardière. Le pays appartenant par moitié au baron Nestor, le seigneur du château, et à papa Eloi de la Poulardière, fermier enrichi, on va marier Eva à Eusèbe, grand dadais qui porte encore des pantalons de baby. René va se jeter dans le puits quand la Vérité apparaît et promet de lui rendre l'amour d'Eva.

Rien de plus simple d'après les données de la classique féerie : la Vérité remet à René une aiguière dont il verse le contenu dans les coupes des invités réunis au château pour le mariage d'Eusèbe et d'Eva; Eloi, Nestor, la baronne se bombardent de vérités désagréables. Le professeur d'Eusèbe, Anastasius, est même contraint par la toute-puissance de l'eau magique, de révéler qu'il a substitué autrefois son propre fils Eusèbe à la vraie nièce de Nestor, la petite Eglantine.

De là une suite de quiproquos, d'idylles entremêlées, de fugues, de poursuites, de déguisements, de transformations fantastiques qui remplissent fort agréablement les six tableaux du livret de MM. Beaumont et Burani. Tout se termine par le mariage d'Eusèbe et d'Eglantine et l'union — bien gagnée! — de René et d'Eva.

La partition de M. Audran est coulée dans le moule ordinaire de l'opérette, pour employer une formule plus ordinaire encore, mais l'auteur possède à merveille l'art de chatouiller le spectateur, il a le don de réveiller l'amateur de fredons, le chanteur d'ariettes galantes :

Le membre du Caveau qui chez nous tous sommeille...

De là, un certain nombre de morceaux d'une allure fort réjouissante, la légende du Puits qui parle, le duetto entre Eglantine et Eusèbe, la romance de René, le finale du deuxième acte :

Elle a son nez, elle a ses yeux!

Le duo des maîtres d'armes :

C'est excellent
Pour la santé du corps,
Pour laver ses injures,
Pour user ses vieux gants..;

les très amusants conseils de la baronne au « vieux frelon qui veut convoler avec une petite rose ». (Ah! qu'en termes galants ces choses-là sont mises.)

Ne faites pas çà ! Ne faites pas çà !

L'interprétation est à la fois amusante et panachée, comme la pièce. En tête, les deux Brasseur, père et fils, et en tête n'est pas une façon de parler, car leurs rôles ne sont qu'une suite réjouissante de têtes grotesques dont quelques-unes en carton. Albert Brasseur y a ajouté pour son agrément personnel une culotte de bébé d'un effet énormissime.

Côté féminin : Mlle Debrièges (la Cramponia des *Saturnales*, la locomotive Boulanger de *Paris-Cancans*); Mlle Juliette d'Harcourt, qui joue maintenant les rôles d'opérette (voilà une résolution courageuse, mais habile); Mlle Lardinois, Mlle Lantelme, Mlle Darcelle, une cantatrice de bonne école. A côté de Gaillard, le très expérimenté transfuge de l'Eldorado, un autre transfuge du même café concert, Perrin, qui tiendra d'une façon étoffée une spécialité toujours appréciable dans les théâtres d'opérette, les rôles à ventre.

LE DOCTEUR JOJO, par Albert CARRÉ.

Vaudeville en 3 actes.

Première représentation à Cluny, 16 mars 1888.

DISTRIBUTION : Josephin Bichard, M. *Nandas*. — Cocurelle, M. *Bernard*. — Cocherel, M. *Allard*. — Oscar, M. *H. Dubose*. — Bernance, M*me* *Aclard*. — M*me* Cocurelle, M*me* B. *Belly*. — Eugénie, M*me* N. *Bouffar*. — Blanche, M*lle* *Laporte*. — Ida, M*lle* *Raymond*.

Le rôle essentiel, primordial et civilisateur, la mission sociale du vaudeville — pourquoi n'aurait-il pas la sienne en ce temps d'utilitarisme aigu ? — étant de peindre les choses pénibles sous des couleurs agréables et d'« azurer » la réalité en rendant aimables les péripéties rarement gaies de l'existence humaine, il faut remercier M. Albert Carré de nous avoir donné une portraiture exhilarante du médecin de ces dames. En fait, d'après l'observation globetienne, le médecin des petites dames, le spécialiste qui se consacre exclusivement à la précieuse conservation des Cora Pearl ou des Régine de Montille (il y en a pour chaque échelon de l'échelle demi-mondaine), est un fort vilain monsieur qui fait un fort triste métier. Toujours chantant, souvent empirique, parfois entremetteur, prêteur sur gages ou chargé d'absinthes délicates, il peut se défiler jeune encore avec une honnête aisance, fruit de dépôts énergiquement conservés, comme tel ou tel spécialiste pour demi-mondaines qu'il est au moins inutile de nommer; il peut encore manquer de sang-froid et s'enferrer dans l'entreprise suprême, dans le « coup du désespoir », comme La Pommerais qui, lui aussi, fut médecin des dames et en mourut sur l'échafaud. M. Albert Carré a voulu modifier cette classification et faire rentrer le médecin des dames dans le pan-vaudevillisme, formule indéfihiment classique. Il y a réussi, grâce à un artifice fort ingénieux. Le docteur qu'il nous présente n'est plus en exercice; il a pris sa retraite dans le mariage. Après avoir commis d'innombrables fredaines sous le couvert du secret professionnel — dans ce cas spécial, c'était le secret de Polichinelle, d'un Polichinelle menant une vie de bâtons de chaises, — Joséphin Bichard, trop connu chez les horizontales de toutes marques sous le nom du docteur Jojo, a épousé Mlle Eugénie Coutelin, fille d'un industriel enrichi. Et à peine installé dans une existence régulière, il y a pris goût, jusqu'à la paresse inclusivement. Il a congédié sa clientèle; il ne quitte plus son foyer; le pot-au-feu conjugal l'a dégoûté à tout jamais du potage à la bisque et des perdreaux chauds ou froids. Mais cet assagissement moral et cette fatigue d'estomac font peu l'affaire du papa Coutelin, qui n'est point au courant des anciennes fredaines de Joséphin.

Il a cru donner sa fille à un gendre « occupé ». Joséphin s'occupera. Et Joséphin, refusant de s'occuper des moyens d'être occupé, papa Coutelin s'en préoccupe à sa place. Il va même jusqu'à employer la force, c'est-à-dire qu'il fait clouer sur la porte de l'appartement une plaque portant cette avis : « Docteur Bichard ; consultations de trois à six heures ; sonnez fort ; » adresse aux journaux des états d'accouchements fantastiques en pleins Champs-Elysées, dont la gloire reviendrait au docteur Bichard ; enfin, expédie à toutes les demi mondaines en renom la carte de son gendre avec tous les renseignemennts relatifs à sa profession...

C'est replonger Joséphin dans l'ancien élément de Jojo. L'ancien coureur de boudoirs refuse d'abord de mordre à l'hameçon ; mais sa femme elle-même, dont la jalousie a été éveillée et qui veut savoir à quoi s'en tenir sur sa force de résistance, entre dans la conspiration et le pousse à rendre visite aux clientes du temps jadis. En vain Joséphin, que l'âge et le bonheur calme ont mûri, entend-il exercer en tout bien tout honneur sa délicate profession d'inspecteur général de la santé des femmes légères, la providence du vaudeville et des quiproquos s'arrange pour lui faire payer l'arriéré des fredaines du docteur Jojo. Non seulement sa vertu tardive est mise à de rudes épreuves, mais, par suite de complications rentrant dans l'hennequinisme le plus corsé, son honneur d'époux court des risques fort sérieux.

Voici l'imbroglio : une certaine Hermance Cocherel, ancienne cascadeuse, qui est en même temps une amie de Mme Bichard (demandez-lui comment et pourquoi), a promis à la jeune femme (dont elle ne connaît pas le mari, notez ce point) de mettre à l'épreuve le docteur Bichard. Mais c'est un certain Oscar, ami intime de Bichard, qui se présente à sa place pour tâter le pouls de la dame à qui il adresse depuis longtemps des billets versifiés. Hermance Cocherel s'y trompe et enferme Oscar dans sa chambre à coucher après lui avoir fait les promesses les plus alléchantes, puis par un mot, prévient Mme Bichard de la trahison. La jeune femme accourt, toute en larmes, mais veut juger par elle-même des dispositions à l'infidélité de celui qu'elle croit être son mari. Hermance, bonne personne, se prête à ce dénouement de la comédie, et pousse gaiement Mme Bichard dans la chambre noire où se trouve déjà Oscar.

Coup de sonnette. C'est le vrai Bichard qui arrive. Hermance ne le reconnaît d'abord que pour le docteur Jojo qui l'a jadis séduite et abandonnée, elle s'offre le plaisir de l'accabler de reproches ; puis, quand elle apprend qu'il est le docteur Bichard, elle l'enferme à son tour sous couleur de rendez-vous galant (et pour donner au couple si étrangement appareillé, le temps de s'enfuir), dans une salle de bains aussi noire que la chambre à coucher...

Si j'ajoute que Mme Coutelin, la propre belle-mère de Joséphin, lancée à la recherche de sa fille, ne tarde pas à rejoindre le docteur Jojo dans la salle obscure où il attend Hermance; qu'elle défend sa vertu en tirant le cordon de la douche qui inonde le malheureux médecin, pendant que Mme Bichard calme Oscar en lui appliquant une paire de giffles ultra-conjugales, j'aurai donné en gros l'analyse de cette joyeuse bouffonnerie, terminée très moralement. Mme Bichard préfère un mari moins occupé, mais aussi moins exposé à la tentation, et la médecine pour petites dames perd à tout jamais le docteur Jojo.

Le vaudeville de M. Albert Carré est fort bien joué par MM. Numas (Joséphin), Veret (Coutelin), Allard (Cocherel), Dubos (Oscar) et Mmes Aciana (Mme Cocherel), Bertin (Eugénie), Mlle Laporte, Mlle Dumont et Mme Billy, une duègne dont la place est marquée sur les scènes de la rive droite.

LE BOSSU, par Henri BOCAGE et A. LIORAT, musique de Charles GRISART

Opéra comique en 4 actes et 9 tableaux, tiré du roman de P. FÉVAL. Première représentation à la Gaîté, 19 mars 1888

DISTRIBUTION : Cocardasse, *M. Berthelier*. — Lagardère, *M. Vauthier*. — Gonzague, *M. Lacressonière*. — Chaverny, *M. Marc Nohel*. — Passepoil, *M. Petit*. — Le Régent, *M. Rosambeau*. — Peyrolles, *M. Chameroy*. — Jean-Marie, *M. Delausnay*. — Mathias, *M. Blanche*. — De Choisy, *M. Berville*. — De Navailles, *M. Castelli*. — De Nocé, *M. Jallier*. — De Brissac, *M. Baële*. — Un aubergiste, *M. Durieu*. — M° Griveau, *M. Jenrad*. — Flor, Mme *Jeanne Thibault*. — Aurore, Mme *Jeanne Leclerc*. — Mme de Gonzague, Mme *Schmidt*. — Madelon, Mme *Desirées*. — Cydalise, Mme *De Lys*. — Eliane, Mme *Paravicini*. — La Desbois, Mme *Laforêt*. — Un page, Mme *Bucourt*. — Dorbigny, Mme *Lydia*.

C'était une pensée assez peu raisonnable d'aller justement tirer un opéra d'un des romans de cape et d'épée qui contiennent le moindre développement passionnel, c'est-à-dire qui fournissent les plus insignifiantes situations musicales. Il y a peu ou point d'amour soit dans le roman écrit en collaboration avec Anicet Bourgeois, soit dans le remarquable mélodrame de Paul Féval. Tout s'y passe en coups d'épée et en bottes secrètes — à toi Gonzague, la botte de Nevers ! — on y ferraille presque sans désemparer. Rien de comparable soit aux angoisses de Diane de Méridor (dont Salvayre n'a malheureusement tiré qu'un parti insuffisant dans la *Dame de Mon-*

soreau) soit à la chaste et chevaleresque idylle de Buckingham et d'Anne d'Autriche dans les *Trois Mousquetaires* qui auraient fourni un bien meilleur livret.

Délibérément, sans réfléchir aux conséquences d'une pareille amputation, les librettistes ont supprimé, dans le drame de Féval et Anicet Bourgeois, les deux tableaux du prologue, la taverne du rendez-vous et les fossés du château de Caylus; le troisième, la boutique de l'armurier de Ségovie, le défilé de la Tasse du Diable, le tableau du quai des Tuileries et du pont de la Conférence, les agiotages de la rue Quincampoix. A titre de compensation ils ont ajouté deux tableaux : la guinguette du lac Saint-Fargeau et le cachot du Châtelet; mais le public ne gagne pas au change !

Au premier acte de la pièce nouvelle, nous assistons au mariage de Madelon et de Jean-Marie à qui Cocardasse et Passepoil servent de témoins. M. de Peyrolles, l'âme damnée du prince de Gonzague, vient recruter des spadassins pour un coup de main ; nous apprenons qu'il y a dix-huit ans, le chevalier Henri de Lagardère a sauvé Aurore, fille de Philippe de Nevers, qu'il la garde précieusement à Pampelune, que le prince de Gonzague a assassiné Philippe de Nevers, qu'il a épousé sa veuve, mais qu'il ne sera pas en possession de son immense fortune tant que la disparition d'Aurore ne sera pas constatée. Au second tableau, les spadassins enrégimentés par Peyrolles enlèveraient Aurore si Lagardère, que servent secrètement Cocardasse et Passepoil, ne la faisait évader, en ferraillant un contre dix. Faisant bon visage à mauvaise fortune, Peyrolles se résigne à ne conduire au prince qu'une bohémienne, Flor, ramassée dans l'auberge de Pampelune; elle sera présentée comme la véritable Aurore, on la mariera à quelque ami du prince qui passera condamnation sur les comptes de tutelle, ou on l'empoisonnera, au choix. Dans tous les cas on en sera délivré.

Mais la duchesse (troisième tableau), avertie par la voix du sang et aussi par Lagardère qui, déguisé en bossu, s'est faufilé dans l'hôtel de Gonzague, refuse de reconnaître sa fille dans la Gitana. Le quatrième tableau nous conduit dans la petite maison de la rue du Chantre, où le chevalier dissimule la fille de Nevers; le cinquième et le sixième se passent au Palais-Royal. Lagardère a confié Aurore à Cocardasse et à Passepoil; mais lorsque le chevalier présente au régent l'enfant de Nevers, il s'aperçoit qu'on a substité à Aurore, la danseuse Cydalise. Lagardère, Cocardasse et Passepoil sont arrêtés comme imposteurs. Au Châtelet (tableau ajouté par MM. Bocage et Liorat) les deux Gascons s'enfuient avec Lagardère après avoir bâillonné et accroché à la fenêtre du cachot ce bon M. de Peyrolles, que la sentinelle tue d'un coup de feu, croyant à l'évasion d'un prisonnier.

L'idée a pu sembler ingénieuse, mais l'effet est nul, se passant à la cantonade (comme presque toute la pièce). La noyade, du drame primitif, la brusque résurrection de Lagardère faisant baillonner et ligoter Peyrolles avaient une autre allure. Inutile d'ajouter que le dénouement reste à peu près identique dans les deux versions : le petit bossu, à qui Gonzague a voulu enlever Aurore de Nevers, se démasque aussitôt le contrat signé ; devant lui le prince de Gonzague se trahit et se fait reconnaître comme le véritable meurtrier du duc de Nevers: Lagardère tue l'assassin et venge le père d'Aurore. Mais la scène ne se passe plus dans les fossés de Caylus, et c'est grand dommage!

Sur ce livret médiocre, M. Charles Grisart a écrit une partition d'un certain mérite orchestral, mais sans originalité ni vigueur. Elle est abondante, elle est copieuse et pourtant elle reste vide. Signalons pourtant quelques morceaux échappés à l'indifférence générale : le duo de Mlle Jane Leclerc et de M. Marc Nohel : « Qu'étiez-vous donc alors ? » la romance des « tourterelles », le duo comique de Cocardasse et Passepoil.

Le trio : « Vous pouvez faire votre prière, — c'est Lagardère ! » les couplets de Chaverny et ceux du bossu :

« Je suis un profond philosophe » sont d'une mélancolie aimable, d'une tournure discrètement mélodique où l'on reconnaît l'inspiration malheureusement très intermittente d'un musicien dont le plus grand tort est peut-être de s'attarder à des formules vieillies et qui pourra nous donner une partition sérieuse, méritant une analyse détaillée le jour où il consentira à se renouveler...

Berthelier est un Cocardasse épanoui et truculent à souhait; il a galvanisé les fredons assez quelconques que lui avait confiés M. Grisart. Si M. Vauthier manque de distinction dans la partie amoureuse du rôle de Lagardère, il a tiré fort bon parti de ses deux morceaux de bravoure et porté à merveille la bosse d'Ésope. M. Petit — le Passepoil de l'Ambigu — a repris ses cheveux filasse et retrouvé son succès de répliques plaisamment débitées. M. Marc Nohel débutait dans le personnage de Chaverny; il y a reçu un bon accueil, fort mérité. M. Lacressonnière jouait Gonzague.

Il n'a pas chanté; mais il a tenu l'emploi avec l'autorité indispensable. Mme Jeanne Thibault (la Gitana) et Mlle Jane Leclerc (Aurore) n'avaient guère à faire preuve que de gentillesse. Elles y ont ajouté — généreusement — quelques vocalises agréables et quelques galants déshabillés.

MADEMOISELLE DARGENS, par H. Amic

Pièce en 3 actes, en prose
Première représentation à l'**Odéon**, 20 mars 1888

Distribution : Dargens, *M. P. Mounet*. — Olivier, *M. Marquet*. — Georges, *M. Laroche*. — Le docteur, *M. Jahan*. — Joseph, *M. Chautard*. — Mme Barner, *Mme Samary*. — Jane, *Mme Panot*. — Mme Dargens, *Mme Molok*. — Mlle de Clairefeu, *Mme Nory*. — Jenny, *M. Bertrand*.

LE BEAU LÉANDRE, par Th. de Banville

Comédie en un acte

Distribution : *M. Cornaglia. Mme S. Bertrand*.

En ce temps-là, — je veux dire tout récemment, car il est beaucoup parlé du Tonkin dans un salon boudoir-fumoir-atelier encombré de bibelots japonais et garni de tentures Louis XVI, avec adjonction de tableaux naturalistes, et la voilà bien, la modernité modernissime ! le commandant Dargens a pris la mer avec un brave garçon du nom d'Olivier, à qui il a servi de père, et qui lui sert maintenant d'officier d'ordonnance, par un juste retour des choses d'ici-bas. Après un nombre raisonnable de mois passés à bombarder les fortins tonkinois et à couler les jonques des pirates, le commandant est rentré dans le *home* familial qu'il a le regret de trouver un peu morose, sinon enténébré, du moins engrisaillé, enfin un de ces intérieurs bourgeois où il a toujours l'air de pleuvoir à travers les plafonds.

Mme Dargens, qui n'est plus une jeune mère, mais qui reste une jeune femme, semble porter le deuil de tous les mandarins tués par son mari. Quant à Mlle Jane Dargens, elle promène de meuble en meuble, dans le hall japonais, des attitudes singulièrement alanguies. Si proverbiale — au théâtre — que soit la naïveté des officiers de marine, le commandant s'est bien posé la question traditionnelle : « N'est-il pas temps de marier Jane? » Mais la jeune fille a protesté de son aversion pour l'hymen, aversion relativement explicable par ce fait qu'elle a déjà eu un fiancé tué en duel, un gentleman nommé Barner.

Le commandant, à qui manque l'esprit de contradiction (encore s'il en avait d'autre genre, mais depuis les marins de *Sinilis*, on n'avait pas revu tant de « candeurs » ni de « blancheurs » tomber d'âmes maritimes plus délicatement fleuries qu'un amandier !) le commandant n'a pas insisté. Seulement, pour distraire la petite, il lui a permis de reprendre une poupée.

Ah! le beau joujou, papa, que Jane a mis dans la cage... une grande poupée en chair rose et en cuisses

dodues, un vrai baby, un enfant adoptif qui peut dire
papa et qui dit maman (dans l'intimité).

Car cet enfant adoptif que le commandant Dargens,
abusant peut-être de sa candeur de loup de mer, a si
bénévolement laissé introduire dans sa maison au risque
d'éveiller les plus fâcheux commentaires, cet enfant est
le fils de Jane. La malheureuse a flirté de trop près avec
son fiancé, feu Barner. Ce gentilhomme très *improper*,
— mais on a parfois de ces hâtes incorrectes (du moins
les maîtres de la comédie de mœurs nous l'affirment, et
c'est même la formule n° 458) quand on a le pressenti-
ment qu'on doit mourir jeune, — ce gentleman sans
scrupules l'a rendue mère. Jane a profité de l'absence
du commandant pour aller, de complicité avec Mme Dargens, qui a cru réparer ainsi (*sic*) son manque de surveillance, faire ses couches à la campagne.

Et quand le papa (c'est du commandant que je parle,
Barner reposant dans son caveau de famille) est revenu
à Paris, on n'a pas eu de peine à lui faire croire que le
meilleur moyen de distraire une jeune fille tourmentée
par la névrose des vingt ans est de lui laisser adopter
un enfant trouvé.

Tout irait bien, si la famille Dargens-Barner continuait à ne comprendre que la fille séduite, la maman
complice, le grand-papa confiant et le petit bonhomme

en sevrage. Mais deux intrus se présentent, dont un ami. Olivier, revenu à son tour du Tonkin, demande la main de Jane. Il a été élevé avec elle, il la tutoie ; le commandant Dargens, brave girouette, recommence à insister dans le sens du matrimonium. Jane refuse sans donner de motifs, puis, comme Olivier, que vient justement d'atteindre le contre-coup d'une déconfiture financière, paraît attribuer le refus de sa pseudo-cousine à ce changement de fortune, elle lui avoue toute la vérité, enfant compris.

Olivier, indigné, puis atterré, va prendre l'air pour se remettre de ses émotions. A peine est-il sorti, arrive un second personnage, Mme Barner, la mère de feu Barner, une Anglaise au cœur sec comme un galet. Par une lettre posthume, elle a appris que son fils a laissé un enfant, et que cet enfant est le petit Paul recueilli par la famille Dargens. Elle réclame son petit-fils pour l'élever, ajoutant avec quelque apparence de raison que la lettre de son fils est tout à fait concluante, que la parenté ne saurait être douteuse, qu'étant elle-même absolument seule et à la tête d'une grosse fortune, elle peut assurer au petit Paul une situation bien préférable à la protection éphémère d'une jeune fille qui se mariera un jour et aura d'autres devoirs et d'autres tendresses. Mais Mme Dargens sait que sa fille mourrait d'une séparation et refuse. « Très bien, dit l'Anglaise, vous tenez trop à cet enfant pour qu'il vous soit étranger. Vous êtes encore jeune, toujours belle... Je devine ce qui s'est passé. Mon fils était le fiancé de la fille et l'amant de la mère (Mme Barner ne flatte pas son défunt héritier présomptif!) C'est donc à votre mari que je m'adresserai. »

Mme Dargens, affolée, conseille à sa fille d'abandonner l'enfant ; mais devant une syncope de Jane, elle lui promet de défendre le petit Paul envers et contre toutes les revendications. C'est beaucoup s'engager. Quand Mme Barner se présente de nouveau et en appelle au commandant, celui-ci s'étonne qu'on refuse un petit-fils à sa grand'mère, et, peu à peu, les insinuations de l'Anglaise font naître dans son esprit les plus terribles soupçons. Une épreuve décisive va tout éclaircir. « Prenez l'enfant, dit le commandant à Mme Barner. Ce baby que ma femme vous refusait, je vous le donne. » Et il le lui donne, en effet, sous la forme passablement comique d'un chèque à toucher dans la nursery voisine.

L'Anglaise s'éloigne, son papier à la main. Ah ! le bon billet!.. et une scène orageuse commence entre les deux époux.

Mme Dargens se laisse accuser, torturer, plutôt que de dénoncer sa fille. Mais Jane entre éperdue : « Mon enfant! on va me prendre mon enfant! Rendez-moi mon enfant! » Le commandant se décide à comprendre ; puis, avec une rudesse aussi exagérée que sa naïveté de tout à l'heure, il se prépare à mettre à la porte, pêle-mêle, Mme Dargens et sa fille, « toutes deux coupables (pas de la même façon, en tous cas), « toutes deux complices. » Heureusement, le brave Olivier est là pour arranger les choses et remettre un peu d'ordre dans ce ménage déséquilibré. Il reconnaît le petit Paul qui échappe ainsi aux revendications — d'ailleurs nullement fondées, au point de vue légal — de l'Anglaise au cœur de roc, et il épouse Jane. C'est lui qui encaisse le montant du chèque signé par le commandant pour livraison d'enfant...

Je croirais faire injure à la mémoire de mes lecteurs et me jouer des crédulités les plus maritimes en cherchant à dissimuler que *Mademoiselle Dargens* ne contient pas une situation nouvelle, un atome de trouvaille dramatique. C'est *Monsieur Alphonse* (dénouement compris), c'est *Claudie*, c'est *Michel Pauper*, c'est *Denise*... Cette vieille pièce recousue avec de trop jeunes ficelles n'a cependant pas complètement échoué ; pendant deux tiers d'acte elle a pris aux entrailles une majorité gouailleuse ; j'ai même vu des larmes couler de quelques paupières. Sans doute il faut attribuer une part de ce succès relatif au « Nanfan » de Marie-Laurent et des mélodrames à la Dennery, au fameux « Nanfan » dont les seuls vagissements, même entendus à la cantonade, fondent la glace des cœurs les plus insensibles. Mais il convient de laisser à M. Henri Amic le mérite d'une réelle entente des effets scéniques, d'un dialogue vraiment théâtral et qui demanderait seulement à être resserré, enfin d'un certain instinct de la sentimentalité du public. Il y a là de bons éléments. Le tout est de les mettre en œuvre dans un drame plus personnel et plus mûri.

Paul Mounet tient avec beaucoup d'autorité le rôle assez ingrat du commandant ; M. Marquet a exagéré peut-être en deux ou trois circonstances la dose de sensibilité indispensable aux répliques d'Olivier ; c'est une question de mesure, de juste milieu entre le dévouement résigné et l'exaltation héroïque. Mlle Marie Samary a prêté une excellente physionomie à la grand'maman Barner. Mlle Panot, vouée aux ingénuités tantôt perverties, tantôt calomniées, toujours malheureuses — elle était séduite dans *Claudie* et diffamée dans *Beaucoup de bruit pour rien* — est une Jane des plus touchantes et Mlle Malck (Mme Dargens), lui donne la réplique avec une discrétion fort savante.

La soirée avait commencé par une excellente reprise de l'*Agneau sans tache*, la délicate saynète d'Aderer et d'Ephraïm ; elle s'est terminée par le *Beau Léandre*, de

Théodore de Banville, qu'on réentend toujours avec plaisir.

Les encyclopédies — ces puits qui parlent — nous apprennent que le beau Léandre, ce personnage classique de la comédie italienne était au début un jeune premier flambant et fringant, frais et rose, couvert de rubans et de dentelles, partout choyé, toujours vainqueur. En vieillissant, il prit une teinte de ridicule. Au XVIIIe siècle, le beau Léandre a, dans ses rôles d'amoureux, quelque chose du matamore et l'on commence à le berner. Il devient « le fat » ; il tourne au vieux beau, au roquentin. Le beau Léandre, de Banville, est plutôt un aventurier de la belle étoile, un Scapin qui voudrait bien acheter la main de Colombine au papa Orgon, lequel demande cent écus, en empruntant les cent écus en question à Colombine elle-même qui naturellement les emprunterait à son père.

A-t-on remarqué au sujet de ce quiproquo qu'il a été dans ces derniers temps le sujet de plusieurs nouvelles naturalistes? La femme ne voulant plus se prêter aux tendresses d'un Lantier quelconque sans apport financier, — l'amour-propre professionnel revêt toutes les formes, — le Lantier, peu fait à ce genre de déboursés, trouve original d'emprunter le louis demandé au mari qui est de ses amis, puis — le versement opéré — de lui dire la vérité vraie, à savoir qu'il a rendu l'argent à la femme. Si bien qu'il se trouve avoir été très gratuitement l'amant de la commère et l'emprunteur du mari. Ainsi se suivent et ne se ressemblent pas les vieux fabliaux, les contes grivois de l'éternel pays de duperie et d'amour adaptés au goût du jour ; mais l'adaptation de Banville et Siraudin (qui remonte à 1856) n'a aucune prétention moderniste. Elle se borne à rester théâtrale entre autres mérites. C'est même à mon avis une des meilleures pièces du poète des *Odes funambulesques*.

Il est de mode de s'extasier et d'ouvrir des oreilles larges comme des coquillages aux sonorités formidables de certaines rimes de Banville, et je n'entends pas réagir contre cette admiration ; mais me sera-t-il permis de faire observer qu'il y a dans le « beau Léandre » de bons vers, d'excellents vers comiques qui n'empruntent rien aux assonances :

> Mes cheveux sont d'un blanc qui ne rougit jamais !...
> Enfant du régiment, je naquis à la guerre
> Sous les drapeaux épars du colonel Amour...

Ne vaut-il pas mieux frapper de ces vers médailles que de faire rimer *collais* avec *collet*, *soufflais* avec *soufflets* ?

CHEZ L'ÉTOILE, par Clovis Hugues
Comédie
Première représentation au **Théâtre-Indépendant**
22 mars 1888.
—

Théâtre d'application, Théâtre-Libre, Théâtre des Jeunes, Théâtre-Indépendant... ces nouvelles scènes, conservatoires en herbes sinon en gerbe, se multiplient en de formidables proportions. Chacun de ces théâtricules ne saurait prétendre à autre chose qu'à un acte de baptême sommaire. Il me suffira donc de résumer ainsi la situation topographique, historique et littéraire du Théâtre-Indépendant qui ouvrait hier ses portes; latitude: quartier des Martyrs; désignation: salle Duprez, rue Condorcet; directrice: Mlle Scrivaneck.

Quant aux dragées distribuées en signe de bienvenue, il convient de faire un choix et de ne réserver qu'une saynète, un petit acte de M. Clovis Hugues qui a été fort goûté: *Chez l'Étoile*. Il ne s'agit pas, comme on pouvait le croire — sinon le craindre — d'une fantaisie lyrique, d'un ruissellement de perles de rosée sur un fil d'argent ténu comme une toile d'araignée, bref d'un joli pas grand'chose enfilé dans un charmant rien du tout.

Chez l'Etoile est une comédie et encore une peinture de mœurs, et même une étude philosophique. L'Étoile s'appelle Zenni, actrice en pleine vogue et maîtresse du poète Daniel dont elle interprète les drames. Zenni est une Sarah Bernhardt par l'ardeur passionnelle, l'horreur de la vie banale et bourgeoise ; aussi n'a-t elle pas hésité à prendre Daniel pour amant. Mais elle est aussi et surtout une Rachel faisant passer son art avant tout. Daniel, au contraire, a l'égoïsme envahissant ou pour mieux dire l'égotisme accapareur des gens de lettres en général et des poètes en particulier ; il voudrait être la seule préoccupation de sa maîtresse et l'emporter dans ce septième ciel, où les grossiers applaudissements du vulgaire ne viennent pas troubler l'intime communion des âmes. Zenni, moins spiritualiste — et peut-être plus spirituelle — n'entend pas s'exiler ainsi, fût-ce dans l'Empyrée.

A la fin d'une querelle entre les deux amants, on apporte une robe à la diva. Zenni la fait essayer par « une jeune fille d'une beauté remarquable et d'une grande distinction d'allures » — indication fournie par l'auteur — qui est tout bonnement le trottin de la couturière ; puis elle s'esquive pour aller recevoir un « critique influent ». Or Lucie, ce trottin ainsi abandonné à lui-même, aime Daniel qu'elle a connu en des temps plus heureux, et, apercevant un de ses manuscrits, elle se met à déclamer les tirades les plus lyriques; le poète survient, admire la jeune ouvrière, la compare à sa maîtresse dont les gestes sont toujours étudiés, et ne tarde pas à exprimer très haut les sentiments qu'il éprouve. Bref, quand Zenni revient, elle surprend Daniel aux pieds de Lucie. Bonne fille et grande philosophe, elle ne s'emporte pas, mais donne au trottin ce conseil poétique, en montrant Daniel: « Va vers lui : c'est le soleil. »

Cette bluette, d'une donnée originale et d'une versification fort agréable, a été bien jouée par M. Girard, M%mes% Luitgers et Darbel.

LA PELOTE, par P. Bonnetain et L. Descaves
Pièce en 3 actes en prose

PIERROT ASSASSIN, par P. Margueritte,
musique de Paul Vidal
Pantomime en un acte

LES QUARTS-D'HEURE,
par G. Guiches et Henri Lavedan
Premières représentations au Théâtre-libre, 22 mars 1888

« Messieurs de la famille, quand il vous fera plaisir... »
C'était en ces termes, d'une politesse raffinée, s'il faut
en croire la légende, que les ordonnateurs avertissaient
les parents de prendre la tête du convoi au temps déjà
lointain où le vaudevilliste Waflart dirigeait les pompes
funèbres. M. Antoine, le directeur du Théâtre-Libre, n'a
pas fait preuve d'une moindre politesse en conviant hier
la critique à un quadruple enterrement sous couleur de
petite fête littéraire.

MM. Bonnetain, Descaves, Guiches, Lavedan et Marguerite sont les cinq « jeunes » qui tentèrent l'an dernier de se faire une réclame aussi gratuite que peu obligatoire, en tambourinant sur le dos de M. Zola et en protestant contre les crudités naturalistes de la *Terre*.

Pour la circonstance, ils avaient revêtu un costume de puritains qui fit sourire. Cette fois ils ont endossé une livrée encore plus sombre: l'habit à la française et le chapeau ciré du croque-mort. Reprenant — en prose — les traditions lyrico-funèbres de Rollinat, ils se sont institués les apôtres du macabrisme théâtral. Et trempant leur plume dans le pot au noir, ils ont brutalement barbouillé une suite de scènes passablement incohérentes, n'offrant comme unité qu'un égai parti pris de représentations terrifiantes et de tableaux « endeuillis » pour faire un emprunt discret au répertoire de ces messieurs.

Morceau de résistance : *la Pelote*, de MM. Bonnetain et Descaves, sorte de dénaturation par l'horrible de la *Serva Padrona*. Il s'agit des amours ancillaires, comme disait Sainte-Beuve, du vieux Lormeau, célibataire entêté mais galantin infatigable. Lormeau père a d'abord pour maîtresse sa cuisinière Élodie Fiquet ; puis, quand celle-ci voit baisser le pouvoir de ses charmes, elle fait entrer dans la maison sa nièce, Marthe Fiquet, qui « achève l'œuvre ». Désormais, Lormeau est la chose des Fiquet, qui ont appelé à la rescousse un lot de parents pauvres.

La situation n'est pas neuve : on la retrouve dans *Les Héritiers Raboudin*, de Zola, et aussi dans la *Manette Salomon*, des Goncourt, où elle est traitée de main d'ouvrier. MM. Bonnetain et Descaves, sous prétexte de la renouveler, l'ont surchargée d'une scène de gâtisme et d'un tableau d'agonie qui sont eux-mêmes un pastiche des accès d'érotisme sénile du notaire des *Mystères de Paris*... Que de vieux-neuf dans ce prétendu renouveau théâtral !

Moralité : quand Lormeau se réveille de sa torpeur et veut rendre son héritage à sa nièce Marthe, écartée par les Fiquet, il est trop tard. Il meurt, foudroyé par l'apoplexie, au moment même où arrive Suzanne : « Il faudrait faire apposer les scellés, lui dit doucement Élisée Roch, une des parentes pauvres qui connaît l'existence d'un testament au profit des Fiquet. — Inutile ! » répond Suzanne. Et elle sort. La toile tombe.

Après le macabrisme pornographique de la *Pelote*, qui n'aurait pas été supportable sans M. Antoine, un remarquable Lormeau, la pantomime macabre : *Pierrot assassin de sa femme* dont voici le scénario :

« Pierrot (qui a impunément fait mourir sa femme en lui chatouillant la plante des pieds), rentre de l'enterrement, avec un croque-mort qu'il chasse. — Seul, il a peur. Le portrait et le lit lui rappellent la scène du meurtre, Pierrot la revit et mime les chatouilles, simulant l'assassin et la victime. — Pour oublier, il s'enivre et, halluciné; il croit voir s'animer le portrait et ressusciter Colombine. Dans son effroi, il met le feu au lit, — Incendie. — Pierrot meurt. » Encore une imitation de Zola, — rappelez-vous les terribles scènes finales de *Thérèse Raquin*; c'était bien la peine de tant maltraiter le pontife de Médan pour le piller aussi ingénument! — mâtinée de quelques réminiscences de *Pierrot et Caïn* d'Henri Rivière, ce chef-d'œuvre oublié et d'autant plus remarquable.

M. Paul Marguerite n'en a pas moins fait preuve de beaucoup d'esprit et de justesse dans toute la partie des transformations — rôle de Colombine — et d'une rare puissance dramatique dans la mise en scène du dénouement.

Simple compensation mais il convient de ne pas refuser à la direction Antoine le bénéfice des circonstances atténuantes dont le besoin commençait à se faire universellement sentir quand le macabrisme pour fumistes tombés dans la suie a fait son apparition avec les deux « quarts d'heure » de MM. Gustave Guiches et Henri Lavedan.

Les quarts d'heure, pour lesquels je ne conseille pas aux jeunes fournisseurs du Théâtre-Libre de faire les frais d'un brevet d'invention, sont une adaption à la comédie de mœurs des fameux drames express combinés par quelques rapins lettrés vers 1850, à l'usage non moins express des ateliers : le mari qui rentre de voyage, surprend un tête à tête criminel dans ce qu'il croit son appartement, brûle la cervelle aux deux coupables, puis s'aperçoit qu'il s'est trompé d'étage ; — le gendarme à qui une vagabonde explique qu'elle n'a que deux bras pour porter — et nourrir — sept enfants et qui dans son indignation subite contre le triste sort fait à l'ouvrière par le monde moderne, se passe son épée à travers le corps ; — le nouveau-né que la sage-femme amène devant la rampe, et qui après avoir contemplé les premiers rangs de fauteuils d'orchestre, s'écrie : « C'est ça, la société. Qu'on me rende au néant ! »

Ces fumisteries, supportables entre deux paravents (encore faut-il qu'ils soient japonais), MM. Guiches et Lavedan les ont savamment infiltrées du pessimisme le plus prétentieux ainsi que d'un macabrisme écœurant.

Premier tableau parlé : *Au mois de mai*. Un jeune homme va mourir ; il est poitrinaire, il crache ses poumons (ce n'est pas une façon de parler au Théâtre-Libre). Entre deux expectorations, il cause avec sa fiancée. Il l'aime, il veut vivre pour l'épouser Mais elle ne l'aime pas ; elle ne le subira que pour sa fortune ; elle lui préfère un solide gaillard, son cousin André. Le cousin arrive; il l'emmène faire une promenade à cheval. Le poitrinaire reste seul avec ses crachats persistants et ses illusions atteintes. C'est tout !

Deuxième tableau: *Entre frères;* la scène se passe dans le grand monde... de Dennery et de l'Ambigu. La douairière (saluez ses crépons gris), la douairière agonise. Le médecin a dit aux trois fils : « Je ne reviendrai pas : je vous volerais votre argent. » Les trois gentilshommes prient au chevet du lit ; mais la douairière se ranime pour faire une confession suprême ; elle a été une épouse coupable, l'un d'eux est adultérin. Elle va le nommer — quand elle retombe. Solennel conseil de famille entre le marquis, le comte, le vicomte, qui se regardent, confus. Cependant le comte, belle âme, estime que sa mère a voulu parler de lui, et le déclare. Le marquis, cœur sec, âme hautaine, lui déclare à son tour que tout est fini entre eux. Mais la moribonde se relève et s'écrie : « C'est le marquis ! »

Tableau de famille !

Tel est ce second « quart d'heure » dont l'ingénuité voulue et le vide savamment prémédité ont désarmé les plus farouches critiques. Où il n'y a rien... Pourtant je vais trop loin ; il y a quelque chose dans *Entre frères;* il y a un bon titre de livre de prix à l'usage du second âge : *Le marquis* ou la *Punition du mauvais frère*. Afin de respecter l'innocence des jeunes lecteurs, on remplacerait la filiation adultérine par quelque histoire de testament perdu ou de cassette dérobée. Et l'idée mirifique de MM. Guiches et Lavedan prendrait une forme moins macabre, mais infiniment plus durable dans la collection Mame.

ANDROMAQUE, LE MALADE IMAGINAIRE
(REPRISES)
Seconds débuts de Mmes SEGOND-WEBER et Rachel BOYER
Comédie-Française, 24 mars 1888
—

Quand Mme Segond-Weber entra au Théâtre-Français peu après son succès des *Jacobites* — succès exagéré et même maladroitement surchauffé par les Christophe Colomb de la critique extra-normalienne qui éprouve toujours le besoin de découvrir quelque chose : tantôt l'Amérique et tantôt une étoile — je n'ai pas dissimulé les inquiétudes que me causait ce brusque passage du plein-air de l'Odéon à la serre tiède de la Comédie. La débutante me semblait incomplètement formée et condamnée à faire des écoles. Elle en a fait, mais ces épreuves l'ont mûrie.

Si elle n'a pas pris entière possession du premier coup du rôle d'Andromaque, du moins en a-t-elle dit une bonne moitié avec assez de puissance et de variété pour s'établir à demeure sur le terrain tragique, à distance égale de la tente romantique dressée par Mounet-Sully et de la stèle classique à laquelle s'adosse Mlle Dudlay pour prendre de si belles poses.

Il y a, en effet, une perception très suffisante et même

assez fine, en tous cas fort rare chez une débutante, de
ce que les anciens appelaient les « mœurs » tragiques
dans la modération relative avec laquelle Mme Segond-
Weber a déclamé la célèbre tirade, de la ruine de
Troie :

Songe, songe, Céphise, à cette nuit cruelle,
Qui fut pour tout un peuple une nuit éternelle...
Songe aux cris des blessés, songe aux cris des mourants
Dans la flamme étouffés, sous le fer expirants...

Mme Weber n'a mis dans sa déclamation aucune de
ces clameurs des blessés, des cris des mourants, dont la
seule évocation terrifie Andromaque et, par conséquent,
ne lui permet qu'une pantomime haletante, rythmant le
lamento de la voix. C'est à merveille, et elle a donné
une bien méritoire leçon de sobriété à ses jeunes émules
du Conservatoire. Quant à la partie romantique du rôle
d'Andromaque, Mme Weber a lancé avec naturel et
vérité, sans tomber dans un modernisme dangereux
pour l'illusion scénique, l'apostrophe indirecte à Pyrrhus :

.....Que veux-tu que je lui dise encore ?
Auteur de tous mes maux, crois-tu qu'il les ignore ?...

Il lui reste à trouver des modulations plus savantes,

d'une émotion plus communicative, dans certains passages de douceur, par exemple dans le célèbre :

Je ne l'ai pas encore embrassé d'aujourd'hui...

Mounet-Sully qui reprenait le rôle d'Oreste, Sylvain diseur de premier ordre en Pyrrhus, Mme Dudlay d'une allure sculpturale en Hermione complétaient un ensemble vraiment digne de la Comédie. J'en dirai autant de l'heureuse association de Clerh, de Barré, de Coquelin cadet, de Baillet et même de Mlle du Minil, une mignarde Angélique, dans le *Malade imaginaire* où Mlle Rachel Boyer faisait son deuxième début. Elle avait été non pas mauvaise, ni même médiocre Mlle Rachel Boyer, dans le *Légataire universel* où la Comédie l'essayait pour la première fois, mais à proprement parler absente du rôle et comme détachée de ses débuts. Elle jouait Lisette avec une indifférence, une torpeur qui n'avait pas tardé à gagner le public. La soirée d'hier a paru un gai réveil.

L'AVEU, par Mme SARAH BERNARDT
Drame en un acte
Première représentation à l'**Odéon**, 27 mars 1888

DISTRIBUTION : Le général, *M. P. Mounet.* — Robert, *M. Marquet.* — Marthe, *Mme R. Sisos.* — Une sœur, *Mme M. Samary.* — Lisbeth, *Mme Kesly.*

LES MÉDECINS (REPRISE), par BRISEBARRE et NUS
Comédie en 3 actes
Odéon, 27 mars 1888

DISTRIBUTION : Dupressoir, *M. Cornaglia.* — Musculus, *M. Colombey.* — Randouillet, *M. Fréville.* — Godefroy, *M. Sujol.* — Rascol, *M. Duard.* — Grincourt, *M. Laroche.* — Maton, *M. Vendenne.* — Valbrun, *M. Duparc.* — Tonnelier, *M. Coquet.* — Guilstan, *M. Chautard.* — Une concierge, *Mme Raucourt.* — Marianne, *Mme Lynnès.* — Nisida, *Mme Suzanne Bertrand.* — *Mme Valbrun*, *Mme Nory.* — Une blanchisseuse, *Mme Madeleine Bertrand.*

Le comte de Roca — officier général gris pommelé, mais si convaincu qu'il porte dans la plus stricte intimité la croix de commandeur, en cravate — est l'heureux époux d'une très jeune femme prénommée Marthe, et le père moins satisfait d'un enfant dont l'auteur de l'*Aveu* nous fait également connaître le petit nom : Jeannot. S'il adore Marthe et s'il croit être payé de retour; par contre, le fils qu'elle lui a donné après sept ans de mariage et à la date avant terme de sept mois —

ces deux sept auraient-ils un sens mystérieux et symbolique? — n'a cessé de dépérir depuis sa naissance; il lutte entre la vie et la mort, défendu par le dévouement maternel de la comtesse et par la science du docteur Robert, un neveu du général, presque un fils aîné qui passe les nuits près du berceau...

Une courte accalmie. Le docteur Robert va sommeiller dans la chambre voisine. Le général essaye de calmer le nervosisme angoissé de la comtesse qui refuse de prendre un repos bien mérité. Marthe lui révèle qu'elle a fait le vœu, si son enfant était sauvé, d'aller s'enfermer dans un manoir de province et d'y rester jusqu'à la fin de ses jours. Le général ne consentira-t-il pas à quitter le service et à la suivre dans cette retraite anticipée? M. de Roca repousse énergiquement cette proposition de mise à la retraite amiable et par anticipation.

« Il ne me plaît pas, ma chère enfant, de discuter avec toi les devoirs du soldat français dans le présent et ses responsabilités dans l'avenir.. Tu as fait un vœu : c'est un serment; tu le tiendras. J'en ai fait un autre, qui est de ne jamais renoncer à servir la France; je le tiendrai aussi... Mais, sois tranquille, tout s'arrangera ; je t'aime... » Et il s'éloigne.

A peine est-il parti, la tragédie commence. Marthe se

débat sous le poids d'un remord qui la torture depuis de longs mois :

« Oui, je l'aime... s'écrie-t-elle, en s'adressant à la silhouette déjà lointaine du général, et je voudrais mourir...

« Hors de moi, lâcheté, hors de moi ! je veux parler, je veux que mon front se courbe sous l'humiliation de l'aveu et non sous la honte du mensonge. »

Pendant qu'elle laisse pressentir sous cette forme un peu trop lyrique l'existence d'un drame intime, d'un crime de famille, la sœur qui garde l'enfant se précipite appelant au secours.

Jeannot vient d'avoir une syncope ; il étouffe, Marthe envoie la sœur réveiller Robert, puis, au lieu de courir au berceau de son enfant, elle tombe à genoux au milieu du salon et fait sa confession publique sous forme de prière à Dieu. « Ah ! ne meurs pas, mon petit enfant chéri, ne meurs pas... Mon Dieu ! Dieu si bon ! Dieu si juste ! laissez-le-moi ! Ne me le tuez pas, je partirai, j'emporterai mon enfant, si loin, que lui, le trahi, l'abandonné, nous croira morts tous deux. »

Le général a tout entendu. Il a fermé la porte au verrou, il est descendu vers la jeune femme agenouillée ; et, brusquement : « Le père ? » Marthe refuse. « Le nom de l'homme ? » répète M. de Roca. On frappe à la porte. C'est Robert que ramène la sœur. « Écoutez-moi, Madame, reprend le général, cet enfant qui est là, qui râle, n'est pas mien, mais il est vôtre; sauvez-le ! Parlez ! Sur mon honneur, je n'ouvrirai pas cette porte que vous n'ayez nommé son père. — Mais c'est un meurtre ! — Si vous vous taisez, oui, c'est un meurtre et c'est vous qui l'aurez commis... »

La voix de Robert s'élève, suppliante, presque menaçante : « Ouvrez donc, mon oncle; il sera trop tard. — Tant pis pour tous, s'écrie Marthe en s'adressant au général? *Ouvrez la porte à son père!* » Le comte pousse un rugissement, puis il se précipite vers la porte, après avoir saisi un pistolet, mais il le repose et ouvre à Robert. « Non, qu'il sauve cet enfant... j'ai promis ! »

Pendant que Robert court au berceau de Jeannot, le général retient Marthe et lui arrache un à un les détails du crime (*sic*), qui n'engage pas beaucoup, à vrai dire, la responsabilité de Marthe de Roca, mais qui constitue un assez joli stock pénal : un viol, un inceste et une dissimulation de grossesse.

« C'est, dit-elle au général, pendant une absence de plusieurs mois que vous avez faite. J'étais seule chez sa mère. Robert est venu, et je n'ai pu lui résister. — Mais quand vous m'avez rappelée, vous connaissiez déjà les conséquences du crime... — Je les connaissais, le sept mois plus tard, j'ai dit que j'accouchais avant terme.

— C'est bien. Voici mon arrêt : quand Robert va sortir de la chambre, vous y entrerez, et quelque bruit que vous entendiez, vous y resterez ; vous ne reviendrez pas avant que je vous appelle... »

Robert reparaît, accablé, combattu entre le remords et l'angoisse. « Tu trembles, lui dit le général, tu trembles pour ton enfant... Oui, ton enfant. Je sais tout. Tu es le fils de mon frère ; je ne peux ni te tuer ni me battre avec toi. Je veux me venger pourtant. » Il lui tend un revolver. Robert est prêt à mourir, mais, au moment où il va saisir l'arme vengeresse, Marthe se précipite en poussant un cri terrible. Jeannot est mort.

« Mon fils est mort! Il est mort! Il est mort!... »

Le général arrête le bras armé de Robert :

« C'est Dieu qui s'est chargé de ma vengeance. La justice des hommes s'arrête devant la justice de Dieu. »

Tel est le drame-express que Mme Sarah Bernhardt, cette accapareuse de rayons, comme aurait dit Victor Hugo, cette infatigable collectionneuse d'auréoles, tour à tour comédienne, statuaire, peintre, aéronaute, a fait représenter hier sur la scène hospitalière de l'Odéon. On le comparera sans aucun doute aux essais du Théâtre-

Libre, dont M. Antoine vient d'enrichir le répertoire contemporain. Il y a, en effet, des rapports de forme, ou plutôt des ressemblances de procédés ; mais il importe de faire ressortir une différence capitale.

Les fournisseurs de M. Antoine, les précieux macabres sont forcément naturalistes ; ils ne s'attachent qu'au fait brut, à la sensation brutale, au phénomène, à l'instinct. Mᵐᵉ Sarah Bernhardt, dans l'*Aveu*, s'est montrée abondamment et même — pour ne rien dissimuler — abusivement romantique. Elle a coulé dans le moule naturaliste des sentiments d'un lyrisme, d'un spiritualisme, d'un idéalisme que le clan Descaves, Marguerite, etc., répudierait avec indignation.

Cette victime d'un viol qui se croit à jamais souillée par la faute même involontaire et qui veut s'ensevelir dans la retraite ; ce général qui garde la pure religion de l'honneur militaire ; ce criminel qui ne recule pas devant le châtiment matériel et qui va encore au devant de la punition, autant de personnages que nos jeunes macabres, grands metteurs en scène de pures vilenies et de héros foncièrement antipathiques, n'hésiteront pas à traiter de fantoches invraisemblables. Tels quels, ils me semblent au contraire la meilleure excuse des faiblesses ou des naïvetés d'exécution qui pourraient être signalées dans ce drame rapide, et même désarticulé.

Il est facile de dénoncer les enfantillages de détail après le manque de cohésion de l'ensemble, les scories du style mélo-dramatiforme, les phrases à panache, les « tourbillons douloureux des âmes repentantes, les torrents de larmes qui ne sauraient « laver la plaie béante », et autres cheveux blancs dont on pourrait faire toute une perruque ; il est aisé de demander à quoi rime cette prétendue justice de Dieu qui tombe sur l'enfant considéré comme seul coupable, tandis qu'il est l'incontestable innocent ; il est permis de se poser ces questions : quel sera le second acte, dans la vie réelle ? que vont devenir le général, la comtesse et l'amant quand on aura emporté le cadavre de l'enfant, quand la majesté de la mort n'imposera plus l'entente, ne commandera plus le pardon à ces trois ennemis irréconciliables ?

Et ce sont des demandes psychologiques sans réponse préparée comme des reproches littéraires sans objections décisives. L'*Aveu* n'en reste pas moins la saisissante mise en œuvre de sentiments généreux — la folie du remords étant une passion noble et d'un réel intérêt tragique.

S'il n'a pas été aux nues, il a été droit aux entrailles des mamans, des papas, des ménages réguliers ou non, et des maris plus ou moins sûrs de la filiation de leur progéniture réunis en nombre considérable sous la coupole de l'Odéon. Bref, un succès de nerfs et de larmes, auxquels ont puissamment contribué Paul Mounet, en général de Roca, M{}^{lle} Raphaele Sisos, en Marie Laurent d'un romantisme savamment modernisé, et M. Marquet, qui a tenu avec une sobriété du plus sûr effet le rôle difficile du docteur Robert.

Après l'*Aveu*, l'Odéon reprenait les *Médecins*, de Brisebarre et Nus, une comédie jouée naguère aux Variétés. Elle avait alors cinq actes. Elle n'en a plus que trois ; mais ils sont franchement gais. Affabulation d'une simplicité élémentaire : le rentier Dupressoir a une tache à la main, et croyant à l'existence d'une affection essentiellement cancroïdale, comme il est dit dans la belle langue scientifique, il consulte tous les médecins de Paris ; un empirique lui persuade qu'il a attrapé « la gnognette des Mandchous », maladie aussi dangereuse qu'ignorée, et lui vend un remède récolté par des plongeurs dans les mers indiennes ; mais la tache persiste jusqu'au moment où un jeune pharmacien dit au désolé Dupressoir : « Donnez-moi votre fille en mariage, et je vous guéris. » L'amoureux « potard » a diagnostiqué une simple tache de teinture adhérente et lui applique avec succès l'axiome du nettoyage à sec : « Ne grattez pas : effacez. » La tache est enlevée, et M{}^{lle} Dupressoir épouse le sauveur de son père.

Cette bouffonnerie dont le scénario rentre dans la série des pièces à tiroirs et dont l'exécution rappelle souvent la gaieté sans amertume du Labiche purement descriptif (car il faut distinguer!), est jouée fort gaiement par Cornaglia, un malade imaginaire d'une vérité drôlatique, Colombey, un empirique d'une belle fantaisie, Vandenne, Fréville, Mme Raucourt, S. Bertrand, Nory et Mlle Lynnès, une soubrette de la plus amusante modernité.

LA GRANDE MARNIÈRE, par G. Ohnet

Drame en 5 actes
Porte-Saint-Martin, 3 avril 1887

—

Distribution : Carvajan, *M. Paulin Ménier*. — Pascal, *M. Volny*. — Le marquis, *M. Darmont*. — Malezeau, *M. Léon Noël*. — Robert, *M. Bertal*. — Cassegrain, *M. Francès*. — Le Roussot, *M. Mévisto*. — Croix-Ménil, *M. Rohdé*. — Tondeur, *M. Bouyer*. — Fleury, *M. Herbert*. — Pourtois, *M. Perrier*. — Juge d'instruction, *M. Rosny*. — Tourette, *M. Violet*. — Jousselin, *M. Samson*. — Le sous-préfet, *M. Delisle*. — Le médecin, *M. Riva*. — Dumoutier, *M. Jégu*. — Antoinette, *Mme Marsy*. — Mlle de Saint-Maurice, *Mme Claudia*. — Rose, *Mme Varly*. — Mme Tourette, *Mme Durand*. — Mme de Saint-André, *Mme Boulanger*. — Alice, *Mme Henry*.

M. Georges Ohnet a été si cruellement attaqué et même si injustement traité après l'incontestable, regrettable mais explicable triomphe du *Maître de Forges*; nos snobs de la critique pédagogique et pontifiante ont si âprement méconnu un confrère, voire un frère, chez cet aimable et difflluent édulcoreur de lieux-communs, qu'ils ont fini par le rendre intéressant, et qu'il n'est plus permis de lui appliquer les règles ordinaires de la critique, sous peine de paraître s'associer à une campagne d'hostilité personnelle. Je prendrai donc la liberté de faire une exception à mon parti-pris habituel d'ignorance préventive des romans « mis en pièces », et j'éclaircirai la lanterne — l'énorme lanterne aux verres multicolores du mélo-mimo-drame de la *Grande Marnière* avec la propre chandelle de l'ami Pierrot ; je veux dire avec quelques présentations de personnages extraites de la *Grande Marnière* roman.

Deux familles sont en rivalité dans le bourg de la Neuville : les Clairefond et les Carvajan.

Voici d'abord Mlle de Clairefond : « Elle était de haute taille et merveilleusement faite. Son visage arrondi, au teint frais, était éclairé par des yeux noirs, brillants et profonds ; ses lèvres fines montraient en s'ouvrant des dents petites et blanches. *Elle avait des mains et des pieds exquis.* L'expression habituelle de sa figure était gaie et bienveillante. On la sentait bonne et bien portante... Au repos, son visage exprimait une gravité mélancolique, comme si elle vivait sous l'empire d'une habituelle tristesse. Quels chagrins pouvait avoir cette jeune et belle personne créée pour être servie, choyée et adorée ? *La destinée injuste lui avait-elle donné le malheur, à elle faite pour la joie ?* Elle semblait riche. Sa peine devait donc être toute morale. » Le jeune Robert de Clairefond : « Un jeune homme de très haute taille, vêtu d'un costume de chasse en velours marron, guêtré jusqu'aux genoux, le visage animé... beau et aimable garçon, haut en couleur, *doué d'une étonnante paresse d'esprit* et d'une prodigieuse activité de corps, le plus ardent chasseur, le plus solide buveur, le plus hardi coureur de filles du département. »

Enfin, le chef de la famille, M. de Clairefond, « un vieillard au front ridé, *aux cheveux blancs comme la neige*, aux épaules voûtées, à la démarche chancelante. On l'avait autrefois appelé le « beau Clairefond », devenu inventeur, lancé dans les applications industrielles de la science, passant sa vie dans le laboratoire de la tour de Clairefond et se laissant dire par une parente : « Vous n'êtes qu'une moitié de toqué... Vous n'avez pas assez de folie pour qu'on ait le droit de vous enfermer, et pas assez de raison pour qu'on puisse vous laisser libre. »

Les Carvajan ne sont que deux, le père et le fils ; le vieux Carvajan : « Terrible homme, au teint basané, au nez tranchant et aigu, aux yeux orangé, ronds et brillants comme des louis d'or... Carvajan avait promptement découvert dans le commerce des grains un puissant moyen d'action sur les populations des campagnes. Ambitieux, il ne bornait pas ses désirs à l'édification d'une fortune : il rêvait de se créer une situation importante dans le pays. »

Le fils de Carvajan, qui revient à la Neuville après un long séjour en Amérique : « Un homme d'une trentaine d'années, de haute taille, au visage énergique, encadré d'une épaisse barbe brune. Sa lèvre rasée et son teint basané lui donnaient l'air d'un marin. C'était un Carvajan, mais de la bonne espèce, avec toute l'énergique résolution, toute l'ardeur enflammée de sa race, appuyée sur un fond de scrupuleuse honnêteté. »

Entre les deux familles :

Le fiancé de Mlle de Clairefond, M. de Croix-Ménil, « un très joli garçon de trente ans, aux yeux noirs et à la moustache blonde, d'une charmante distinction de manières, et d'une exquise aménité de caractère. »

La galerie est au complet : côté des Clairefond, côté des Carvajan ; en négligeant les comparses obligatoires, le fidèle notaire, appui du château, l'homme d'affaires véreux, créature et agent de l'usurier, le cabaretier dont l'auberge sert de terrain neutre, l'inévitable braconnier et sa fille la belle lavandière. J'ai tenu à faire présenter les personnages de M. Ohnet, par l'auteur lui-même dans la pose, dans le costume qu'il semble préférer... quand je dis : les personnages de M. Ohnet, c'est aller un peu vite. Toutes ces belles connaissances sont-elles des connaissances nouvelles et n'est-on pas tenté de les saluer d'un machinal coup de chapeau ? Je ne remonterai pas aux Montaigu et aux Capulet de l'immortelle idylle de *Roméo et Juliette*, c'est trop loin. Je ne rappellerai que pour mémoire *Doit et avoir* de Freytag, un roman célèbre en Allemagne, l'*Idée de Jean Teterol*, de Cherbuliez, et le *Maître Guérin*, d'Emile Augier : c'est trop près. Arrêtons-nous plutôt à un type intermédiaire et qui, à n'en pas douter, a été le patron choisi par M. Ohnet, *Mademoiselle de la Seiglière*.

Tous les personnages de *Mademoiselle de la Seiglière*, nous les retrouvons dans la *Grande Marnière*. M. de Clairefond, le marquis de la Seiglière ; Mlle de Clairefond, Mlle de la Seiglière ; Pascal Carvajan, Bernard Stamply ; Carvajan, Destournelles ; M. de Croix-Menil, le jeune herborisant, fiancé de la fille du marquis. L'équation ne laisse rien à désirer. Voyons maintenant de quelle façon nouvelle ou renouvelée se comportent les héros de Sandeau devenus les pantins de M. Ohnet.

Premier tableau : — Pascal Carvajan, revenant d'Amérique où il était allé soutenir en qualité d' « homme de loi » de grands intérêts industriels et s'égarant à travers la lande, rencontre au carrefour de la Neuville une amazone qui le remet dans son droit chemin.

« Puis-je savoir, » lui demande-t-il, à qui je suis redevable de tant de bonne grâce ? — Je suis mademoiselle de Clairefond. — Et moi, je suis Pascal Carvajan. » La jeune fille ne peut retenir un geste de répulsion ! « Je viens de vous souhaiter la bienvenue, Monsieur ; prenez

que je n'ai rien dit. » Pourquoi ce changement si brusque ?
« Demandez à votre père ! ». Le vieux Carvajan
arrive et nous ne tardons pas à apprendre que la lutte
est engagée entre le châtelain et le maire. Carvajan,
qui veut venger une grave injure — un rapt et des voies
de fait, ni plus, ni moins — a centralisé toutes les
créances du marquis et ne tardera pas à l'exproprier.
Pascal ne répond à ces confidences que par une moue
de désapprobation, malgré l'injure que vient de lui faire
Mlle de Clairefond. Cette rencontre matinale, dans la
rosée, l'a touché au cœur.

Accessoirement nous voyons paraître Robert de
Clairefond qui courtise la belle Rose, la lingère du château, la fille du braconnier Cassegrain et en même temps
maltraite son père surpris à poser des collets. « Quand
on fait la cour à la fille, s'écrie Roson, faudrait voir à
moins secouer le papa. » Elle n'a pas tort, cette Roson ;
c'est même la personne du sens le plus rassis qui paraisse dans toute la pièce. Pourquoi faut-il que M. Ohnet ?...
Mais n'anticipons pas sur le mélodrame.

Au deuxième tableau nous sommes en pleine fête de
la Neuville. Les Carvajan et les Clairefond s'y rencontrent,
et l'indomptable Robert insulte Pascal aussi grossièrement que gratuitement. Une rencontre va être décidée,
lorsque Mlle de Clairefond s'interpose : « Une réparation

vous est due, Monsieur, dit-elle à Pascal, c'est à cause de moi que vous avez été offensé, c'est à moi de m'en excuser, pardonnez et oubliez ! — Qu'il soit fait suivant votre volonté. »

Mais après cet assaut d'abnégation, le drame prend une nouvelle tournure. Robert reconduit Roson à la nuit tombante; comme elle a froid, il lui passe au cou son mouchoir en guise de fichu. Il la laisse en route à moitié chemin ; c'est alors qu'un berger à moitié sourd, tout à fait idiot, le Roussot, se jette sur la jeune fille, l'étrangle avec le mouchoir de son rival et jette le cadavre dans un ravin.

Bien entendu la magistrature ne soupçonne pas le Roussot et arrête Robert, qui n'a pu établir son alibi. Pendant ce temps, le vieux M. de Clairefond, tout à ses découvertes, ne songe qu'à trouver des fonds pour exploiter un nouveau fourneau de son invention, et comme sa fille lui en refuse, — sa dot est depuis longtemps mangée, ou plutôt brûlée, — il s'adresse à Carvajan et veut lui emprunter les quarante mille francs dont il a besoin. L'usurier prend sa revanche : « Vous êtes ruiné, votre château m'appartient et votre fils va être arrêté comme assassin ! » Le marquis s'indigne :

« Vous aussi, vous avez un fils; prenez garde d'être à votre tour châtié dans votre plus chère affection. — Il devient fou, murmure Carvajan troublé. » Antoinette le chasse, mais à peine a-t-elle cédé à cet accès d'orgueil qu'elle regrette cette révolte intempestive : « Je me suis emportée quand il aurait fallu supplier. Maintenant, qui nous sauvera ? — Son fils ! » s'écrie M. de Clairefond.

Cette inexplicable et invraisemblable prophétie ne tarde pas à s'accomplir. Après un tableau purement décoratif et sans utilité pour l'action, la confrontation de Robert avec le cadavre de Rose, dans la chaumière de Cassegrain : 1° Pascal rompt en visière avec son père, et, après lui avoir fait les plus sanglants reproches sur les origines de sa fortune, lui déclare qu'il va se consacrer à la défense des Clairefond : 2° Pascal fait acquitter Robert en cour d'assises et du même coup reconquiert le cœur de son père (qui l'avait maudit).

Cette réconciliation n'est d'ailleurs, pour employer la langue moderne, qu'une « carotte » destinée à soutirer à son papa la preuve de l'innocence de Robert : « Je vous pardonne, lui dit-il (il est bien bon !) mais vous m'aiderez à atteindre le véritable assassin de Rose. — Je ne puis te l'apprendre, répond Carvajan, mais je vais te donner le moyen de le découvrir. La Grande Marnière contient le secret ; c'est là qu'il faut chercher. »

3° Fort de ce renseignement, Pascal ne tarde pas à prendre le Roussot en flagrant délit d'une répétition du meurtre qu'il s'offre chaque soir, en qualité de somnambule. Après avoir reconstitué le drame de l'assassinat à la satisfaction générale, le Roussot se précipite du haut des tours de l'église : « Il s'est tué, dit gravement Pascal, sur la tombe *même* de sa victime. »

4° Pascal et Antoinette s'épousent, par l'entremise du fidèle notaire Malezeau qui les décide à s'avouer leur tendresse réciproque.

Tel est ce drame intime dilué en mélodrame transposé du Jules Sandeau ou d'Octave Feuillet en Dennery. J'en louerai tout à l'heure l'interprétation, et j'en signale sans retard la mise en scène de tout premier acte vraiment digne du directeur-artiste à qui nous devons déjà les merveilles décoratives de *Théodora*, du *Crocodile* et de la *Tosca*. Quant à la valeur littéraire de la nouvelle œuvre de M. Georges Ohnet, son appréciation comporte les plus expresses réserves. Aussi bien, pour montrer que je n'obéis à aucun parti-pris et pour mettre le lecteur à même de faire en personne le travail de critique, le procédé le plus simple et le plus sûr est de revenir au parallèle tout indiqué entre *Mademoiselle de la Seiglière* et la *Grande Marnière*.

Quel est le sujet de la pièce de Jules Sandeau ? Une opération psychologique en partie double, l'amour se substituant à la haine dans l'âme du fils du fermier

Stamply dépouillé, berné, finalement condamné à l'oubli et presque à la misère ; le désir de la vengeance remplacé par une passion d'autant plus forte qu'elle domine ce qui pendant longtemps a paru au revenant de Sibérie la voix même du devoir. Le fils Stamply arrive en un foudre de guerre, un croquemitaine — pour employer le procédé de simplification naturaliste — on croit qu'il va tout avaler ; mais peu à peu les beaux yeux de la fille de la maison calment cette ardeur belliqueuse ; le soldat de la grande armée devient un berger roucoulant, et pendant que cette transformation a lieu chez Bernard Stamply, le même travail, plus discret, mais d'un effet aussi sûr, s'opère chez la jeune fille ; elle se prend à admirer ce croquant, ce manant, ce caporal dont le marquis fait des gorges chaudes.

Et Bernard renie sa haine, car en se vengeant il se frapperait lui-même, et Mlle de la Seiglière se résigne sans effort à une mésalliance, car l'amour a parlé plus haut que les conventions sociales, et cette nécessité d'un accord conjugal faisant taire les anciennes rancunes ressort si clairement de toutes les scènes qui précèdent le dénouement qu'on n'est pas surpris de voir le fiancé de Mlle de la Seiglière — un fiancé de raison, raisonnable lui-même, c'est-à-dire prêt au sacrifice — s'avancer, prendre la main de la jeune fille et la mettre dans la main de Bernard Stamply...

Ce fiancé courageusement providentiel et délicatement entremetteur, nous l'avons revu dans le roman de M. Ohnet, nous l'apercevons au cours du drame. Mais si c'est lui qui intervient, dans le roman, avec une générosité chevaleresque, cet emploi lui est retiré dans le drame où l'auteur lui substitue Malézeau, le fidèle notaire. Rien n'établit plus clairement le démarquage de *Mademoiselle de la Seiglière* que ce scrupule un peu tardif. M. Ohnet a pensé que les gens de théâtre, vieux routiers, reconnaîtraient trop facilement le pastiche. Et c'est après tout une crainte légitime. Mais cette suppression accomplie, que reste-t-il de la trame si curieuse, si forte de la comédie de Jules Sandeau ?

L'intrigue de la *Grande Marnière* est plate, d'une platitude effroyable ou, pour mieux dire, elle n'existe pas, M. Ohnet ayant cru devoir remplacer la transformation amoureuse, la conversion passionnelle de Bernard Stamply par tout ce qu'il y a de plus vulgaire dans le roman ou le théâtre contemporain : le coup de foudre. Pascal Carvajan ne soutient aucune lutte, ne songe même pas à en soutenir. Dès qu'il a vu Mlle de Clairefond, il se fait à lui-même cette question et cette réponse que j'emprunte textuellement au roman de M. Ohnet : « Chercherai-je à obtenir cette adorable jeune fille à force d'infamie ? Non, ce sera à force de dévouement. »

Voilà, sans doute, de nobles sentiments et une belle âme. Mais, sans compter qu'avec une telle précipitation Pascal Carvajan se jette dans une foule d'ennuis accessoires qui ont bien leur importance, même au point de vue moral, qu'il se prépare à désavouer son père, à le combattre, bref à lui faire les plus publiques et les plus sanglantes injures, observons que ce procédé, prétendûment dramatique, supprime justement le drame intime, c'est-à-dire le seul intérêt sérieux pour des spectateurs convoqués à une solennité littéraire. Il est bien clair que Pascal Carvajan, tenant la queue de la poêle, pourra y faire sauter toutes les crêpes qu'il lui plaira.

Il est fils unique : son père lui cèdera tôt ou tard. Mlle de Clairefond n'aime personne et d'ailleurs ne peut se marier « dans son monde » comme dit le monde de M. Ohnet. Il est évident qu'elle se laissera toucher un jour ou l'autre par une passion communicative dont la régularisation légale est en même temps une bonne affaire pour sa famille. N'ayant pas à se vaincre lui-même, Pascal n'a réellement à vaincre personne, et ses hésitations et les scrupules de Mlle de Clairefond et les colères du vieux Carvajan ne sont là que pour amuser la galerie.

M. Ohnet a si bien senti ce vide ou plutôt cette nullité de l'action qu'il a tenté de remplir la pièce en y introduisant avec plus ou moins d'habileté ce gros fait-divers, l'assassinat de Roson lingère, le chantage du braconnier Cassegrain, l'arrestation de Robert et l'intervention oratoire de Pascal Carvajan. En sorte que la classique définition de Rivarol : « Ils ne se marieront pas ; ils se marieront ; ils ne se marieront pas ; ils se marieront, » est remplacée par cette autre formule : « il sera condamné ; il ne le sera pas ; il sera condamné ; il est acquitté »…. Oui, certainement, grâce à MM. Rubé, Chaperon et Duquesnel, c'est un peu mieux que rien, et je dirai volontiers de cette combinaison empruntée à Gaboriau, ce que Perrin Dandin disait de la question : « Cela fait toujours passer une heure ou deux. » Mais, en vérité, ce n'est plus du drame intime, et c'est à peine de la littérature.

Cette modification profonde subie par l'intrigue de *Mademoiselle de la Seiglière*, pourquoi faut-il — sinon pour nous achever — qu'elle ait atteint au même degré un des principaux personnages et qu'en lui ôtant tout relief, elle lui enlève aussi tout intérêt dramatique ? Avec quel art, dans quelle attitude à la fois originale et définitive est campé cet abominable égoïste, cet incurable étourdi, ce grand enfant de marquis de la Seiglière ! Il intéresse, il se fait excuser, presque plaindre d'un bout à l'autre de la comédie de Sandeau par son caractère même d'objet de haute curiosité, de bibelot du cabinet des antiques. C'est un revenant ; il appartient corps et âme à l'ancien régime; on devine aisément qu'il ne sera jamais à sa place dans le monde nouveau et qu'il ne saurait y trouver ni défense ni subsistance si le dévouement filial ne veillait sur lui, si tous ceux qui l'entourent ne se sacrifiaient à tour de rôle, sans espérer ni reconnaissance, ni récompense...

C'est une autre affaire avec M. de Clairefond.

Celui-là n'est pas ancien régime : il s'est, au contraire, jeté à corps perdu dans les inventions et les spéculations nouvelles. Il veut exploiter de la marne ; il invente des fourneaux ; il fait concurrence à ses fermiers ; il empiète sur le métier et sur les bénéfices de ses voisins...

Fort bien, mon bonhomme, tu donnes là un louable exemple ; tu te montres autrement moderne, autrement actif, tu te rends cent fois plus utile que ce vieil empaillé de marquis de la Seiglière. Mais puisque te voilà dans le mouvement, dans le train même, ne te réclame plus de ta condition sociale, de tes nobles origines, de ton ignorance des affaires pour nous apitoyer. Tu as engagé le bon combat de l'industrie. Résigne-toi à être un vaincu de l'éternelle bataille si la chance se déclare contre toi. Tu n'es pas plus intéressant que le vieux Carvajan, tu dois traverser comme lui les péripéties les plus cruelles de la lutte pour la vie, tu n'as pas plus que lui droit à une providence spéciale, à un sauvetage hors rang.

Si l'impression produite par cette pièce quelconque a été médiocre, l'interprétation datera dans l'histoire de la Porte-Saint-Martin. Le triomphateur de la soirée est sans conteste un artiste longtemps applaudi en des emplois très spéciaux et pour ainsi dire déclassés : le Chopart du *Courrier de Lyon*, le père Jérôme du *Médecin des Enfants*, le Rodin du *Juif-Errant*. Paulin Ménier, dont les soixante-quinze ans viennent de donner une représentation de retraite aussi éclatante qu'un début a composé avec un soin admirable et une merveilleuse habileté le rôle de Carvajan.

Un peu gêné au premier tableau par la longueur des « couplets » de cette interminable exposition, il n'a pas tardé à prendre possession du rôle ; il a montré tour à tour, en faisant le plus heureux choix dans la gamme infinie des jeux de physionomie, des nuances d'expression, des froncements de sourcils, des plissements de lèvres, le paysan âpre au gain, le demi-citadin tournant à son profit personnel, adaptant aux intérêts de sa vengeance les plus généreux instincts de justice sociale, le tyranneau de village préparant sa candidature, l'usurier engraissant sa « pelote », enfin le père se réveillant et sacrifiant sa haine à cette horreur de la solitude qui abat les plus fermes orgueils, réduit les plus sauvages indépendances. La création est de tous points parfaite ; elle transforme en personne viable, en figure saisissante de vérité un simple fantoche, une silhouette sans épaisseur. C'est le comble de l'art, et M. Paulin Ménier l'a réalisé avec une souveraine maîtrise.

M. Volny a bien de la jeunesse et de la chaleur ; peut-être un peu trop de lyrisme pour un homme qui revient d'Amérique et a vu de près le *struggle for life*. Mais c'est la faute de l'auteur et non la sienne. Il a dit avec une ardeur communicative les deux grandes scènes du cinquième tableau. C'est un des meilleurs jeunes premiers qui nous restent, depuis que M. Pierre Berton est passé aux emplois marqués. M. Bertal ne manque ni de conviction, ni de sobriété dans le rôle de Robert de Clairefond, rôle exubérant mais qui réclame justement une grande concentration d'effets. M. Francès, en braconnier, a trouvé de très intéressants jeux de scène.

Ses attitudes accablées dans la chaumière, pendant la comparution, sont du réalisme le plus savant et d'une observation sans charge ; M. Mévisto — un échappé du Théâtre-Libre — qui arborait la perruque du

Roussot, nous conduit au naturalisme. Son berger épileptique (renouvelé de l'idiot de la *Sang Brûlé* que jouait si admirablement M. Decori) est cependant composé avec plus d'adresse que de puissance. Tel quel, on l'a beaucoup applaudi. N'oublions pas M. Léon Noël, le fidèle notaire, et M. Bouyer, le marchand de bois, deux personnages d'une excellente venue.

M. Darmont, un très jeune débutant, incarne le vieux marquis, l'Archimède de Clairefond. Il le personnifie d'une façon adroite mais infiniment trop routinière et qui fait dater le personnage. Le seul moyen de rajeunir cet antique fantoche était de le faire jouer à la moderne, malgré les indications du roman, sans grande barbe, sans longs cheveux, par un personnage maigre, nerveux, tenant du capitaine en retraite et de l'ingénieur libre. On ne l'a pas compris; c'est grand dommage.

Mlle Marsy a fait regretter Mme Hading, qui aurait désarticulé le rôle d'Antoinette de Clairefond mais en lui donnant de l'intérêt et de la variété. Mlle Varly maintient au second plan, avec beaucoup de bonne grâce et d'habileté, le personnage assez mal défini de la belle Roson, lavandière du château et lingère du jeune châtelain.

DOIT ET AVOIR, par Albin VALABRÈGUE

Comédie en 3 actes

Première représentation au **Palais-Royal**, 4 avril 1888

DISTRIBUTION : Théophile, *M. Daubray*. — Prosper Boliveau, *M. Calvin*. — Victor, *M. Pellerin*. — Cascarel, *M. Dailly*. — Isidore Fourchembeuf, *M. Milher*. — Amédée, *M. Galipaux*. — Eudoxie, *Mme Descorval*. — Gabrielle, *Mme Arnault*. — Mme Fléchinard, *Mme Fanny Genat*. — Amélie, *Mme Elven*. — Eléonore, *Mme M. Leroux*. — Colombe, *Mme Renaud*.

Après tout, elle n'a pas un point de départ banal, elle repose même sur une idée philosophique qui pouvait séduire au premier abord un auteur dramatique désireux d'amuser pendant quelques heures les honnêtes gens sans tomber dans la grivoiserie ni le marivaudage, cette nouvelle comédie de M. Albin Valabrègue, si lestement exécutée hier soir qu'elle datera parmi les fours mémorables. Il s'agit d'Azaïs (la pièce s'est appelée successivement : les *Compensations*, les *Vaches grasses et les Vaches maigres*, le *Système d'Azaïs*, etc.), et de sa théorie ainsi expliquée, presque au lever du rideau, par le professeur de philosophie Isidore Fourchembeuf.

— Azaïs vous dit : « Tous, dans le monde, nous avons la même somme de bonheur et de malheur. Le riche, le pauvre, l'homme, la femme, l'Auvergnat, tous enfin, nous avons dans la vie pour une somme égale de bonheur et de malheur. Celui qui a eu un bonheur aura un malheur, puis un bonheur, puis un malheur. »

Telle est la règle générale, poursuit Isidore Fourchembeuf. Mais, de même qu'au jeu, il y a des séries dans la vie. Quelques personnes privilégiées constatent une longue série à la noire. Ces personnes-là doivent se réjouir, car elles auront une longue série de bonheurs... Après la pluie, le beau temps ; après les sept vaches maigres, les sept vaches grasses.

Tel est en effet — réduit, bien entendu à la formule de l'organisation la plus conforme aux nécessités du vaudeville — le système d'Azaïs : théorie consolante pour les gens malheureux mais de tendances optimistes, obsédante pour les gens heureux mais d'esprit faible ou de dispositions bilieuses. « ... Parbleu ! » s'est écrié M. Albin Valabrègue, qui se parle certainement à lui-même dans la plus stricte intimité comme tous les auteurs d'une imagination débordante et d'un méridionalisme incontestable, « parbleu, il y a là un sujet de pièce, la matière d'une belle étude philosophico-humoristico-moderniste ! » Et il a fait cette pièce, et elle ne vaut rien, et non seulement elle ne remplira pas la caisse du Palais-Royal, mais elle ne tiendra pas l'affiche.

Pourquoi ne vaut-il rien, ce vaudeville qui confine

parfois à la comédie de mœurs, et qui, dix fois dans la soirée d'hier, a failli s'enlever pour retomber plus lourdement ? L'idée séduisante dont je parlais tout à l'heure serait donc en même temps une de ces conceptions décevantes qui deviennent stériles entre les mains du plus habile vaudeviliste ? Toujours est-il que *Doit et Avoir* a paru mortellement ennuyeux en raison même de la similitude des situations et de la répétition des effets. Voici l'intrigue résumée en quelques mots. Les deux cousins germains, Théophile et Prosper Boliveau, sont traités différemment par la fortune. Rien ne réussit à Prosper : ses domestiques le volent, ses banquiers lèvent le pied, sa belle-mère le traite de maroufle et sa femme d'imbécile. Théophile, au contraire, a quatre millions qui sont en train de faire des petits, et il continuerait à marcher vivant dans le rêve le plus étoilé si le professeur Isidore Fourchenbeuf, déjà nommé, ne lui faisait une application directe de l'inquiétante théorie d'Azaïs : « La vie est un livre de commerce qui se passe par doit et avoir. Ah ! vous avez été toujours heureux ! Prenez garde ! prenez garde ! »

Théophile prend peur et craignant le sort de Polycrate, tyran de Samos, dont Isidore Fourchembeuf lui a raconté la déplorable histoire, il entreprend de compenser ses joies passées par une série de désagréments

volontaires. C'est d'ailleurs le conseil de Fourchembeuf:
« Evitez les plaisirs, recherchez les ennuis. Prêtez de
l'argent, on ne vous le rendra pas, ça vous embêtera !
Vous avez de bons domestiques, renvoyez-les pour en
prendre de mauvais ! Vous aimez une femme, quittez-la !
Vous en détestez une, prenez-la ! » Justement Théophile
connaît une jeune fille disponible qu'il croit détester,
qui lui paraît acariâtre et qui a un père insupportable.
Il la demande en mariage ; on s'empresse de la lui accorder.

Est-ce la compensation rêvée ? Hélas ! non. La jeune
fille est un ange ; le papa devient le modèle des beaux-
pères ; même mésaventure en ce qui concerne les domestiques. Théophile renvoie un vieux serviteur pour
prendre un valet de chambre qu'on lui signale comme
menteur, ivrogne et même filou ; or, ce vilain sujet a
un accès de repentir ; il remet de l'argent dans les
tiroirs du secrétaire, il substitue des havanes aux ci-
gares de la régie que Théophile fume par esprit de mor-
tification...

J'en passe (notamment une histoire de bossu que l'imi-
tateur de Polycrate veut empoisonner sous prétexte que
« les remords sont les travaux forcés de la conscience »),
pour arriver à la conclusion trop prévue de ces trois
actes peu remplis : Théophile met à la porte le profes-

seur Fourchembeuf, renonce à Azaïs, à ses œuvres et à ses compensations, et se résigne tout bourgeoisement à son bonheur.

M. Milher a fort habilement nuancé le personnage du professeur libre de philosophie appliquée. Daubray et Calvin (les deux cousins), Dailly (le beau-père à transformations), Pellerin (le valet de chambre repenti) composent un ensemble irréprochable. Mlle Descorval a joué avec bien de la finesse et de l'esprit, en véritable comédienne sûre d'elle-même aux heures les plus critiques, le rôle de Mme Boliveau ; la voilà classée ; il ne reste plus qu'à lui trouver des créations viables. Mlle Elven est une amusante écolière laïque. Deux bons débuts : Mlle Arnault, une ingénue, et la nouvelle duègne, Mme Fanny Génat.

DORA (reprise)
Gymnase, 5 avril 1888

Distribution : André de Maurillac, *M. Marais*. — Favrolle, *M. Noblet*. — Van der Kraft, — *M. P. Devaux*. — Tékli, *M. Romain*. — Toupin, *M. Numès*. — Stramir, *M. P. Achard*. — Lartiges, *M. Berny*. — Godofroy, *M. Seiglet*. — Kerjolan, *M. Libert*. — Antoine, *M. Torin*. — Le Humeux, *M. Debray*. — Dora, Mme *Jeanne Malvau*. — Princesse Bariatine, Mme *M. Magnier*. — Zicka, Mme *Rosa Bruck*. — Marquise de Rio-Zarès, Mme *Grivot*. — Mion, Mme *Dalmeira*. — Eva, Mme *Henriot*. — Mme de Vaitamiers, Mme *Lise Fleury*.

Si *Dora* a vieilli comme pièce de circonstance, elle n'en mérite pas moins de garder une place d'honneur dans le répertoire contemporain, comme drame intime. Elle contient une étude psychologique très habilement nuancée ; elle renferme des détails de premier ordre; tous ces personnages ont un relief peut-être surmoulé, mais inoubliable, une vitalité peut-être empruntée, mais saisissante.

L'exposition, mal accueillie hier au soir, est justement un des chefs-d'œuvre de Sardou. Le premier acte se passe à Nice, au mois de mars. C'est la fin de la saison et le commencement des départs. Dans tous les appartements d'hôtel, on étudie les itinéraires, on compulse les guides, on ferme les malles. Seules, deux étrangères de noblesse authentique, mais d'allures suspectes, la marquise de Rio-Zarès et sa fille Dora sont retenues par la gêne sombre, l'impossibilité de régler leur note. Mme de Rio-Zarès est cependant une femme du monde... transpyrénéen. Son mari était un officier espagnol, du nom de don Alvar, longtemps au service de la reine Christine avec qui il a eu ce mémorable entretien en la quittant pour s'établir président de la République du Paraguay : « Alvar, tu veux partir, tu fais une bêtise. — Madame, pourquoi pas ? Vous en faites bien. » Alvar est devenu président ; Alvar est mort, suivant la tradition, noyé ou fusillé.

La vieille marquise vit d'expédients ; elle a placé sa dernière carte sur une entreprise de fournitures de fusils aux insurgés de Cuba ; le chargement a été saisi, et, pour obtenir qu'on lui rende cette suprême mise de fonds, elle met en mouvement le député Favrolle, la princesse Bariatine et autres fantoches de la comédie politico-mondaine, mais au fond elle ne compte plus que sur la beauté de sa fille (en tout bien, tout honneur); Dora ne partage pas ces illusions et s'en explique fort nettement dans un couplet célèbre :

« Ah ! pauvre maman, je suis jolie et pas trop sotte non plus, n'est-ce pas ? Est-ce que cela suffit pour qu'un honnête homme m'épouse sans argent ? Et pourtant il aurait bien raison celui-là! Je sens que je serais si bonne, si tendre, si dévouée. Ah! celui que j'aimerais et qui m'aimerait! Comme je l'aimerais! »

Ainsi se trouve posé le problème dont la solution est préparée par les deux premiers actes de *Dora :*

« Une jeune fille pauvre mais honnête peut-elle trouver un mari riche mais confiant, qui l'épouse pour ses beaux yeux ? »

Il semble bien, tout d'abord, que Dora n'ait pas si grand tort de considérer l'épouseur sérieux comme un fantôme, car un certain Stramir, présenté comme un fiancé, à la rigueur acceptable, par la princesse Bariatine — une Troubetzkoï de fantaisie — lui fait en plein bal des propositions injurieuses. Il lui offre de l'entretenir avec tout le luxe désirable en insistant sur cette garantie immorale qu'il est marié, mais légalement séparé de sa femme.

Dora le chasse. Cet accès de vertueuse indignation ne lui donne pas les vingt-cinq louis nécessaires au règlement de la note en souffrance, et la misère serait proche si un certain baron Van der Kraft qui entretient à Paris et à Versailles une police féminine, n'offrait à Mme de Rio-Zarès une pension que la vieille marquise accepte sans penser à mal, sous prétexte qu'elle est cousine éloignée du prince de Paulnitz, le chef de file de Van der Kraft.

En subventionnant la mère, Van der Kraft vise surtout la fille. Il voudrait enrôler cette toute séduisante et toute fascinante Dora dans son entreprise d'espionnage, ainsi définie par Favrolles :

« La correspondance avouée, qui s'imprime à ciel ouvert, c'est du journalisme ! Mais celle dont je parle, occulte, souterraine, sans contrôle ! que sait-on d'elle ? Rien. — Qui la modère au besoin et te répond de sa probité ? Personne !... D'ailleurs, trace donc la limite précise où elle cessera d'être innocente pour devenir coupable ! A combien de cheveux perdus commence le chauve ? A quelle nature de secrets surpris et transmis commence le traître ?

« Autrefois la Parisienne, par indifférence et légèreté, suffisait à cet emploi ! Mais, à sa louange, depuis nos désastres, il n'y a plus à compter sur elle ! On s'est donc rabattu sur des cocodettes exotiques !... et c'est alors que des quatre points de l'horizon sont revenus à tire-d'aile ces charmants oiseaux de passage, si nombreux aujourd'hui que, du parc Monceau à l'Arc de Triomphe, on ne saurait compter aux corniches des hôtels garnis... tous les nids accrochés par ces jolies « Tour-de-mondaines. »

L'occasion d'enrégimenter la fille de Mme de Rio-Zarès se présente bientôt, quand arrive à Nice la nouvelle du rejet par la Chambre d'un amendement tendant à... — reconnaissez la belle langue parlementaire, — à la restitution des fusils saisis par la douane française.

Les Rio-Zarès sont ruinées et Van der Kraft croit pouvoir s'expliquer nettement ; mais Dora, préservée d'abord par son ignorance même, est sauvée encore plus sûrement par la demande en mariage que lui adresse un Français enthousiaste, M. André de Maurillac :

« Voulez-vous être ma femme ? — Oh ! oui, mon mari, mon mari à moi, à moi. Ah ! je suis bien heureuse... *Que voilà une bonne action dont vous ne vous repentirez pas !* »

La phrase est singulière, et don Alvar de Rio-Zarès, du haut du ciel tropical, demeure dernière des présidents du Paraguay, doit trouver que sa fille manque de morgue espagnole ou sud-américaine. Mais cet accès d'humilité, presque inquiétant pour le mari, prépare la seconde question, celle qui remplira les trois derniers actes :

« Un homme riche, mais confiant, qui a épousé une jeune fille honnête, mais pauvre, peut-il se sentir absolument rassuré ? »

La question se pose le jour même des noces, lorsque André de Maurillac, revenant de la mairie et de l'église, fait sa malle pour le classique voyage en Italie.

Il ouvre son secrétaire et cherche un document diplomatique de la plus sérieuse importance ; c'est l'instant où on lui annonce la visite de son ami, le révolutionnaire autrichien, Tekly, que le gouvernement vient d'expulser à la suite d'une dénonciation. Tekly ne sait pas que M. de Maurillac a épousé Dora ; aussi n'éprouve-t-il aucun scrupule à lui raconter qu'il a fait longtemps la cour à Mlle de Rio-Zarès et que si la police autrichienne 'a arrêté à Trieste, c'est sur le vu d'une photographie remise à Dora, avec dédicace...

André bondit sous le coup de la dénonciation indirecte et Tekli, comprenant la faute commise, tente de se rétracter ; mais le député Favrolle, présent à l'entretien, lui démontre qu'un galant homme ainsi fourvoyé ne peut se tirer d'affaire qu'à force de sincérité ; Tekli parle donc et accuse formellement Dora d'appartenir à la police de Van der Kraft... Les apparences deviennent encore plus accablantes quand M. de Maurillac, ouvrant son secrétaire, constate que le document a disparu. Il appelle Dora, qui commence par se débattre, éperdue, contre les preuves accumulées par le hasard, puis s'écrie dans un superbe élan de révolte :

« Je n'ai rien à prouver. Je suis votre femme... « On me calomnie... Défendez-moi ! »

Elle est innocente en effet et Favrolle ne tarde pas à découvrir la coupable, une prétendue comtesse Zicka, espionne de Van der Kraft! Zicka n'est qu'une aventurière, mais elle croyait trouver sa réhabilitation dans l'amour d'André de Maurillac, qui lui a inspiré une passion violente. Arrêtée à Vienne comme complice d'un faussaire, désespérée, malade, mourante, on lui a offert sa liberté et de quoi vivre en échange d'une affiliation à l'entreprise Van der Kraft?

« C'était presque l'indépendance et l'honnêteté auprès du reste... J'acceptai, et voilà ma vie! Qu'elle fasse horreur! ah! Dieu, oui, et à personne plus qu'à moi! mais j'ai bien le droit de la mépriser aussi, votre société si bien faite, et de lui dire : « C'est ton œuvre, tout cela, marâtre! Tu as tout fait pour m'y jeter et rien pour m'en sortir! » Ah! s'il y avait quelque chose là haut! Le ciel me doit une belle revanche! eh bien! dans cet enfer-là, j'avais mon rayon de soleil : l'amour de cet homme, et il faut que cette fille arrive et me le vole! »

Afin de se venger de « cette fille » qui est d'ailleurs son amie, la comtesse Zicka a soustrait la pièce diplomatique dans le secrétaire de M. de Maurillac en prenant les précautions nécessaires pour faire accuser Dora... Finalement, trahie par un parfum qui joue au cinquième acte le rôle le plus providentiel, elle confesse le crime commis par amour, et rien ne s'oppose à la parfaite félicité du ménage Maurillac.

Que *Dora* refasse à la fois le *Demi-Monde* et l'*Étrangère*, rien de plus facile à établir par la comparaison des dates et le parallélisme des personnages. Dora se lamentant dans la chambre d'hôtel où elle est prisonnière pour dettes, c'est Marcelle disant à Olivier de Jalin : « Une fille comme moi, sans famille, sans fortune, sans autre protection qu'une parente, comme Mme de Vernières, élevée dans le monde où je me trouve, si elle veut se soustraire aux influences, échapper aux suppositions, résister aux mauvais conseils et au découragement, comment doit-elle s'y prendre?... Vous ne répondez rien? Vous pouvez me plaindre, me blâmer même, vous ne pouvez pas me conseiller. » Toutes deux, Dora et Marcelle, n'ont que des illusions très superficielles, et cependant toutes deux s'efforcent, par une honnêteté incurable, pour ainsi parler, de rester dignes d'un mari dans ce monde interlope où l'on ne rencontre que des amants.

M. de Nanjac a troqué l'armée de terre contre la marine en prenant le nom de Maurillac, mais il a gardé la même candeur, ou, si l'on préfère, le même désir maniaque de pêcher des ablettes immaculées en eau bourbeuse.

Olivier de Jalin, en prenant le nom de Favrolle, a conservé le goût de fourrager dans les grandes ou petites affaires d'autrui. Quant à l'espionne Zicka, c'est la mistress Clarckson de l'*Etrangère* ayant mal tourné et réduite aux expédients. *Dora*, à défaut de franche originalité, n'en reste pas moins une des pièces des plus émouvantes du répertoire des scènes de genre ; mais pourquoi M. Sardou a-t-il accepté une interprétation féminine au-dessous du médiocre...

Mme Jeanne Malvau a pris Dora pour un personnage de mélodrame. méprise. Mlle Bruck n'a pas réussi à sauver les côtés odieux du rôle de la comtesse Zicka. On n'est pas moins princesse et moins Russe que la princesse russe Magnier Bariatine. Nous voilà loin de l'incomparable trio de 1877 : Pierson (Dora), Bartet (Zicka), Mme Alexis (la marquise).

La troupe masculine est plus homogène. Marais a eu de très beaux quarts d'heure dans le rôle d'André de Maurillac ; Noblet est un Favrolle étriqué mais amusant, il a prestement exécuté les tours de passe-passe du dénouement. Romain, Numès, et le débutant Paul Devaux, le nouveau Van der Kraft, complètent un ensemble acceptable.

LA BELLE SOPHIE, par Burani et Adenis
musique de Missa

Opéra-bouffe en 3 actes

Première représentation aux **Menus-Plaisirs**,

11 avril 1888

—

Distribution : Marius, *M. Jacqui. n*— La belle Sophie, *Mᵐᵉ Cuinet*. — Roselle, *Mˡˡᵉ Jeanne Pierny*. — Nariszka, *Mˡˡᵉ Dartès*. — Veille-au Grain, *Mᵐᵉ Berthier*. — MM. *Labère, Bartel, Guffroy, Darman*.

La *Belle-Sophie*, c'est un navire. Et la Belle Sophie c'est aussi une femme. Il y a un quart de siècle elle s'appelait Mˡˡᵉ Bourdinas et vendait un peu de tout à Marseille. C'était une débitante de tabac et une marchande de sourires, dans le genre de celle que nous montrera très prochainement à l'Odéon le drame japonais de Mᵐᵉ Judith Gautier... Belle personne, forte clientèle, renommée toute phocéenne, si bien qu'un ministre de la marine, désireux de perpétuer à travers les siècles le souvenir d'un fortuné quart d'heure, a donné le nom de *la Belle-Sophie* à une frégate de l'État.

Des négoces variés de Mˡˡᵉ Bourdinas sont nés deux enfants, Marius et Michel. Il y a vingt-cinq ans, le Maharadjah de Kaïva, de passage à la Cannebière, a fui sans vouloir reconnaître ces jumeaux, remarquables produits d'un croisement international. Marius et Michel ont grandi sous la garde de l'ex-belle Sophie devenue une duègne marquée. Mais le Maharadjah oubliait sans oublier, comme tous les Orientaux d'opéra-bouffe ; il a eu deux cent treize filles dans son harem, et pas un fils. Or, il lui faut un successeur et il fait demander à la belle Sophie de lui expédier Marius.

Ce point de départ n'est pas plus mauvais qu'un autre. Il a même une originalité relative. Par malheur, au bout de quelques scènes, nous retombons dans les clichés. Bien entendu, l'ambassadeur du rajah gâteux est un premier ministre dévoré d'ambition ; bien entendu, il impose pour première condition de l'accord à la belle Sophie, qui brûle du désir d'être reine-mère, l'union de Marius avec sa fille Nariszka ; bien entendu, Marius était déjà marié, et il faut dissimuler son mariage ; bien entendu, Rosette, la femme de Marius, mise au courant de la trahison, poursuit l'infidèle jusqu'à la cour de Kaïva et revendique ses droits d'épouse marseillaise ; bien entendu, Marius ne devient ni mari de Nariszka, ni rajah de Kaïva. C'est son besson, Michel, qui règne et qui convole à sa place.

Quelques détails amusants rajeunissent çà et là cette vieille intrigue ; mentionnons l'idée assez ingénieuse de l'idole hindoue, du palladium — coffre-fort dans lequel le rajah serre ses économies. C'est sa caisse d'épargne ; depuis vingt-cinq ans il y met ses râclures de liste civile.

M. Missa, un prix de Rome de la classe Massenet, n'a pas cru déroger en composant une partionnette bouffe, et je lui en fais tout mon compliment; il vaut mieux écrire quelques mélodies agréables et faciles destinées à être fredonnées par quelques centaines de Tout-Parisiennes qu'élever dans la plus stricte intimité des ours condamnés à ne jamais connaître même le demi-jour des antichambres directoriales.

Mlle Jeanne Pierny (Rosette) est maintenant la divette en titre du théâtre de MM. Derembourg et Lagoanère. La voix reste un peu frêle, mais l'actrice a bien de la vraie jeunesse, de la belle humeur et un « désir de plaire » si évident, si gentiment avoué qu'il en devient touchant et communicatif.

Les autres rôles de femmes sont secondaires : signalons cependant Mlle Cuinet (la belle Sophie), une Desclauzas un peu trop en dehors, Mlle Dartès (Nariszka) et Mme Bertier (Veille-au-Grain) d'une bonne désinvolture de moussaillon d'opérette.

M. Jacquin joue Marius ; il y est un peu solennel et pontifiant comme acteur et reste élève du Conservatoire, mais il prend une sérieuse autorité comme chanteur.

FIN DE SIÈCLE, par Micard et de Jouvenot

Pièce en 5 actes

Première représentation au **Château-d'Eau**,

17 avril 1888

DISTRIBUTION : Trévor, *M. Regnier*. — Mac Bull, *M. Dalmy*. — Bridière père, *M. Degeorges*. — Boulabois, *M. Livry*. — Rogor, *M. Tersant*. — Dominique, *M. Frumence*. — Feuillardin, *M. Hilario*. — Vidame de Ninive, *M. Rablet*. — La princesse, M*me* *J. Delorme*. — Lucienne, M*me* *Cortuzzi*. — M*me* Bridière, M*me* *Laurenty*. — Clara M*me* *G. Gauthier*. — M*me* Poitevin, M*me* *Berthoud*. — M*me* l'Empereur, M*me* *Ballier*.

M. de Trévor, conseiller général du Loiret, rédacteur en chef de la *Petite Cagnotte*, tient agence de décorations et boutiques d'influences intra-parlementaires ou extra-ministérielles. Autour de lui gravitent des princes interlopes, des barons de Clairvaux, des vidames de Poissy menés par une certaine Madame Poitevin, très visiblement calquée sur la Limouzin. Le va et vient de ces fantoches encombre les trois quarts du premier acte. Enfin la pièce commence, la vraie pièce greffée sur une satire politique de coloriage aussi vif qu'une enluminure d'Épinal. Et nous apprenons que Trévor trompe sa femme avec une tragédienne célèbre, Clara Lefèvre, qui a créé la *Tosca* (pourquoi pas le nom et l'adresse?)

Lucienne surprend Trévor, ce qui la décide: 1° à préméditer de le tromper avec un ténébreux Italien, Siriani ; 2° à lui refuser tout subside pécuniaire. Elle est soutenue dans sa résistance par son frère Roger, une belle âme, un tempérament de fer, dont le dévouement va jusqu'à enlever Clara à Trévor.

Mercadet ruiné se venge en faisant enfermer Roger dans une maison de fous. Et il va se refaire en épousant, après divorce, une certaine princesse Kaviareff extravagante et richissime (reconnaissez ici une curieuse transposition des personnages de *Samuel Brohl*). Mais Roger, échappé de la maison de santé, lui saute à la gorge et l'étrangle. Quand la police arrive, toujours trop tard, le frère de Lucienne lui montre un cadavre : « Je l'ai tué. Vous savez bien que je suis fou. »

M. Régnier est un Trévor discret ; il sauve à force de correction l'odieux du rôle ; M. Tersant a de bonnes minutes dans l'emploi de Roger qui ne dispose que de quarts d'heure. Nommons encore MM. Hilario, Baes, Legeorge, Livry, Malet (Mardochée), Delys, Berthould, Laferté, Ador, Benza, Vidal, Durand.

Les femmes n'ont eu, généralement et même individuellement, qu'à paraître pour soulever une gaîté qui n'était pas toujours dans leurs rôles.

ADRIENNE LECOUVREUR (reprise)
A la Comédie-Française, 18 avril 1888

DISTRIBUTION : Michonnet, *M. de Féraudy*. — L'abbé de Chazeuil *M. Truffier*. — M. Poisson, *M. Joliet*. — M. Quinault, *M. Villain*. — Le prince de Bouillon, *M. Leloir*. — Maurice de Saxe, *M. A. Lambert fils*. — L'avertisseur, *M. Falconnier*. — Adrienne Lecouvreur, *M*^{me} *Bartet*. — La princesse de Bouillon, *M*^{me} *Pierson*. — Mlle Dangeville, *M*^{me} *Kalb*. — La baronne, *M*^{me} *Person*. — La marquise, *M*^{me} *Du Minil*. — Mlle Jouvenot, *M*^{me} *Ludwig*. — Athénaïs, *M*^{me} *Maria Legault*. — Une femme de chambre, *M*^{me} *Jamaux*.

La comédie a remis à la scène une pièce qui est la meilleure du répertoire de M. Ernest Legouvé sans être cependant la plus excellente (on me pardonnera ce superlatif extra-grammatical) de l'œuvre d'Eugène Scribe. Il s'agit d'*Adrienne Lecouvreur*, représentée pour la première fois le 14 avril 1849, avec Rachel, Mme Allan, Despréaux, Samson, Leroux et Régnier, reprise pour Mme Favart, mais que M. Perrin avait fini par reléguer dans les oubliettes. De l'ouvrage proprement fait mais fortement chevillé. Scribe, le maître ouvrier, en avait certainement saisi du premier coup d'œil les faiblesses et les lacunes. Aussi — du moins, c'est la part de collaboration que je crois devoir lui attribuer, — a-t-il pris un parti héroïque. Il a résolument sacrifié le prince de Bouillon devenu un Géronte radoteur et conspué. Il a même relégué au second plan Maurice de Saxe : il a fait du héros légendaire à qui l'on pourrait appliquer la phrase célèbre sur M. de Guibert : « C'est une âme qui de tous côtés s'élance vers la gloire, » un jeune premier de vaudeville pris entre deux amours et, le terrain ainsi débarrassé, il a porté tout son effort : 1° sur l'antithèse des deux personnages féminins ; 2° sur les « clous » de chaque tableau.

Tel est le déblayage de Scribe, il me reste à parler d'un autre travail de concentration, celui dont la Comédie-Française a exposé les résultats au feu de la rampe. Les personnages secondaires disparaissent complètement, sauf le rôle du régisseur Michonnet, l'ami et le confident d'Adrienne, que Feraudy a su mettre au premier plan : l'abbé de cour, parent et Sigisbée de la princesse, jadis jeune premier, est confié à un valet de comédie et joué en Crispin ; le prince de Bouillon, incarné par Leloir, de Géronte passe ganache, ce qui n'est pas du tout la même chose ; M. Truffier, Chaseuil quelconque ; M. Albert Lambert fils, Maurice de Saxe ordinaire, et n'ayant mérité d'être applaudi que dans la scène où il essaye de ramener Adrienne à la raison : « Je veux que tu m'écoutes, je veux que tu me regardes, moi, moi... ; » Mme Pierson point grande dame — grosse dame...

Cette autre simplification réduit à la nouvelle

Adrienne, Mlle Bartet, le sérieux actif de la reprise. Elle seule et ce serait assez si la force physique était à la hauteur du sens dramatique, Mlle Bartet rappelle le portrait d'Adrienne Lecouvreur tel que l'a tracé un contemporain. « Quoiqu'elle n'eut pas beaucoup d'embompoint, sa figure n'offrait pas le désagrément attaché à la maigreur ; ses traits étaient bien marqués et convenables pour exprimer avec facilité toutes les passions de l'âme ! » Voilà un pastel à double fin ! Elle a été charmante dans la scène des *Deux pigeons*, suffisante dans l'explication avec la princesse de Bouillon où elle n'a pas fait vibrer les répliques qui doivent se répondre du tac au tac ; elle a lancé en tragédienne l'apostrophe à la princesse. Mais pour incarner complètement Adrienne Lecouvreur, il manque à la duchesse de Septmonts, à Francillon, à Denise, la puissance et l'étendue du registre vocal tels que l'avaient Rachel et même Mme Favart.

LE VALET DE CŒUR

par Paul Ferrier et Charles Clairville
musique de Raoul Pugno

Opérette en 3 actes

Première représentation aux **Bouffes**, 17 avril 1888

Distribution : La Barbotière, *M. Montrouge*. — Philidor Nantouillet, *M. Cooper*. — Césarin, *M. Charles Lamy*. — Florival, *M. Scipion*, — La Brotache, *M. Dequercy*. — Tapinois, *M. Gaussins*. — Chloé, *Mme Grisier-Montbazon*. — Uranie, *Mme Macé-Montrouge*. — Lodoïska, *Mme Gilberte*. — Mme Simone, *Mme Desgenets*. — Cyprienne, *Mme Laurent*. — Olympe, *Mme Burty*. — Justine, *Mme Afchain*. — Margotto, *Mme Del Bernardi*.

On fait la noce à Romainville — ce n'est pas une façon de parler, — entre bons bourgeois aussi commencement de siècle que nous en sommes fin finale et qui s'appellent Philidor, Uranie, Floridal, Lodoïska, Chloé. Philidor épouse Chloé de la Barbotière qu'il aime et qui l'adore. Mais son garçon d'honneur, Césarin, retrouve à Romainville une « ancienne » qui le poursuit depuis longtemps. Afin de s'en débarrasser, il lui laisse croire qu'il est l'époux de Chloé. De ce quiproquo volontaire dont Césarin néglige d'aviser Philidor surgit la classique péripétie du mariage laissé en suspens. Lodoïska, qui exerce l'honorable profession de somnambule extra-lucide, terrorise un parent du mari (elle croit fermement qu'il s'agit de Césarin) en lui prédisant que « l'homme que Chloé aime le mieux mourra dans l'année ».

Philidor est mis au courant de l'horoscope, et comme il a commis la faute initiale de se marier un vendredi 13, année 1813, que son beau-père a cassé un miroir, il se considère comme perdu s'il va jusqu'au bout de son bonheur. Il s'efforce de se faire détester pendant trois cent soixante-six jours (l'année est justement bissextile) de la jeune femme à qui il laisse tous les droits au rosiérat. Cependant il a une inspiration. Si l'homme que Chloé aime le plus au monde, c'était son beau-père ? Et le voilà qui vante à la jeune fille les qualités du papa. Pris de frayeur, le vieux La Barbotière se refuse à faire les frais de l'horoscope et détourne sur son gendre l'affectuosité de plus en plus débordante de l'infortunée Chloé. Enfin le quiproquo se débrouille et Philidor, ne craignant plus de périr dans l'année, s'engage à régler au plus tôt l'arriéré conjugal.

Quelques nouveaux effets de mise en scène, par exemple le tableau des angoisses de Philidor qui, poursuivi de canapé en fauteuil et de chaise en tabouret par les câlineries de Chloé, fait démeubler pièce à pièce tout son appartement pour diminuer les risques de tentation. Quant à la partition de M. Raoul Pugno, plusieurs morceaux d'assez heureuse venue : le duo de Philidor et de Chloé : « C'est Philidor, c'est Philidor — que j'aime plus que tout au monde; » l'air : « Je suis bien dame, et pour cause! » Le tout amusant et bien troussé, sinon d'une originalité transcendante. L'interprétation est bonne. Cependant l'accueil a été assez froid.

LES MOHICANS DE PARIS (REPRISE)

Ambigu, 20 avril 1888

DISTRIBUTION : Salvator, *M. Chelles.* — Gérard, *M. Montal.* — Philippe et Dominique Sarranti, *M. Gravier.* — M. Jackal, *M. Péricaud.* — Gibassier, *M. Fugère.* — Jean Taureau, *M. Donato.* — Jean Robert, *M. Valter.* — Loredan, *M. Dermez.* — Petrus, *M. F. Munie.* — Sac-à-Plâtre, *M. Pougaud.* — Ludovic, *M. Montel.* — Pierre, *M. Bernay.* — Rose de Noël, *Mme Andral.* — Suzanne de Valgeneuse, *Mme Herbert-Cassan.* — Orsola, *Mme Delphine Mural.* — Babolin, *Mme Félicie Mallet.*

Reprise ou résurrection ? Les *Mohicans de Paris* ne sont cependant pas une pièce d'un grand âge. Ils ne remontent qu'à un quart de siècle. Mais l'œuvre a des origines bien autrement lointaines. On y reconnaît sans peine le dernier décalque des *Mystères de Paris*. Un gredin, nommé Gérard, poussé au crime par sa gouvernante-maîtresse, la Corse Orsola, tue ou croit tuer son neveu et sa nièce pour hériter des trois millions que vient de laisser leur père, mort « en mer ». Mais la petite fille a survécu, elle a été recueillie sous le nom de Rose de Noël (Fleur de Marie) par la Brocante (la maîtresse du maître d'école). Aidée par le commissionnaire Salvator (le prince Rodolphe), un homme du monde qui s'est fait plébéien par chagrin d'amour, elle rentre en possession de son héritage et fait punir l'assassin de son frère. Ajoutez une histoire de complot, un enlèvement, une confession in extremis et un rôle de terre-neuve familial. Ce qu'il faudrait couper sans rémission ni hésitation dans le manuscrit fort épais des *Mohicans de Paris*, ce sont les négligences ou les redondances de style : par exemple la phrase d'Orsola au prologue : « J'ai beau me lever avec le jour, il est levé avant moi, » phrase dont la fin se rapporte au proscrit Sarranti, mais n'en a vraiment pas l'air. Ces réserves faites, rendons justice à la mise en scène qui est remarquable et aussi à l'interprétation. On ne saurait être plus fin que Péricaud, le nouveau Jackal.

Ne rien souligner et tout indiquer, c'est le comble de l'art dans ces rôles complexes. Chelles a joué sobrement le presque injouable Salvator. M. Donato a de la verve et de la rondeur plébéienne en Jean Taureau (le surmoulage du Chourineur, des *Mystères de Paris*), et M. Fugère est un Gibassier si curieusement grimé qu'il rappelle les plus saisissantes eaux-fortes d'Hogarth.

A signaler du côté féminin Mlle Mallet, une transfuge du Cercle Pigalle.

Il y a de la finesse de Chaumont et de la gaminerie de Jane May, avec un léger saupoudrage d'incohérence à la Mily-Meyer, chez cette débutante si bien accueillie.

GERMINAL par William Busnach

Drame en 12 tableaux, tiré du roman d'Émile Zola

Première représentation au Châtelet, 21 avril 1888

—

Distribution : Mahheu, *M. Laray*. — Bonnemort, *M. Courtès*. — Lantier, *M. Ph. Garnier*. — Souvarine, *M. Brémont*. — La Maheude, Mme *Marie Laurent*. — Catherine, Mme *Lainé*. — La Mouquette, Mme *Bépoi*.

Le rideau se lève ; le décor représente un hangar, avec toile de fond sur laquelle se profilent les hautes cheminées des houillères de Monsou. Un vieillard, le père Bonnemort (ainsi nommé parce qu'il a survécu à divers accidents de mine) se chauffe à un feu d'escarbilles. Arrivée d'un jeune ouvrier chassé d'un atelier de Lille pour avoir giflé son contre-maître, Etienne Lantier, le machineur. Il vient demander du travail. « Y a rien, dit le père Bonnemort. Les affaires ne vont plus. » Accessoirement, pendant que Lantier se chauffe en plein air, le vieux raconte son histoire.

Il travaille depuis quarante-cinq ans dans la mine. Son père y est mort ; ses enfants y travaillent et y mourront.

Lantier regarde d'un air menaçant la toile de fond et

les cheminées à la détrempe : « A qui tout ça ? — On ne sait pas, répond le père Bonnemort. A. des gens qui ne sont pas du pays, qu'on ne voit jamais. »

Survient Souvarine, un refugié nihiliste que le machineur a connu à Lille et qui s'est engagé dans la houillère. Souvarine lui apprend qu'on demande un herscheur (pousseur de wagonnets) dans le chantier que dirige le Maheu, le gendre du père Bonnemort, à la fosse du Voreux et lui propose de le faire embaucher. Lantier accepte, bien qu'il ne le connaisse pas le métier. Il a faim, il est las de vagabonder sur les routes du « pays noir ». Fort bien, déclare Souvarine en haussant les épaules, encore une victime que la mine dévorera comme elle doit en dévorer jusqu'au jour où on la tuera à son tour *comme une bête mauvaise* (sic). »

Deuxième tableau : au Voreux. Voici la mine, à plusieurs étages, avec ses charpentes superposées, ses galeries et ses rails à wagonnets.

On plaisante une grosse fille, la Mouquette, qui est aussi une bonne fille « et qui ne craint pas de le montrer à tous », ainsi qu'il est dit par un des mineurs qui lui font la cour. En fait la Mouquette ne montre que le vif désir de remplacer au plus vite son dernier amant, le Grand-Jacques, renvoyé de la fosse.

Arrivée de Lantier que Maheu embauche, mais qui

est fort mal reçu par le tyran de la mine, le contre-maître Chaval.

Catherine Maheu, la fille du chef de chantier, la petite-fille du père Bonnemort, le console en lui offrant un petit bout de causette arrosé d'une gorgée de la gourde et complété par un partage de tartine beurrée. Lantier accepte, Catherine lui semble fort appétisante et il s'informe de l'état de son cœur, ainsi que des appartenances et dépendances. « Je n'ai jamais fauté, dit Catherine. Ça peut se faire, ça se fera sans doute un jour ou l'autre, mais ça n'est pas fait. »

Sur cette bonne parole, Lantier s'essuie les lèvres pour embrasser Catherine ; mais il est devancé par Chaval, qui traversait justement cette galerie de mine. Catherine terrifiée se laisse faire. Quand elle revient au herscheur : « Veux-tu m'embrasser ? — Non, murmure Lantier, qui est décidément un délicat. Plus maintenant, notre plaisir serait gâté. »

Le déjeuner est fini. On se remet à l'ouvrage. Mais il y a des distractions dans le chantier. La Mouquette et Catherine sont éprises toutes deux du beau Lantier. Chaval qui voit leur manège, jure de se venger du nouveau venu. Quant aux mineurs, ils ont des préoccupations plus sérieuses. Une discussion s'engage entre le Maheu et le directeur Hennebeau, assisté de l'ingénieur Maigret qui reproche aux ouvriers de négliger le boisage et d'exposer les galeries à l'effondrement. Ils se défendent en alléguant l'insuffisance du prix de main-d'œuvre : « Assez de paroles. Trois francs d'amende au chantier. » Le rideau tombe sur une crise d'exaspération des ouvriers restés seuls : « Pas de pain et des sottises ! Vive la justice ! »

Vive la justice, c'est-à-dire vive la grève. Elle se prépare au troisième tableau, chez les Maheu. Misère et désespoir. La famille Maheu, composée de la Maheude, de Catherine, d'une petite-fille infirme, Alzire, du grand-père Bonnemort, auxquels est venu se joindre Lantier, en qualité de pensionnaire, n'a que du pain sec à manger.

Et pour comble de malheur, Catherine a été violée par Chaval, qui vient lui ordonner de quitter la maison paternelle. Catherine commence par refuser. Elle n'aime pas Chaval et elle préfère Lantier. Mais le herscheur a bien d'autres pensées en tête. Beau parleur, très écouté de ses camarades, il est devenu en quelques mois le chef des mécontents. Entre le père Bonnemort, qui murmure : « quand on est jeune, on a des illusions, on croit que les choses changeront », et Souvarine, qui ne cesse de répéter..... (Mon Dieu ! qu'il est monotone et insupportable ce nihiliste blondasse ! J'ai vu le moment où on lui jetait des pommes cuites) : « Il n'y a que l'incendie et l'assassinat. Mais on ne comprendra jamais ça en France. *Je sais bien que vous êtes tous des lâches!* (textuel.) » Entre ce vieux débris à peu près résigné et ce révolutionnaire, partisan du chambardement général, Lantier chante la chanson de Germinal : « On verra ce qu'il poussera bientôt au milieu des champs. Il poussera des hommes ! » Très indifférente à la politique, Catherine soupire et part.

Quatrième tableau : la ducasse de Monsou, un sous bois : barraques en plein vent, kermesse de mineurs, chansonnette plus ou moins comique détaillée par la Mouquette que deux herscheurs, Pinson et Berloque accablent de cadeaux, mais qui leur préfère toujours le beau Lantier. Celui-ci n'est qu'à demi-flatté de la préférence, et quand la Mouquette lui dit : — « Pourquoi ne m'aimes-tu pas comme je voudrais ?... » il l'envoie se... promener toute seule. Aux affaires sérieuses ! Après la promenade des invités de M. Hennebeau, des bourgeois grotesques, les mineurs tiennent un conciliabule sous les grands arbres, comme au temps des révoltes contre les gabelous ; la grève est décidée.

Nouvel entr'acte de trois mois, cinquième tableau, chez les Maheu. La grève a réduit les mineurs à la misère. La petite Alzire meurt de froid et de faim. La Maheude et Maheu se désespèrent. Mahou chasse Catherine qui venait lui offrir de partager ses petites économies. Alzire rend le dernier soupir, au moment où Lantier, qui désespère de réduire la Compagnie, vient demander s'il ne serait pas temps de capituler. Les Maheu se redressent furibonds : — « Capituler ! Ça serait pour en arriver là que nous aurions crevé de misère pendant trois mois ? Allons donc ! »

A partir de ce moment, la pièce est toute en décors et en pantomime. Sixième tableau : un « intérieur de cabaret », où Lantier administre une râclée de coups de poing à Chaval qui vient de brutaliser Catherine ; septième tableau : la collision : Chaval vend ses « frères » et les livre à la gendarmerie qui, de la coulisse, fusille la Mouquette, Maheu, etc. ; huitième tableau : la reprise du travail : Catherine, qui a chassé Chaval, se résigne à redescendre dans la mine pour gagner son pain et celui de la Maheude ; Lantier, que les mineurs accusent de trahison, se décide à tout braver pour la suivre et la protéger contre les rancunes du contre-maître ; neuvième tableau : le goyot des échelles (puits de mine) : on voit descendre le panier qui contient Lantier, Chaval et Catherine, mais à peine s'est-il enfoncé dans les classiques entrailles de la terre, que le nihiliste Souvarine scie la maîtresse poutre endiguant le cuvelage ; des torrents d'eau se précipitent.

Tous les ouvriers fuient par le chemin des échelles. Seuls Chaval, Lantier et Catherine restent dans la mine. Les trois derniers tableaux sont consacrés à leur agonie et aussi aux tentatives de sauvetage. Voici « au Soleil », l'écoulement du puits pendant que la Maheude appelle à grands cris la seule enfant qui lui reste ; puis « dans la mine », le combat de Chaval et de Lantier qui se disputent Catherine. Chaval a trouvé deux morceaux de pain dans le bissac d'un mineur ; il dévore l'un et offre l'autre à Catherine, si elle veut venir mourir dans ses bras. Catherine lutte : mais, vaincue par la faim, elle court à Chaval. Lantier, exaspéré, étrangle le contre-maître et le jette dans le goyot. Enfin, « re-au-soleil », la mort de Catherine qui expire en revoyant le jour.

... Je crois avoir raconté sans négliger aucun détail essentiel le mélodrame en douze tableaux tiré par M. William Busnach du roman de M. Émile Zola. C'était bien la peine d'agiter la presse, de « secouer » les ministres, de menacer la censure pendant quelque dix-huit mois pour mettre à la scène un salmigondis des anciens succès du boulevard du Temple, pour nous rendre le classique ménage des prolétaires ; la petite fille mourant de froid et de misère, la fille aînée « tournant mal », l'ouvrier noceur, l'ouvrier rêveur, l'ouvrier mauvais coucheur, sans oublier la grisette longtemps insouciante comme Mimi Pinson et tout à coup mordue au cœur par un amour sérieux. Vieux ingrédients d'une antique cuisine ! Toute question d'école mise à part, ce mélo est long, diffus, monotone, incohérent. Il ne contient qu'une scène émouvante (encore s'agit-il d'un effet purement nerveux) : la mort de la petite Alzire. Le reste est de convention pure, depuis les malédictions de la Maheude et les déclamations de Souvarine jusqu'à la lutte de Chaval et de Lantier songeant encore (ah ! que voilà une constatation peu réaliste) à se disputer Catherine après cinq jours de jeûne au fond de la mine.

La pièce est d'ailleurs merveilleusement montée et fort bien jouée. Outre Mme Marie Laurent, une farouche et superbe Maheude, Laray, un Maheu énergique qui jure comme tout un chantier de mineurs ; Courtès, un père Bonnemort des plus réalistes ; Mme Bépoix, une appétissante Mouquette ; Rency, très remarquable en Chaval ; Ph. Garnier et Brémont qui ont composé habilement les rôles ingrats de Lantier et de Souvarine ; les gens difficiles pourront encore et surtout applaudir Mlle Lainé, d'un charme morbide, sous le travesti de la herscheuse Catherine.

LA MARCHANDE DE SOURIRES
par Mme Judith GAUTHIER

Drame japonais
Première représentation à l'Odéon, 21 avril 1888

—

DISTRIBUTION : Le prince, *M. Paul Mounet*. — Yamato, *M. Albert Lambert*. — Yvahista, *M. Laroche*. — Cœur-de-Rubis, *Mme Tessandier*. — Tika, *Mme Antonia Laurent*. — Fleur-de-Roseau, *Mme Sanlaville*. — Omaya, *Mme Cogé*.

Il y avait une fois à Yeddo une « marchande de sourires », ou si vous préférez une « vendeuse d'amour », nommée Cœur-de-Rubis. Le seigneur Yamato n'a pu la voir sans céder au pouvoir de ses charmes, et veut l'imposer comme compagne à sa femme, un ange de candeur, de beauté et de tendresse, la douce Omaya, mère d'un bébé, le cher petit Ivahista. Omaya se révolte et meurt « étouffée par les larmes ».

Or Cœur-de-Rubis n'aime pas Yamato ; si elle a convoité ses richesses c'est pour les partager avec un « amant de cœur », — il y en a aussi, au Japon, — le bâtard Simabara, troubadour à casquette pontée. Une fois mariée, elle n'a plus qu'une pensée : se débarrasser de son vieux mari. Des flammes s'élèvent et dévorent le palais de Yamato. Elles gagnent les dépendances de la maison du gouverneur. D'après la loi japonaise, c'est un crime de lèse-majesté, et Yamato prend la fuite accompagné de Cœur-de-Rubis.

Mais la courtisane, qui a mis elle-même le feu au palais, a tout combiné pour garder les trésors cachés dans un pli de sa tunique. Simabara, déguisé en batelier, jette à l'eau le déplorable Yamato et s'enfuit avec sa complice. Un témoin a vu la scène du meurtre : la nourrice Tika qui emportait le petit Ivahista. Que va-t-elle faire, seule au monde avec l'orphelin? Heureusement vient à passer le prince Maeda qui propose d'adopter Ivahista et de l'élever en jeune seigneur. « Soit, dit Tika, mais jurez qu'à vingt ans vous lui révélerez le secret de sa naissance, afin qu'il venge son père et sa mère. »

Vingt ans plus tard, Ivahista est maintenant un beau jeune homme amoureux d'une belle jeune fille nommée Fleur-de-Roseau ; le prince Maeda lui révèle le secret fatal et lui ordonne de venger ses parents. Paul abandonnera Virginie pour faire son métier d'Oreste.

Le jeune homme part à la recherche des assassins. Le destin lui réserve de cruelles surprises. Il apprend que Fleur-de-Roseau, sa bien-aimée, est la fille de Cœur-de-Rubis. Impasse tragique; par bonheur Cœur-de-Rubis a beau être Japonaise, elle sait par cœur son *Fils de Coralie*. Elle l'interprète à la façon de Yeddo et se poignarde.

Coralie... — non, Cœur-de-Cornaline, étant morte, rien ne s'oppose plus au mariage de Fleur-de-Roseau et d'Ivahista. Ils sont unis, avec musique de Benedictus et pompes... de Porel. Extraordinaires ces pompes, éblouissantes, étourdissantes. Il faut applaudir sans restriction au merveilleux goût artistique de la mise en scène.

En fait, le prétendu drame de Mme Judith Gauthier n'est qu'une fiction féerique, à demi réalisée dans une langue raffinée, qui elle-même a du vague, de l'alanguissement et pour ainsi dire des transparences. Mme Tessandier (Cœur-de-Rubis), le joue un peu trop en mélodrame. Elle alourdit le rôle à force de conviction. Mme Antonia Laurent (la nourrice Tika) a plus de mesure et de sobriété ; les interprètes masculins se maintiennent aussi au second plan, en vrais comparses de féerie. Quant à Mlle Sanlaville (Fleur-de-Roseau), et Mlle Cogé (Omaya), quels délicieux bibelots d'étagère ! Des petits Saxe... de Yeddo.

LE PRESBYTÈRE par Mme Louis FIGUIER

(REPRISE)

Drame en 2 actes

Déjazet, 26 avril 1888

—

DISTRIBUTION : Le pasteur Ambroise, *M. Fleury*. — Gottlieb, *M. Desjardins*. — Erix, *M. Meillet*. — Gertrude, *Mme Regnier*. — Frida, *Mme Corbois-Guyon*. — Miss Harriett, *Mme Lunéville*. — Kelly, *Mme Vogel*. — Madeleine, *Mme Chesny*.

Il a une histoire, le mélodrame repris à Déjazet ; mon érudit confrère et ami, Adrien Barbusse, l'a racontée trop joliment pour que j'hésite à lui emprunter son récit. Ce fut à Cluny que le *Presbytère* reçut le baptême du feu de la rampe le 11 mai 1872, et c'était la première œuvre dramatique de Mme Louis Figuier.

Les directeurs se méfiaient. Mme Louis Figuier eut recours à un subterfuge ingénieux. Le manuscrit du *Presbytère* fut confié à un ami de la maison.

Larochelle le lut, lui trouva des qualités et le monta avec une certaine coquetterie. Pendant les répétitions, il se dit que l'auteur finirait bien par montrer le bout de l'oreille ; il se trompait. Lorsque le rideau baissa le soir de la première, il fallut déclarer au public qu'on ne connaissait pas l'auteur.

Tel est le passé de ce mélodrame genre Forêt-Noire, taillé à la grosse, semblable aux coucous d'importation, mais solide et résistant. Frida, l'héroïne, est une jeune fille abandonnée par l'étudiant Erix. Séduite — à Paris — elle s'est mise en route, après une attente suffisamment longue ; elle a gagné la Suisse et, par hasard ou par fatigue, elle s'est arrêtée à Rose-Bois, près Lausanne. Le pasteur de cette bourgade, le vieil Ambroise, raconte comment il a recueilli la vagabonde : « Orpheline et pauvre, elle vint frapper, il y a un an, à la porte du presbytère. Elle se rendait à Lausanne chez un vieux pasteur : « Je suis pasteur et je suis vieux, lui dis-je, restez ici. »

Que pensez-vous de ce récit ? il nous reporte à un théâtre antédiluvien. Mais il s'agit d'un art élémentaire, sommaire, et comme tel ayant droit de cité.

Revenons à Frida. Erix, son séducteur, apparaît aussitôt après la célébration du mariage. Le vieil Ambroise arrache à sa bru infortunée une confession en règle. Il pardonne, en raison du secret professionnel, mais sa femme, l'austère et implacable Gertrude, a tout entendu. Elle raconte à son fils ce fatal secret. Un duel est résolu entre Gottlieb et Erix ; seulement à l'heure du rendez-vous, c'est Frida — ô touchant, tendre et premier essai, embryon rudimentaire du dénouement du *Maître d*

Forges ! — c'est Frida qui reçoit le coup mortel. Elle meurt en emportant dans un monde meilleur le pardon de Gottlieb. Le *Presbytère* est bien monté par M. Boscher, fort convenablement joué par MM. Desjardins, Meillet et Fleury (le vieil Ambroise, le seul artiste datant de la création), Mᵐᵉ Courbois-Guyon, une sympathique Frida, Mˡˡᵉˢ Vogel, Lunéville et Régnier.

LE PAIN DU PÉCHÉ par Théodore Aubanel et Paul Arène

Drame en 2 actes et 4 tableaux

―

MATAPAN par E. Moreau

Comédie-vaudeville en 2 actes, en vers

Première représentation au **Théâtre-Libre**, 27 avril 1888

―

Adaptation assez habile, en tous cas impressionnante et de plus fort littéraire, ce *Pain du péché*, drame en quatre actes du poète provençal Théodore Aubanel, mis en vers français par Paul Arène. Fanette est la femme du riche fermier Malandran. Bien qu'elle soit mère de trois enfants, elle trompe son mari avec le beau berger Veranet. C'est Vénus tout entière à sa proie attachée, Vénus qui fait enlever la matrone provençale par Veranet. Mais on frappe à la porte de l'auberge où les fugitifs ont fait halte. Malandran apparaît, et pêle-mêle il jette dans la nappe le repas des deux amants, le « pain du péché ». D'après la légende, lorsque les enfants ont goûté des mets auxquels leur mère adultère a touchés, ils meurent dans l'année.

Malandran rentre chez lui, appelle ses enfants tremblants

de frayeur. « Mangez, bâtards. » Fanette qui l'a suivi tombe à genoux, s'accuse, s'humilie, et finit par se frapper... Le sang de la criminelle rachètera les innocents Mais Malandran ne pardonne pas, même à la morte :

> Puisqu'elle nous a pris à tous notre bonheur,
> Valets, creusez le trou sous la pluie, à la neige,
> Sa fosse n'aura point de croix qui la protège.

Ce drame est fort bien joué par Mme Marie Defresnes, M. Raymond, de l'Odéon, Mlle Barny et M. Antoine.

Matapan est une satire politique. La population d'une île située entre la terre et la lune offre la couronne au héros qui la délivrera du brigand de grand chemin Matapan. Or c'est Matapan lui-même qui s'avise de jouer au sauveur. Il se déguise en pirate, met en déroute quelques comparses, et réclame la prime souveraine due au justicier de Matapan. On le fait roi, mais, devenu monarque, il se rend si insupportable à force de bonnes intentions, qu'on regrette le brigand. Qu'à cela ne tienne ! Matapan se représente en forban. A peine se remplace-t-il lui-même qu'on le siffle encore par regret pour le Matapan disparu. Il se décide alors à rendre la couronne, en se faisant remplacer par un mannequin.

Keraval est un Matapan consciencieux, mais sans éclat.

ON LE DIT. par Emile de Najac et Charles Raymond

Comédie-vaudeville en 3 actes

Première représentation au **Palais-Royal**, 1ᵉʳ mai 1888

Distribution : Ernest, *M. Dailly*. — Fortuné, *M. Milher*. — Malivan, *M. Calvin*. — Edgard, *M. Huguenet*. — Baptiste, *M. Renard*. — Christiana, *Mᵐᵉ Lavigne*. — Juliette, *Mᵐᵉ Lender*. — Victoire, *Mᵐᵉ Elven*. — Louise, *Mᵐᵉ Hortense*.

« En vérité, ce pauvre M. Plantadon... lui aussi... — On le dit. — Et dans sa propre maison ? On le dit. — Sa femme et son architecte ? — On le dit. » Ainsi débute ou à peu près, la comédie de mœurs, représentée hier au Palais-Royal. MM. Charles Raymond et de Najac ont développé leur sujet en trois actes, avec une discrétion, une mesure, une sobriété, une délicatesse, un sentiment des nuances, — je n'enfilerai jamais trop de synonymes et de périphrases, — que le public a paru tout surpris, et un peu déconcerté d'avoir à constater dans une pièce du Palais-Royal.

Nous sommes à Courbevoie, chez M. Ernest Plantadon, commerçant retiré et grand bâtisseur. Son frère Fortuné, un pharmacien de Paris, lui a recommandé un architecte, le jeune et bel Edgar, qui est venu s'installer à Courbevoie. Mais si Edgard se condamne à supporter les bavardages de Plantadon (Ernest) et les rebuffades de Mme Juliette Plantadon (elle le trouve insupportable), c'est qu'il vise à obtenir la main et la dot d'une nièce de Plantadon Or, le pêcheur à la ligne Malivau, met en circulation les « on le dit » les plus compromettants sur les relations du bel Edgar et de Mme Plantadon. La situation se complique quand arrive le pharmacien Fortuné avec sa femme Christiana. Or, Christiana est une ancienne farceuse, et dans la maison de son beau-frère, elle retrouve un amant qui n'est autre que le bel Edgard. Cette reconnaissance coïncide avec une délation de Malivau avertissant Fortuné des « on le dit » relatifs à Mme Ernest Plantadon. Il ne reste plus qu'à convaincre Plantadon qui demande des preuves. Et l'espionnage continue, sous toutes les formes, jusqu'au moment où Ernest surprend une lettre, non de sa femme mais de son inflammable belle-sœur.

A signaler le début de M. Huguenet, un artiste assez compliqué, bien que d'une certaine candeur, mélange de jeune premier et de Jocrisse, Raimond de banlieue et Dupuis de café concert, dans le rôle du bel Edgard. La soirée avait commencé par une bonne reprise d'un vaudeville de Varin et Delaporte : la *Dame aux Giroflées*. Vif succès pour Mlle Descorval et Pellerin.

UNE GAFFE par Fabrice CARRÉ,

Comédie-vaudeville en 3 actes

Première représentation à la **Renaissance**, 6 mai 1888

DISTRIBUTION : Paul, *M. Raimond*. — Pierre, *M. Maugé*. — Bonamy, *M. Montcavrel*. — Jules, *M. Regnard*. — Un parent, *M. Gildès*. — Le petit clerc, *M. Colleuille*. — Dorothée, *M`me` Mathilde*. — Caroline, *M`me` A. Leriche*. — Hortensia, *M`me` M. Gillet*. — Béatrix *M`me` A. Boulanger*. — Marie, *M`me` Abadie*. — Rose, *M`me` Derville*.

En ce temps-là — je parle de la seconde République — il y avait au Palais-Bourbon un législateur nommé Dubois. Ce parlementaire s'était attiré l'hostilité du *Charivari* qui accompagnait la mention de ses moindres faits et gestes de cette désignation : « M. Dubois (dont on fait des flûtes). » Les héros de la comédie de M. Fabrice Carré ne sont pas Dubois dont on fait les flûtes et les parlementaires, mais de celui dont on fabrique les maris voués aux plus graves émotions de la carrière. Paul Dubois, client de l'avoué Bonamy, spécialiste en divorces, a été giflé par sa femme et a fait déclarer la séparation judiciaire ; mais, pris d'un regain de tendresse, il a pardonné, il s'est réconcilié avec Béatrix ; il ne s'agit plus que de faire constater, le rapatriage.

M° Bonamy s'en est chargé. Mais le même avoué n'a-t-il pas pour client un autre Dubois (celui-là prénommé Pierre), qu'a trompé sa femme Caroline et qui sollicite la conversion de la séparation en divorce.

Le maître clerc confond les dossiers ; Mᵉ Bonamy rapporte un jugement prononçant le divorce entre Paul et Béatrix, qui voulaient se réconcilier, un autre jugement constatant la réconciliation de Pierre et de Caroline, dont l'un réclamait et l'autre acceptait le divorce. Fatale erreur. Il faut recommencer la procédure. Des mois d'attente, et Paul brûle de se réconcilier complètement, à fond, sans réticences ni réserve. Béatrix lui a donné rendez-vous à l'échéance du soir même pour une petite fête de rapatriement solennel en présence de vieux parents ! Et Pierre, s'est ménagé, en ville, pendant son dernier veuvage, une « consolation » blonde.

On voit la situation en partie double et on devine l'imbroglio. Tout finit par le remariage des deux divorcés et par la réentente cordiale des réconciliés. Cette verveuse bouffonnerie est jouée avec beaucoup d'entrain par les deux Dubois, Raimond (Paul) et Maugé (Pierre) extraordinairement grimé en quadragénaire bien conservé, Moncavrel (Mᵉ Bonamy), Regnard (le maître-clerc distrait); Mᵐᵉˢ Mathilde, Marie Gillet, Boulanger et Leriche.

LE ROY D'YS, par Ed. Blau
musique de Ed. Lalo

Drame lyrique en 3 actes et 5 tableaux

Première représentation à l'**Opéra-Comique**, 7 mai 1888

—

Distribution : Mylio, *M. Talazac*. — Karnac, *M. Bouvet*. — Le roi, *M. Cobalet*. — Saint-Corentin, *M. Fournets*. — Jahel, *M. Bussac*. — Margared, *Mme Deschamps*. — Rozenn, *Mme Simonnet*.

Le rideau se lève sur la grande terrasse du palais du Roi d'Ys. Peuple en habits de fête. Le héraut d'armes Jahel vient annoncer que, pour mettre fin à une guerre sanglante, le vieux roi d'Ys va couronner sa fille aînée Margared, et la fiancer au prince Karnac. « L'ennemi héréditaire » devient un gendre. La foule s'éloigne. Margared et sa cadette Rozenn s'avancent sur la terrasse du palais. Rozenn s'inquiète de voir sa sœur morose, et lui fait part de ses craintes au moyen d'une audacieuse inversion :

> ...Pourquoi sur ton visage
> Ces chagrins amers que j'ai lus...

Après une faible résistance, Margared avoue qu'elle n'aime pas Karnac, qu'elle pleure encore un absent, cru mort.

Cet absent, c'est Mylio, un ami d'enfance, que Rozenn, ignorant la passion de sa sœur, aime aussi. Mylio a été fait captif dans une expédition lointaine; Rozenn est seule à penser qu'il reviendra, et, restée sur la terrasse du palais, elle évoque l'image de l'adoré.

Il n'est pas mort, il revient avec ses compagnons d'armes, il aime toujours Rozenn et se jette à ses pieds. Mais on entend le bruit des fanfares annonçant le cortège de Karnac. Rozenn et Mylio se séparent. Quand te reverrai-je, demande Rozenn ? — « Ce soir, demain.. toujours ! »

Le prince Karnac s'avance, entouré de ses guerriers, et le roi procède à la cérémonie des fiançailles devant le peuple assemblé !

Tout se passerait en famille et à merveille si Rozenn n'avait la malencontreuse idée d'annoncer à Margared que Mylio est vivant. La fille aînée du roi d'Ys refuse la main de Karnac, qui jette son gantelet aux pieds du roi :

> O roi, c'est maintenant une guerre sans trêve,
> Un combat sans merci ! voici mon gant !

Je le relève ! s'écrie Mylio, qui survient avec ses compagnons.

Deuxième tableau : une salle du palais. Margared,

seule, se livre à ses transports jaloux (style classique). Elle a deviné l'amour de Mylio, et le voyant arriver entre le roi d'Ys et Rozenn, elle se cache derrière un pilier.

« Reviens vainqueur, dit le roi à Mylio, et Rozenn sera le prix de la victoire »

Troisième tableau : une plaine ; les remparts de la ville d'Ys ; une chapelle ; sur le portail de laquelle est sculptée l'image de saint Corentin, à qui Mylio rend grâces, Karnac est vaincu, et, en effet, à peine Mylio est-il parti avec ses soldats, que le prince se précipite, les vêtements en désordre appelant l'enfer à son secours.

« L'enfer t'écoute! » lui répond Margared d'une voix vibrante.

Qu'il l'aide à ouvrir les écluses, et l'Océan engloutira la ville d'Ys. C'est alors que la statue de saint Corentin, défiée par Margared, s'anime et menace Karnac de la colère céleste.

Troublée par l'intervention du saint, Margared hésite à consommer le forfait quand le rideau se lève sur le quatrième tableau. Mais aux chants de fête succède la cérémonie nuptiale à laquelle assistent Margared et Karnac entrés on ne sait comment dans ce palais mal gardé. Et la jalousie de la fille aînée du roi d'Ys l'emporte sur ses derniers scrupules. Elle court aux écluses, la ville est condamnée :

Cinquième et dernier tableau. A l'horizon, la mer houleuse. Sur la grève, des groupes terrifiés. Margared avoue son crime, et, pour arrêter la montée du flot, elle se précipite dans le gouffre.

En vérité, pourquoi ce livret s'appelle-t-il le *Roi d'Ys?* Ce serait bien plutôt la *Famille d'Ys*, ou mieux encore, pour reprendre le titre de la pièce jouée l'autre soir à la Renaissance : Une *Gaffe en Bretagne*. En effet, ce drame sombre, cette page qui semble arrachée d'une chronique de Frédégaire, se réduisent aux proportions d'une intrigue de vaudeville. Il ne s'agit plus des orgies de Dahut, de la vengeance céleste, de la fuite sinistre dans la nuit où les voix d'en haut poursuivent Gradlon et sa fille ; tout est ramené à un malentendu de pensionnaire et à la maladresse, à la gaffe de Rozenn, trop pressée de raconter son secret.

Ce que M. Blau n'a pas su ou voulu faire, il était permis à M. Lalo de le tenter, car les musiciens sont de grands évocateurs. Mais sur le terrain musical la déception persiste. Cette légende d'une couleur locale si intense, toute imprégnée de l'âcre senteur des goëmons, du parfum pénétrant des genêts, est devenue un bouquet de corsage où s'épanouissent les roses thé des mélodies faciles, les roses mousseuses des airs de bravoure, piquées çà et là du bleuet de la romance pour quatrième page du *Figaro*. La partie mélodique, non sans charme, mais sans grande originalité — essence de Gounod, crème de Massenet, extrait d'Ambroise Thomas — l'emporte de beaucoup comme effet, sinon comme valeur intrinsèque sur la partie dramatique.

Le roi est un bénisseur à la façon de tous les rois de théâtre passés et futurs ; le héraut d'armes (renouvelé du Lohengrin) paraît un pâle décalque. Les personnages de Margared et de Karnac ne sont que savamment traités ; ils ont plus de distinction et de noblesse que d'ardeur sauvage et d'ampleur héroïque.

Tout le succès a été, est et sera pour deux rôles logiquement secondaires, mais que l'insuffisance relative des protagonistes du drame lyrique a mis au premier plan, deux rôles « d'une entière fraîcheur » (je répète, en témoin impartial, ce que j'ai entendu murmurer de baignoire en baignoire par les charmantes « toutes pâmées » du féminin et nombreux syndicat Laloïste), les personnages des gentils amoureux, Mylio et Rozenn.

Évidemment, il y a un double anachronisme dans la configuration poétique et dans le développement lyrique de Rozenn et de Mylio — de ce dernier surtout. L'homme trop aimé que se disputent les deux filles du roi d'Ys a

beau se poser en héros militant et crier à pleins poumons :
« Les croyants sont les forts, » on s'aperçoit fort bien
qu'il ne croit guère qu'à l'amour et aux vocalises. Ce prétendu barbare est un chevalier en herbe, un figurant antidaté des châtellenies à tournois et à trouvères. Il avance d'une demi-douzaine de siècles environ. Mais, ces réserves faites, il faut accepter l'anachronisme et parce que nous ne pouvons faire autrement, et parce qu'on lui doit ce qu'il y a de plus savoureux — de mieux savouré tout au moins — dans la partition du *Roi d'Ys*.

Mettons à part l'ouverture si souvent applaudie dans les concerts populaires, mais d'un caractère symphonique persistant qui rend assez contestable l'adaptation théâtrale, et suivons, acte par acte, la partition. Qu'y a-t-il de plus remarquable dans le premier acte : le chœur joyeux : « Les guerres sont terminées, » le duo d'une grande délicatesse où Rozenn essaie d'arracher à Margared le secret de sa tristesse : « En silence pourquoi souffrir ? » la phrase où elle évoque le souvenir de l'absent : « Vainement j'ai parlé de l'absence éternelle... Non, non, je n'y crois pas. » Le reste, la scène du mariage, la « présentation » de Karnac, le refus de Margared, le défi, ne sort pas d'une moyenne honorable.

Au deuxième acte, à part le quatuor très applaudi et

d'une grande allure, même rendu toujours intéressant mais quelconque de la jalousie de Margared, des chants de victoire des guerriers d'Ys et de l'intervention sépulcrale de saint Corentin. Ici encore, tout l'effet réside dans le délicieux *arioso* de Rozenn racontant à Margared comment est né son amour pour Mylio.

Et il en est de même pour le premier tableau du troisième acte, dont le succès a été déterminé par un fort curieux pastiche des mélodies celtiques.

Cette « noce bretonne », ainsi que l'aubade en *la* majeur chantée par Milio à la porte de sa fiancée : le duo : « A l'autel, où j'allais rayonnant, » et la prière, composent une adorable partitionnette d'opéra-comique incluse dans le grand drame lyrique, mais ne suppléent pas aux lacunes de ce drame même.

C'est un gracieux épisode, ce n'est pas la pièce. Et quand, enfin échappés au charme mélodique de l'idylle, nous réclamons de nouveau la légende, que nous offre M. Lalo ? un dernier tableau d'une valeur presque uniquement orchestrale, les bois et les cuivres traduisant la colère hurlante des flots déchaînés, une trombe de sonorités mises en œuvre avec une adresse qui, somme toute, fait honneur au symphoniste en laissant dans l'ombre, ou pour mieux dire dans le silence, le compositeur dramatique.

Il y a un délicieux parfum d'ingénuité, une grâce souriante toujours charmeresse et en même temps bien de l'habileté, j'allais écrire de la malice vocale dans la façon dont Mlle Simonnet personnifie Rozenn. C'est du Reichemberg chanté. M. Talazac a nuancé le rôle de Mylio avec beaucoup de charme et une certaine sobriété qui l'a constamment gardé du ridicule. Ce chevalier trop hâtif n'est pas, du moins, un troubadour de pendule.

M. Cobalet (le roi) n'a que quelques phrases musicales mais, ainsi que M. Fournets (saint Corentin), il s'est taillé un grand succès dans un petit rôle. M. Bouvet est un remarquable Karnac, en double progrès comme chanteur et comme acteur. Mlle Deschamps a fait preuve de style dans le rôle assez ingrat de Margared ; sa belle voix de contralto lutte sans trop de désavantage contre les sonorités orchestrales. Il me reste à louer les décors et les costumes, ainsi que la mise en scène très réussie dan ses moindres détails et qui constitue un succès tout personnel à la direction.

COCO (REPRISE)

Aux Folies-Dramatiques, 12 mai 1888

DISTRIBUTION : Chamberlan, *M. Gobin*. — Piffart, *M. Alexandre*. — Floridor, *M. Guyon fils*. — Biju, *M. Marcelin*. — Anatole, *M. Alexandre fils*. — Mulot, *M. Duhamel*. — Ferragus, *M. Belluci*. — Gontran, *M. Dubois*. — Cascaro, *M. Soums*. — Margotte, *Mme Silly*. — Sylvia, *Mme Aimée Martial*. — Gardenia, *Mme Vialda*. — Georgette, *Mme J. Ilbert*. — Mirabelle, *Mme Savary*.

La première représentation de *Coco* date du 12 juin 1878. Ce serait un grand âge pour un vaudeville bâclé à la grosse si Coco n'était un perroquet voué à la longévité proverbiale de tous les kakatoès. Et ce perroquet occupe une place considérable dans la maison de M. Chamberlan, maire d'un petit village suburbain. Comme le dit Chamberlan à son futur gendre, le sieur Biju, quand le moment est venu d'initier aux secrets de famille ce prétendant, d'ailleurs détesté par l'ingénue Georgette, qui a un autre amour au cœur, Coco n'est pas seulement un perroquet, mais un caissier.

« J'avais un ami nommé Charençon. Il a laissé 400,000 francs à Coco, un perroquet qu'il adorait... Seulement, comme Coco ne pouvait pas gérer sa fortune, c'est moi que Charençon a chargé de ce soin. C'est moi qui jouis de 20,000 francs de rente placés sur sa tête... » Bien entendu le précieux perroquet s'envole et quand il s'agit de le retrouver la lutte s'engage entre les deux prétendants, à la main de Georgette. Il y a dans ce combat, terminé à la grande satisfaction de l'amoureux préféré, le souvenir de beaucoup de féeries et l'embryon de l'intrigue du *Château de Tire-Larigot*; il y a aussi une pièce fort gaie, contenant des bouts de dialogues fort amusants. Écoutez les doléances du maire Chamberlan persécuté par la rosière : « Oh ! les rosières en voilà une invention ! Encore, si ça servait à quelque chose. Mais avant trois jours peut-être, il n'y paraîtra plus... Avec l'argent, on eût mieux fait de construire un lavoir. C'est utile, un lavoir; ça sert à tout le monde, tandis qu'une rosière !... » Gobin remplace Christian et Guyon fils succède à Brasseur ; ils jouent « plus gros », plus en dehors. Citons encore Alexandre père, Marcelin, Duhamel et Bellucci.

Mlle Aimée Martial, une transfuge de Cluny a pris possession du rôle de la cocotte Sylvia, jolie figure et une bonne voix de divette en formation. La petite Leroy, le ministre de la guerre du *Petit Poucet*, représente la rosière dévorée d'impatience qu'on retrouve le perroquet. Les honneurs de la soirée ont été pour Mme Silly qui reprenait son rôle des Nouveautés: la grosse Margotte, la bonne à tout faire du volage Coco.

LE FLIBUSTIER, par Jean RICHEPIN

Pièce en 3 actes et en vers

Première représentation à la Comédie-Française,
14 mai 1888

―

DISTRIBUTION : Legoëz, *M. Got.* ― Pierre, *M. Laroche.* ― Jacquemin, *M. Worms.* ― Un vieux pêcheur, *M. Falconnier.* ― Un pêcheur, *M. Hamel.* ― Janik, *Mme Barella.* ― Marie-Anne, *Mme P. Granger.* ― Une jeune fille, *Mme Ludwig.* ― Une vieille femme, *Mme Soulié.*

―

LE BAISER (REPRISE)

A la Comédie-Française, 14 mai 1888

―

DISTRIBUTION : Pierrot, *M. Coquelin cadet.* ― Angèle, *Mme Reichemberg.*

―

La famille Legoëz, est une tribu de marins de Saint-Malo, éprouvée par « la gueuse », la « tueuse d'enfants », la mer. Seul l'ancien survit, le vieux papa Legoëz qui a servi sous Jean-Bart ; ses quatre fils ont péri ; il ne lui reste que Marianne, la veuve d'un de ses fils, et une fille de cette même bru, Janick. Cependant il garde espérance de voir revenir le plus jeune des disparus ; l'espérance ou plutôt l'illusion, car Pierre est parti depuis quinze ans. Et, comme lui, Janick croit au retour de

Pierre ; on a fiancé les deux cousins avant le départ du matelot ; elle se considère toujours comme promise malgré les conseils de Marianne qui, elle, n'aime pas la mer, qui lui dit même de rudes vérités et se fait vertement relever par Legoëz :

Ma bru, je vous défend d'injurier la mer.

Pendant qu'il retourne attendre sur le port l'arrivée problématique de l'absent et que Janick l'accompagne, un jeune marin, Jacquemin, l'ami, le pilotin de Pierre, se présente. Il apporte de mauvaises nouvelles. Dans un combat avec les Espagnols il a vu disparaître Pierre ; il a même recueilli son sac comme épave. Comment apprendre au grand-père ce nouveau malheur ? Marianne cache Jacquemin, et, quand Legoëz rentre, elle met la conversation sur le chapitre de l'absent ; mais le vieillard, qui a la tête faible, croit comprendre que sa bru veut le préparer à une grande joie. De son côté Janick trouve le sac de Pierre. Plus de doute, il est là ! le vieux marin aperçoit Jacquemin, il ouvre ses bras. « Mon enfant ! » Dites comme lui ; murmure la bru.

Au début du second acte, Marianne, n'a pas encore pris la peine ou la précaution de détromper Janick. Aussi, la jeune fille est-elle éprise de son cousin et ne comprend-elle pas qu'il repousse ses avances encouragées par le vieux Legoëz. Mis au pied du mur, Jacquemin avoue sa supercherie; quant à Janick, elle a cru aimer Pierre en s'éprenant de Jacquemin, mais enfin elle aime et ne saurait se reprendre. Marianne consentirait aisément au mariage, quitte à détromper doucement le grand-père. Tout à coup le vrai Pierre arrive pour épouser sa cousine, à qui il apporte une fortune trouvée dans les mines d'or. En voyant Jacquemin, il comprend tout et refuse de donner la main à un traître. Le grand-père, à son tour, maudit le « voleur de nom » et le chasse. Janick s'approche, et, à voix basse :

« Pars, mais ne t'éloigne pas. C'est toi que j'aime. »

Au troisième acte, nous voyons le vieux Legoëz bouder entre Marianne silencieuse, Janick préoccupée et son vrai gas, son vrai Pierre dont la conversation l'ennuie, car Pierre est devenu un terrien, il ne comprend plus rien à la mer. Bref, Legoëz regrette, sans l'avouer, le faux gas, le voleur de nom, un marin fini, celui-là. « Quel dommage, dit-il à Pierre, que tu n'aimes plus la mer. Allons la voir ensemble ! » A peine sont-ils sortis que Jacquemin fait son entrée. Il vient rapporter sa parole à Janick. Il fera son devoir d'honnête homme en s'éloignant. Et il partirait, si Pierre, qui survient, ne s'attendrissait devant les larmes de Janick, n'obtenait même le pardon du grand-père qui préfère comme mari de Janick un marin à un terrien; on fiance Janick et Jacquemin. « Remercions la mer, » dit Legoëz à Marianne, sous forme de moralité :

On n'attendait qu'un gas ; elle nous en rend deux.

Ce finale d'opéra-comique conclut à l'encontre des prémisses même de l'auteur. C'est l'intrus, le Jacquemin qui va trôner dans la maison des Legoëz ; il devient le véritable enfant du vieux grand-père, l'adoré de Janick, le fils de Marianne, tandis que l'autre, le seul, le vrai gas, reste à la portion congrue des affections et des tendresses. C'est un voleur et un volé qui vont demeurer sous le même toit en des situations fort inégales, injustement départies. Voilà pour le dénouement. Cherchons maintenant ce qu'il peut y avoir d'intéressant, au point de vue soit actuel, soit rétrospectif, dans la donnée et le développement intermédiaire.

Le rétrospectif, on le trouvera en feuilletant deux œuvres du répertoire : le *Marbrier*, de Dumas père, pour la donnée principale ; *Jean-Marie* pour une moitié du développement du second acte. Evidemment si Jacquemin a l'idée de couper court à son rôle d'intrus en s'éloignant pour toujours, c'est parce que Jean-Marie a eu la même pensée ; et s'il ne part pas, c'est justement parce que Jean-Marie dit un adieu éternel. M. Richepin a donc recommencé M. Theuriet avec la préoccupation persistante de faire du nouveau, ce qui, suivant l'usage, accentue et souligne le pastiche. Quant au *Marbrier*, dont la première représentation remonte à 1854, le premier acte contient le sujet même du *Flibustier*. M. Richepin s'est contenté de désexer, comme dit lady Macbeth, le principal personnage. En revanche, il a presque intégralement respecté la situation.

Dans le drame de Dumas père, Mme de Gervais, femme d'un spéculateur qui s'est ruiné à Paris et qui depuis dix ans refait sa fortune en Amérique, Mme de Gervais, est restée seule avec deux enfants. Le fils avait douze ans et la fille six à la date du départ de leur père. La fille meurt, au Havre, emportée par un mal foudroyant dans l'hôtel où toute la famille est venue attendre le retour de M. de Gervais qui arrive par le prochain paquebot. La mère gémit et l'épouse se désespère.

A cet instant précis se présente comme institutrice une jeune fille qui ignore le deuil de Mme de Gervais et que lui adresse un ami de Paris. Elle est seule au monde et pauvre ; elle s'appelle Clotilde et a dix-sept ans. C'est assez pour que Mme de Gervais s'intéresse à l'orpheline et lui offre un secours. Mais la jeune fille refuse de l'argent. « Ma mise est trop simple, dites-vous? Eh! bien, Madame, il est une chose que j'accepte, une robe qu'elle aurait portée. — Tenez, répond Mme de Gervais, voici sa chambre, tout est encore là comme elle vivait, tout, jusqu'à la robe que son père lui avait envoyée. »

Pendant que l'orpheline s'habille, M. de Gervais arrive. Et après avoir embrassé son fils atterré, sa femme muette de terreur, il réclame sa fille : « Voilà trois fois que je vous demande mon enfant et que vous ne me dites même pas : elle va venir, elle est là... Clotilde ! Clotilde ! où est Clotilde ! » L'orpheline apparaît : « Qui m'appelle ! » Et M. de Gervais s'écrie : « Ah ! la voilà, la voilà ! je comprends, elle voulait venir au devant de moi avec la robe que je lui ai donnée. « Mme de Gervais n'ose le détromper : « Laissez-lui croire, » dit-elle à Clotilde. Et voilà l'orpheline rattachée à la famille Gervais comme Jacquemin à la famille Legoëz jusqu'au jour où un hasard fait tomber entre les mains du père la note du marbrier (ainsi se justifie le titre funéraire qui a d'ailleurs porté malheur à la pièce) : « Avoir gravé sur la dalle de marbre soixante et une lettres composant l'inscription suivante : Clotilde de Gervais, morte à seize ans, le 2 septembre 1850... »

Le drame de Dumas père suit une tout autre piste que le *Flibustier*; il n'y est question que de l'amour du prétendu frère pour sa sœur. Mais la donnée demeure identique à celle de la pièce de M. Richepin. Reste les scènes de développement.

C'est quelque chose, et ce quelque chose fort appréciable appartient en propre à M. Richepin. Il y a deux idées de fine comédie dans le *Flibustier*, deux trouvailles dont la mise en œuvre est parfois poussée à l'exquis. Tout d'abord la fatalité du coup de foudre, la prédestination de Janick à s'éprendre du premier venu qui répondra au signalement de l'absent, signalement très vague et d'autant plus facile à préciser. Dans la classification des phénomènes électriques qui joue encore, malgré le naturalisme, un rôle important au roman et à la scène, c'est bien ce qu'on pourrait appeler le coup de foudre sans éclairs ni tapage, le coup de foudre par insinuation. Et il est d'une rare vérité psychologique en même temps qu'il fournit d'adorables détails : l'innocent manège de coquetterie de Janick, ses chastes avances à celui qu'elle considère comme son fiancé naturel, ses élans passionnels vers l'appelé, l'attendu, devant qui toute réserve prude semblerait un déni d'engagement.

L'autre idée, d'excellente comédie de mœurs, est le mépris du vieux marin Legoëz pour les terriens, pour tous ceux qui exercent un autre métier que la libre chevauchée des vagues.

Ce goût passionné, exclusif du marin pour la mer qui l'a porté tout enfant, qui a été tour à tour, le domaine aux moissons inépuisables, le berceau, le lit et la tombe d'innombrables générations, c'était la véritable comédie de mœurs, la comédie à faire au lieu et place de toute cette fibuste d'opéra-comique. M. Richepin s'est contenté de l'indiquer, mais avec des touches si délicates qu'il faut lui savoir gré de ce minimum.

Quant aux vers, ils sont fort beaux ; toutes les strophes qui célèbrent la mer, ses colères, ses tendresses, ses droits, ont une grande allure et le tour le plus pittoresque. Peut-être un peu trop de panache mais les vagues en ont bien ! Tout au plus demanderai-je à M. Richepin de sacrifier quelques vers qui rappellent de trop près la langue conventionnelle des tragiques *minores*, par exemple cette apostrophe de Janick à sa mère :

> Tous tes soins désormais resteront superflus,

Et encore ce « couplet » de la même Janick analysant ses premiers transports à l'arrivée de Jacquemin :

> Il paraît ! A sa vue, en mon âme indécise
> Le rêve encor confus prend corps et se précise.

Ou à peu près, car je ne réponds que du premier vers. Mais ne sent-on pas la tirade, le lieu commun d'école, le « coup du normalien » ? Et comme nous voilà loin de la vraie Janick, de la vraie mer, du vrai théâtre, D'ailleurs, ce sont de légères taches, faciles à enlever et, je le répète, au point de vue de la forme lyrique, M. Richepin mérite d'être loué sans réserve. J'en dirai autant de la mise en scène, très soignée, très exacte, fort artistique.

Laroche n'a été et ne pouvait être que convenable dans le rôle ingrat de Pierre le flibustier. Le vieux Legoëz, c'est Got, prodigieusement souligneur comme d'habitude, ou plutôt de tradition (car nous sommes à a Comédie), visiblement déterminé à ne pas laisser aux spectateurs le bénéfice moral du moindre effort de compréhension, leur détaillant toutes les nuances et leur expliquant toutes les finesses du rôle, mais, si adroit, qu'il impose ce parti pris même aux amateurs d'un jeu plus naturel.

M. Worms est un admirable Jacquemin; il rend à miracle la passion contenue de l'amant et les remords de l'ami; Mme Baretta-Worms est une Janick gracieuse sans afféterie et touchante sans échappées mélodramatiques; Mme Pauline Granger joue Marianne avec une simplicité très habile.

La soirée s'est terminée par *Le Baiser*, un acte en vers de M. Théodore de Banville déjà représenté au Théâtre-

Libre, au mois de décembre. L'abus des rimes richissimes a paru plus pénible chez Molière que chez M. Antoine. M. Théodore de Banville fait rimer « évidente « avec « et vit Dante », « titube » avec « mince comme un tube », « front lauré » avec « je l'aurai », « petit écart » avec « petites mains qui gantent six et quart...La gageure devient fatigante. Dans le décor qui représente un bois solitaire, ces assonances répétées font le bruit de noix de coco vides que se jetteraient des singes en gaieté dans les profondeurs de quelque forêt vierge. Ce n'est plus Pierrot chez Urgèle, c'est Polydore Marasquin que rappelle le *Baiser* ainsi perdu en plein grand bois. Et — que l'excellent Coquelin cadet me pardonne ce mauvais compliment — c'est presque à Pierrot-gorille qu'il fait songer en rôdant autour de la fée Urgèle avec des mines plus dévorantes que conquérantes et une certaine brutalité d'approches peu faite pour rassurer les spectateurs pudibonds...

Mais quelle jolie guenon du pays de Nad que Mlle Reichemberg, et comme elle excuse tous les appétits !

ROLLA

Première représentation à l'Éden, 23 mai 1888

—

N'allez pas, sur la foi de l'affiche, croire que Manzotti a mis en ballabile le poème d'Alfred de Musset.

Mon Dieu! rien n'est impossible à un chorégraphe; en ajoutant une fête vénitienne (avec Musset, ça va de soi), une orgie romantique (c'est également indiqué) et un tableau tropical, une forêt vierge (comme Marion) peuplée de perroquets verts (le poète fêtait l'absinthe dans les grands prix et dans les grands verres) on aurait pu s'en tirer...

M. Manzotti nous a donné autre chose sinon mieux qu'une adaptation de Musset : l'histoire du sculpteur Rolla amoureux de la fille du comte Costa qu'il a « immortalisée par le ciseau » et finissant après les plus cruelles épreuves par épouser sa bien-aimée, grâce « au génie de la sculpture » et à Michel-Ange qui n'a cependant jamais passé pour un protecteur dévoué des jeunes talents. Entre nous, on l'a joliment égayé ce livret ! Mais il est facile d'éliminer ou de raccourcir cette intrigue peu essentielle. Il restera une partition — du maëstro Angeli — non sans agrément car elle contient de nombreuses réminiscences de nos opéras les plus aimés, enfin quelques détails chorégraphiques d'un très réel intérêt...

Entendons-nous bien : je maintiens d'expresses réserves quant aux aspects relativement et souvent vulgaires du ballabile italien comparé au style noble des traditions de notre grande école de danse française. Neuf fois sur dix, les danseuses et danseurs ont l'air de ramasser une pantoufle absente, de rabattre les plis d'un tapis idéal, de se frictionner les reins avec un hypothétique alcool camphré, de balayer avec le gros orteil des miettes de pain supposées, d'apprendre à nager sur une fantastique rangée de chaises, d'éteindre à bout de doigts les bougies-fantômes d'un lustre invisible au spectateur, etc. Mais il faut applaudir l'excellent même et surtout au milieu du pire. Aussi a-t-on fait un succès très mérité à la variation et au ballabile du début, à la sarabande, à la polka des paysannes, enfin au grand pas de deux du dernier tableau merveilleusement dansé par Mlle Coppini et M. Vincentti.

MADEMOISELLE DE BELLE-ISLE (REPRISE)

A la **Comédie-Française**, 29 mai 1888

DISTRIBUTION : Richelieu, *M. Febvre.* — D'Aubigny, *M. Albert Lambert fils.* — Duc d'Aumont, *M. Leloir.* — Mme de Belle-Isle, *Mme Bartet.* — Mme de Prie, *Mme Broizart.*

C'est une expérience qui se renouvelle d'année en année au Conservatoire. Chaque fois deux ou trois jeunes premières dramatiques s'essayent dans la fameuse tirade de Mlle de Belle-Isle reprochant au duc de Richelieu le pari dont l'honneur d'une fille noble a été l'enjeu et l'adjurant de sauver ce qui reste de cet honneur.

« Oui, certes, Monsieur le duc, je vous pardonnerai cette faute, quoiqu'il soit étrangement cruel, convenez-en, lorsqu'on a perdu dignités, rang, fortune, lorsqu'il ne reste plus de tout cela qu'une réputation sans tache, convenez, dis-je, qu'il est cruel de voir cette réputation, qui devrait être respectée à l'égal d'une chose sainte, passer comme un jouet aux mains des courtisans désœuvrés, qui, ne pouvant la briser, tentent au moins de la ternir. Eh bien, Monsieur le duc, oui, en faveur de tout ce que vous avez fait pour moi, quoique maintenant je connaisse la véritable source de cette bienveillance et de cette bonté que je croyais désintéressées et pures, oui, je vous pardonnerai ce pari ; mais à une condition cependant ! Vous m'expliquerez comment ce billet a été jeté hier au soir par cette fenêtre, entre dix et onze heures du soir... voyez, Monsieur, lisez... »

A la façon dont une concurrente arrive à ce fameux : « Voyez, Monsieur, lisez... » haletante sans être essoufflée, émue sans être emballée, inquiète sans être accablée, on peut juger s'il y a dans l'élève l'étoffe d'une bonne diseuse.

Le critérium est à peu près infaillible, et toute concurrente qui dit bien la grande scène de *Mademoiselle de Belle-Isle* peut passer pour une actrice d'avenir... Mlle Bartet, qui reprenait le rôle hier soir, est depuis longtemps une grande artiste chez qui rien ne subsiste de l'élève. Elle a cependant réussi à se révéler sous un aspect nouveau ou du moins renouvelé : la modernissime Francillon a fait ses preuves de fille noble.

Febvre est un Richelieu fort correct. S'il lui manque les grandes élégances de Bressant, il se tire d'affaire grâce à cet art des pantomimes discrètes d'un si grand effet dans *Francillon*. Mme Broisat en Mme de Prie détaille très finement le côté Marivaux des scènes de coquetterie du premier acte. M. Albert Lambert fils a de bonnes minutes et de longs quarts d'heure en chevalier d'Aubigny. Il persiste à ne pas articuler.

LE DRAGON DE LA REINE (reprise)
par Pierre Decourcelle et Frantz Beauvallet
musique de Léopold de Wenzel

Opéra-comique en 3 actes
A la **Gaité**, 30 mai 1888

Distribution : Cornensac, *M. Berthelier*. — Pamphile, *M. Simon-Max*. — Montauciel, *M. Alexandre*. — Le Major, *M. Riga*. — Nicolas, *M. Blanche*. — Cassoulet, *M. Durieu*. — Sedaine, *Mme Simon-Girard*. — Rosa, *Mme Gélabert*. — La comtesse, *Mme Jane Evans*. — Mme Corusmin, *Mme Paravicini*.

Le 25 mars dernier l'Alhambra de Bruxelles donnait la première représentation du *Dragon de la reine*, fin mai, l'Alhambra faisait faillite. La Gaité a recueilli la pièce et ses deux principaux interprètes. Le livret méritait-il tant de charité ? on en jugera.

Une veuve inflammable, la comtesse de Bellardoise, est courtisée par le capitaine Montauciel, des dragons de la Reine, et par le sire de Cornensac, un grotesque qui collectionne des bassinoires. Mais elle a été sauvée d'un péril pressant (sic) par le petit Sedaine, et elle lui propose de devenir son « secrétaire intime ». Sedaine accepte, bien qu'il aime Rose, la fille de son patron, et peut-être deviendrait-il infidèle : mais le capitaine Montauciel et le baron de Cornensac, amoureux tous les deux de la comtesse, grisent leur rival et lui font signer un engagement aux dragons de la Reine. En route pour le Milanais !

Sedaine revient étourdi comme jadis, car ayant reçu l'ordre de porter la nouvelle de la victoire au maréchal de Noailles, il se laisse enlever son sauf-conduit par Montauciel. Mais cette fois il a sa revanche ; il grise le capitaine, arrive au quartier général et, glorieusement mis à l'ordre du jour, peut aspirer à tout, même à la main de Rose.

Sur ce scénario enfantin, M. Wenzel a écrit une partition abondante : de la musique à écouter le chapeau sur les genoux pour ne pas se fatiguer à saluer de vieilles connaissances.

Mme Simon-Girard (Sedaine) montre beaucoup de rondeur, dans toutes les acceptions du mot; Mme Jane Evans brûle les planches et c'est le premier devoir d'une grande dame aussi inflammable ; Mlle Gélabert a un mauvais rôle et le chante avec une discrétion bien méritoire.

M. Simon Max est assez mal loti. Heureusement il reste Berthelier, le sire de Cornensac, la gaîté, l'éclat de rire, le feu d'artifice de la soirée.

LES CINQ FRANCS
D'UN BOURGEOIS DE PARIS
(REPRISE)
par Dunan-Mousseux et Jules Pélissié

Vaudeville en 5 actes

Au théâtre **Cluny**, 30 mai 1888

—

Distribution : Duhamel, *M. Allart*. — Edmond, *M. Numas*. — Stanislas, *M. Dorgat*. — Bohin, *M. Dupuy*. — Goubault, *M. Chevallier*. — Francine, *Mme Aciana*. — Clara, *Mme N. Berthin*. — Mme Duhamel, *Mme Bilhaut*. — Eugénie, *Mme Thierry*.

Il date de vingt-cinq ans ce vaudeville représenté jadis avec le plus vif succès aux Folies-Dramatiques. La confection de humbugs gigantesques et titaniformes — « enfin nous avons fait faillite » en restera le plus parfait modèle, le comble du boniment industriel — n'a pas permis à Dunan-Mousseux de donner un pendant à ces fameux *Cinq francs*. Leur mérite est de reposer sur une idée très claire, toute simple. Le bourgeois Duhamel, patron du magasin de soieries « A la Ville de Tours » a fait fortune grâce à l'application des plus stricts principes d'économie domestique. Au budget des menus plaisirs, il ne porte jamais que des allocations de cinq francs. Cinq francs pour une partie à la campagne; cinq francs pour un dîner de camarades. Or, un beau jour, Duhamel se trouve entraîné à dépenser vingt-huit mille francs dans une partie fine où il ne devait apporter que son écot de cinq francs. Conséquence : le neveu de Duhamel, maître du secret de son oncle, en profite pour lui extorquer la main de sa fille avec la cession de la « Ville de Tours ».

M. Dupuy, déjà très remarqué dans les *Forfaits de Pipermans*, a mis au premier plan le rôle secondaire d'un garçon de magasin aux nombreux avatars qui s'appelle Bobin, quand il porte la casquette de la *Ville de Tours*, Gaspardo quand il fait les extras à la maison d'or, Vent-du-soir, quand il monte en jockey amateur aux courses d'Auteuil, Jasmin quand il tient l'emploi des valets de pied grand genre chez les petites dames.

LA MISSION DE JEANNE D'ARC
par Julien DALLIÈRES
Pièce en 5 actes

Première représentation à l'**Ambigu**, 1ᵉʳ juin 1888

DISTRIBUTION : Baudricourt, *M. Gravier*. — Charles VII, *M. Fabrègue*. — Durand Laxart, *M. Péricand*. — Jacques d'Arc, *M. Faille* — Pasquerel, *M. Valter*. — La Trémouille, *M. Munié*. — Jean de Metz, *M. Dermez*. — Dunois, *M. Dalleu*. — L'archevêque Chancelier, *M. Petit*. — Pierre d'Arc, *M. Montel*. — Jeanne d'Arc, *Mᵐᵉ Aline Guyon*. — Yolande d'Anjou, *Mᵐᵉ Delphine Murat*. — Ysabelle Romée, *Mᵐᵉ Philiberte*. — Haumette, *Mᵐᵉ Lévy-Leclerc*. — Mengette, *Mᵐᵉ Elza-Vogel*.

Qui se rappelle Julien Dallières ? C'était pourtant un fécond polygraphe, quelque chose comme un sous-Desnoyers, genre solennel, un auteur d'*André Chénier*, en trois actes, en vers, représenté à l'Odéon (1843) ; un *Napoléon et Joséphine*, joué à l'Ambigu en 1848 ; l'*Aigle* lu (sic) au Gymnase en 1855 ; deux poèmes, les *Restes de saint Augustin rapportés à Hippone* et la *Guerre d'Orient* (1856).

Le poète avait été couronné par l'Académie française. C'était un lauréat du prix Vitet… *Laureat mediocritas*, comme il est dit dans le *Monde où l'on s'ennuie*.

Aucun défaut saillant dans la *Jeanne d'Arc* représentée hier par les soins pieux d'exécuteurs testamentaires ; aucune exubérance de forme, aucune faute grave de composition, mais rien qui dépasse la moyenne des forts en thèmes, le bon travail du collège, le devoir d'élève appliqué et ferré sur l'art de cuisiner les réminiscences.

La troupe de l'Ambigu n'est pas prédestinée de toute éternité ni même d'éducation récente à jouer la tragédie. Elle s'est tirée d'embarras en négligeant d'apprendre les rôles. Mme Aline Guyon (Jeanne d'Arc) était seule en possession à peu près complète de ses répliques (qui sont de fort longues tirades).

LE BAISER DE SUZON
paroles de Pierre BARBIER, musique de BEMBERG

Opéra-comique en 2 actes

Première représentation à l'**Opéra-Comique**, 4 juin 1888

Simple histoire ! Certain soir en passant près de la grande meule, Suzon a reçu un baiser... anonyme. Ce baiser, Suzon l'attribue à un certain Jacques, le charron, qu'elle aime, et quand son père le fermier Simon veut lui faire épouser le riche fermier Lucas, un malotru qu'elle déteste, Suzon répond : « Impossible ! c'est Jacques qui m'a embrassée, c'est Jacques qui doit réparer... »

En fait, c'est bien Lucas, le malotru, qui a donné le baiser, à la nuit close, mais Suzon n'a garde de se laisser convaincre. Elle gifle le fermier quand il se risque à récidiver, si bien que Lucas se cherche un « parti » plus riche et moins récalcitrant. Suzon se résigne sans aucune peine à épouser celui qui n'a pas eu l'étrenne de sa joue en fleur (style classique).

L'auteur de la partition, M. Bemberg, est un débutant fort jeune et tout passionné pour la musique dramatique. L'élève de Massenet manque encore d'invention, mais quelques couplets sont d'une heureuse venue.

LE BAISER D'YVONNE
par E. MEDINA, musique de DOMERGUE

Vaudeville en 3 actes

Première représentation à **Déjazet**, 7 juin 1888

DISTRIBUTION : Isidore, *M. Charpentier*. — Mauginard, *M. Monval*. — Fauvardier, *M. Liory*. — Yvonne, *Mme Rougani*. — Virginie, *Mme Simiane*. — Hélène, *Mme Burty*.

Mauginard et Fauvardier, boutiquiers retirés, marient leurs enfants respectifs. Fauvardier, désolé de perdre un compagnon de « noces », ne cède qu'à la volonté formelle de son fils Isidore, mais Yvonne est éprise d'un inconnu qui l'a embrassée un jour de fête. Isidore, au courant de cette histoire, se fait passer pour l'inconnu, et enlève sa femme le soir même du mariage.

Détesté comme époux, il espère être adoré comme Lindor. Mais on se met à la poursuite des fuyards, et peu s'en faut qu'ils ne passent leur nuit de noces au Dépôt. On s'explique enfin, et Yvonne s'aperçoit qu'elle aime son mari.

Ces pauvretés défendues par MM. Monval, Livry et Carpentier et par Mme Rosina Rangani, sont accompagnées d'une agréable musiquette de M. Domergue.

LA FORGE DE SAINT-CLAIR, par L. Figuier
Drame en 5 actes
Première représentation à l'**Ambigu**, 8 juin 1888

Distribution : Fabron, *M. Gravier*. — Charrier, *Reykers* — Paul Charrier, *M. Walter*. — Amélie, *Mme Delphine Mural*. — Eveline, *Mme Lévy-Leclerc*. — Nathalie, *Mme Philiberte* — Beppo, *Mme Courbois-Guyon*. — Nolza, *Mme Elza Vogel*.
MM. *Dermez, Gatinais, Bernay, Chevallier, Dennequin.*

Pierre Fabron est usinier à Saint-Clair. Ce brave garçon ambitionne la main de la fille d'un voisin de campagne, noble et ruiné, Mlle Amélie de Kerdeck. Le gentilhomme pauvre ne demanderait qu'à consentir, mais Amélie a un secret, très dirimant. Elle aime un officier de marine, du nom de Kergoën. C'est alors qu'arrive à Saint-Clair une lettre bordée de noir. M. de Kerdeck l'ouvre et la laisse tomber. Le contre-maître de l'usine, le sieur Charrier, la ramasse et, voyant le nom de Kergoën sur la fatale missive, le montre à Mlle de Kerdeck : « Mademoiselle, vous êtes libre ! » En vain M. de Kerdeck s'inquiète et Pierre Fabron s'indigne (ce n'est pas le vrai Kergoën qui est mort, mais son frère) : « Laissez, reprend le sieur Charrier avec un aplomb imperturbable, je fais une bonne action. Je marie une honnête femme à un honnête homme. »

Au début du second acte qui se passe trois ou quatre ans plus tard en Italie, nous assistons aux conséquences logiques de la bonne action du contre-maître. Amélie, devenue Mme Fabron, sait de quelle supercherie elle avait été victime. Elle aime toujours Henri de Kergoën. Elle donne un rendez-vous au séduisant capitaine de frégate dans le jardin même de la villa, pour lui redemander des lettres et autres babioles, gage innocents de leurs tendresse. Pierre Fabron surprend le rendez-vous, et l'on entend deux coups de feu à la cantonade.

Rassurez-vous, Amélie n'est que blessée, et vingt ans après, quand Eveline (l'enfant d'avant le crime) est devenue une grande jeune fille, éprise du fils du contre-maître Charrier, Mme Fabron reparaît sous la robe de révérende mère du couvent de l'Annonciade. Elle se fait connaître, prouve son innocence, marie sa fille.

Ce mélodrame a beaucoup déplu. Si le public ordinaire lui accorde quelques circonstances atténuantes, tout le mérite en reviendra à la vaillante troupe de l'Ambigu : M. Gravier, excellent en Fabron, Reykers (Charrier), Mme Delphine Murat et Mme Lévi-Leclerc.

COQUIN DE PRINTEMPS, par Jaime et Duval

Vaudeville en 3 actes

Première représentation aux **Folies-Dramatiques**,
13 juin 1888

Distribution : Montcornet, *M. Gobin*. — Landurin, *M. Colombey*. — Alexandre, *M. Alexandre*. — Boniface, *M. Guyon*. — Pellajar, *M. Belluci*. — Hector, *M. L. Gallo*. — Rosalie, Mme *Carina*. — Mme Montcornet, Mme *Irma Aubrys*. — Emilie, Mme *Juliette Ilbert*. — La baronne, Mme *Aimée Martial*. — Berthe, Mme *Savary*. — Alcide, Mme *Leroy*.

Mme Montcornet, personne d'âge et d'expérience, a cru bien faire en mariant sa fille à Me Landurin, avoué. Par malheur qu'avril bourgeonne, que mai fleurisse et Landurin traverse sa crise, Landurin devient amoureux de la première belle-petite qui traverse son rêve étoilé. Il ne respecte même pas la clientèle.

« Sois tranquille, dit Mme Montcornet à sa fille ; j'en ai vu bien d'autres ! Il n'y avait pas d'avril amoureux pour ton père au temps de sa brillante maturité. Il était lui-même l'éternel avril cupidonesque. Je l'ai maintenu dans le droit chemin en le saturant de magnésie. Purge Landurin ou charge-moi de le purger.

La jeune femme consent, et tout de suite Mme Montcornet se met à l'œuvre. Dans le cabaret du Bas-Meudon où Landurin a entraîné (?) certaine baronne elle corrompt le garçon de restaurant, qui sert à Landurin une tête de veau saupoudrée de jalap. L'avoué est torturé par les crampes les plus intimes et les plus violentes au moment précis où la baronne de Pellafeu ne lui oppose plus qu'une résistance alanguie. Pendant ce temps, Mme Montcornet surprend son mari dans le même cabaret, en partie fine avec une petite bonne. Montcornet a combattu les médecines administrées par sa femme, au moyen de drogues, de certaines « gouttes d'Hercule » si réconfortantes, qu'après y avoir goûté, Mme Montcornet retrouve ses élans juvéniles d'il y a un quart de siècle.

Philémon et Beaucis se réconcilient. Quant à Landurin, il est corrigé et pardonné.

Colombey a trouvé dans le personnage de l'avoué Landurin une création infiniment moins littéraire que celle du paysan casse-cœur de *Claudine*, mais d'une certaine variété et d'une réelle finesse. Gobin, au contraire, joue gros et même énorme ; ainsi le veut sa popularité dans le quartier du Temple.

Mme Irma Aubrys, est une duègne pleine de rondeur.

Mlle Aimée Martial a paru très en beauté sous les atours de la baronne de Pellafeu. Alexandre père donne une physionomie amusante au type déjà connu du garçon de cabinet, subsistant du vice, mais favorisant la vertu sous main, ou plutôt sous serviette, comme les truffes.

LES BOHÉMIENS DE PARIS (REPRISE)
Au Châtelet, 14 juin 1888

DISTRIBUTION : Crévecœur, *M. Laray*. — Montorgueil, *M. Taillade*. — MM. *Leraud, Vivier, Gandelet, Boejat*. — Louise, *Mme Angèle Moreau*. — Arthemise, *Mme Bépoix*.

« Ce spéculateur qui vous propose une affaire d'un million et finit par vous emprunter cent sous, bohémien ! L'éditeur de ce journal qui ne paraît jamais, bohémien ! Ce prétendu banquier qui vous invite chez Véry et qui, au dessert s'aperçoit qu'il a oublié sa bourse, bohémien ! Et le soir, tout ce monde-là a déjeuné, a dîné, a vécu après s'être réveillé sans un sou. »

Ces prétendus bohémiens sont donc en réalité la basse bohème, c'est-à-dire la haute pègre du Paris de 1843, date de la première représentation de cette pièce à grand spectacle longtemps populaire au faubourg du Temple ; ils appartiennent à la même famille que les divers chourineurs des *Mystères de Paris* d'Eugène Sue et des *Mohicans de Paris*, de Dumas père.

On les revoit sans surprise, mais toujours avec intérêt. Laray, Taillade et Mme Bépoids, sans oublier Mme Angèle Moreau, dans le rôle élégiaque de *Louise* l'abandonnée, se sont partagé les honneurs de la soirée. Quant au détail de la pièce, détail salué par quelques rires ironiques, il n'est pas indifférent au point de vue de l'archéologie littéraire. Écoutez le dialogue de deux bohémiens du pavé : Chalumeau et Bagnolet :

« Tu as eu un patrimoine, toi, Bagnolet? — Oui, moi, Bagnolet. Qu'est-ce qu'il y a d'étonnant à ça? est-ce que dans la vie on n'a pas des hauts et des bas ! — Ah ! tu as eu des hauts. — Et maintenant, c'est tout au plus si j'ai des bas... » Un point de l'histoire du calembour au théâtre n'est-il pas fixé par cette citation.

Notons également le colloque du même Bagnolet et de la grisette Arthémise : « C'est insupportable; voulez-vous bien m'écouter ? — Parlez, Arthémise; je vas essayer de me calmer, je vas tâcher d'arrêter la locomotive. » Voilà donc M. Dennery dûment convaincu d'être l'ancêtre de la célèbre chanson : « Arrête, Joséphine, arrête la machine. » Et quand il a créé de toutes pièces cette brillante métaphore, les chemins de fer étaient encore, en France, dans leur prime jeunesse!

LA PROSE, par Salandry
Pièce en 3 actes

—

MONSIEUR LAMBLIN, par Georges Ancey
Comédie en 1 acte

—

LA FIN DE LUCIE PELLEGRIN
par Paul Alexis
Pièce en 1 acte
Premières représentations au **Théâtre-Libre**, 15 juin 1888

—

M. Lamblin a deux ménages : Mme Lamblin est d'autant plus contrariée de ce partage que la maîtresse de son mari vient le relancer dans le domicile conjugal. Elle se fâche ; mais la belle-mère intervient, morigène sa fille, lui représente que la liaison de M. Lamblin offre de précieux avantages (la Mme Lamblin de la main gauche étant riche), bref elle la décide à pardonner.

Moralité : la meilleure garantie du faux ménage est la présence d'une belle-mère intelligente dans le vrai ménage.

Comme plat de résistance, la *Prose*, trois actes de M. Salandri. La donnée est quelconque. M. Belhomme, négociant, homme positif, veut marier sa fille Berthe au sieur Daveine, négociant, jeune homme positif, — or, Berthe a du vague à l'âme ; et elle se fait enlever par le premier commis de son père, Pierre, qui représente la poésie.

Pierre est un honnête homme ; il ne prend livraison de sa conquête que pour la déposer chez une parente, blanchisseuse, à Vaugirard ; mais Berthe, écœurée par le prosaïsme de la vie ouvrière, retourne chez son père qui, d'abord pénétré de respect pour l'auteur de ce « coup d'homme fort » hausse les épaules en apprenant la noble conduite de Pierre. « Quel Jocrisse ! Elle est bien bonne ! » Et le sieur Daveine sourit. « Personne ne connaît l'escapade. J'épouse tout de même. »

La pièce est bien jouée par M. Antoine, Mlle Deneuilly et M. Mayer. Quant à *la Fin de Lucie Pellegrin*, de M. Alexis, je donnerai tout d'abord, à titre d'avertissement, la distribution : huit rôles de femme, dont une habillée en homme.

Celle-là... c'est le jeune premier de la pièce, « M. Chochotte », l'amant de cœur de Lucie Pellegrin, une « horizontale » ruinée et moribonde. La ruine de Lucie, la maladie de Lucie, Chochotte est responsable de tout, et ce vampirisme spécial ne désarme pas devant la mort.

Au moment où Lucie Pellegrin que dévore la phtisie... galopante bien entendu, mais avec étapes entre deux galops, nos prétendus novateurs naturalistes ayant pour premier soin d'emprunter au répertoire soi-disant idéaliste les plus vieilles ficelles et notamment le truc commode d'une maladie qui permet de vaquer à ses petites affaires — s'offre la récréation suprême d'une dînette *in extremis* avec quelques compagnes du « Rat-Mort ». M. Chochotte arrive et fait une scène de jalousie qui tue la phtisique.

Mme Nancy Vernet, France et Barny ont lutté avec l'énergie du désespoir contre le malaise d'une partie de la salle ; mais la tâche la plus rude encombrait à Mme Félicia Mallet ; l'amusant gavroche des *Mohicans de Paris*, jouait Chochotte. La malheureuse est plus à plaindre qu'à blâmer.

Avec la belle étourderie de son âge, elle n'a pas su faire son profit de la phrase qu'un ami de l'auteur a recueillie au cours des répétitions et communiquée à un journal également ami : « Mon pauvre M. Alexis ! Je voudrais bien vous la jouer-moi, cette Chochotte, mais enfin, je me demande si, après avoir joué ça, une artiste peut encore passer pour une honnête femme ! » Adorable ce mot-là, et combien plus littéraire que *Lucie Pellegrin*, commencement et fin, drame et roman !

UNE FAMILLE AU TEMPS DE LUTHER

(REPRISE)

A la **Comédie-Française**, 18 juillet 1888

—

Distribution : Paolo, *M. Mounet-Sully*. — Luidgi, *M. Sylvain*. — Marco, *M. Clerh*. — Thécla, *Mme Lloyd*. — Elci, *Mme Muller*.

Cinq personnages : 1° Thécla, une veuve qui vient de se convertir au schisme : luthérienne par vocation ; 2° son fils aîné Luigi, resté près d'elle et que pénètrent peu à peu les convictions nouvelles : luthérien par raison ; 3° l'enfant de Luigi. Ici une bonne petite fille très indifférente aux controverseses religieuses, mais qui ne demande qu'à suivre l'exemple de papa et de grand'maman : luthérienne par affection ; 4° un vieux serviteur qui se moque de Luther comme du diable, mais qui voudrait bien ne pas perdre sa place : luthérien par attachement au service. Au milieu de ces quatre personnages dont un seul — la veuve Thécla — a formellement renié le catholicisme, tombe un empêcheur de se convertir en famille. Paolo, le fils cadet de Thécla, un papiste fanatique, retour de Rome qui, pour assurer le salut de son frère, l'égorge avec un couteau de cuisine. Crime inutile, car avant de rendre le dernier soupir, Paolo a le temps de murmurer : « J'abjure ! » et Elci (rappelez-vous Pauline après la mort de Polyeucte) s'écrie : « J'imite mon père ! »

C'est par l'insuffisance de la forme que pèche cette tragédie compacte qui semble du Crébillon modernisé et condensé. L'éclat des beaux vers pourrait seul en percer les ténèbres profondes; or, rien n'est plus rare qu'une « strophe » vraiment brillante dans le romantisme anti-lyrique de Casimir Delavigne. Cette impression a été si générale qu'on n'a pas rendu justice à la remarquable façon dont Mounet-Sully a composé le rôle de Paolo. En revanche vif succès pour Clerh-Marco, le vieux domestique, sceptique et conciliant, indifférent et timoré, diplomate d'antichambre, opportuniste d'office que son attitude rend suspect aux catholiques comme aux luthériens. Il a dit avec une merveilleuse finesse le vers célèbre... en 1836 et toujours actuel en 1888 :

Soyez donc modéré pour ne plaire à personne...

LA FAVORITE
Débuts de M. COSSIRA
A l'Opéra, 2 juillet 1888

Les directeurs de Belgique et de province ont vulgarisé, si j'ose ainsi dire, le nom méridional de M. Coussirat, dit Cossira en se disputant son titulaire à grand renfort de papier timbré. En possession de cette première notoriété qui constitue une réclame toute gratuite, M. Cossira y ajoutera-t-il la consécration artistique définitive de l'adoption par le grand public parisien ? Il s'est réservé extraordinairement réservé, jusqu'au duo final, au point de ne faire entendre que l'homme *du* métier et *de* métier, le « ficelier » habile qui n'ignore aucune des ressources professionnelles. Il a nuancé fort habilement (mais en ténor léger plutôt qu'en ténor de force) ce rôle de Fernand dont les moindres intonations sont classiques et cataloguées. Il lui reste à faire preuve de réelle jeunesse et d'éclat.

Au demeurant, en mettant à part le grand duo final pour lequel M. Cossira s'était visiblement ménagé et qui d'ailleurs porte en lui-même son ovation, il a paru un Dereims moindre, à la voix parfois étranglée. Mais il faut compter ou plutôt décompter avec l'émotion.

LE MISANTHROPE
LE MALADE IMAGINAIRE
A la **Comédie-Française**, 7 juillet 1888

—

DISTRIBUTION : *Mlle Legault, Mlle Lainé, M. Leitner*

...Au fond, et malgré les commentaires à satiété des ergoteurs à perpétuité, il n'y a pas d'emploi plus simple, de personnage plus uni dans le grand répertoire. Célimène, hé ! mon Dieu, ce n'est ni une fée, ni un monstre — ni le monstre de la duplicité, ni la fée de la coquetterie — c'est tout simplement la femme, je veux dire la femme du monde.

Le seul critique normalien qu'on affecte de ne pas citer dans la jeune école de critique renanienne, parce qu'il a des opinions et qu'il les partage au lieu d'affecter des dégoûts et de simuler des dédains, M. Paul Janet a très nettement caractérisé le personnage. « On ne rit pas de Célimène ; c'est toujours elle qui règne, et même démasquée, humiliée, elle est encore souveraine, et c'est elle qui veut bien accorder sa main. *En un mot, elle manie le ridicule, elle ne le subit pas.* »

Donc Célimène est : la femme. Or Mlle Legault l'inoubliable « Tête de Linotte » continuait ses débuts à la Comédie par ce rôle écrasant, elle n'est pas la femme, elle est une certaine femme fort spéciale et toute spécialisée elle incarne un type à part: l'affairée, si proche parente de l'affolée.

La débutante n'a pu se rattraper que sur les détails moindres du rôle ; elle s'y est montrée gracieuse. Quant à la souriante et dédaigneuse impersonnalité exigée par le rôle, elle ne serait plus Mlle Legault si elle l'échangeait contre sa pétulante étourderie, sa mobilité instinctive, ce je ne sais quoi de toujours inquiet, de suspendu, d'agité qui donne l'impression d'un fruit mûrissant secoué à bout de branche par une belle brise de juillet.

L'exagération dont M. Leitner faisait preuve surabondante en juillet 1887, au Conservatoire, n'a pas disparu, c'est Alceste-Othello pour faire pendant à l'Alceste-Hernani de M. Delaunay,

Mlle Lainé débutait dans le rôle d'Angélique du *Malade imaginaire*. Il est gentillet, ce petit rôle d'Angélique, il a l'air tout monocorde, tout simplet et cependant il est assez complexe. Ce n'est pas la naïve ingénue de l'ancien répertoire, elle a des moments de révolte, où la femme se laisse deviner sous l'enfant. Le personnage demande donc tout à la fois de la grâce et de la force; Mlle Lainé l'a détaillé avec une habileté qui n'exclut pas le naturel.

LES ENVIRONS DE PARIS (reprise)
Au Châtelet, 7 juillet 1888

Les *Environs de Paris*, qui datent de 1877, ont été d'abord un vaudeville joué à l'Ambigu (*sic*) puis adopté par Cluny. Rien de plus conforme au cliché ! Mlle Bartavel est fiancée à un confiseur de Verdun qu'elle ne peut souffrir, le sieur Molinchart, mais combien elle préférait son cousin Théodore. De son côté Molinchart, dont le retard du notaire ajourne le contrat, trahi une certaine Louisette et se sait poursuivi par cette Ariane peu résignée. Pour tuer le temps, on se décide à faire le tour des environs de Paris; on se perd, on se retrouve, on se reperd; quand on se rejoint définitivement, Molinchart épouse sa victime et Mlle Bartavel devient Mme Théodore.

Au Châtelet, les environs de Paris sont une féerie panoramique brillamment montée et fort bien jouée par M. Cooper, rôle de Molinchart dont l'ensemble rappelle sa récente création de *Mamz'elle Crénom;* Chameroy, un excellent Bartavel, Lérant, Lévy, l'indispensable Leriche, Mlle Lantelme et un bataillon féminin bien recruté, Destrées, Riva, Blanche Miroir, J. Richard.

LES CHEVALIERS DU BROUILLARD (REPRISE)

A la **Porte-Saint-Martin**, 7 juillet 1888

DISTRIBUTION : Jack Sheppard, Mme *Tessandier*. — Mistress Sheppard, Mme *Elise Duguéret*. — Bluskine, *M. Péricaud*. — Wood, *M. Léon Noël*. MM. *Bouyer, Darmont, Rosny, Rodé, Riva, Herbert, Perrier, Delisle, Samson, Mallet, Gaspard, Jégu, Besson, Blanchet,* Mmes *Claudia, Varly, Boulanger.*

La première représentation des *Chevaliers du Brouillard* si souvent repris remonte à plus d'un quart de siècle. En ce temps-là, M. Dennery sacrifia de gaîté de cœur ou laissa sacrifier (c'est tout un), le côté dramatique des *Chevaliers*, concentra tout l'intérêt sur le travesti de Jack Sheppard.

Ce travesti était tenu par Mme Marie Laurent, très en verve et toute en jeunesse, qui s'y révéla artiste de premier ordre et lui donna une empreinte ineffaçable. C'en était fait pour longtemps du rôle de mistress Sheppard, de cette fièvre de maternité, de ces élans dramatiques qui sont la vraie pièce, la seule digne de survivre à la curiosité du moment...

Trente ans se sont écoulés; Mme Marie Laurent s'est vouée aux rôles de mère; elle est devenue une incomparable Sachette, elle serait une mistress Sheppard hors ligne. Et, c'était bien mon espoir quand le bruit a couru d'une prochaine reprise des *Chevaliers du Brouillard* à la Porte-Saint-Martin, que M. Dennery et M. Duquesnel allaient s'entendre pour rendre au mélodrame déséquilibré depuis 1857 sa véritable unité, en nous montrant à la fois Mme Tessandier sous le travesti de Jack Sheppard, et Mme Marie Laurent dans le rôle de la veuve Sheppard.

On n'a pas profité d'une facilité presque unique ; on a confié mistress Sheppard à Mme Duguéret qui est une duègne bien estimable (je veux dire une artiste émérite, consciencieusement terne) ; on a maintenu le drame passionnel à l'arrière-plan. Mme Tessandier est restée seule pour remplir la pièce, à force de nerfs et de coups de reins, et de grimpage à l'échelle de cordes et d'allures savamment garçonnières.

Cette part faite à des réserves qui sont des regrets — et très vifs — il serait injuste de méconnaître avec quel soin les artistes de la Porte-Saint-Martin ont composé les rôles accessoires des *Chevaliers du Brouillard* qui ne comprennent pas moins de vingt-quatre personnages. M. Léon Noël est un remarquable Oswen Wood et M. Péricaud un bien amusant Bluskine. Les décors sont fort beaux.

LA JUIVE
Débuts de M. BERNARD
A l'Opéra, 11 juillet 1888

Commençons par féliciter le nouvel Eléazar de n'avoir pas italianisé son nom, à la façon de certains camarades. Il n'a pas jugé indispensable ni même utile de se transformer sur l'affiche en Bernado ou en Bernadi. Et une série d'autres bons points au chanteur... Non que l'Opéra ait encore ou déjà trouvé l'oiseau rare, le remplaçant définitif de Villaret. M. Bernard est un ténor barytonnant, qui a de belles notes élevées, l'autre extrémité du registre vocal un peu grêle, parfois même d'une mièvrerie préciosée, mais peu de médium.

En revanche, il tire le plus adroit parti de cette voix mal équilibrée ; mettant en pleine lumière les passages de force, escamotant les mouvements rapides où il paraît devoir s'essouffler vite, très remarquable dans les ensembles où il s'est posé, dès hier, en chef d'attaque, bien qu'il eut des partenaires exercés.

ŒDIPE ROI (REPRISE)
A la Comédie-Française, 18 juillet 1888

La traduction de M. Jules Lacroix reparaissait pour la troisième fois — 1858, 1881, 1888 — sur la scène de la Comédie. Comme en 1881, M. Mounet-Sully jouait Œdipe. Il a été admirable — et admiré. Mlle Lloyd s'essayait dans le rôle de Jocaste. M. Maubant reste un Tirésias du plus pur classicisme ; M. Silvain, un diseur de grande école ; M. Laroche a été acclamé après le récit du pâtre.

M. Dupont-Vernon a eu aussi son succès très personnel et tout mérité dans le rôle difficile de Créon. Enfin Mme Hadamard et Mlle Du Minil qui remplaçaient sous la tunique des jeunes filles thébaines Mlle Rosamond, morte, et Mlle Rosa Bruck, émigrée au Gymnase, ont modulé les chœurs, avec une parfaite justesse de ton.

Simple observation. Le rideau ne se baisse qu'une seule fois, après le récit du meurtre de Laïus. L'acteur chargé de représenter Œdipe y gagne de ne pas disséminer ses effets, de garder sa main-mise sur les spectateurs. Mais à quel prix ? Par le sacrifice même de la pièce, par une irréparable atteinte portée à la composition dramatique.

Que voit-on, en effet, dans le texte du tragique grec ? une étude psychologique savamment graduée. Voici d'abord Œdipe révéré, presque adoré par le prêtre de Jupiter. Au second tableau. Œdipe descendu de son piédestal, mêlé au peuple, redevenu peuple lui-même dans sa terrible explication avec Tirésias.

Troisième Œdipe : la suprême révolte de l'homme contre la destinée. Au quatrième acte, toute cette violence s'est calmée ; au dernier réveil de force succède l'accablement.

Quant à l'Œdipe sanglant du dernier tableau, celui-là n'est plus une créature humaine, mais le prototype des victimes de la fatalité. Il est devenu en quelque sorte impersonnel et Créon le lui fait bien sentir.

> Crois-moi, n'essaie pas de l'emporter toujours
> Tes victoires ont fait le malheur de tes jours !

Donc, à bien compter, nous avons une tragédie en cinq actes, et aussi et surtout en cinq Œdipes ; c'est un contresens de resserrer chacun de ces personnages, si caractérisés, si variés au sein de leur triomphante unité, dans une période de temps si courte qu'elle rend l'exécution du drame saccadée, haletante. Du jour, de l'air, des entr'actes !

LES FOLIES AMOUREUSES (reprise)
A la Comédie-Française, 11 août 1888

Toute discussion réservée sur le mérite littéraire et la gaîté plus ou moins communicative des *Folies-Amoureuses*, — il y aura lieu d'y revenir quand la Comédie fera un plus complet effort de remise à la scène pour ce pastiche de Molière qui contient des « parties » de chef-d'œuvre comme on disait au grand siècle, sans être un chef-d'œuvre, — il faut rendre pleine justice au personnage d'Agathe. C'est la création la plus séduisante du répertoire de Regnard, cette délicieuse figure de pupille tyrannisée par un tuteur grotesque. Elle rappelle l'Henriette des *Femmes savantes*.

> Les filles, d'ordinaire assez dissimulées,
> Font, au seul nom d'époux, d'abord les réservées.
> J'ai le cœur plus sincère, et je vous dis sans fard
> Que j'aspire à l'hymen, et plus tôt que plus tard.

Mais elle tient aussi de l'amazone et de la coureuse d'aventures.

> Mille vivacités me passent par la tête.
> J'ai du cœur, de l'esprit, du sens, de la raison ;
> Et tu verras dans peu des traits de ma façon.

Enfin la gamine qui s'amuse fort de ses équipées et trouve dans leur rouerie même un plaisir innocent, ne tarde pas à paraître, annonçant déjà la Rosine du *Barbier de Séville*.

Nul doute que cette partie du rôle n'ait particulièrement séduit Mlle Ludwig. Elle l'a prouvé en débitant avec bien de la verve, du brio et de la vraie jeunesse, les tirades étincelantes du troisième acte. J'aurais mauvaise grâce à lui reprocher d'avoir fait pétiller de feu d'artifice. Il me suffira de lui rappeler que Mlle Marsy, jouant Agathe en 1885, s'attachait presque uniquement à mettre en relief l'amazone, la belle frondeuse ; c'est un premier aspect du rôle qui ne saurait être complètement sacrifié.

M. Laugier est un Albert insistant et souligneur, M. Truffier, un Crispin trop grimaçant, trop « fumiste », trop rapin, mais d'une gaieté si communicative qu'elle désarme toute critique. Il reste à nommer M. Boucher, le Delaunay des représentations classiques, un Éraste fort pimpant, et Mlle Kalb, une Lisette étoffée à souhait.

LE JEU DE L'AMOUR ET DU HASARD

L'AVENTURIÈRE (reprises)
Débuts de Mlle Nancy MARTEL
A la Comédie-Française, 27 juillet 1888

Peut-être n'était-il pas absolument indispensable que Mlle Nancy Martel, très honorablement classée à l'Odéon, passât le pont des Saints-Pères pour prendre domicile à la Comédie. Mais après son début, la nécessité du départ de Mlle Nancy Martel est encore plus contestable que l'utilité de sa venue.

Non que l'épreuve ait tout à fait répondu aux ambitions de la nouvelle interprète de ce rôle exquis et pervers la Sylvia de Marivaux, qui savoure avec de si équivoques délices, une insistance si alarmante (et si dix-huitième siècle) l'angoisse de se croire amoureuse d'un valet. Elle s'est montrée sèche, rêche et pédante ; si elle a bien jeté le cri : « Ah ! je vois clair dans mon cœur ! » elle a infiltré les autres répliques de fausses grâces pédagogiques du plus douteux effet. Mme Broisat, qui fut pendant longtemps — avant Mme Baretta — la titulaire du rôle, le jouait déjà, le jouait trop en institutrice libre.

M#lle# Nancy Martel s'y révèle la parfaite institutrice diplômée. Trop de brevet!

Alors?... Alors ce début ne prouve rien contre la débutante. Il annonce même un succès à échéance, mais dans un autre emploi. Toute cette raideur, toute cette sécheresse, prédestinent M#lle# Nancy Martel aux rôles (si peu tenus à la Comédie) de grandes coquettes sur le retour.

J'insiste — par devoir, et en me rendant compte que mon bon conseil sera pris pour un mauvais compliment — M#lle# Nancy Martel ne se résignera pas facilement à jouer les Arsinoé, les Bélise. Pourtant, si elle a quelque avenir à la Comédie, c'est dans la pénombre encore glorieuse de ces emplois en apparence sacrifiés. Bref, après le début d'hier, et en me plaçant au point de vue des petites camarades, à la place de M#me# Barretta, je serais joliment rassurée sur la concurrence, mais comme j'aurais peur si j'étais M#me# Amel!

On avait commencé par l'*Aventurière*, pour les seconds débuts de M#lle# Lainé et de M. Leitner. Dans son délicat et touchant petit rôle, la nouvelle Céline a remporté le plus franc succès.

M. Leitner a tiré meilleur parti de sa voix tonnante et même tonitruante, en don Fabrice qu'en Alceste.

LE SOMMEIL DE DANTON
par Clovis Hugues
A l'Opéra-Comique, 8 août 1888

—

« Tout en lui était athlétique, rude et vulgaire comme les masses. Il devait leur plaire parce qu'il leur ressemblait. Son éloquence imitait l'explosion des foules. Sa voix sonore tenait du rugissement de l'émeute. Ses phrases, courtes et décisives, avaient la concision martiale du commandement. Son geste irrésistible imprimait l'impulsion aux rassemblements. Il s'enivrait du vertige révolutionnaire comme on s'enivre du vin. Il portait bien cette ivresse. Il avait la supériorité du calme dans la confusion qu'il créait pour la dominer. »

Si j'ai tenu à reproduire cet admirable portrait de Danton, ce n'est pas pour rappeler que Lamartine si méconnu ou si oublié a été dans le domaine historique un *résurrecteur* comparable à Michelet; mais pour établir à l'encontre de M. Clovis Hugues que Danton amoureux, Danton sommeillant ou somnolent ou à demi réveillé, Danton enivré de tendresse et dessoûlé de révolution, cesse d'être un personnage dramatique. Cet autre mâle plus monstrueux (et plus vulgaire) que Mirabeau, devient quelconque, tourne au fantoche et au comparse quand on l'isole des « masses profondes » qui s'agitaient autour de lui. Aussi bien M. Clovis Hugues a basé son drame historique sur une fiction contraire à l'histoire. Il a donné une maîtresse à Danton, qui justement vécut et mourut excellent époux. Au premier acte qui se passe au début de l'année 1794, Danton laisse deux conspirateurs royalistes : le marquis de Faustin et le vicomte Anaclet, lui jeter dans les bras (ce n'est pas une façon de parler) la belle Julia de Valbrune, ex-cocodette d'ancien régime, devenue agente monarchiste. Julia se propose de perdre Danton en jouant le rôle d'une Dalila de petite marque. Mais, à peine a-t-elle entendu le tribun « colloquer » avec la foule qui l'accuse de modérantisme, qu'elle reçoit le coup de foudre.

Vous connaissez Danton, Madame ! — Qu'il est beau !

Quand le rideau se relève, Danton a fait son métier de grand homme (suivant la mauvaise formule) ; il a été stupide en amour ; il n'a pas vu le piège, et le voilà amant déclaré de Julia de Valbrune. Si Julia, qui a été touchée de la grâce voluptueuse, ne songe plus à le perdre, un sieur Lavaux, agent de Robespierre, s'en charge pour elle et veut la forcer à dénoncer Danton comme complice d'Anaclet et de Faustin reconnus conspirateurs.

Julia s'y refuse et fait sa confession générale en vraie Marion Delorme. Danton pardonne à la pécheresse, mais dans un accès de civisme il fait arrêter Madeleine-Marion-Julia avec les deux ci-devant.

Danton-Brutus n'a pas sauvé Danton-Hercule, compromis par Omphale. Robespierre l'implique dans l'affaire, le fait arrêter. Ici une entrevue dramatiquement inutile mais signalée par une très remarquable réplique de Robespierre aux emportements de Danton contre l'ingratitude de la populace :

Tu n'es pas assez pur pour lui refaire un dieu !

C'est le « beau vers » (inattaquable, irréductible, absolu !) de la pièce qui contient d'ailleurs, çà et là, d'assez louables tirades, mêlées de quelques obscurités.

Danton ainsi condamné par Robespierre est définitivement perdu, malgré le dévouement de Julia, les maladresses de Lavaux et (qui le croirait !) les remords de Fouquier-Tinville assez attendri pour offrir au tribun la clé des champs, Danton la repousse. « Va vivre ! » dit-il à Julia. Et montrant ses amis qui marchent au supplice :

Ils ont lutté pour moi ; je dois mourir pour eux...

Avec eux, serait plus juste...

Cette combinaison parfois intéressante, souvent puérile, toujours convaincue, du *Lion amoureux*, du *Chevalier de Maison Rouge* et de *Quatre-vingt-Treize*, a été jouée fort médiocrement par M. Auvray, un Danton sans vocation, et Mlle Nancy-Vernet, une Julia sans mémoire. MM. Munié et Monti ont tenu avec plus de soin et de bonheur les deux rôles de conspirateurs royalistes.

LE GANT ROUGE, par H. LEE et E. ROSTAND

Vaudeville en 4 actes

Première représentation à **Cluny**, 24 août 1888

—

DISTRIBUTION: *MM. Allart, Numas, Dupuy, Dorgal, Nars, Cuinier, Bertin, Brecourt*

Le théâtre Cluny a renouvelé son affiche pour les derniers jours de l'année théâtrale qui finit — officiellement — au 31 août, avec un vaudeville en quatre actes de deux débutants, M. H. Lee (un Américain), et M. E. Rostand (un Marseillais).

Le gant rouge, gant en fer blanc accroché au-dessus de la porte de la *Cascade des cravates*, magasin de lingerie et de ganterie — surtout de lingères et de gantières — tenu aux environs du boulevard des Italiens par Mme Tourniquet, ne sert pas seulement d'enseigne, mais de coffret aux lettres compromettantes. Mme Tourniquet a caché dans un doigt la correspondance galante échangée il y a quelque quinze ans avec un capitaine de chasseurs. Mais ce n'est pas le seul doigt utilisé à titre de boîte aux lettres. Ernestine, la première demoiselle de magasin de Mme Tourniquet, a caché aussi dans le pouce ou l'index du gant rouge des lettres d'un certain Toulouzac.

Toulouzac qui se comporte ou plutôt se déporte à Paris

en célibataire, est marié à Bédarieux. Ce détail n'a pas échappé à la pénétration d'Ernestine, une petite « moderne » fort positive. Que son amant d'entre-saisons s'avise de la négliger, et elle adressera à Mᵐᵉ Toulouzac la preuve des infidélités de son mari. De son côté, le bourgeois de Bédarieux flaire un chantage et profite d'une excursion entreprise à Paris (toujours la *Cagnotte!*) en compagnie de ses concitoyens et amis Rastouanet, Castoulet, Balladaze, pour essayer de remettre la main sur sa correspondance.

A la suite de quiproquos remplissant trois actes de développement, le gant rouge passe de main en main, comme l'enfant perdu des mélodrames du boulevard et comme les deux milles contrefaçons vaudevillesques du *Chapeau de paille d'Italie,* jusqu'au moment où tout s'arrange à la satisfaction générale.

Interprétation méritante: M. Lureau, un Toulouzac de la rondeur la plus méridionale : MM. Allart, Dorgat, Numas et Dupuy (excellent en domestique belge). Du côté féminin, Mᵐᵉˢ Guinet, N. Berthin, Brécourt, etc. Mise en scène réussie, notamment le premier décor qui représente la grande salle du musée Grévin avec toutes ses figures de cire. Voilà des circonstances plus qu'atténuantes pour cette méprise d'ailleurs sans conséquence, puisqu'il s'agit d'un dernier solde d'arrière-saison.

TABLE DES MATIÈRES

Premières Représentations, Reprises et Débuts

Du 1ᵉʳ septembre 1887 au 30 août 1888

	Pages.		Pages.
L'Abbé Constantin. . .	111	Une Collaboration. . .	309
L'Affaire Clémenceau. .	246	Coquin de printemps. .	608
L'Age d'or.	282	Le Club des panés. . .	139
L'Agneau sans tache. .	108	La Dame de Monsoreau. .	339
Les Amoureux de Catherine.	402	Jacques Damour. . . .	21
Adrienne Lecouvreur. .	546	Décoré.	329
Andromaque.	498	Le Dégommé.	34
Anniversaire de Musset.	234	Les Délégués.	200
Mademoiselle d'Artagnan.	63	La Demoiselle de Belleville.	436
L'Aventurière.	621	Dimanche et lundi. . .	453
L'Aveu.	501	Dix jours aux Pyrénées. .	163
Le Baiser. . . .	265,584	Le Docteur Jojo. . . .	469
Le Baiser de Suzon. . .	604	Doit et Avoir.	528
Le Baiser d'Yvonne. . .	605	Don Juan.	86
Beaucoup de bruit pour rien.	217	Don Sanche d'Aragon. .	3
La belle Sophie . . .	541	Dora.	533
Le beau Léandre. . . .	479	Le Dragon de la Reine. .	598
Les Bohémiens de Paris.	610	Les Dragons de Villars. .	295
Le Bossu.	474	Les Effrontés.	358
Boul'miche Revue. . .	160	Les Environs de Paris. .	620
Les Brigands.	291	L'Evasion.	67
Le Caïd.	193	Une famille au temps de Luther.	615
Célimare le bien-aimé. .	13	Faust.	7,127
Une chaîne anglaise. .	5	La Favorite.	617
Le Chapeau d'un horloger.	135	La Femme de Tabarin. .	132
Le Chevalier timide. . .	1	La Fiancée des Verts-Poteaux.	128
Les Chevaliers du Brouillard.	621	La Fille de Madame Angot.	381
Chez l'Etoile.	488	La Fin de Lucie Pellegrin.	612
Le choix d'un gendre. .	323	Fin de siècle.	544
La Cigale et la Fourmi. .	81	Le Flibustier.	584
Les Cinq francs d'un bourgeois de Paris. . .	600	Les Folies Amoureuses. .	626
Cocard et Bicoquet. . .	410	La Forge de Saint-Clair.	606
Coco.	582	Francillon	29

TABLE DES MATIÈRES

	Pages.
François les-bas-bleus.	243
Une Gaffe.	572
Galathée.	204
Le Gant rouge.	634
Gavroche.	356
La Grammaire.	13
La Grande-Duchesse.	40
La Grande-Marnière.	510
Germinal.	554
La Grenouille.	233
Hypnotisé.	311
Le Jeu de l'Amour et du hasard.	83, 627
La Jeunesse des Mousquetaires.	394
La Juive.	623
Lazare le Pâtre.	460
Le Légataire universel.	207
Le Legs.	207
La Lycéenne.	269
Mademoiselle d'Argens.	479
Mademoiselle de Belle-Isle.	596
Le Malade imaginaire.	498, 618
Mam'zelle Crénom.	317
La Marchande de sourires.	562
Le mari de ma femme.	457
Les mariés de Mongiron.	400
Le Marquis de Villemer.	9
Le Marquis Papillon.	21
Matapan.	568
Mathias Sandorf.	185
Les médecins.	501
Mercadet.	277
Le microbe.	299
Mignon.	240
Le Misanthrope	618
La Mission de Jeanne-d'Arc.	602
Les Mohicans de Paris.	552
Monsieur Lamblin.	612
Les Noces de Mlle Gamache.	431
Nos bons jurés.	213
La Nuit de juin.	237
Œdipe-Roi.	624
L'Oncle Anselme.	263
On le dit.	570

	Pages.
Les Quarts d'heure.	491
Le Pain du péché.	568
Paris-Cancans.	288
La Pelote.	491
La Perdrix.	49
Le Père.	96
Philémon et Baucis.	193
Sœur Philomène.	67
Pierrot assassin.	491
Les Premières armes de Louis XV.	388
Le Presbytère.	565
La Princesse George.	417
La Prose.	612
Une Provinciale.	406
La Puissance des ténèbres.	366
Le Puits qui parle.	465
Le Réveillon.	297
Le Rire de Molière.	307
Robert le Diable.	305
Le Roi d'Ys.	574
Le Roi Koko.	196
Le Roi malgré lui.	139
Rolla.	594
Roméo et Juliette.	73
Les Saturnales.	29
La Sérénade.	265
Le Sommeil de Danton.	630
Le Sosie.	59
La Souris.	146
Souvent Homme varie.	76
La Station Champ-Baudet.	323
Michel Strogoff.	272
Surcouf.	56
Les Surprises du divorce	444
La Tentation de saint Antoine.	282
La Timbale d'Argent.	143
La Tosca.	169
Tout pour l'honneur.	265
Tous pincés.	354
Tricoche et Cacolet.	94
Madame Turlupin.	453
Le Valet de cœur.	549
La Volière.	377
Le Voyage d'agrément.	135
Y a rien d'fait.	285
Zampa.	402

TABLE DES NOMS D'AUTEURS

	Pages.
Adam (Mme)	406
Adorer (Adolphe)	108
Adenis (E.)	49, 541
Alexis (Paul)	612
Amic (Henri)	479
Ancey (Georges)	612
Arène (Paul)	568
Arrault (Henri)	285
Aubanel (Théodore)	568
Audran	148, 465
Augier (Emile)	348
Banès (Antoine)	200
Banville (Th. de)	265, 479
Barbier (Jules)	402
Barbier (Pierre)	604
Barbusse (Adrien)	565
Beaumont	377, 436, 465, 598
Beauvallet (Frantz)	63, 285
Bemberg	604
Bernhardt (Mlle Sarah)	501
Bernicat	243, 388
Beyle (Arthur)	67
Bisson (Al.)	196, 444
Blau (Ed.)	49, 574
Blavet (Émile)	200
Blondeau	288
Blum (Ernest)	139
Bocage (Henri)	474
Bodinier	314
Boniface	21
Bonnetain (Paul)	491
Bornier (H. de)	91
Boucheron	233, 410
Brisebarre	501
Burani	243, 465, 541
Busnach (William)	1, 185, 554
Carré (Albert)	388, 469
Carré (Fabrice)	200, 213, 572
Céard (Henry)	265
Chivot	56
Clairville	45

	Pages.
Clairville (Charles)	549
Crémieux (Hector)	111
Dallières (Julien)	602
D'Artois (Armand)	246
Decourcelle (Pierre)	111, 598
Delavigne (Casimir)	615
D'Ennery	272
Descaves	491
Deslandres (A.)	453
Domergue	605
Dubreuil (Ernest)	243
Dufresne (George)	229
Dumas père	394
Dumas fils	246, 417
Dunan-Mousseux	600
Dupré	45
Duru	56
Duval (Georges)	608, 317
Dorchain (Auguste)	261
Dornay (Jules)	356
Ephraïm (Armand)	108
Ferrier (Paul)	45, 163, 213, 549
Féval (Paul)	474
Feydeau (Georges)	269
Figuier (Louis)	606
Figuier (Mme Louis)	565
Fraumont (Eugène)	315
Gauthier (Mme Judith)	562
Gillet (H.)	49
Glouvet (Jules de)	96
Godard (Benjamin)	217
Gondinet	35
Gounod	127
Grenet-Dancourt	400
Grisart (Charles)	474
Grisier	233
Guiches	491
Guiraud (Ernest)	453
Halévy (Ludovic)	111
Hennique (Léon)	21, 24, 132
Hermil (Milher)	160

Hugues (Clovis) . . 488, 630	Monréal 288
Humbert 243	Najac (E. de). . . 311, 570
Ivol (Paul d') 457	Nuitter 377, 436
Jaime 317, 608	Nus. 501
Jouvenot (de) 544	Ohnet (Georges). . . . 510
Julien 265	Ordonneau . . . 128, 431
Keroul (Henri) . . . 59	Pailleron 146
Labiche 5, 323	Paulowski. 366
Lacome (Paul) 29	Pélissié (Jules) . . . 600
Lacroix (Jules) 624	Planquette (R.) 56
Lulo (Ed). 574	Pugno (Raoul). . . 59, 594
Lambert (Albert). . . . 309	Raymond (Charles). . . 570
Lapommeraye (Henri de). 307	Raymond (H.) . . 410, 431
Lavedan (Henri). . . . 491	Raynaud (P.). . . . 354
Leo (H.) 634	Richepin (Jean) . . . 584
Lecocq (Charles) . . . 377	Rivière (Henri) 282
Le Corbeiller. 237	Rostand (E.) 624
Lefèvre. 263	Salandry 612
Legendre (Louis) . . . 217	Salvayre (Gaston) . . 339
Legouvé 546	Serpette (Gaston) . . . 269
Lorat 474	Soubies (Albert). . . . 74
Malherbe (Charles). . . 74	Theuriet (André). . . . 22
Manzotti 594	Tiercelin 307
Maquet (Auguste) . . . 339	Toché (Raoul) 139
Maréchal (Henri) . . . 402	Tolstoï. 366
Marc-Nohel 323	Tourguéneff 406
Mars (Antony) 444	Thomas (Ambroise). 194, 240
Marguerite (P.) 491	Vacquerie (Auguste) . . 76
Massé (Victor) 204	Valabrègue (Albin) 29, 59, 528
Maurens (G.). . . . 185	Varney. 163
Medina (E.) 606	Vasseur 317
Meilhac (H). 329	Verne (Jules). 73
Mendès (Catulle) . . . 132	Vidal (Jules) 67
Messager 243	Vidal (Paul) 491
Méténier (Oscar). . . . 366	Villiers de l'Isle-Adam . 67
Micard 544	Vitrac (Maxime). . . . 229
Millaud (Albert). . . . 311	Wenzel (Léopold de) . . 598
Millocker 436	Willette 282
Missa 1, 541	Wolff (Albert) 139
Moreau (E.) 568	Zola. 22, 554

TABLE DES NOMS D'ARTISTES

Abadie (Mme), 63, 66, 572.
Achard (P.), 533.
Aclana (Mme), 160, 400, 402, 469, 473, 600.
Adiny (Mme), 93.
Afchain (Mme), 549.
Albert (Mme Mary), 59.
Allart, 160, 400, 402, 460, 473, 600, 634, 635.
Alexandre, 163, 168, 598, 608.
Amaury, 21, 28, 49, 53, 217, 228.
Amel (Mme), 277.
Andral (Mme), 552.
Andrée (Ellen), 139.
Andrée (G.), 143, 144.
Andréo (Jeanne), 160, 400, 402.
Angély, 233, 457.
Antonine, 71, 133, 276, 493, 569, 613.
Antoine (Mme), 49, 53.
D'Ardit (Andrée), 45.
D'Arthez (Mme), 410
Arnaud, 316.
Arnault (Mme), 528, 532.
Arnoldson (Mme), 240.
Aubrys (Irma), 212, 608.
Augé (Marie), 169.
Augier (Mlle), 456.
Auguez (Mlle), 656.
Auvray, 633.
Bac (Daniel), 40, 212, 291, 329, 338.
Baillet, 33, 277, 358, 365, 409, 417, 430, 500.
Bailly (Mme), 316.
Balanqué, 288.
Balleroy, 339.
Barley (Mme), 163, 168.
Barlet, 453.
Barnolt, 194, 295, 405.
Bary (Mme), 72, 376, 569, 614.

Baron, 40, 43, 212, 216, 291, 293, 329, 338.
Barral, 40, 43, 291, 294.
Barré, 277, 358, 365, 500.
Bartel, 128, 130, 240, 245, 381, 393, 541.
Bartet (Mme), 32, 146, 158, 236, 546, 548, 596, 597.
Barthe (Mlle), 56.
Bataille, 91, 92, 339.
Battier (Mme), 544.
Bauché (Mlle), 169.
Becker (Mme), 288.
Bellor, 45.
Bellot, 196, 311, 313, 323, 410, 416.
Bellucci, 288, 436, 581, 583, 608.
Benoit (Mme), 285.
Bépoix (Mme), 554, 561, 610.
Berardi, 339, 351.
Berges (Mme), 291.
Bernard, 623.
Bernay, 185, 552, 606.
Bernès, 96, 246.
Bernhardt (Mme Sarah), 169, 183.
Berny, 34, 139, 431, 533.
Berr, 409.
Bertal, 510, 525.
Berthelier, 163, 168, 474, 478, 598, 599.
Berthier (Mlle), 2, 128, 243, 245, 356, 388, 393, 541, 543.
Berthin (Nancy), 160, 400, 469, 473, 600, 634.
Berthou (Mlle), 139, 297, 304.
Berthoud (Mme), 544.
Bertin.
Berton (Pierre), 169, 184.
Bertrand (Madeleine), 21, 477, 501.

Bertrand (Suzanne), 49, 53, 479, 501, 509.
Bessac (Ulysse), 356.
Besson, 169.
Berville, 163, 474.
Bilhaud (Mme), 600.
Billy (Mme) 160, 100, 402, 409, 473.
Blanche, 163, 474, 598.
Blondelet, 212, 291.
Boejat, 610.
Boisselot, 13, 19, 135, 137, 444, 452.
Bonnet, 94, 128.
Bonnet (Mme), 139, 297, 304.
Boris (Mme), 45.
Bosman (Mme), 93, 339.
Boucher, 277, 627.
Boulanger (Mme), 510, 572, 573.
Bouloy, 243.
Bourgeotte, 200, 269, 436, 441.
Boutens, 339.
Bouvet, 74, 574, 581.
Bouyer, 169, 510, 526, 628.
Boyer (Mme Rachel), 209, 417, 498, 500.
Brandès (Mlle), 29, 32, 417, 418.
Brasseur (père), 29, 31, 200, 203, 377, 379, 465, 468.
Brasseur (Albert), 29, 31, 200, 203, 269, 271, 379, 465, 468.
Brémont, 554, 561.
Brécourt (Mme), 634, 635.
Broisat (Mme), 83, 156, 158, 597.
Bronville (Mlle), 305.
Bruck (Rosa), 523, 541.
Brunet (Mme), 63.
Brunet, 285, 356.
Bucourt (Mme), 474.
Burguet, 72.
Bussac, 574.
Burty (Mme), 549, 605.
Bryone (Mlle), 163.
Caisso, 206.
Calmettes, 49, 55, 217, 264.
Calvin, 97, 297, 302, 431, 435, 528, 532, 570.
Canti (Mme), 339.
Carina (Mlle), 5, 160, 400, 608.
Caron (Cécile), 135, 246, 444, 452.
Caron (M.), 135, 444, 452.

Cartereau, 169.
Castelli, 474.
Cernay, 376.
Cerny (Mme), 246, 259.
Chameroy, 233, 474, 620.
Charpentier, 605.
Chautard, 21, 217, 479, 501.
Cheirel (Mme), 34, 29, 229.
Chelles, 185, 192, 394, 399, 552, 553.
Chesny (Mme), 565.
Chevallier (Mme E.), 295, 297.
Chevalier (Mlle), 405.
Chevallier (Louis), 160, 600, 606.
Christian, 40, 43, 212, 216, 272, 291, 293, 381,.386.
Claudia (Mme), 510.
Clem (Mlle), 94, 139.
Clerh, 9, 12, 277, 500, 615, 616.
De Cléry (Julia), 96, 106, 135, 138, 246, 260.
Cobalet, 242, 574, 581
Cocheris, 314.
Cogé (Mlle), 3, 4, 49, 55, 562, 564.
Colas (Mme), 376.
Collet, 13.
Colleuille, 572.
Colombey, 21, 25, 108, 110, 217, 229, 501, 509, 608, 609.
Colson, 400.
Cooper, 212, 317, 322, 549, 620.
Coppini (Mlle), 594.
Coquelin aîné, 210.
Coquelin cadet, 417, 430, 500, 584, 593.
Coquet, 21, 49, 53, 217, 501.
Corbin, 13, 15, 444, 452.
Courbois-Guyon (Mme), 457, 565, 606.
Cornaglia, 49, 53, 217, 479, 501, 509.
Cornubert, 456.
Cortazzi (Mme), 544.
Cortin (Mlle), 323.
Cossira, 617.
Courcelles, 212, 291.
Courtès, 15, 10, 135, 137, 246, 360, 444, 452, 554, 561.
Crambade, 272.
Crépaux, 339.

TABLE DES NOMS D'ARTISTES

Crosnier (Mme), 217.
Crouzet (Mlle), 40, 43, 329, 338.
Cuinet (Mme), 541, 634, 635.
Curnier (Mlle), 1.
Cusquel, 377.
Dailly, 2. 139, 431, 435, 528, 532, 570.
Dalmeira (Mme), 533.
Dallier, 21.
Dalmy, 63, 66, 285 356, 460, 544.
Damien, 272.
Danequin, 185.
Danville (Mlle), 1, 243, 285.
Darcelle (Mlle), 56, 58, 465, 468.
Darcourt (Julia), 56, 58, 288, 465, 468.
Darbel (Mme), 490.
Darland (Mlle), 34, 39, 111, 124.
Darly (Mlle), 96, 135, 246.
Darmau, 128, 131, 243, 388, 393, 541.
Darmont, 510, 526.
Darsy (Mlle), 266.
Dartès (Mlle), 541.
Darzac (Mme), 354.
Dasilva (Mme), 377, 465.
Daubray, 94, 139, 297, 302. 528, 532.
Daynes-Grassot (Mme), 13, 19, 444, 452.
Doberg, 139.
Debray, 233, 354, 457, 533.
Debrièges (Mme), 29, 31, 288, 465, 468.
Declères (Mme), 212, 291.
Defranc (Mme), 91.
Defresnes (Marie), 569.
Degeorge, 63, 460, 544.
Degraudi (Mlle), 195, 295.
Delaunay, 45, 323.
Delausnay, 163, 474.
Delannoy, 46.
Delisle, 169, 510.
Del Bernardi, 549.
Delorme (Mme J.), 544.
Delmas, 91, 339.
Delorme, 5.
Deltombe, 212.
Delys (Mme), 291.
Demarsy (Mlle), 163, 168.

Deneubourg, 3, 4, 49, 55.
Deneuilly, 71, 613.
Dennequin, 606.
Dequercy, 143, 549.
Derville (Mme), 572.
Deschamps, 169.
Deschamps (Mme), Amb., 394, 399, 574, 581.
Deschamps (Mlle), O. Com., 185, 192, 205.
Desclauzas (Mme), 34, 39, 111, 125.
Descorval (Mlle), 95, 139, 142, 297, 303, 528, 532, 571.
Desjardins, 565.
Desgenets (Mme), 143, 145, 229, 231, 317, 549.
Dermez, 185, 394, 552, 602, 606.
Dezoder (Mme), 139.
Destrées (Mlle), 163, 474, 620.
Devaux, 533, 541.
Devilliers (Mme), 377, 465.
Dharcourt (Berthe), 13, 19, 135.
Dheurs (Mlle), 21, 25.
Dian (Mme), 272.
Dieudonné, 138, 246, 260.
Didier (E.), 212, 291.
Didier (Mlle), 233.
Dinelli (Mlle), 96, 106.
Donato, 394, 399, 552, 553.
Dorgal, 5, 160, 400, 402, 600, 634, 635.
Dorsy (Mlle), 376.
Duard, 501.
Dubois, 29, 200, 269, 291, 465.
Dubois (Mlle M.), 212.
Dubos, 5, 160, 400, 469, 473.
Dubulle, 339, 351.
Duc, 91.
Duchêne, 185.
Dudlay (Aline), 236, 500.
Duflos, 96, 106, 246, 258.
Duguéret (Mme), 621, 622.
Duhamel, 56, 288, 436, 581, 583.
Dumaine, 185, 192.
Dumény, 49, 53, 169, 184.
Dumesnil, 212.
Dumont, 169.
Dumont (Mme), 160, 400, 469, 473.
Dunoyer (Mme), 431.

TABLE DES NOMS D'ARTISTES

Duparc, 501.
Dupont-Vernon), 307, 624.
Dupuis (Vtés), 40, 43, 291, 293, 329, 337.
Dupuis (Vaud.), 96, 106, 135, 137.
Dupuy, 160, 400, 600, 611, 634, 635.
Durand (Mlle), 169.
Durieu, 474, 598.
Elven (Mme), 139, 528, 570.
Elza-Vogel (Mme), 602, 606.
Englebert (Mme), 13, 444.
Escalaïs (Mme), 93.
Evans (Jane), 94, 95, 598.
Fabrègues, 185, 192, 394, 399, 602.
Faille, 602.
Falconnier, 76, 546, 584.
Fauzi (Mme), 288, 436, 441.
Farge (Mme), 377.
Fayolle (Mlle), 237.
Febvre, 277, 596, 597.
Felix (Mme Raphaël), 246, 260.
Féraudy (de), 76, 80, 211, 546.
Fernande (Mme), 291.
Ferney (Mme), 246, 444.
Ferrard (Mme), 436.
Fleury, 565.
Florent, 285.
Folleville (Mlle), 40, 212.
Fortin (Mlle), 169.
Fournets, 74, 574, 581.
Fournier, 233.
Fournier (Mme), 200.
France (Mme), 614.
Francès, 169, 184, 510, 525.
Frémaux (Mlle), 277.
Fróville, 501, 509.
Frumence, 544.
Fugère (Amb.), 185, 192, 399, 552, 553.
Fugère (O.-C.), 74, 295, 456.
Gaillard, 29, 200, 203, 269, 377, 465, 468.
Galipaux, 45, 196, 199, 323, 326, 528.
Gallo, 608.
Gandelet, 610.
Garraud, 85, 135.
Garraud fils, 135, 137, 246, 260.
Gardel, 163.

Garnier (Ph.), 554, 561.
Garon, 139.
Gaspard, 169.
Gatinais, 63, 66, 285, 606.
Gaussins, 59, 143, 549.
Gauthier (Mme G.), 63, 544.
Gay (Victor), 200, 233, 269, 324, 457.
Gélabert (Mme), 598.
Génat (Mme Fanny), 269, 400, 436, 441, 528, 532.
Georgina (Mme), 377, 465.
Germain, 40, 212, 381, 386.
Giesz (Mme), 354.
Gilberte (Mlle), 59, 229, 231, 317, 322, 549.
Gildès, 323, 572.
Gilio, 272.
Gillet (Mary), 196, 199, 416, 416, 572, 573.
Girard, 490.
Simon-Girard (Mme), 598.
Giraud, 339.
Giron (Paul), 272.
Gobin, 56, 58, 288, 436, 441, 582, 583, 608, 609.
Got, 239, 277, 358, 365, 584, 592.
Gouget, 246, 444.
Gourdon, 59.
Gosselin, 1, 2.
Granger (Pauline), 584.
Granier (Jeanne), 2, 29, 31, 81, 381, 388.
Gravier, 185, 192, 394, 399, 552, 602, 606.
Gravolet, 409, 417.
Grosse, 91.
Grisier-Montbazon (Mme), 200, 203, 317, 321, 549.
Grivot, 405, 456.
Grivot (Mme), 34, 39, 111, 124, 533, 541.
Guérard (Mme), 436.
Guernier (Mlle), 316.
Guilbert (Mlle), 269.
Guy, 29.
Guyon, 608.
Guyon fils, 56, 58, 288, 436, 441.
Guyon (Aline), 63, 66, 602.
Guffroy, 541.
Hadamard (Mme), 624.

Hamel, 417, 584.
Hanryot, 71.
Herbert, 206, 510.
Herbert-Cassan (M^{mo}), 552.
Henriot (Mme), 533.
Henry (Mme), 510.
Hérissier, 291.
Hicks (Mlle), 212.
Hilario, 544.
Hirsch (Mlle), 353.
Huguenet, 570, 571.
Hurteaux, 139, 431.
I hos, 339, 351.
Ilbert (Mme), 608.
Isaac (Mlle), 74.
Jacotot, 377, 465.
Jacquin, 2, 128, 130, 242, 541.
Jahan, 217, 479.
Jamaux (Mme), 358, 546.
Jallier, 474.
Jannin, 317.
Jégu, 169, 510.
Jeurard, 474.
Jœger, 354.
Jœger (Mme), 285.
Joliet (C.-F.), 277, 358.
Joliet (P.-S.-M.), 169.
Jolly, 13, 19, 135, 137, 444, 452.
Jolly (Mme), 323.
Jourdan, 128, 377, 380.
Jouvo, 354.
Judic (Mme), 40, 43, 81, 381, 388.
Kalb (Mme), 277, 546, 416, 430, 627.
Keraval, 569.
Kesly (Mme), 501.
Labère, 541.
Lacressonnière, 474, 479.
Lacroix, 169.
Lacombe, 233, 354.
Lafontaine, 111, 124.
Laferté, 63.
Laforet (Mme), 474.
Lagarde (Mme), 377
Lagrange, 34, 39, 111.
Lainé (Mlle), 21, 49, 63, 554, 561, 618. 629.
Lambert (Albert), 49, 55, 264, 339, 562, 564.
Lambert (A. fils), 237, 546, 596, 597.

Lamy, 291, 381, 386.
Landrin, 291.
Landrol, 34, 38.
Lantelme (Mlle), 29, 31, 465, 468, 620.
Laporte (Mlle), 72, 469, 473.
Laray, 272, 275, 554, 561, 610.
Larcher, 45, 410, 4160.
Lardinois (Mlle), 2, 128, 131, 377, 380, 465, 468.
Laroche (C.-F.), 358, 365, 417, 430, 584, 592, 624.
Laroche (Od.), 21, 217, 479, 501, 502, 564.
Lassalle, 91.
Lassouche, 320, 338.
Laugeais (Mme), 436.
Laugier, 33, 409, 6 7.
Laurel, 436.
Laurent (Mlle), 143
Laurent (Antonia), 562, 564.
Laurent (Marie), 272, 275, 554, 561.
Laurenty (Mlle), 63, 544.
Laurot, 29, 200.
Lavigne (Mme), 139, 431, 435, 570.
Le Bargy, 9, 11, 76, 80, 83, 236, 358, 365.
Leclerc (Mme J.), 474, 478.
Lécuyer (Mlle), 13, 15.
Legault (Maria), 208, 237, 358, 365, 409, 417, 429, 546, 618.
Legrand, 246.
Leisinger, 7.
Leitner, 618.
Leloir, 237, 265, 277, 358, 546, 596.
Lender (Mme), 570.
Lérand, 272, 275, 610, 620.
Leriche (Mme), 45, 311, 313, 410, 416, 572, 573.
Leriche, 620.
Leroux (Marie), 94, 139, 267, 431, 528.
Leroy (Mme), 608.
Leture (Mlle), 108, 110.
Lerville, 354.
Lévy, 620.
Levy-Leclerc (Mme), 602, 606.
Lhéry (Mme), 45, 410.

Libert, 533.
Liory, 63, 285, 644, 605.
Lloyd (Mme), 9, 12. 615, 624.
Ludwig (Mme), 83, 317. 546, 584, 627.
Luguet (René). 431, 435.
Luitgers (Mme), 490.
Lunéville (Mlle), 233, 354, 457, 565.
Lureau (Jeanne), 160.
Lurmont (Mlle), 5.
Lydia (Mme), 474.
Lynnès (Mme), 501.
Lyonnet, 304.
Magnier (Marie), 111, 125, 533, 541.
Malck (Mme), 479, 485.
Malvau (Mme), 533, 541.
Mallet (Félicia), 552, 553, 614.
Mallet, 169.
Manvel (Lucy), 185, 192, 394.
Marais, 111, 124, 533, 541.
Marcelin, 56, 288, 581, 583.
Marchand, 163.
Maret (Mme), 285, 339.
Marié (Paola), 139.
Mario (Mlle), 285.
Marguerite, 494.
Marc-Nohel, 474, 479.
Marquet, 217, 228, 479, 485, 501, 508.
Marquette, 436, 441.
Marris, 81.
Marsy (Mlle), 510, 526.
Martapoura, 339.
Martel (Nancy), 21, 628.
Martel, 358.
Martens (Eva), 185.
Martial (Aimée), 581, 583, 608.
Martin (Edgar), 63.
Martin (Noel). 163.
Mary-Aga (Mme), 81.
Mathilde (Mlle), 196, 199, 328, 326, 410, 416, 572, 573.
Matrat, 431.
Maugé, 45, 196, 199, 245, 311, 313, 410, 416, 572, 573.
Maudru, 94, 431.
Maubant, 624.
Maurel, 185, 394.
May (Jane), 269, 271, 394, 399.

Max (Simon), 598, 599.
Mayer, 266, 394, 399, 613.
Mén (Mlle), 394.
Méali (Mlle), 128.
Meillet, 63, 285, 565.
Melchissédec, 91.
Ménier (Paulin), 510, 525.
Merguillier (Mlle), 241. 456.
Mévisto, 72, 266, 376, 510, 525.
Mily-Meyer (Mme), 212, 215, 436, 444.
Michel, 15, 19.
Millier, 94, 139, 303, 570.
Millaux, 291.
Minil (Mme du), 500, 546, 624.
Miroir (Blanche), 620.
Mithoir (Mlle), 29, 200, 377.
Moch, 59.
Molé (Mme), 455.
Moncharmon (Mlle), 246.
Monnet (Mlle), 63.
Monsay (Mlle), 212.
Montal, 185, 192, 394, 399, 552.
Montalaud (Céline), 156, 159, 277, 417, 430.
Montcavrel, 45, 196, 199, 311, 313, 323, 410, 446, 572, 573.
Montel, 552.
Monteux, 1, 2.
Monti, 633.
Montigny, 96, 106, 135.
Montrouge, 56, 58, 317, 322, 549.
Montrouge (Mme Macé), 317, 322, 549.
Monty (Blanche), 291, 294.
Moreau (Pauline), 65, 66.
Moreau (F.), 356.
Moreau (A.), 610.
Morin (Mlle), 81.
Morlet, 56, 58.
Mouliérat, 74, 242, 295, 405.
Mounet (Paul), 21, 25, 217, 228, 479, 485, 562, 564.
Mounet-Sully, 237, 500, 624, 615, 616.
Muller (Mlle), 9, 12, 76, 80, 242, 358, 365, 615.
Munié (F.), 394, 552, 602, 633.
Murat (Delphine), 185, 192, 552, 602, 606.

Muratet, 91, 339, 351.
Mussat, 59.
Nancy-Vernet (Mme), 633.
Néry (Mlle), 143,
Nixau (Mlle), 388, 393.
Noblet, 34, 38, 111, 124, 510, 526, 533, 541,
Noel (Léon), 621, 622.
Noémie (Mme), 21, 25
Nory (Mme), 479, 501, 509.
Norris (Mme), 436.
Numa, 139.
Numas, 5, 160, 400, 431, 469, 473, 600, 634, 635.
Numès, 34, 39, 160, 533, 510.
Ollivier (Blanche), 45, 196, 199.
Panot (Mlle), 108, 110, 217, 228, 479, 485.
Paravicini (Mme), 474, 598.
Patry (Mlle Marie), 196, 199.
Paulin, 185.
Pellerin, 94, 431, 435, 528, 532, 571.
Péricaud, 185, 192, 394, 399, 552, 553, 602, 621, 622.
Perrenot, 388.
Perrier, 128, 243, 388, 465, 468, 510.
Persoons (Mme), 236, 358, 546.
Petit (E.), 63, 81, 163, 285, 474, 479.
Petit (Mme Eugène), 354.
Peutat, 13, 19, 96, 246, 260.
Philiberte (Mme), 602, 606.
Philippon, 160.
Picard, 400.
Piccaluga, 229, 231, 317, 321.
Piccolo (Mme), 381, 386.
Pierny (Mlle) 243, 244, 388, 393, 541.
Pierson (Mme), 33, 76, 80, 239, 546, 547.
Pihier, 377.
Piron, 169.
Pitter (Mlle), 269.
Plançon, 91.
Ploux (Mlle), 91.
Pougaud, 185, 394, 552.
Presleau (Mme), 356.
Prévost, 232, 354, 457.
Prévost (Mlle A.), 272, 275.

Prosper, 269, 377, 465.
Prudhon, 9, 11, 85, 236.
Rablet, 160, 544.
Raimond, 45, 196, 199, 311, 313, 323, 326, 410, 415, 572, 573.
Raiter, 81, 163.
Rangani (Mme), 605.
Raucour (Mme), 501, 509.
Raybaud 465.
Raymond (Ed.), 569.
Rebel, 21, 25, 217.
Regnard, 45, 196, 199, 323, 410 572, 573.
Régnier (Mme), 233, 457, 565.
Régnier, 544.
Reichemberg (Mlle), 12, 146, 158, 239, 584, 593.
Réjane (Mme), 329, 338.
Renault, 528.
Renay (Paul), 272, 278.
Reszké (Jean de), 92, 127, 339, 351.
Reykers, 394, 399, 606.
Rhodé, 5, 10.
Richard (Mme J.), 288, 620.
Richard (Mme Nouv.) 91, 377.
Richó (Mlle), 29.
Ricquier (A.), 34.
Rigo, 56, 598.
Riom (Tony), 29, 200, 269, 377, 465.
Riquet Lemonnier (Mme), 285.
Riva (Mme), 288, 460, 510, 620.
Rivero (Mme), 45.
Roche, 13, 15, 135.
Roche (Mme), 233, 354.
Roger (C.-F.), 277.
Rolland (Mme), 45, 96, 160, 323, 410, 416.
Romaine, 381, 386, 533, 541.
Rosambeau, 474.
Rosny, 169, 184, 510.
Roumier, (Mlle), 353.
Roussel, 233.
Rousselle, 354, 457.
Roux, 143.
Roux (Bouffes), 229.
Sacher, 394.
Saint-Germain, 200, 203, 269, 271.

Salla (Mme), 204.
Samé (Mlle), 194.
Saulaville (Mme), 264, 562, 564.
Sapin, 339.
Salambiani (Mlle), 405.
Samary (Mlle M.), 21, 479, 485, 501.
Samary (Mme Jeanne), 156, 158, 307.
Samary (H.), 417.
Samson, 510.
Sarah (Mlle), 56.
Sarolta, 93, 339, 351.
Savary (Mme), 581, 583, 608.
Schey, 269, 465.
Schmidt (Mme), 474
Scipion, 143, 229, 317, 549.
Seiglet (Tony), 34, 111, 533.
Seintin, 92.
Sellier, 91.
Sellier (Mme), 160.
Seylord (Mlle), 169.
Silly (Mme), 581, 583.
Simiane (Mme), 605.
Simonnet (Mme), 574, 581.
Sisos (Mlle), 217, 228, 501, 508.
Soulacroix, 405.
Soulié, 584.
Speck, 56, 288.
Stebler, 354, 457.
Subra (Mlle), 351.
Sujol, 21, 49, 53, 108, 110, 501.
Sylvain, 500, 615, 624.
Sylviac, 71.
Taillade, 610.
Talazac, 74, 574, 581.
Taskin, 194.
Téqui, 339.
Tersant, 544.
Tessandier (Mme), 246, 257, 562, 564, 621, 622.

Thalis (Mlle), 49.
Théo (Mme), 81, 163, 168.
Thibaud (Mme Jeanne), 143, 291, 293, 474, 478.
Thierry (Mlle), 243, 388, 600.
Thiery, 194, 212, 291.
Thirou, 358.
Torin, 34, 533.
Toudouze (Mme), 59, 229, 317.
Troy, 295.
Truffier, 85, 417, 430, 546, 627.
Tyllon, 5, 246.
Valette (Jenny), 1, 2, 128.
Valter, 185, 552, 602.
Vaudenne, 21, 217, 501, 509.
Varennes (Mme), 200, 377, 465.
Varly (Mlle), 510, 527.
Vauthier, 2, 474, 479.
Vavasseur, 28, 388.
Véret, 160, 400, 169, 473.
Verle, 233.
Vernon (Noémie), 45.
Vialda, 200, 288, 581, 583.
Victorin, 139.
Villain, 546.
Villetard (Amélie), 266.
Violet, 169, 510.
Vivier, 272, 610.
Volny, 272, 275.
Vogel (Mme) 354, 565, 457.
Walter, 394.
Warmbrodt, 305, 339.
Vassilikeff (Mme), 1, 2.
Weber (Mme), 498, 499.
Wolbel (Mme), 291.
Wolff, 388.
Worms, 33, 149, 146, 584, 592.
Worms-Baretta (Mme), 83, 237, 239, 584.
Yriart (Mme), 465.

8619. — Tours, imp. Deslis frères.

ON TROUVE A LA MÊME LIBRAIRIE :

Correspondance de Marie-Louise (1799-1847). — Lettres intimes et inédites à la comtesse de Colloredo et à Mlle de Poutet, depuis 1810 comtesse de Crenneville. Un vol. in-8...... 10 fr.

HOMPESCH (Cte Adolphe de). — **Le Catholicisme et le Protestantisme** par rapport au libéralisme. Un vol. in-8. 2 fr.

TOSTI (Louis). — **La réconciliation entre l'Église et l'Italie.** Une brochure in-8............................ .... 1 fr.

Le rétablissement du pouvoir temporel du Pape par le prince de Bismarck, 3e édition. Un vol. in-8...... 2 fr. 50

ROBINET (Le D^r). — **Danton émigré** Recherches sur la diplomatie de la République (an I-1793). Un vol. in-12........... 4 fr.

SEYPPEL (C.-M.). — **Roi, Reine, Prince**, récit humoristique égyptien, peint et écrit d'après nature l'an 1302 avant J.-C.

Ce livre curieux, établi sur papier imitant le vieux parchemin, a l'aspect d'un volume ancien trouvé dans des fouilles ; les feuillets sont ébarbés de manière à rendre l'illusion complète. La couverture, faite de vieille toile, est revêtue d'un cachet imité de l'ancien et munie de petites lanières en cuir servant à le tenir fermé. Il contient un texte français des plus amusants et des illustrations fort désopilantes.

Un vol. in-4, illustré............................ 10 fr.

BLONDEL (G.). — **De l'enseignement du Droit dans les Universités allemandes.** Un vol. in-8........... 3 fr.

JOURDAN et DUMONT. — **Étude sur les Écoles de commerce en Europe et aux États-Unis.** Un vol. gr. in-8.. 5 fr.

HABICH (G.). — **Vade-mecum pour la peinture italienne des anciens maîtres** : Galeries publiques de Paris, Londres, Berlin, Dresde, Munich, Vienne et Francfort-sur-Mein (ordre par numéros). Un vol. in-16, cartonné................... 3 fr. 75

Annuaire des Journaux, Revues et Publications périodiques paraissant à Paris. Un vol. in-8............... 3 fr.

LE SENNE (Camille). — **LE THÉATRE A PARIS**, 1re, 2e et 4e série, 1883-84, 1885, Sept. 1887 - Oct. 1888. 3 vol. in-18, chaque volume................................... 3 fr. 50

SOUS PRESSE :

LE SENNE (Camille). — **LE THÉATRE A PARIS**, 3e série janvier 1886 à septembre 1887. 1 vol........... 3 fr. 50

POUR PARAITRE PROCHAINEMENT :

LE SENNE (Camille). — **LE THÉATRE A PARIS**, 5e série octobre 1888 à septembre 1889.............. 3 fr. 50